美中 신냉전?

코로나19 이후의 국제관계

美中
신냉전?

코로나19 이후의 국제관계

가와시마 신·모리 사토루 엮음 | 이용빈 옮김

한울
아카데미

미국과 중국이라는 두 마리의 코끼리가 서로 싸움을 벌이든지
사랑을 하든지 잔디밭은 손상을 입게 된다.

— 리콴유(李光耀; 전 싱가포르 총리)

차례

미중 대립과 코로나19 이후의 '불확실한' 세계질서

가와시마 신(川島真), 모리 사토루(森聡)

코로나19(COVID-19)의 감염 확대에 따라, 그 이전에 존재했던 다양한 문제가 확대되거나 또는 눈에 띄지 않았던 문제가 현재화(懸在化)하고 있다. 그중에서도 미중(美中) 대립은 문제가 첨예화·다양화하고 있는 사례이다. 세계 제1, 2위 경제대국 간의 대립 격화는 세계질서의 존재 양식에도 커다란 영향을 미치고 있는데, 그것의 수용 방식 및 영향 등도 다양하다. 그렇다면 애당초 미중 대립이란 어떠한 것이며, 코로나19의 감염 확대하에서 어떻게 변화하고 계속되고 있는가? 또한 그것은 세계질서의 존재 양식에 어떠한 영향을 미치고 있으며, 세계의 국가들 및 다양한 행위자(actor)는 그것을 어떻게 받아들여 대처하고자 하였고 또한 대처하려 하고 있는가?

●

편집부:

코로나19 감염증의 감염 확대 이전부터 미중 관계(美中關係)는 이미 악화되었는데, 미중 양국은 각기 상대를 어떻게 보았기에 그렇게 되었습니까?

모리 사토루:

냉전기(冷戰期)에 미국은 중국을 오로지 대소(對蘇) 전략상의 제휴 상대국으로 간주했다. 하지만 탈냉전 시기가 된 이후부터 중국을 바라보는 미국의 눈이 변화했다. 대체적으로 그것은 다음과 같은 3가지 사항으로 정리할 수 있다.

우선 첫째, 무역을 통한 상업 이익의 파트너로서 중국을 간주하게 되었다. 중국 시장의 잠재력에 대한 기대감이 컸으며, 미중 양국 간 무역량의 확대는 데이터를 봐도 대단히 명확하다. 특히 1999년 중국의 세계무역기구(WTO) 가입에 대한 합의, 그리고 2001년 WTO 가입의 발효 이후에는 무역량이 급격히 늘어났다. 또한 미국의 제조업자는 저렴한 노동력을 찾아 생산 거점을 중국으로 이전하고 거기에서 세계로 수출하는 모델을 만들어냈으며, 그러한 가운데 경제적인 상호 의존이 심화되고 동시에 미국의 대중(對中) 무역적자가 확대되어갔다.

그런데 2015년에 시진핑(習近平) 정권이 '중국 제조 2025'[시진핑 지도부가 내세운 산업정책, 차세대 정보기술 및 신에너지 자동차(New Energy Vehicle: NEV) 등 10개의 중점 분야와 23개의 품목을 설정하여 제조업의 고도화를 지향한다. 건국 100주년을 맞이하는 2049년에 '세계 제조강국의 선두 그룹에 진입'하는 것을 지향하는 장기 전략의 근간]를 발표했을 무렵부터, 미국은 중국에 대한 견해를 바꾸기 시작한다. 중국 정부는 외국제 기술을 취득하고 산업 보조금을 제공하여 그러한 것들을 다시 제품화시키는 형태로 자국 기업에 지원을 하여 우선은 중국 시장에서 외국기업을 이기고 나아가 국제시장을 석권하도록 하는 전략을 채택했는데, 중국에서 조업(操業)하는 미국 기업은 차별적인 대우에 대한 우려를 심화하였고 중국 당국의 시책(施策)에 의해 상대적으로 경쟁력을 계속 빼앗기고 있다는 초조감을 강화했던 것으로 보인다. 이러한 일련의 우려와 문제의식은 미국 무역대표부(USTR)가 2018년 3월에 공표한 미국 통상법 제301조 조사에 기초한 보고서에 나타나 있다.

둘째, 중국의 변혁(變革) 가능성에 대한 미국의 견해가 바뀌었다는 점이다. 탈냉전 시기에는 이른바 관여 노선이라는 것을 정당화하는 견해가 미국에 있었다. 이것은 무역을 통해서 중국이 풍요로워지고 중산층이 확대되어 가면, 정치적으로 자유화를 이루게 될 것으로 기대하는 것이었다. 또한 대외(對外) 경제 관계의 확대를 통해 미국 주도의 질서로부터 중국이 이익을 획득해 나아간다면 이른바 '책임 있는 이해관계국(利害關係國)'이 될 것이라는 기대감도 있었다.

그러나 시진핑 정권이 되자, 이러한 기대는 실망으로 변해간다. 중국에서는 국내 통제가 엄격해지고 정치적 자유가 제한되어 가는 형태의 정책이 차례로 제기되었는데, 결정적인 것은 2017년에 개최된 중국공산당 제19차 전국대표대회(당대회)였던 것으로 보인다. 여기에서 채택된 다양한 정책 및 목표, 그리고 전국인민대표대회(전국인대)에서의 헌법 개정에 의해 국가 주석의 임기제(任期制)도 철폐되는 일이 일어나, 중국이 정치적 자유화와는 완전히 역방향으로 나아가고 있다는 견해가 워싱턴에서 확산되었다. 때마침 필자는 이 무렵 회의를 위해 워싱턴을 방문하였는데, 중국과의 협력 관계에 전향적이었던 미국의 전문가들도 중국을 보는 눈이 명백히 강경해졌다는 것을 느낄 수 있었다.

이에 따라 중국의 국내 통치뿐만 아니라, 대외 행동(對外行動)에 대한 기대도 없어지게 되었다. 남중국해(南中國海)에서의 인공섬의 군사기지화 및 사이버 수단에 의한 기밀정보의 절취 문제를 중심으로 하여 미국이 존중하는 규범에 반하는 행위가 거듭되어 가는 상황에서 중국이 미국 주도의 국제질서를 함께 밑받침하는 파트너가 될 것이라는 기대가 급속하게 수그러들고, 오히려 중국이 패권을 지향하고 있다는 견해가 점차 강해져갔다.

셋째, 중국의 힘(力)에 대한 미국의 평가도 변했다는 점이다. 1990년대에도 중국위협론(中國威脅論)이라고 하는 것은 단속적(斷續的)으로 제기되었다. 1990년대 말에는 미래의 주요 군사적 위협은 중국이라는 견해가 있었지만, 9·11 동시다발 테러와 이라크 전쟁으로 인해 이러한 논의는 일단 뒤로 미루어졌다. 정확히 이라크 및 아프가니스탄 전쟁이 종결된 시기부터 전쟁 종료 이후의 미군의 존재 방식을 모색하는 논의가 시작되었고, 중국 인민해방군(中國人民解放軍)이 미국 군사력의 유효성을 비대칭적으로 삭감시키는 능력을 보유하기 시작한 것이 아닌가 하는 논의가 돌연 제기되었다. 게다가 민간 부문에서 개발되는 군민 양용(軍民兩用)의 첨단기술을 군사적으로 이용하는 측면에서 미국이 보았을 때에 훨씬 뒤처져 있을 것이라고 비추어졌던 중국이 격차를 축소시키고 있다는 초조감이 출현하여, 중국의 군사 방면에서의 위험이 강조되었다.

또한 폭넓게 파워(power)라고 하는 관점에서 본다면, 중국이 경제력을 사용하여 제3국에 대한 영향력을 증가시키는 전략도 선명해졌다. 예를 들면, '일대일로'(一帶一路)를 비롯하여 경제 수단의 정치적·전략적인 이용, 이른바 '경제책략'(economic statecraft)이라고 불리는 조치이다. 그와 아울러 '영향공작'(influence operation)이라고 불리는 여론유도(輿論誘導) 공작을 여러 외국뿐만 아니라, 미국 내에서도 행하고 있다는 것이 드러나 미국에서 중국에 대한 반발이 강해졌다. 즉 중국이 군사, 경제, 정치의 분야에서 여러 외국에 견주어 볼 때 경시할 수 없는 힘을 갖게 되었다고 미국에 비추어지게 되었다.

미국의 대중(對中) 인식의 악화라는 것은 크게 말하자면, 이러한 세 가지 변화의 합성(合成)으로 집약될 수 있을 것으로 생각한다.

가와시마 신:

미국은 9·11 이후 '반(反)테러 전쟁'에 중점을 두었던 시기에, 안보의 우선순위를 이라크·아프가니스탄에 집중함으로써 사회주의 국가인 중국에 대한 경계감이 저하되었다. 이 점이 역시 컸던 것으로 생각된다. '반테러'라고 하는 의미에서 중국과는 협력할 수 있다고 보았던 것이다. 또한 2008년의 '리먼 쇼크'(Lehman shock)도 큰 영향을 미쳤다. 리먼 쇼크의 영향으로 미국도 중국 경제에 대한 의존이 진전되었다.

그러나 그 이후 버락 오바마 대통령의 말기, 또는 도널드 트럼프 대통령이 취임한 이후부터 다시 한 차례 사회주의 국가인 중국에 대한 주의(注意) 및 관심이 올라가게 된 것으로 생각된다.

중국의 입장에서 본다면, 미국이 중국을 상업이익(商業利益)의 파트너로 보아주는 것이 경제성장에서도 또한 정치 및 안보를 포함한 발전 전략(發展戰略)의 측면에서도 필수였다. 즉 개혁개방 정책을 채택한다는 것은 당연히 외국으로부터 투자를 유치할 필요가 있으며, 또한 그 투자로 중국 국내에 공장을 세우고 거기에서 제품을 만들어 선진국에 수출하여 이익을 획득하는 것이 필요하다. 이것은 투자가 자유롭게 이루어지고 선진국이 관세를 대폭 인하하는 것이 대전제가 된다. 중국의 경제발전에는 미국을 중심으로 한 자유무역 체제가 필요했던 것이다. 또한 WTO 가입에 관해서도 결국 중국은 일종의 특권적인 우대로서 개도국 취급을 받기 때문에, 중국 자신은 관세를 높게 설정하더라도 좋으며 장래에 이것을 내리면 된다는 조건으로 가입할 수 있었다. 이것도 중국에는 대단히 유리했다. 중국은 그 특권을 유지하면서 선진국에는 무세(無稅) 또는 저관세로 중국 제품을 구입하도록 한다는 커다란 틀 속에서 성장했던 것이다.

그러한 의미에서 미국이 중국을 상업이익의 파트너로 간주해주는 것은 실로 감사한 일이었던 것으로 생각된다. 이것에 의해 중국의 경제는 세계 제2위가 되었던 것이다. 하지만 여기에는 커다란 모순이 있었다고 말할 수 있다. 미국에게는 중국에 특권을 부여한다고 하더라도 그 경제발전이 결국에는 민주화를 유도하거나 선진국을 중심으로 하는 세계질서의 측으로 오게 될 것이라는 예측 또는 기대가 분명히 있었던 것이다. 하지만 중국공산당 정권에게는 정치적인 민주화는 하지 않는 것, 즉 경제발전을 하면서도 일당독재(一黨獨裁)를 지킨다는 것이 대전제이다. 공산당 및 그 주변에 부(富)가 많이 분배되는 구조 안에서 경제발전을 하는 것이기 때문에, 중국 내에서의 격차 문제도 발생하게 되며, 또한 부(富)의 불균형도 커지게 된다. 그에 대해서 국내 관리, 통제를 강화하여 대처해 나아간다고 하는 것이 중국공산당의 입장(stance)이었던 것이다. 이것은 결코 비밀이 아니다. 적어도 후진타오(胡錦濤) 정권의 후반부에는 그러한 경향이 명확해졌으며, 시진핑(習近平) 정권은 그것을 더욱 명확하게 말했을 뿐이다. 미국은 왜 항상 중국의 민주화라고 하는 미래를 믿었는가, 오히려 그 점이 중국 입장에서 본다면 불가사의했을지도 모른다.

한편 당초 멀리 위로 올려다 보았던 미국의 모습이 점점 가까워지는 것처럼 중국 측에 보였던 측면도 있을 것이다. 중국 입장에서는, 2001년 미국의 동시다발 테러, 2008년 리먼 쇼크, 그리고 이번의 코로나19 감염증의 충격이라는 세 가지의 단계를 거쳐 미국의 국력과 위신이 계속해서 하락하고 있는 것으로 보였던 듯하다. 그러한 대미(對美) 인식에 기초하여 중국은 리먼 쇼크 전후부터 적극적으로 해양 진출을 행했으며, 미국도 또한 그에 대해서 특히 강하게 반대하지 않는 것처럼 중국 측에 보였던 것이다. 앞에서 모리 사토루 선생도 언급했던 '중국 제조 2025'와 관련해서도, 이것이 제기된 2015년의 단계에서는 미국도 이것을 별로 문제 삼지 않았던 것으로 생각된다.

시진핑 정권은 2012년에 성립되었는데, 그 정권 성립의 당초에는 미국의 대중관(對中觀)이 크게 변하지 않았던 것처럼 여겨진다. 그리고 조지 워싱턴 대학의 데이비드 샴보(David Shambaugh) 교수의 저서 『중국 세계화의 심층: '미완의 대국'이 세계를 변화시킨다(中國グローバル化の深層: '未完の大国'が世界を変える)』(朝日新聞出版, 2015)[1]가 발표되었을 무렵부터 서서히 변화해간 것은 아닌가 생각되는데, 역시 미국의 대중관에 변화가 분명해진 것은 오바마 정권의 말기에 해당

---

1)   해당 영어 원서의 서지사항은 다음과 같다. David Shambaugh, *China Goes Global: The Partial Power*(Oxford University Press, 2013)._옮긴이

하는 2017년 무렵이 아니었나 하는 감(感)이 있다.

시진핑 정권과 비교했을 경우, 그 이전의 후진타오·원자바오(溫家寶) 정권은 훨씬 온건했던 것이다. 장쩌민(江澤民) 정권 및 후진타오 정권은 특히 중국공산당 내부에서의 인사 방면의 제도화, 그리고 권력정치 중의 가시성(可視性) 및 투명성을 제고시켜 나가는 등 당내 민주화를 추진했다. 사회와의 관계성에서는 이의제기 시스템을 만들고 사회의 문제를 정책과제로 삼는 방책을 강구하고자 했다. 이러한 상황에 접한 미국의 연구자들은 중국이 의외로 '민주적'으로 하고 있다고 인식했던 측면이 있다. 즉 경제발전에 따라 생겨난 사회의 다양성에 유연하게 대응하고자 하며, 권력정치에서도 투명성을 증가시키고 있는 것으로 비추어졌고, 앞으로 중국이 민주화될 가능성이 있다고 느꼈던 것이 아닐까?

외교로 눈을 돌려보면, 장쩌민 정권부터 후진타오 정권까지는 '도광양회'(韜光養晦, 1990년대에 '최고지도자' 덩샤오핑이 강조했던 것으로 알려진, '재능을 숨기고 내부적으로 힘을 축적한다'는 중국의 외교·안보 방침. 경제발전에 무게를 둔 협조 외교 정책으로 간주됨) 정책을 채택했던 것이다. 이것도 또한 WTO 가입에서 보여지는 것처럼 세계로부터 환영을 받았다.

그러나 2012년에 시진핑 정권이 성립되자 내정(內政) 방면에서 장쩌민·후진타오 정권에서 추진되었던, 국내에서의 다양한 권력정치의 제도화라든지 이의제기 시스템이 정지되거나 또는 유명무실해져 갔다. 대외(對外)정책의 방면에서도 때마침 오바마 정권 말기에 해당하는 시기로, 남중국해 및 사이버 공간의 문제가 출현하여 미국과의 약속을 파기하거나, 국제적인 규칙(rule)에 적대하는 등의 일이 언론에서도 실제 행동에서도 증가했던 것으로 생각된다. 후진타오 정권의 후반에도 변화가 보였지만, 시진핑 정권이 성립된 이후의 변화는 한층 더 현저했다.

'중국 제조 2025'는 미국을 향해 발톱을 드러내는 것이라기보다도 중국 자신이 국내에서 직면하고 있는 과제인 인구 문제 등을 경제발전을 유지하면서 어떻게 해결할 것인가 하는 과제 때문에 작성된 것으로 생각한다. 하지만 2016년이 되자, 중국은 미국을 중심으로 하는 안전보장 체제에 대한 적대심(敵對心), 또한 서방측의 가치관에 대한 비판을 강화했다. 2017년 중국공산당 제19차 당대회에서 시진핑이 행한 연설은 사실상 미국을 2049년에 따라잡고 '중화민족(中華民族)의 꿈'을 실현한다는 것이었다. 이것도 또한 미국에는 충분히 자극적이었던 것으로 여겨지는데, 2018년 3월에는 미국에 더욱 충격을 주는 사태가 발생했다. 전국인민대표대회에서 헌법이 개정되어 국가 주석의 임기 연장이 가능하게 되었다. 이것은 중국이 경제발전을 하더라도 민주화되지 않으며 오히려 후퇴하는 것이 아닌가 하는 의구심을 불러일으켰다.

이러한 점도 있어, 미국이 충격을 받고 대중(對中) 정책을 변경하게 되었던 것으로 여겨진다. 중국은 후진타오 정권의 말기부터 이미 정책을 조정하였고 시진핑 정권이 된 이후 변경이 가속화되었으며, 2016년에는 미국에 대한 도전(挑戰)도 명확해졌다. 하지만 미국이 중국에 대한 자세를 바꾼 것은 그때로부터 조금 지난 후의 일이었다. 따라서 미국의 '돌연'한 대중 정책의 변화에 중국은 놀라게 된다. 바로 그렇기 때문에, 중국에서는 미국이 급하게 분노를 표출했던 것에는 미국의 내부에 이유가 있다고 하는 논리가 팽배했던 것이다. 중국 자신이 변화하고 미국이 그에 반응하며 분노를 표출했다면, 자신에게 원인이 있다고 생각하겠지만, 중국 입장에서 본다면 중국이 변화하지 않았음에도 미국이 '돌연'히 대중(對中) 비판을 시작했으므로 그 이유가 미국 측에 있는 것이 아닌가 하고 생각해버린 것이다.

이전부터 있었던 논의이지만, 중국 측은 미중 대립에 대해서 전부 미국 측의 책임이라고 보는 경향이 있다. 이것은 중일(中日) 관계에서도 대립의 책임을 전부 일본 측에서 찾고 있는 것과 마찬가지이다. 언제나 중국 측에 '잘못'이 없다고 하는 것은 중국이 상투적으로 이용하는 논리이다.

모리 사토루:

미중 대립의 원인에 관한 중국의 견해를 지지할 생각은 없지만, 미중 관계의 악화로 연결된 원인을 미국 측의 변화에서 찾을 경우, 앞에서 언급했지만 중국이 변할 것이라고 하는 기대를 워싱턴이 버렸다는 점에 있다고 생각된다. 이것은 앞에서 중국의 행동에 의해 워싱턴이 중국의 변혁(變革) 가능성에 대한 기대를 버렸다고 설명했지만, 관점을 바꾸어 논하자면 그것은 미국이 중국을 변화시킬 수 있다는 견해가 지지를 상실했다고 하는, 미국 자신의 변화라고도 할 수 있는 것이다. 중국을 변화시킬 수 있다고 하는 기대 또는 희망이 주류를 차지하고 있다면, 중국이 패권의 확립을 지향하며 현상변경(現狀變更)의 행동을 아무리 일으키더라도 미국 정부가 중국의 변혁 가능성을 믿고 협조 관계를 보전하고자 하게 되므로, 대항(對抗) 행동은 관리되고 격화되지 않는다. 그러한 의미에서 중국의 행동도 물론이지만 미국 자신이 중국을 변화시킬 수 있다고 생각하는지 여부가 미중 대립이 본격화되는지 여부의 열쇠가 되었던 것으로도 볼 수 있다.

그렇다면 중국을 변화시킬 가능성에 관한 미국의 견해는 왜, 그리고 어떻게 하여 바뀌었는가 하는 점인데, 이것은 아마도 중국의 행동이 변화하지 않았기 때문에, 워싱턴에서 주류(主流)를 차지하고 있는 국제질서관(國際秩序觀)이 변화했다는 점과, 미국 자신의 내부에서 일어난 변화에 의해 트럼프와 같은 인물이 대통령으로 선출되었다고 하는 이 2가지의 요인을 살펴볼 필요가 있는 것이 아닌가 생각한다.

우선 워싱턴의 국제질서관이 어떻게 변화했는가 하는 점인데, 오바마 대통령은 진보적 국제주의의 계보에 연결되는 지도자였다. 진보적 국제주의라는 것은 가치 규범이 다른 상대방이라고 하더라도 공통이익(共通利益)에 기초하여 규칙 및 잠정 합의를 축적하고 그러한 것을 반복하여 이행해간다면 결국 민주화로 향하게 된다는, 진보적인 기대를 내포하고 있는 국제질서관을 지칭한다. 그는 학생 시대에 배운 정치철학, 그리고 지역사회 조직가(community organizer) 및 정치인으로서 축적해온 경험으로부터 사상이 다른 상대방이라고 하더라도 숙의(熟議)를 다한다면 공통이익을 발견할 수 있으며, 그러한 공통이익을 기반으로 하여 관계를 관리해 나아간다는 실용주의적 정치 스타일을 갖고 있었으며, 이것은 대통령으로서 취했던 외교에도 투영되었다. 즉 중국과의 사이에서도 기후변화 및 거시경제 조정 등의 각종 공통이익을 특정하여 협조해 나간다면, 중국의 행동을 온건화(穩健化)시키는 것이 가능하다는 사고방식을 갖고 있었던 것으로 여겨진다.

그렇지만 국방부와 국무부 등 워싱턴의 안보 관련 부처는 보수적 국제주의의 렌즈를 통해 중국을 보고 있으며, 전술한 바와 같이 미국이 우려하는 중국의 행동이 변하지 않는 것을 보고 대중(對中) 경계심을 강화하고, 이것이 트럼프 정권 내부에서 주류를 차지하게 됐다. 보수적 국제주의는 미국이 존중하는 가치 규범을 공유할 수 있는 상대방과 공유할 수 없는 상대방을 준별하고, 후자에 대해서는 대등한 권리의무 관계를 부여하지 않고 규범의 수용 및 이행을 요구하며, 그것을 거부하는 상대방에게는 제재를 가한다는 발상에 입각해 있다. 중국은 미국이 중시하는 국내 통치 및 대외 행동에 관계된 규범에 반하는 행동을 바꾸지 않고 있으며, 규범을 공유할 수 없는 상대방이라고 하는 이해가 워싱턴에서 확산됨으로써 보수적 국제주의에 대한 지지가 확대되었다. 여기까지는 중국의 행동이 원인이 되어 미국에서 발생한 변화이다[미국의 진보적 국제주의와 보수적 국제주의의 역사적인 연원과 변용에 대해서는 다음을 참조하기 바란다. 森聰,「リベラル國際秩序への挑戰: アメリカの二つの國際秩序觀の起源と融合」, ≪レヴァイアサン≫ 58號(2016), pp. 23~48].

한편 트럼프 대통령은 국제주의와는 별종(別種)의 경제적인 일국주의(一國主

義), 즉 중상주의적(重商主義的)인 대외관(對外觀)을 백악관에 갖고 들어갔는데, 그 뿌리에는 무역자유화에 대한 미국 내로부터의 불신 및 반발이 있었으며, 트럼프는 그것을 받아들여 자유무역 협정에 대한 반대 및 재검토를 내세우며 대통령 선거를 치렀고 또한 재선을 겨냥해왔던 것으로 여겨진다. 또한 트럼프의 속셈은 미국의 대중(對中) 수출 확대로 미국의 농가(農家) 및 산업계 일부의 지지를 모으고, 중국의 금융시장 자유화를 통해 미국 금융계의 지지를 끌어모아 재선을 이룬다는 것이었다. 중국이 규칙 위반을 하면서 대미(對美) 무역에서 폭리를 취해왔던 것은 역대 대통령이 어리석게도 그것을 허용했기 때문이라고 하는 독특한 견해에 입각하여, 중국에 대해 추가 관세를 통해 압력을 가하면서 경제교섭을 통해 중국 측에 미국으로부터의 수입 확대 등을 약속케 하는 관리무역(管理貿易)을 추구했다. 중국과의 무역 합의에 의해 중국으로부터의 수입 초과로 '손실'을 입어왔던 사람들에게 이익을 올릴 수 있게 한다거나 재선에 역할을 할 수 있는 사람들이 이익을 보게 한다는 발상만 있었던 것으로 생각된다. 거기에는 중국을 정치적 자유화 및 '책임 있는 이해관계국'으로 향하도록 만든다는 사고방식은 전혀 없었다.

요컨대 워싱턴에서 중국과의 협조에 기대하는 진보적 국제주의가 후퇴하고 보수적 국제주의가 득세하게 된 것은 미국이 중시하는 규범에 반하는 행동을 중국이 바꾸지 않았던 것에 기인한다고 말할 수 있다. 한편 트럼프 대통령이 추구하는 관리무역은 미국 내에서 터져 나온 무역자유화에 대한 불만의 발로(發露)임과 동시에, 미국의 대중(對中) 수출 확대 및 중국의 금융시장을 정치적으로 이용하고자 하는 의도에서 유래하는 것으로 볼 수 있다. 그런데 현재 미국의 대중 자세의 경직화는 안보 관련 부처 및 연방의회에서 보수적 국제주의가 주류화(主流化)하고, 그것이 트럼프의 중상주의적인 발상과 병행하여 전개됨으로써 발생하는 현상이라고 볼 수 있다. 중국의 입장에서 볼 때, 미국의 대중 자세가 경직화된 것이 의외의 일로 비추어진 이유는 이 부분에 있었을지도 모른다.

●

코로나19 감염증이 미국의 국내 정치에 어떠한 영향(impact)을 가져올 것으로 생각하십니까? 그리고 그러한 국내 사정이 외교에 어떠한 영향을 미칠 것으로 보십니까?

모리 사토루:

우선 대단히 명백한 것은 트럼프 대통령의 코로나19 바이러스에 대한 대응이 미국 내에서 실패한 것으로 간주되고 있다는 점이다. 미국의 여론조사에 의하면, 이미 2020년 7월의 시점에 트럼프의 코로나19 감염증에 대한 대응이 잘못되었다고 여기는 사람이 대략 60% 정도에 달하고 있었다. 또한 2020년 6월의 차기 대통령에 관한 여론조사에서 민주당 대통령후보로 지명되는 것이 확실해졌던 조 바이든 전 부통령이 51%, 트럼프 대통령이 40%가 되어, 두 자릿수의 포인트 차이가 벌어졌다. 이러한 상황에는 이른바 조지 플로이드(George Floyd) 사건에서 발단된 인종차별 반대 운동에 대한 서툰 대응도 물론 작용하고 있는 것으로 생각된다. 흑인, 히스패닉, 청년층은 바이든에 대한 지지로 기울어지고 있으며, 여성표도 바이든이 우위에 있는 상황이 발생하고 있다.

코로나19가 국내 정치에 미치는 표층적인 영향이라는 점에서 말하자면, 트럼프가 국내 정치상의 동기에 기초하여 중국에 대한 비난을 반복하는 일이 일어났다. 미중 대립이 심화되는 가운데, 코로나19의 감염이 미국 내에서 폭발적으로 확대되었는데, 트럼프 대통령이 정치적인 '피해의 최소화'(damage control)를 위해서 중국 및 세계보건기구(WHO)에 비판의 창끝을 겨누고 책임을 전가하는 듯한 움직임이 나타났다. 중국이 감염원(感染源)인 것과 중국 당국이 초기 단계에 정보를 은폐했던 것에 초점이 맞추어져, 중국에 대한 미국의 여론도 점차 강경해지고 있다. 2020년 3월의 시점에 이미 대략 3명 중에 2명이 중국에 대해서 부정적인 견해를 갖고 있었으며, 공화당 지지자 중에는 대체적으로 70%, 민주당 지지자 중에는 60% 정도가 중국에 대해서 부정적인 이미지를 갖고 있었다. 이에 편승한 트럼프 및 정부 각료들이 다양한 쟁점에 관한 언설을 통해 더욱 혐중(嫌中) 감정을 부채질하는 일이 진행되었다.

보다 심층적인 부분에서의 영향이라는 측면에서는 트럼프 정권의 정통성(正統性)이 상실되고 있는 점이라고 생각한다. 이번의 코로나19 사태는 각국 정부의 '통치의 정통성'을 묻고 있다. 정부는 공중(公衆)의 보건위생 측면에서의 타격을 어떻게 관리할 것인가, 경제적 타격을 어떻게 관리할 것인가에 대해 질문을 받고 있으며, 이것을 잘 실행한 정권은 정통성을 제고시키고, 실패한 정권은 정통성이 추락하고 있는 것으로 여겨진다. 아마도 중국의 '마스크 외교' 및 '전랑 외교'(戰狼外交), 각종 프로파간다는 '당근'으로서 마스크를 배포하고 '채찍'으로서 중국을 비판하는 상대방을 가차없이 비난·공격하며 중국공산당의 코로나19 대책을 스스로 찬미(讚美)함으로써 중국공산당 통치의 정통성을 지키고자 하는 측면이 있는 것으로 생각되는데, 트럼프 정권은 이것을 책임 회피를 위한 프로파간다로 간주하고 중국공산당의 실태를 백일하에 드러낸다는 발상에 입각하여 정보전(情報戰)을 강화했다. 중국도 미국 정부의 대책을 비판하고 있다. 즉, 미중 간의 다툼은 상대국의 정권 또는 체제의 정통성을 공격하여 비정당화(非正當化)하는 것으로 발전하고 있으며 갈수록 격렬해지고 있다.

또한 '미국 제일'(America First)이 얄궂게 코로나19에도 불구하고 건재하기 때문에, 트럼프 정권이 중국을 맹렬히 비판하고 있지만 국제적인 리더십을 발휘하지 못하고 있다는 것은 부정할 수 없는 사실이다. 트럼프는 트럼프 정권이 미국을 위해 무엇을 하고 있는가 하는 미국 국내를 향한 언동(言動)에 시종일관하고 있으며, 국내에 관심을 집중시키고 있으므로 '닫힌 미국'이라는 이미지가 증가하고 있다. 또한 국제적인 의료(醫療) 지원도 실은 그 나름대로의 규모로 행하고 있지만, 마이크 폼페이오(Mike Pompeo) 국무장관 등이 외국에의 의료 지원에 대해 기자회견에서 언급하더라도 거의 주목을 받지 못하고, 오히려 의료 자재(資財)를 국산화하는 움직임이 주목을 받는 실정이다. 중국의 '마스크 외교'는 좋든 나쁘든 주목을 받았지만, 미국의 '마스크 외교'는 애당초 화제조차도 되지 못했다. 또한 WHO에서의 탈퇴에 대해 앞에서도 조금 언급했지만, 코로나19 대책을 위한 국제적인 다국간의 연대라고 하는 것도 주도하지 못하고 있다. '재선(再選) 제일'을 추구하는 트럼프는 국제 무대에서 긍정적인 메시지를 발신(發信)하지 못하는 것은 물론이고 주도권도 잡지 못하고 있다.

●

(미중 관계에 미치는 영향) 2020년 1월 무렵부터 감염이 확대되어 사태가 심각해지고 있습니다만, 코로나19 감염증이 미중 양국 간의 협력을 유도하지 못하고 관계를 악화시키고 있는 까닭은 무엇입니까?

모리 사토루:

애당초 트럼프는 경제 분야에서의 이른바 제1단계 합의를 중국이 이행하도록 하고 북미자유무역협정(NAFTA) 개정, 한미 자유무역협정 개정, 미일 무역협정 체결 등과 함께, 이러한 것을 성과로 하여 대통령 선거에 돌입하고자 했던 것으로 생각된다. 이것은 2020년 2월 초의 시점에서 코로나19와 관련하여 중국에 대한 지원을 표명할 정도로 전향적인 자세를 취했던 것으로부터도 알 수 있다. 하지만 미국에서 대중(對中) 불신이 급속히 높아지고, 트럼프도 국내에서 지지율이 저하되는 가운데 중국에 협력하는 자세는 점차 후퇴되어 갔다. 3월 하순에 전화를 통한 미중 정상회담이 진행된 것을 전후로 하여 트럼프는 일단 중국에 대한 직접 비판을 누그러뜨렸지만, 4월에 다시 중국에 대한 비판으로 전환했다. 이러한 흐름의 배경에는 두 가지 정도의 커다란 원인이 있었던 것으로 생각된다. 우선 첫 번째는 중국의 행동에 기인하는 불신감이며, 두 번째는 미국 내부로부터 나타난 정치적인 사정에 의한 협력 자세의 후퇴이다.

첫 번째로 들었던 중국의 행동에 기인하는 불신이라는 것은 중국 당국이 코로나19 감염증의 발생 단계에서 정보를 은폐하고자 했던 것이 아닌가, 그리고 WHO를 뒤에서 조종했던 것이 아닌가, 중국이 국제적인 감염 확대를 출입국 과정에서 저지하지 못했던 탓으로 전 세계가 참화(慘禍)를 입고 있다는 강렬한 불신감을 지칭한다. 미국의 정보기관으로부터 제시된 중국 정부의 대응에 관한 정보를 살펴보고 매트 포틴저(Matt Pottinger) 대통령 부보좌관 및 로버트 오브라이언(Robert O'Brien) 대통령 보좌관 등 당시 백악관에서 국가안보 정책의 중추에 있는 책임자들이 중국에 대한 불신감을 상당한 정도로 강화했던 것으로 여겨진다. 트럼프 정권의 간부들은 우한시(武漢市)가 봉쇄된 이후에도 공항에서 국제 항공편이 계속 출발했던 까닭은 무엇인지에 대해 여러 차례 언급하고 있는데, 이러한 의구심도 들끓어 오르고 있는 듯하다. 또한 이것과 병행하여 중국이 '홍콩 국가안전유지법'(香港國家安全維持法)의 제정에 나서고 남중국해에 행정구(行政區)를 설정하거나, 제3국에 대해서 위협적인 행동을 활발히 하는 일이 불신감을 증폭시키는 효과를 초래했다. 이러한 중국의 행동에 기인하는 불신감이 협력의 가능성을 후퇴시켰다.

또한 대중(對中) 비판의 배경에 있는 미국의 국내 정치와 관련된 사정인데, 이것은 앞에서도 언급했지만, 역시 트럼프 대통령이 코로나19 대책에서의 서툰 대응, 또는 인종차별 반대 시위에 대한 서툰 대응으로 국내에서 지지율이 하락함으로써, 지지율이 더욱 하락하는 것을 멈추게 하기 위해 비판의 창끝을 중국으로 향하게 하여 국내에서의 실책으로부터 눈을 돌리게 하려는 동기가 전혀 없었다고는 말할 수 없을 것으로 생각된다. 또한 연방의회의 중국에 대한 체제 비판(體制批判)도 더욱 강경해지고 있다. 특히 중국의 인권 침해에 관련된 법안을 차례로 의결하여 원래 인권에 대한 관심이 희박했던 트럼프 대통령을 홍콩 및 신장(新疆) 위구르 자치구의 문제에서 대중 제재(制裁)를 발동하도록 밀고 나가는 움직임이 현저하다. 이러한 몇 가지의 흐름이 맞물려, 대중 협조라고 하는 선택지가 뒷전으로 밀려나게 되었다고 생각한다.

가와시마 신:

코로나19 감염증이 우한(武漢)에서 시작되었을 때, 명백히 중국 정부는 초동 대응(初動對應)에 실패했다. 그 이후 1월 중반에 중국국가위생건강위원회(中國國家衛生健康委員會) 고위급 전문가팀 팀장 중난산(鍾南山) 등이 우한으로 갔고, 1월 20일에 중앙정부가 전면에 나서 우한을 봉쇄하고 그로부터 75일 이후에 우한을 개방했다. 이러한 일련의 경위에는 실패도 있고 정부의 선전(宣傳)도 있지만, 전체적으로는 잘 억제했다고 하는 것이 중국 내의 평가라고 생각된다.

하지만 중국공산당의 입장에서 보자면, 이 코로나19에 대한 대처는 단순한 위생 문제가 아니며, 오히려 통치의 문제이기도 하다. 통치의 문제로서 볼 경우, 다음과 같은 사실을 살펴볼 수 있다. 그것은 대미 관계 등에도 관련된다.

첫째, 감염 방지 시에 도시 지역에서는 사구(社區)의 역할이 중요했다. 이 인조(隣組)2) 제도가 상호 감시, 상호 부조의 기능을 수행하며 각 개인에 대한 관리

---

2) 인조(隣組, となりぐみ)란 도쿠가와 막부(德川幕府) 시대부터 성립되기 시작한 일본의 행정조직으로, 5개 가구(家口)부터 10개 가구에 이르는 인원을 하나의 조직으로 편성하여 상호 협력 및 감시를 하는 소단

를 철저히 했던 것이다. 이 '사구'라고 하는 기층사회(基層社會)에 대한 관리·통제의 강화는 주로 치안 목적으로 중국공산당 정법위원회(政法委員會)가 추진했던 프로젝트인데, 그 성과가 나왔다는 것이다. 하지만 이러한 사회에 대한 관리·통제의 강화는 당연히 언론 및 행동의 규제, 관리와도 결부되었고, 그 대내적 긴장이 대외정책의 경직화에도 결부되었다.

둘째, 소셜미디어(SNS)가 갖고 있는 양면성의 문제가 있다. 널리 알려져 있는 바와 같이, 2019년 12월 말에 우한의 한 의사(醫師)[3]가 이 질병을 사스(SARS) 등으로 부르며 사람에서 사람으로의 감염이 있다는 것을 시사했다. 지방정부는 이것을 유언비어로 단정하고 의사의 처분을 결정했는데, 그 이후 사람에서 사람으로 감염된다는 것이 파악되고 또한 그러한 사실을 밝혔던 의사가 감염되어 사망하게 되자, SNS 상에서 해당 의사에 대한 동정과 지지가 모여들었고 중앙(中央)은 그것을 감안하여 그 의사의 명예 회복을 행하고 지방정부의 간부를 처벌하였다. 이것은 SNS가 사회의 의견을 집약하여 정부에 이의를 제기하는 기능을 시진핑 정권하에서조차 담당하고 있음을 보여주었다. 하지만 칭화대학(淸華大學)의 쉬장룬(許章潤) 교수가 구속되었던 것처럼, 정부에 대한 비판을 행한 사람을 이제까지 이상으로 체포하고 있다. 전체적으로 본다면, SNS를 통한 이의제기가 전혀 없는 것이 아니지만, 이번의 코로나19의 감염 확대 속에서 사회에 대한 통제의 정도가 강화되었던 것으로 볼 수 있다. 한편 이번에 중국공산당 정권은 빅데이터를 활용하여 우한에서의 사람들의 이동 방식을 파악하거나, 개인 데이터도 파악하여 체포되어야 할 자를 체포하는 것과 함께, 유언비어 등에 대한 단속을 행했다. 빅데이터 등을 활용하면서 사회의 통제·관리를 강화할 수

위 조직을 말하며, 여기에서는 이와 같은 상호 협력 및 상호 감시의 기능을 수행하고 있는 중국의 사구(社區)를 가리킨다._옮긴이

3)　우한시 중심의원(武漢市中心醫院)의 의사였던 리원량(李文亮)을 지칭한다._옮긴이

있게 된 것이기도 하다. 이것은 사회 통제의 중요한 실험이 되었다고 할 수 있다. 이러한 디지털을 통한 사회 관리 및 통제와, 사구(社區) 등 말단 레벨에서의 상호 관리, 상호 부조 등을 이용하여 효율적으로 질병을 억제했던 것이다.

이처럼 사회 통치와 관계가 있었던 코로나19 대책이었는데, 2020년 3월부터 추세가 점차 '회복'으로 이행한다. 그 과정에서 중국공산당 정권은 다음과 같은 세 가지를 목표로 삼았다. 그것은 ①감염증의 통제, ②경제 부흥, ③중국공산당의 통치 강화였다. 이 중에 ②에 대해서 리커창(李克强) 총리가 주로 선도(先導)하는 역할을 했기 때문에 일시적으로 시진핑과 리커창 사이에 마찰이 있는 것처럼 보였지만, 이것은 역할 분담이었을 것으로 생각된다. 다만 ②의 경제 부흥에 대해서는 상당히 어려운 일로 여겨진다. 마이너스 성장은 되지 않고 있지만, 2018년부터 하락하고 있는 개인 소비의 회복은 어렵다. 임금의 상승, 미국에 의한 관세 등의 압력, 그리고 이번 코로나19 문제가 삼중고(三重苦)가 되어 중국 경제를 억누르고 있는 것이다. 중국으로서는 '국내 대순환' 정책 등, 내수(內需) 중심의 새로운 경제 구조를 만들어내려 하고 있다. 확실히 최근 수년 동안의 중국 경제는 내수 의존이 되어왔지만, 과연 이것으로 경제발전이 유지될 수 있는가에 대해서는 계속적인 관찰이 필요하다.

한편 이번의 코로나19 감염증으로 대도시 주변의 농촌 지역까지 온라인 시스템이 확대되는 등, 호재(好材)가 없는 것은 아니다. 또한 5G 사회의 실현 및 GPS 서비스를 위한 베이더우(北斗) 인공위성의 발사 등이 감염 확대 속에서도 계속되었다. 일대일로(一帶一路) 관련의 주요 인프라 사업도 계속될 것으로 보인다.

다만 인프라 건설에는 사람의 이동이 필요하므로 그것이 충분히 회복되지 못할 경우 적지 않은 사업이 정지될 것이다. 또한 감염 확대 속에서 오히려 강화된 구미와의 디커플링(decoupling, 분리)에 따른 무역의 감소는 피할 수 없다. 결국 중국으로서도 수출관리법(輸出管理法)을 새로 제정하여 중국 입장에서의 디커플링을 하고자 하는 것으로조차 보인다.

올해(2020년)는 중국 제13차 5개년 계획의 최종연도인데, 경제성장의 목표 달성은 어려울 것으로 보이며, 2020년에는 2010년 국민소득의 2배를 실현한다고 후진타오가 말했던 목표의 달성도 멀어졌다. 소강사회(小康社會)의 달성을 성과로 삼으면서도 이러한 국내 통치의 문제는 대외정책을 경직화시키는 효과가 있는 것으로 여겨진다.

대외적인 정책에 대해서 논하자면, 중국 내에서 중국의 독자적인 해석, 즉 '우리는 코로나19 감염증에 대단히 잘 대처하고 있고 세계가 그것을 지원해주고 있으며, 회복기에 들어간다면 이번에는 우리가 외부 세계를 지원할 것이고, 또한 그것을 세계는 환영한다'라는 것을 선전하고 있다. 국내에서도 '국가의 안전'이 경제발전보다도 중시되기 때문에, 국내에서의 선전 및 국가의 안전을 위한 여러 정책이 그대로 대외 자세에 반영되고 있다. 전랑 외교(戰狼外交) 같은 것도 외교부(外交部)에 대한 중국 내의 엄중한 시선에 노정된 외교관들이 취하지 않으면 안 되는 반응이었다고도 할 수 있을 것이다.

한편으로 미국과의 대립이 심화되는 가운데, 방어 자세를 취하며 몸을 웅크리고 있는 측면도 중국에는 있다. 그들은 중국에 대해 부정적인 미국발(發)의 언설(言說)은 허위라고 말하기 일쑤이거나, 또는 국내에서 접근할 수 없게 하고 있다. 또한 홍콩 문제에서도 미국이 홍콩 인권법(人權法)과 같은 법률을 제정하자, 홍콩으로부터 공격해 들어오는 것으로 느끼고 홍콩에서 내측(內側)으로 침투하지 못하게 해야 한다고 생각한다. 그리고 '국가의 안전'이 중시되어진 것도 중요하다. 국내의 베이징(北京), 상하이(上海), 광둥(廣東) 등에서 관리 통제의 레벨이 올라갔기에 홍콩(香港), 마카오(澳門)가 종래의 관리 체제 그대로일 경우 관리 레벨에서 격차가 너무 벌어지므로 홍콩에서도 통제 레벨을 올리지 않을 수 없다고 베이징은 생각했던 것이다. 또한 반부패(反腐敗)를 추진하는 가운데, 홍콩에 대한 통제를 강화하지 않으면 도피처가 되어버린다든지, 금융 방면에서의 미국의 공세(攻勢)도 우려 사항이 되었을지 모른다.

중국이 홍콩에 대한 관리·통제 레벨을 올린 것을 미국 입장에서 보면, 중국이 더욱 도전적이 되어간다고 느낄 것이다. 만약 여전히 국가의 안전보다도 경제를 중시한다면 금융 센터로서의 홍콩이 중요하겠지만, 이미 바뀌어버린 것이다. 그 때문에 중국 입장에서 홍콩은 자본주의 세계로부터 중국에 진입하는 접점·통로(gateway)가 더 이상 아니게 되었고, 오히려 중국계 기업 또는 중국 자금(China money)이 세계로 진출할 때의 경유지가 되고 있는 것이 아닌가 생각된다. 이에 따라 앞으로는 홍콩인(香港人)의 홍콩이 아니라, 중국을 위한 홍콩이 되어갈 것이며, 바로 그렇기 때문에 국가안전유지법(國家安全維持法)을 제정한 것이 아닌가 하는 생각조차 들게 되는 것이다. 하지만 외부 세계와의 결절점(結節點)이었던 홍콩의 성격을 바꾼 것은 외부로부터 보면 준엄한 정책으로 보이는 것이다.

•

[단기(短期): 미중 관계의 주요 쟁점] 홍콩 정세 등을 비롯하여 코로나19 감염증 이외에도 미중 관계를 악화시키고 있는 쟁점이 있습니다만, 어떠한 쟁점에 주목해야 하겠습니까?

가와시마 신:

홍콩 문제를 비롯하여 미중 관계를 악화시키고 있는 쟁점은 여러 가지가 있는 것으로 생각된다. 여기에서는 4개의 논점(論點)을 제시해보도록 하겠다.

첫째, 무역(貿易) 문제이다. 중국은 이것을 교섭이 가능한, 또는 합의가 가능한 문제로, 또한 미국 대통령 선거에 영향을 미치는 문제라고 보았던 것 같다. 트럼프 대통령이 관세 문제에 강한 관심을 갖고 있는 것에 반해서, 바이든 후보자 또는 민주당원들은 관세 문제에 별로 관심이 없다. 미중 대립은 장기적, 포괄적, 제도적인 것이라고 여겨지는데, 그럼에도 논점 및 중점은 변화해가는 것으로 생각된다.

둘째, 기술(technology)의 디커플링 문제이다. 이것은 안보와 경제의 양면에 관련된 문제인데, 정보통신 분야의 첨단기술 부문에서 당분간 계속되는 것은 물론이고 앞으로 확대되어 갈 것으로 생각된다. 코로나19의 감염 확대에 따라, 이 문제는 그 정도도 격화되고 공간적으로도 확대되었다. 정도에서는 이미 미국 연방정부(聯邦政府)의 조달 방면에서 중국계 정보통신 주요 기업과 거래가 있는 기업은 대상외(對象外)로 배제되었다. 또한 TSMC(臺灣積體電路製造)의 미국 유치 문제가 발생하여 TSMC로부터 화웨이(華爲)에 제공되었던 고성능 부품을 스스로 생산해야 됨에 따라 화웨이는 대책을 강구하지 않으면 안 되게 되었고, 휴대 단말(携帶端末)의 생산에 커다란 타격을 입을 수밖에 없는 상황에 빠지고 있다. 미국이 기술에서 디커플링 정책의 정도를 올려왔다는 인상을 갖게 한다. 공간의 확대라고 하는 것은 미국이 기술 방면에서의 정책에 대해서 처음에는 '파이브 아이즈'(Five Eyes, 미국·영국·캐나다·호주·뉴질랜드의 정보기관이 서로 정보를 공유하는 것)에, 다음으로 일본·독일 등의 동맹국에게도 공유를 요구하고 있다는 점이다. 일본에 어려운 점은 코로나19 이전이라면 일본과 비슷하다고 할까, 미국의 규준(規準)을 반드시 그 상태 그대로 받아들이지 않아도 좋다고 생각하는 국가가 여럿이 있었다고 생각되지만, 이번의 코로나19 와중에 유럽 각국 및 호주가 중국에 대한 자세를 강경 노선으로 전환하고 미국에 접근했기에, 일본으로서는 독일 정도밖에는 파트너가 될 대상이 없게 될지도 모른다. 이러한 문제는 예를 들어 일본이 홍콩 문제에 관해서는 '파이브 아이즈'에 맞추는 것이 아니라, G7에 맞추어 성명을 냈던 것에도 영향을 미치고 있는 것으로 생각된다.

한편, 이러한 기술을 둘러싸고는 중국도 새로운 수출관리법 등을 제정하는 상황에 있다. 이것은 '자기방어'라고도 말할 수 있지만, 중국이 추진하는 공급망(supply chain)의 디커플링이 될 수도 있다. 그렇게 되면 자유로운 세계 무역질서의 옹호자라든지, 경제 방면에서 윈윈(win-win)하는 신형 국제관계(新型國際關係) 등 중국의 자기인식 및 대외정책 이념에도 영향을 미쳐, 이것들에 대한 재검토가 이루어지게 될지도 모른다.

셋째, 가치(價値)의 문제이다. 2020년 5월 매트 포틴저 대통령 부보좌관의 두 차례에 걸친 중국어 연설, 그리고 7월 마이크 폼페이오 국무장관의 연설에 나타난 미국의 자세는 중국 측에 민주(民主)와 자유(自由)를 호소하는 것과 함께, 중국공산당 영도(領導)하의 정부와 사회를 분리시키려는 노력이었던 것처럼도 보인다. 이러한 중국 사회에 대한 호소를 중국 측으로서는 무시할 수 없다. 이러한 가치(價値)에 해당하는 부분은 냉전(冷戰) 시기의 이데올로기 대립을 방불케 한다. 따라서 이러한 가치에 관한 대립을 이데올로기 대립이라고 간주하고 지금을 신냉전(新冷戰)이라고 보는 견해도 있다. 하지만 현재의 미중 대립은 분야 및 영역에 따라 그 정도(程度)와 내용이 다르기 때문에 단순히 냉전이라고 말하기에는 무리가 있는 것으로 생각된다.

넷째, 지정학(地政學)의 문제이다. 이 논점에 관해서는 코로나19 감염 확대 속에서 '자유롭고 열린 인도·태평양'(FOIP: Free and Open Indo-Pacific)과 '일대일로' 간의 대립이 이전보다도 더욱 주목받고 있으며, 애초 내용이 결여되어 있었던 FOIP에 관해서도 각료 회의가 열리는 등 구체적이 되고 있다. 인도양으로부터 태평양에 걸친 공간에서는 중국·인도 국경, 남중국해, 동중국해(東中國海), 홍콩, 타이완 등의 다양한 문제가 있으며, 코로나19의 감염 확대 과정에서 이 공간에서의 중국군 및 해경(海警)의 활동은 가일층 활발해졌다. 통상적으로 중국은 영토 문제를 갖고 있는 주변국에 커다란 재해 등이 발생하면, 그 국가와의 경계 부근에서 군사행동을 활발하게 해왔다. 동일본(東日本) 대지진의 때에도 그러했다. 그렇기 때문에 중국 자신이 코로나19 감염증으로 어려운 상황이 되자, 주변이 공격해 올 것으로 생각하여 거꾸로 공격적이 되었던 것으로 보인다. 그리고 주변국에 감염이 확대되자, 그야말로 언제나 그러했던 것처럼 중국이 외부를 향해 도발적이 되었던 것으로 생각된다.

중국은 애당초 2016년에 미국을 중심으로 하는 안보 네트워크에 반대한다고 말했지만, 같은 2016년에 고도의 자유무역권 형성을 촉진하는 협정(TPP)이 체결되고, 나아가 트럼프 정권이 관세 문제와 기술 문제를 제기했는데, 그러한 것은 일정한 정도로 지역적인 문제에 관련되었던 것이다. 예를 들면 5G 및 휴대 단말의 문제는 '디지털 실크로드'(Digital Silkroad), 즉 그것을 포함하고 있는 '일대일로'에 관련된 것이다.

다만 중국과의 사이에서 영토 문제를 갖고 있는 국가들은 미중 대립의 논점이 경제 및 기술, 그리고 가치 등에 미치게 되자, 어디선가 미국이 딜(deal)을 하며 다른 대립점(對立點)과 지역적 대립을 거래하는 것이 아닌가 하는 불안감을 갖게 되었을지도 모른다. 거꾸로 중국은 주변국이 미국에 대해서 불안감을 갖게 되는 것을 기대하고 있다. 논점이 증가하면 할수록, 관계국(關係國)은 거기에 불안감을 갖게 되는 것으로 여겨진다.

마지막으로 지적해야 할 것은 바이든 후보자 또는 민주당이 트럼프 정권과 달리 기후변화 등의 글로벌 의제(global agenda)에 특히 주목하고 있다는 점을 중국 측도 알고 있다는 것이다. 이러한 논점에서 바이든 후보자는 중국을 무시하지 않을 것이라는 예상도 있다. 하지만 그럼에도 군사, 안보 및 기술의 방면에서는 민주당도 변함없이 중국에 강경한 자세를 취하지 않을까 하는 생각이 든다. 다만 군사·안보 문제에 대해서 어디까지의 대립을 '각오'하고 있는가는 미지수(未知數)라고 여겨진다.

●

[중장기(中長期): 미중 관계와 세계질서] 미중 관계와 세계질서의 향후에 대해서 이제까지의 흐름에 입각하여 어떻게 전망하면 좋겠습니까?

모리 사토루:

2008년의 세계 금융위기 이전까지는 미국 1강(一强)이라는 전제가 있었으며 그 아래에서 협조 우위의 국제관계였는데, 때마침 국제사회가 이른바 '워싱턴 컨센서스'(Washington Consensus)라고 불리는 것을 공유 또는 수용(受容)하고 있는 것처럼 인식되고, 사람에 따라서는 그것은 허구였다고 말할지도 모르지만, 그러한 것이 있었기에 이것을 리버럴(liberal) 국제질서라고 불렀다. 미국이 중시하는 규범이 어디까지 여러 외국에 수용되었는가 하는 것에 대해서 논쟁의 여지가 크게 있지만, 그것은 차치하고 미국인(美國人)이 중시하는 '가치 규범의 묶음', 예를 들면 분쟁의 평화적 해결, 핵 비확산, 무역 자유화, 항행의 자유, 법의 지배, 기본적 인권의 존중 등을 지금 '리버럴 국제주의'라고 부른다면, 미국은 리버럴 국제주의의 가치 규범에 위반하는 국가를 제재의 대상으로 삼고 그것을 위해 여러 외국을 동원해왔다. 또한 북대서양조약기구(NATO)에 가입한 동유럽 국가들 및 G8의 일원이 되었던 러시아, WTO에 가입한 중국 등처럼, 그때까지 미국 주도의 서방측 진영에 속하지 않았던 국가들이 서방측에서 만들어낸 국제 제도에 참가해가는 흐름이 있었던 것은 사실이다.

그런데 2008년의 '리먼 쇼크'를 계기로 하여 미국의 무력 개입(武力介入)에 대해서 이미 국내에서 높아지고 있던 의구심이 분출되었으며, 그것이 미국 1강이라는 전제를 동요시키게 되었다. 의사(意思)와 능력(能力)을 놓고 말해서 어느 쪽인가 하면, 의사의 동요와 같은 것이 주목되었다. 중국에서는 대국의식(大國意識)이 강해졌으며, 그와 동시에 사회 통제도 강화되어갔고 일국주의적(一國主義的)인 행동이 두드러지기 시작했다. 한편 미국 내부에서는 경제적인 현상(現狀)을 부정하고 외국에 대한 무력 개입도 부정하는 의견이 확산되는 것과 함께, 정치의 분극화(分極化)가 진전되고 그중에서 역시 일국주의 또는 '미국 제일'을 표방하는 트럼프가 대통령에 선출되어, 그 결과 국제주의가 퇴조하고 있다는 견해가 확산되었다. 사실 미국이 국제적인 공중보건을 주관하는 WHO에서 탈퇴하거나, 무역 자유화와 분쟁 처리를 주관하는 WTO의 상급위원회(上級委員會)의 위원 선임을 거부하거나, 이란 핵합의 및 기후변화에 관한 파리 협정, 환태평양경제동반자협정(TPP) 등으로부터 탈퇴하며 다국간(多國間) 협력의 틀에서 이탈하였다. 트럼프의 '미국 제일'은 단적으로 말하자면, 미국의 국익은 세계의 평화나 번영과 동떨어진 형태로 존립할 수 있다, 다시 말해 여러 외국과 경제 관계를 맺으면서 자국을 지키는 강한 군대를 보유하여 타국의 공격을 막으면 그것으로 좋다고 하는 제2차 세계대전 이래 비주류화(非主流化)했던 발상에 입각해 있다. 이러한 현상을 파악하고 미국에는 근원적인 변화가 일어나, 앞으로 미국은 내향적(內向的)이 되며, 중국이 부상하여 미중 양국은 대립을 심화시킬 것이므로 세계는 결정적으로 변하며, 따라서 이제까지의 리버럴 국제질서는 붕괴되고 그것이 동일한 형태로 부활하는 일은 없으며 미중 대립이 심화되는 가운데 미국에서 정권이 교체되더라도 '민주주의 대(對) 권위주의'를 대립축으로 한 세계질서가 형성되어가는 것이 아닌가 하는 견해가 제기되었다. 세계질서론도 다양하게 존재하는 것으로 생각되지만, 대체로 이러한 정세(情勢) 관측이 제시되고 있는 것이 아닌가 생각된다.

세계질서의 경우에는 주요 국가들이 공통의 규범이라든지 공통의 제도라고 하는 것을 어느 정도 공유함으로써 성립되며 그 폭이 넓을수록 강인해지는 것으로 생각되는데, 지금 미국·중국·유럽·러시아 등의 주요국 간에 일국주의가 갈수록 득세하고 있으며 국제주의와의 각축(角逐)이 발생하고 있다. 일국주의가 강해지고 있는 원인은 국가에 따라 사정이 다르지만, 주요국의 국내 정치·사회의 흐름이 세계질서에 작용하고 있는 것으로 보인다.

일국주의가 갈수록 득세하고 있는 가운데 코로나19 감염증이 발생하여, 초국가적(transnational) 문제에 대처하는 데 필요한 국제사회의 문제해결 능력이 상당히 저하되고 있다는 것이 노정되었다. 제1파(第一波)가 가져온 다양한 제1격(第一擊)이 있었으며, 그 제1격의 여파가 갈수록 더욱 현저해지고, 각국 모두 지도자의 거버넌스 능력과 경제적·재정적인 내구력이 문제되고 있다. 거기에 또 제2파·제3파가 내습(來襲)하여 다시 커다란 공중보건 및 경제의 위기를 맞게 된다면, 각지에서 정정(政情) 불안이 발생할 가능성도 있다. 미국도 당초에는 초당파(超黨派)로 대규모의 재정 지출을 했지만, 자원이 국내 대책에 점차 소비되어가고, 대외 관여(關與)에 지출할 자원이 감소되어갈지도 모른다.

이러한 일국주의의 세력이 강해지는 상태가 진행되어 간다면 세계질서가 옅어져간다는 것이, 적어도 스냅샷(snapshot)으로 보았을 때 현재의 전망이라고 할 수 있지 않을까? 지금 주요국의 국내 정치에서의 벡터(vector)는 세계질서를 옅게 만들어가는 방향으로 향하고 있으며, 다국간 협력에 의해 다양한 문제를 해결해나가려는 기운은 저하되어버리는 상황에 있는 것이 아닌가 생각된다.

이러한 주요국 간의 협조가 희박해지고 있는 추세 속에서 미중 대립이 심화되어 간다면 어떠한 일이 발생할 것인가 하는 점인데, 가치 규범을 공유할 수 있는 국가가 연대를 심화하는 벡터와 이익으로 결부된 국가가 연대를 심화하는 벡터가 생기나 '불확실한' 국제질서가 생성(生成)되어갈 가능성이 있는 것이 아닐까 한다. 가치 규범을 공유할 수 있는 국가가 연대한다는 점에서는 최근 재차 민주국가(民主國家) 연대 구상이 미국의 정치인들에 의해 언급되고 있다. 한편 이익에 기초한 연대는 다양한데, 역시 경제력을 배경으로 한 중국의 영향력이 라는 점이 있기에 그것에 의지하고 있는 국가도 상당히 존재한다. 중국의 견지 에서 보자면, 경제발전을 갈망하고 있는 국가를 자국(自國)으로부터의 투자 및 원조를 통해 돕는다면, 그러한 국가로부터 존경을 받고 결국 권위를 획득할 수 있다는 계산일지도 모른다. 그렇지만 '일대일로' 및 세상에서 말하는 '마스크 외 교', 중국공산당의 프로파간다 공작에 의해 중국이 권위를 손에 넣고 있는가 하 면, 반드시 그렇다고는 단언할 수 없으며 역시 '권위는 돈만으로는 살 수 없는 것'이 아닌가 생각된다.

이러한 두 가지 종류의 국제질서가 병존해간다면, 한편으로 미국·일본·호 주·유럽 등을 핵심으로 하는 자유민주주의 국가가 일정한 연대를 추진하고, 다 른 한편으로 중국과 러시아 그리고 이 양국(兩國)에 고도로 의존하고 있는 국가 들이 역시 연대를 추진하며, 그리고 그 어느 쪽에도 속해 있지 않은 세계의 대 부분 국가들이 문제영역(問題領域)별로 국내의 정치·경제 사정에 입각하여 이들 2개의 핵심(core) 집단과 최적의 간격을 두려고 하는 국제관계의 패턴이 출현하 게 될지도 모른다. 이것은 아마도 20세기 후반의 냉전에서 서방측 진영과 동방 측 진영처럼 단순명쾌한 단층선(fault line)을 긋는 것과 같은 상태가 아니라, 다층 적으로 문제영역이 존재하며 문제영역별로 여러 국가가 다른 입장(position)을 취하는 것과 같은 이미지가 될 것으로 생각된다. 세계화를 거친 이후에 분단되 어가는 세계에 어떤 질서가 있다고 한다면, 그것은 정치적 정통성과 경제적 정 통성이 일치되는 부분 질서(部分秩序, 미국과 중국 각각을 핵심으로 하는 집단)와, 일치 하지 않는 부분 질서(어느 쪽 집단에도 속하지 않은 국가들)가 다층적인 계조(階調, gradation) 상태로 존재하는 것과 같이 될지도 모른다.

가와시마 신:

미중 관계만을 봐서는 설명되지 않는 부분이 많아지는 게 아닌가 하는 느낌이 드는데, 미중 대립 및 세계질서에 관한 전망에 대해서 몇 가지 사항을 논하고자 한다. 몇 가지 논점은 모리 사토루 선생이 지적한 것과 중복된다.

첫째, 미중 대립 자체도 대립점(對立點)이 변동하거나 또는 그 대립점마다 이유가 다르거나 정도(程度)가 다르다. 분야별·영역별로 다른 미중 대립이 되며, 그 대립점의 이유 및 정도가 미중 양국 간에서조차 다르다는 점도 있을 것이다. 당연히 '파이브 아이즈' 및 미국의 동맹국과 미국 간에도 동일하지 않으며, 각각 다른 인식과 행동을 취하는 것으로 여겨진다. 또한 분야 및 영역에 따라서는 미중 양국 이외의 제3극(第三極)이 만들어질 가능성도 있다. 개도국을 비롯한 각국은 미중 양국 중에 어느 한쪽을 선택하는 것이 아니라, 분야별·영역별로 미국, 중국 또는 제3극 사이에서 균형을 취하는 행동을 하게 될 것이다. 그렇게 되면, 세계질서는 흑백(黑白)이 분명한 것이 아니라 분야별·영역별로 '불확실한 상태'가 되며, 무엇이 민감한 대립 문제인가 하는 인식이 미중 양국 간에 다르며, 시간의 추이와 함께 그 '불확실한 형상(形狀)'이 변화하는 상태가 되는 것이 아닌가 생각된다.

둘째, 글로벌 거버넌스에 대해서 살펴보더라도 미중 양국 간에 다양한 대립 및 입장의 단층(斷層)이 존재하며, 트럼프 정권이 국제주의를 실질적으로 방기(放棄)하고자 하는 가운데, 중국은 오히려 글로벌 거버넌스, 또한 그것을 담당하는 기관에 대한 관여(고위 인사, 예산, 인원 파견)를 강화하려 하고 있다. 이러한 경향은 유엔(UN)의 산하 기관에서 현저하게 나타난다. 이번의 코로나19 사태에서도 WHO에 대한 중국의 큰 영향력을 살펴보면, 현재 신흥국이 국제기관에 미치고 있는 영향력의 크기를 알 수 있을 것이다.

그렇다면 미국이 기존 질서의 중심으로서 미덥지 못한 상황에서, 유럽 국가들 및 일본 등이 글로벌 거버넌스에서 주도성(主導性)을 발휘하여 기존 질서를 유지하는 것이 가능할 것인가? 물론 그렇게 해야 하며 그렇게 하는 것이 바람직 하다는 논의도 있지만, 그럴 만큼의 국력(國力)이 선진국에게 없다는 것도 확실 할지 모른다. 선진국이 일치하여 지역대국(地域大國) 등과 협력하면서 어떤 질 서의 형성을 추진하는 것도 가능할지 모르지만, 아직 앞을 내다볼 수 없는 상황 이다. 그러한 국제기관 및 조약 틀에 대해서 아시아, 아프리카, 라틴 아메리카 의 국가를 포함한, 세계의 200개 전후의 국가 및 지역이 어떠한 선택을 할 것인 가? 그 선택의 양상은 전술한 바와 같이 분야별·영역별로 복잡한 양상을 노정 할 것으로 생각된다. 그에 반해서, 미중 양국 등은 각각 자신에게 유리한 세계 를 실현하기 위해 타국을 유도하고자 하므로, 다양한 분쟁이 발생할 것이다.

셋째, 이것은 특히 기술의 문제에서 현저하게 보여지겠지만, 행위자가 다양 하다는 점이 있다. 거기에는 국가뿐만 아니라 기업 등도 있다. 이번의 TSMC도 그러하지만, 정부가 이처럼 기술 등의 분야에서 관리를 강화하면, 국가와 기업 간의 관계도 대단히 미묘해진다. 중국에서는, 특히 국유기업(國有企業)인 경우 에는 소관 부처가 있어서 국가정책 아래에서 기업이 움직이는 측면이 있는데, 민주주의 국가에서는 기업 각각에게 국기(國旗)를 달게 할 수는 없다. 그렇게 되 면, 국가에 의한 정보 관리 및 통제도 엄격해지는 가운데 개개의 기업, 비정부 기구(NGO), 경우에 따라서는 개인까지가 각각의 분야·영역에서 어떠한 질서를 바라고 있는가 하는 문제에 직면하게 될지도 모른다. 그렇게 되면 인기투표는 아니지만, 개개의 행위자가 무엇이 바람직한 것인가를 항상 생각하면서 국경을 초월하여 논의하고 관여해 나가게 될지도 모른다. 그리고 그것이 각각의 국가 에서의 분단을 더욱 가속화시킬지도 모르지만, 거꾸로 쟁점이 명확해져 세계적 으로 리버럴(liberal) 세력이 어느 정도 부활하게 될 가능성도 전혀 없지는 않을 지도 모른다. 어쨌든 분야별·영역별로 국가와 사회에 분단이 일어날 가능성도 있다는 점이다. 이러한 분단은 민주주의 국가 및 사회에만 나타나는 것은 아닐 것이다. 권위주의 체제에서도 그러한 문제가 표출될지 모른다. 다만 이러한 분단이 대단히 심각해지면, '중간'(中間)을 찾아내는 것이 어렵게 되고, 민주주의에도 어려운 사태가 될지 모른다. 또한 권위주의 국가 역시 다양한 분단을 보정(補正)하거나 또는 분단이 생기지 않도록 하기 위한 비용을 부담하지 않으면 안 되게 된다.

세계질서는 급속하게 분절화(分節化)되고 있는 것으로 여겨진다. 미중 대립은 그것을 한편으로 추진하며 몇 가지 '불확실한 상태'를 야기하고 있으며, 미국과 중국 각각이 자신의 질서를 분야별로 형성하고자 하며 타국을 끌어들이려 하기 때문에, 다른 한편으로 분절화를 방지하며 커다란 '불확실성'을 만들어내는 동력이 또한 되고 있는 것으로 여겨진다.

가와시마 신(川島真)
도쿄대학(東京大學) 대학원 종합문화연구과 교수   (전문 분야: 아시아 정치외교사)
저서: 『중국의 프런티어: 요동치는 경계에서 고찰하다(中國のフロンティア: 揺れ動く境界から考える)』 (岩波新書), 『21세기의 '중화': 시진핑의 중국과 동아시아(21世紀の'中華': 習近平中国と東アジア)』(中央公論新社), 『알기 쉬운 현대 중국정치(よくわかる 現代中國政治)』(공편저, ミネルヴァ書房), 『현대 중국 세미나: 도쿄대학 고마바 연속 강의(現代中國ゼミナール: 東大駒場連續講義)』(공저, 東京大學出版會) 외

모리 사토루(森聡)
호세이대학(法政大學) 법학부 교수   (전문 분야: 국제정치학, 현대 미국외교, 냉전사)
저서: 『베트남 전쟁과 동맹외교: 영국·프랑스의 외교와 미국의 선택, 1964~1968년(ヴェトナム戰爭と同盟外交: 英仏の外交とアメリカの選択1964-1968年)』(東京大學出版會), 『미국 태평양군 연구: 인도·태평양의 안전보장(アメリカ太平洋軍の硏究: インド·太平洋の安全保障)』(공저, 千倉書房), *Ironclad: Forging a New Future for America's Alliances*(공저, CSIS) 외

제1부

미중 대립을 어떻게 파악할 것인가:

양국의 의도와 지정학

제1장

미중 관계와 지정학

다카하라 아키오(高原明生), 모리 사토루(森聡) / (사회)가와시마 신(川島真)

1. 지정학적인 관점에서 바라본 미중 관계

가와시마 신: 현재의 미중 관계에 대해서 중국정치(中國政治)가 전문 분야인 다카하라 아키오(高原明生) 선생, 미국 정치외교가 전문 분야인 모리 사토루(森聡) 선생에게 지정학적(地政學的)인 관점에서 어떻게 볼 수 있는지 들어보고자 합니다. 첫째, 지정학적인 관점에 입각하여 주로 후진타오 정권 시기의 주변 외교(周邊外交)로부터 시진핑의 일대일로(一帶一路) 정책의 전개에 대해서 다카하라 아키오 선생의 의견을 여쭈어보고자 합니다. 당연히 이것에는 내정(內政), 또는 시진핑 정권의 대외정책 등 다양한 논점이 결부되어 있는 것으로 여겨집니다. 그러한 것을 포함하여 의견을 들을 수 있으면 하는 생각입니다.

다카하라 아키오: 2002년에 시작된 후진타오 정권인데, 특히 2005년의 동아시아 정상회의의 창설까지는 지역 외교(地域外交)를 열심히 추진했다. 그 요인

으로서는 우선 1997년의 아시아 금융위기의 발발과 홍콩 달러의 방어전(防禦戰)을 거쳐 세계화의 리스크를 다른 동아시아 국가들과 함께 깨닫고, 지역 협력의 중요성을 자각(自覺)하게 되었던 것을 들 수 있다. 그리고 또 한 가지 중요한 것은 1999년에 WTO 가입 교섭의 난항 및 유고슬라비아 주재 중국 대사관 폭격 사건에 따라 대미(對美) 관계가 악화되었던 점이다. 냉전이 종식되고 미국이 압도적인 초강대국이 된 세계에서 미국과 분규가 발생하면 국제적으로 고립되는 상황에 직면하게 된다. 그래서 중국은 1990년내 말 무렵부디 근린(近隣) 국가들과의 관계를 강화하는 근린 외교의 요소에 더하여, 다각적인 지역 틀을 형성·발전시키는 지역주의의 요소를 가미한 지역 외교에 주력하게 되었다. 동료의 고리를 구축해둠으로써 대미 관계의 악화에 영향을 받지 않는 국제적인 활동 공간을 확보하려 했던 것이다. '이웃과 사이좋게 지내고, 이웃을 파트너로 삼는다'(與隣爲善, 以隣爲伴), '이웃과 화목하게 지내고 이웃을 안정시키며 이웃을 부유하게 만든다'(睦隣, 安隣, 富隣) 등의 새로운 슬로건이 등장했다. 춘추전국 시대 이래의 '원교근공'(遠交近攻)이라는 발상으로부터의 커다란 전환이다.

2012년에 등장한 시진핑 정권은 선린(善隣) 외교의 기본 방침을 답습하여 강화하고 있다. 이전부터의 슬로건에 더하여 '친(親, 친밀), 성(誠, 성실), 혜(惠, 은혜), 용(容, 관용)'의 4가지 문자를 추가했다. 이렇게 더해진 것은 시진핑 자신의 발안(發案)이라고 말해지고 있다. 그러나 후진타오 정권 중에서부터의 일이지만 동아시아 정상회의의 창설을 정점으로 하여 동아시아에서의 지역 틀의 구축에 대한 열의는 상당히 냉각되었다. 그것은 다른 국가에서도 마찬가지인데, 공통되는 하나의 요인은 중국의 국력이 발군의 속도로 증대했던 점에 있는 것으로 생각된다. 중국의 해양 진출 등을 원인으로 하여 동남아시아 국가들은 동아시아 정상회의에 미국(및 러시아)을 초청하였고 그것은 2011년에 실현되었다. 그 대신에 시진핑 정권이 열심히 나섰던 것은 '일대일로'였다. 시진핑은 '신형 대국관계

(新型大國關係)'의 구축을 미국에 호소하며 대미 관계를 안정시키고자 했지만, 사이버 공격 및 동중국해, 남중국해에서의 마찰 등에 의해 성공하지 못했다. 오바마 대통령은 중국과의 대항을 의식하며 '아시아로의 회귀 정책'을 제창하였고 TPP를 추진했다. 그래서 중국이 이른바 외교정책의 추(錘)를 동쪽의 미국에서 서쪽의 유라시아로 돌린 것이 '일대일로'이다. 그 기본적인 발상은 인프라 건설에 의해 동아시아와 유럽을 연결시키고, 그 중간지대(中間地帶)를 발전시킨다는 것이다. 경제적으로는 2008년의 세계 금융위기 이래 교통 인프라 및 도시 인프라의 대규모 건설에 의한 내수 확대(內需擴大)에 의존했던 발전 모델에 한계가 나타나, 국내 시장이 포화되고 과잉해진 건설 능력 및 생산 능력을 외부로 돌릴 필요가 생겨났다.

중국의 경제적인 대외 진출은 때로 '채무의 덫' 등으로 비판을 받는데, 일반적으로는 투자를 받는 측으로부터 환영을 받고 있다. 다만 특히 근린(近隣)의 국가들은 중국이 동중국해 및 남중국해의 문제에 관해서 말은 부드럽게 하지만 행동은 강경한 점이나, 경제협력이 종종 약속대로 행해지지 않는 점으로부터 중국과 장기간 교류하며 알면 알수록 경계도 강해지는 상황에 있다. 중국은 근린(近隣) 외교가 아니라, 주변(周邊) 외교라는 개념을 사용하고 있다. 정식의 영역(英譯)은 peripheral diplomacy이다. 자신이 중심에 있다는 의식이 그 용어에 공교롭게도 나타나고 있다는 인상을 준다. 의도하지 않은 '위로부터의 시선'이 반발을 초래하는 측면도 있는 것이다.

중국은 '중화민족(中華民族)의 위대한 부흥'이라는 슬로건을 내세우며 국력의 증대에 의해 대외 진출을 추진하고 있다. 군사적으로는, 중국은 물론 방위(防衛)를 위한 것이라고 말하고 있지만, 방위 범위가 국력의 증대와 함께 확대되어가는 상황에 있으며, 근린(近隣) 국가들뿐만 아니라 미국과의 마찰이 발생하고 있다. 또 하나는 절대로 양보할 수 없다고 하는, 이른바 핵심적 이익(核心的利益)의

범위가 확대되고 있다. 이전과 달리, 최근에는 남중국해도 핵심적 이익이라고 공언(公言)하고 있다. 경제발전에 불가결한 해상수송로(Sea Lane)의 안전보장도 중대한 과제이다. 또한 안보 방면의 대외 진출을 뒷받침하는 정치적인 요인으로서는 민족주의에 기초한 '영토' 회복의 요구가 있다. 혁명으로부터 시대가 지나감에 따라, 중국공산당은 봉건주의 및 제국주의로부터 민족의 해방을 이끌었다고 하는 역사뿐만 아니라, 다른 쪽에서 지배의 정통성의 유래를 찾을 필요가 높아지고 있다. 과거에 덩샤오핑은 소련 및 동유럽의 사회주의 진영이 붕괴되었을 때 소련 및 동유럽 국가들의 정권은 경제 운용에 실패하여 국민의 지지를 상실했다고 인식했다. 그래서 개혁개방(改革開放) 정책을 추진하여 국민의 생활 수준을 향상시키고 중국공산당 정권에 대한 지지를 계속 확보하지 않으면 안 된다고 생각하여 계획경제(計劃經濟)와 결별했다. 즉 개발주의(開發主義)가 지배의 정통성을 뒷받침하는 큰 기둥이 되었던 것이다. 하지만 시장경제(市場經濟)에는 호경기와 불경기가 있으며, 또한 언제까지나 플러스 성장을 할 수 있는 것은 아니므로 역시 또 한 가지, 즉 민족주의라고 하는 기둥이 필요하게 되었다. 그래서 장쩌민 정권 시기부터 국내 및 당내(黨內)를 통합하고 정권의 구심력을 제고시키기 위해서 이른바 애국주의 교육을 강화하게 되었다. 근대화가 한창이고 국력도 제고되며 부국강병(富國强兵) 패러다임이 지배적인 오늘날의 중국에서는 점차 미국에 대한 대항심(對抗心)도 강해지고 영토의 회복에 관한 행동이 많은 국민으로부터 지지를 받고 있는 것이다.

가와시마 신: 감사합니다. 그럼 모리 사토루 선생, 미국의 관점에서 미중 양국 간의 지정학적 경합(競合)에 대해서 말씀을 해주시면 좋겠습니다.

모리 사토루: 미국의 트럼프 정권은 2017년 11월에 '자유롭고 열린 인도·태

평양 전략(FOIP)'을 제기했는데, 추진의 담당자는 국방부 및 국무부 등 안보·대외정책 담당 부처이다. 트럼프 대통령은 애당초 양국 간 무역협정의 재검토를 통해서 미국의 수출 확대를 도모했으며, 수출로 이익을 올리는 업계의 정치적 지지를 획득하여 그것을 재선(再選)과 결부시키는 데 전념하고 있었기 때문에 FOIP라는 것에는 거의 관심을 기울이지 않았다. 대통령이 FOIP에 대해서 말했던 2017년 11월의 베트남 다낭에서의 연설은 주로 대(對)북한 제재에 대한 협력 요청과 양국 간 무역의 필요성을 호소하는 내용이었다. 하지만 국방부와 국무부는 착실하게 다국간의 지역관여(地域關與) 전략으로서 FOIP를 추진해오고 있다. 안보 방면에서는 오바마 정권 시기부터의 연속성이 현저하며 경제·개발 방면에서는 TPP로부터 이탈해버렸지만 인프라 개발 및 에너지, 디지털 연결성 (digital connectivity) 등 폭을 넓힌 부분이 있다. 그렇기에 FOIP는 어디까지나 외교·안보 관련 부처가 주도하고 있다는 점이 중요한 포인트가 된다.

그러한 FOIP이지만, 이것은 2개의 성질을 갖고 있는 전략이라고 생각된다. 하나는 바로 지정학적인 전략으로서의 FOIP이다. 이것은 제2차 세계대전 이래의 유라시아 대륙의 동단(東端)과 서단(西端)에 패권국을 출현시키지 않는다고 하는 전통적인 지정학적 발상을 토대로 삼고 있는 측면이 있다는 점이다. 이번의 FOIP는 유라시아의 내륙부에는 초점을 맞추지 않고, 어디까지나 서태평양과 인도 서부까지의 인도양에 초점을 두고 있다는 점이 기본적인 특징이라고 할 수 있다. 미국이 원래 해양으로부터 대륙 주변부를 주시하는 전략을 형성해왔던 역사적인 전략관(戰略觀)도 작용하고 있을 것으로 여겨진다. 이러한 관점에서 본다면 FOIP에는 중국에 의한 지역 패권의 확립을 저지한다는 함의가 있는데, 중국이 '아시아에 의한 아시아를 위한 안보' 등을 발언하자 강한 반응을 보인 것이라고 할 수 있다.

또 하나는 미국의 가치적인 이익을 추구하는 전략으로서의 FOIP이다. 여기에서 말하는 미국의 가치적인 이익이라는 것은, 일반적으로 말하면 분쟁의 평화적 해결, 항행의 자유, 무역의 자유화, 법의 지배, 투명성 또는 민주적 제도 등 다양한데, FOIP에 관한 정부 고위관료의 정책 연설 및 미국 정부의 공식 문서 등을 살펴보면, 대체적으로 5가지 정도의 원칙에 입각해 있다. 즉 ①국가들의 주권과 독립의 존중, ②분쟁의 평화적 해결, ③개방적인 투자 및 투명한 협정, ④연결성(connectivity)에 기초한 자유롭고 공정하며 상호적인 무역, 그리고 ⑤항행과 비행의 자유가 그것이다. 미국은 원래 이러한 가치 규범에 의해 자국의 이익을 정의했기 때문에 바다에 초점을 맞추고 있는데, 연안국(沿岸國) 중에서 어느 국가가 중요한가 하는 것을 반드시 지리적인 전략상의 고려만으로 판단하는 것은 아니다. 오히려 미국이 중시하는 가치 규범에 비추어 적과 자기편을 식별하고 자기편을 서열화하는 습성을 보이고 있다. 가치 규범의 공유도(共有度)가 제일 높은 동맹국이 가장 중심에 있으며, 거기로부터 이해(利害)의 일치 정도 및 협력의 진전 정도에 응하여 몇 가지로 분류하여 자신들의 제휴 상대국을 공식 문서 등에서 제시하고 있다. 또한 지금은 뻔한 말일지도 모르지만, 미국 입장에서 보면 중국은 이러한 가치 규범에 반하거나 손해가 되는 행동을 취하고 있으며, 그 때문에 대항해야 할 상대방으로 간주되고 있다.

이러한 의미에서는 오바마 정권의 무렵부터 아시아·태평양 또는 인도·태평양에서의 미국의 이익 및 목표라고 하는 것은 크게 변하지 않았다. 전략은 다양한 형태로 정의되지만 목적, 방법, 수단이라는 점에서 본다면, 방법의 부분이 최근 수년 동안 크게 변화했던 것이다. 오바마 정권의 무렵까지는 아직 포섭성(包攝性)이 나타나고 있었지만, 트럼프 정권에 들어서 역시 중국과의 전략적 경쟁이라는 것이 되었다. 포섭성의 레토릭은 남아 있지만, 실질적으로는 배타성(排他性), 특히 중국을 염두에 둔 배타적이며 대항적인 접근을 토대로 하고 있다는 것이 최근 수년간 선명하게 나타났던 것으로 여겨진다. 특히 2020년에 들어서면서부터는 '신뢰'의 유무에 기초한 유지연합(有志連合)을 형성하려는 움직임이 현저하며, '경제적 번영 네트워크'(EPN: Economic Prosperity Network) 및 '5G 클린 패스'(5G Clean Path) 또는 '클린 네트워크'(Clean Network) 등 경제·정보통신 분야에서 배타성을 지닌 구상이 제기되고 있다. 그들은 앞에서 언급한 원칙이나 가치적인 이익, 단적으로 말하자면 개방적이며 자유로운, 즉 국가들이 타국의 지배로부터 자유로운 지역질서를 훼손하는 존재로서 중국을 보고 있으며, 그 때문에 중국과 경쟁하지 않으면 안 된다는 사고방식이 되고 있다.

그 영향에 대해서도 한 마디 언급하자면, 트럼프 정권이 2017년 12월의 국가안보전략(NSS: National Security Strategy) 등에서 중국을 현상변혁(現狀變革) 국가로 규정하고 2018년 7월부터 무역 분쟁을 본격화하며 전례 없는 형태로 중국에 대한 대항 자세를 선명히 하자, 지역 국가들 특히 중국과의 경제적 관계가 깊은 동남아시아 국가들이 소극적인 반응을 보이게 되어 국무부 등은 궤도 수정에 들어갔다. 별로 지적되지 않는 것이지만, FOIP의 공식 레토릭에서는 실은 포섭성을 강조하고 있다. 트럼프 정권으로서는 미국이 중시하는 가치 규범을 중국이 받아들이고 준수한다면 협력하는 상대가 될 수 있다는 것이 공식 입장이다. 이것은 오로지 지역 국가들의 불안과 걱정을 누그러뜨리기 위한 레토릭이고, 실태로서 워싱턴은 그러한 기대를 거의 갖고 있지 않을 것으로 생각된다.

2. 중국이 갖고 있는 리스크

가와시마 신: 중국이 앞으로 번영해가는 데에서의 리스크, 특히 대외 관계에서의 리스크에 대해서 중국 측은 어떻게 보고 있습니까?

다카하라 아키오: 리스크는 단기적, 장기적, 표면적, 근본적 등의 다양한 분류가 가능하다고 생각되는데, 대외 방면에서의 리스크이자 국내의 리스크에 직결되고 있는 것은 역시 대미 관계라고 생각된다. '미국과의 관계가 중국의 모든 안정(安定)에서의 기초이다'라는 말을 중국의 친구들이 흔히 한다. 나는 그러한 말을 들어도 좀처럼 수긍할 수 없었지만, 잘 생각해보면 일본인이 망각하기 일쑤인 문제가 한 가지 있다고 생각된다. 그것은 외교가 잘 되어 가지 않으면 내정(內政)에 큰 영향을 미친다는 점이다. 일본 입장에서 가장 중요한 외교 관계는 미국과의 관계라고 할 수 있다. 미국과의 사이에 무역 마찰 및 주일(駐日) 미군 기지 문제 등 여러 가지 사안이 있는데, 기본적으로는 대미 관계가 안정되고 있다. 수십 년 동안 그러한 상황 아래 지내면서 자신의 국가에서 첫 번째 또는 두 번째로 중요한 외교 관계가 동요하게 되면, 국내의 안정까지도 동요하게 된다는 사정을 망각하고 있는 듯한 생각이 든다. 중국에 입각하여 조금 더 구체적으로 말하자면, 미국은 중국에게 일국(一國)으로서는 물론 최대의 경제 파트너이자 가장 큰 군사적 위협이기도 하며, 많은 국민이 동경하는 대상이기도 하다. 미국과의 관계가 안정되지 않으면, 지금 바로 중국에서 일어나고 있는 바와 같이 안보 방면에서 긴장하게 될 뿐만 아니라 경제에도 큰 영향이 미치게 되며, 그것은 사회의 안정을 동요시키고 나아가서는 정치적인 안정을 뒤흔들 수밖에 없기 때문에, 미국과의 관계가 지금 이와 같은 정도로 악화된 것은 대단히 큰 위협으로 정권 측에 인식되고 있는 것으로 여겨진다.

가와시마 신: 감사합니다. 중국의 외교를 논의할 경우에 '내정(內政)에서 외정(外政)으로'라는 것, 즉 내정을 보면 외교를 알 수 있다고 흔히 말합니다만, 역시 외정에서 내정으로 향하는 선(線)도 있다는 것을 이번의 미중 관계를 보면 대단히 잘 알 수 있습니다. 모리 사토루 선생, 이러한 상황에 입각하여 미국으로부

터는 어떠한 리스크가 보입니까?

모리 사토루: 지금 다카하라 아키오 선생께서 중국의 경우 대미 관계가 안정되지 않으면 국내에서 경제적, 사회적, 정치적인 동요로 연결될 리스크가 있다고 지적하셨는데, 최근 수년간 미국을 살펴보면, 미국의 경우에는 그 반대일지도 모른다고 느껴진다. 무슨 말인가 하면, 미국의 경우에는 바로 이제까지의 안정된 미중 관계 속에 중국 리스크가 있다는 견해가 강해진 것처럼 보인다. 조금 단적으로 표현하자면, 미국이 중국과의 관계를 안정시켜온 결과 중국이 그것을 악용하면서 힘을 길러 부상하고 미국을 앞질러 가고자 하고 있다는 견해가 강해져, 그 때문에 종래대로의 관계를 유지하는 것이 큰 리스크로 보여지게 되었다고 말할 수 있을지 않을까 생각된다. 현재 미국의 경우에 다소 이해하기 어려운 것은 트럼프 대통령과 관료기구 및 연방의회 사이에서 주목하는 중국 리스크가 다르다는 점에 있다고 생각된다.

트럼프 대통령의 경우에는 우선 보다 넓은 맥락에서 애당초 이제까지의 무역 자유화는 미국이 비대칭의 조건에서 여러 외국과 무역하는 것을 전제로 해왔기에, 그러한 경제적인 현상유지(status quo) 또는 현상(現狀)이 미국의 노동자로부터 다양한 것을 빼앗고 있으며, 그것이 리스크라고 정의하고 있는 것처럼 생각된다. 물론 이러한 호소를 함으로써 지지자를 확고히 한다는 정치적 동기가 근저에 있다는 것은 사실일 것이다. 그래서 트럼프 및 정권의 수뇌부는 공정, 상호적(reciprocal) 또는 상호주의 등 지금은 정권의 슬로건이 된 표어를 사용하고 있지만, 그것은 요컨대 미국이 이제까지 패권국으로서 허용해왔던 관대한 무역 조건(貿易條件)이 미국을 경제적으로 침식하는 리스크를 내포하고 있다는 이미지를 투영하는 말이 되었다. 그래서 TPP로부터 이탈하거나 NAFTA(북미 자유무역협정) 및 KORUS(한미 자유무역협정)를 개정하거나 미일 무역협정을 새로 체결하는 것 등을 정력적으로 행해왔다. 요컨대 '경제적 현상(現狀)'에 리스크가 있으므로 그것을 미국에 유리한 형태로 변경한다는 발상과 논리로 이러한 일을 하고 있다. 그리고 트럼프는 누가 미국으로부터 수탈(收奪)을 하고 있는가는 미국의 무역적자를 지표로 해서 결정된다는 것인데, 여기에서 최대의 '수탈자'는 중국이 되고 있다. 특히 중국에 대해서는 미중 무역의 조건이 비대칭이라는 점, 중국이 불공정한 무역 관행을 취하고 있다는 점을 파악하여 중국은 미국의 경제적 이익을 부당하게 수탈하고 있다고 하며, 이것이 리스크라고 호소해왔다. 또한 트럼프는 이러한 사태를 허용한 것은 역대(歷代) 미국 대통령이었으며 자신이 그것을 바로잡는 것이라고 하는 독특한 논법(論法)을 사용하고 있다.

이에 반해서 관료기구 및 연방의회는 더욱 광범위한 맥락에서 중국의 리스크를 파악하고 있다. 중국이 미국의 국부(國富)인 민감한 기술(sensitive technology), 지식재산(知識財産), 데이터를 절취하거나 산업 보조금 등으로 자국 기업의 경쟁력을 부당하게 높여 미국 기업의 경쟁력을 손상시키거나 미국 내에 침투하여 여론을 유도하고자 하고 있으며, 남중국해에서 현상을 변경하거나 경제적 수단을 통해 여러 외국에 압력을 가하여 자국의 이익을 증진시키고자 하는 것에 대해 우려 및 반발을 강화하고 있다. 이러한 중국 리스크가 있기에, 외교 관계의 악화도 각오하며 중국과 대치(對峙)하지 않으면 안 된다고 하는 발상을 하고 있다. 또한 중국의 위협에 관한 구체적인 일화(episode)가 자주 미디어에 보도되어, 종래대로 중국과 교류하는 것 자체가 미국에 커다란 리스크라고 하는 인식이 일반 여론에서도 강해지고 있는 것이 아닌가 한다. 코로나19의 감염 확대에 대한 초동(初動) 대응에서 중국 당국이 정보를 은폐했기 때문에 세계와 미국에 감염이 확대되었다고 보는 견해로 인해 중국에 대한 미국인의 불신감이 더욱 증폭되었다고 말할 수 있다.

가와시마 신: 미국은 지정학적인 의미에서 중국 리스크를 어떻게 보고 있습니까? 또한 중국의 지정학적인 리스크에 미국이 FOIP로 잘 대처할 수 있다고 보십니까? 이 점에 대해서는 어떻게 평가하십니까?

모리 사토루: 워싱턴의 관점에서 보면, 중국이 초래하는 지정학적인 리스크는 증가하고 있다. 워싱턴은 중국이 남중국해에서 군사기지를 건설·정비하거나 행정구(行政區)를 설정하고 있는 것 등에 국한되지 않고, 일대일로처럼 중국이 경제적 자원을 배경으로 하여 여러 외국에 영향력을 확대하는 것이나, 나아가 중국이 외국에서 전개하고 있는 프로파간다 공작 및 여론전(輿論戰)을 통한 영향력의 확대를 경계하고 있다. 즉, 미국이 희구(希求)하는 세계를 훼손시키는 커다란 지정학적인 리스크로 인식하고 있으며, 거기에 대처하는 것이 FOIP인 것이다.

다만 중국이 초래하는 지정학적인 리스크를 관리하기 위한 FOIP는 제약에 직면하여 반드시 충분한 효과를 올리고 있다고는 말할 수 없는 상태에 있는 것이 아닐까? 그 제약이라고 하는 것은 FOIP와 긴장 관계에 있는, 아래와 같은 두 가지 움직임으로부터 생겨나고 있다.

하나는 미국제일주의이다. 트럼프가 내세우고 있는 미국제일주의는 FOIP에 대한 제약으로 작용하고 있다. 우선 트럼프가 동맹을 일종의 부담(liability)으로 여기고 있다는 문제로, 미국을 위한 동맹이라는 시점(視點)을 버리고 동맹을 위한 미국이라는 렌즈로 동맹 관계를 보고 있다는 점이다. 법외(法外)의 미군 주둔 비용을 요구하거나 미군의 철수 가능성에 대해 언급하고 있는데, 이렇게 하면 미국이 동맹국을 지킬 의사가 박약하며 하물며 공식적 동맹 관계도 아닌 다른 지역 국가들을 지킬 생각 따위는 없는 것이 아닌가 하고 중국 및 북한에게 간주되어 FOIP를 밑받침하는 안보 방면에서의 미국의 일반적인 억지력이 줄어들어

버린다. 또한 앞에서 언급한 경제 분야에서 트럼프가 TPP와 같은 다국간의 자유무역협정에 등을 돌리고 동맹국에 대해서도 가차없는 관세 압력을 들이밀며 이국간(二國間)의 관리무역을 강요하고 있으므로, FOIP로부터 다국간 무역과 경제 규칙의 다각적인 보급 및 추진이라는 기둥이 결여되어 버리고 있다. 미국 대통령이 동아시아 정상회의에 3년 연속 불참한 것도 FOIP에는 도움이 되지 못한다.

또 하나의 제약은 뭔가 하면, 역시 대중 선략의 경직화라고 생각한다. 동남아시아 국가들 등은 미중 쌍방과 관계를 갖고 있으므로, 트럼프 정권이 중국에 대한 대항 자세를 강화함에 따라, 지역 국가들이 미국과 일정한 거리를 유지하고자 하는 움직임이 출현하게 된 것으로 여겨진다. 다만 주의해야 할 것은 안보 방면과 경제 방면에서 서로 반응이 다르다는 점인데, 중국이 남중국해에서 일방적으로 위압적인 행동을 상당히 활발하게 하고 있기에 지역 국가들은 미국에게 더욱 다가가기를 바라며 가능하다면 협력을 진전시키고자 생각하고 있는 것은 틀림없다. 한편 경제 및 기술 분야에서는 동남아시아 국가들은 미중 양국에 의한 추가관세의 응수(應酬)의 여파로 인해 무역 패턴 및 기업 활동이 혼란스러워진다든지, 5G 시스템으로부터의 화웨이(華為) 배제와 관련하여 양자택일을 해야 하는 상황에 직면하여 자국에 마이너스 영향을 미치게 될 정도의 과도한 대중(對中) 강경 자세에는 미온적이다. 그러한 국가는 미국과의 사이에 일정한 거리를 두면서, 미중 관계의 양립과 최적화를 도모하고자 하므로, 반중 연합의 형성이라고 비추어지는 FOIP의 관여에 충분한 탄력이 붙지 않게 되거나, 또는 두드러지지 않은 레벨에서의 협력에 머무르게 되는 제약이 출현하고 있는 것이 아닌가 생각된다.

즉 중국은 미국에 지정학적인 리스크를 초래하고 있지만, 그에 대처하기 위한 FOIP는 이것과 긴장 관계에 있는 미국제일주의 및 강경한 대중 전략 때문에 신뢰성 및 관여의 깊이를 결여하고 있으며 FOIP가 본래 발휘할 수 있을 추진력을 충분히 발휘하지 못하는 것으로 보인다. 그 결과 미국 입장에서 본 지정학적인 중국 리스크를 충분히 관리하지 못하는 부분이 있는 것처럼 여겨진다.

3. 코로나19 감염증에 의한 미중 양국의 국내 정치 · 외교 정책의 변화

가와시마 신: 코로나19 감염증이 미중 양국 각각의 정책에 가져온 변화에 대해서 의견을 들어보고자 합니다. 우선 다카하라 아키오 선생부터, 중국의 경우에는 어떻습니까?

다카하라 아키오: 데이터를 확실히 알 수 없는 부분도 있지만, 어느 정도의 경향은 살펴볼 수 있을 것으로 생각된다. 우선 역시 '일대일로'의 기세가 감소되고 있는 것은 아닌가 하는 점이다. 프로젝트를 진행하는 데 있어서 중국으로부터 기술자 또는 경우에 따라서는 노동자를 파견하지 않으면 공사가 진전되지 않는데, 그러한 파견이 불가능해지고 있다. 그리고 또 한 가지는, 중국으로부터의 투자도 이전처럼 늘어나지 않고 있는 것으로 생각된다. 국내의 경제가 어려운 상황이기 때문에, 수지타산이 맞지 않는 인프라 투자가 해외에서 코로나19 이전처럼 될 수는 없을 것이다. 하지만 코로나19 재난 아래에서의 각국의 정황(情況)으로부터 알 수 있는 바와 같이, 정보통신기술(ICT) 분야 및 디지털 관련 투자는 증가할 것으로 생각된다.

중국의 국내에 대해서 말하자면, 경제가 어느 정도의 속도로 회복될 것인지, 그리고 그 회복의 방식이 대단히 중요할 것으로 생각된다. '리먼 쇼크'에 이어 발생한 세계 금융위기 시에 행해졌던, 대규모 투자에 의한 내수 확대책 이후에 불량 채권이 누적되어 큰 문제가 되었다. 그래서 이번에는 소비자의 구매력을 회복시키도록 하는 경제정책이 실행될 수 있는지 여부에 주목하고 있다. 하지만 2020년 상반기를 살펴보면, 역시 소비는 신장되지 않았으며, 투자에 의존하여 성장률을 끌어올리고 있으므로 이것이 과연 중장기적으로 어떠한 영향을 미칠 것인지가 걱정되는 부분이다. 그리고 타국과 비교해서 회복이 빠르다고 하더라도, 중국 국가통계국(國家統計局)의 발표에서도 2020년 상반기의 실질 GDP 성장률은 마이너스 1.6%였다.[1] 이것은 2019년까지는 어떻게든 연율(年率) 6%로 성장했던 중국 경제에 큰 타격이며, 이것이 사회 안정에 어떠한 영향을 미칠 것인지는 현시점에서 예단(豫斷)할 수 없는 상황이 아닌가 생각된다.

가와시마 신: 다카하라 아키오 선생, 감사합니다. 중국은 초기 대응에 많은 과제를 남기면서도 2020년 2월부터 3월에 걸쳐서 국내의 코로나19 감염증을 잘 통제했습니다. 3월부터 4월에 들어서자, 이번에는 외국을 향한 지원, 이른바 '마스크 외교'를 시작했습니다. 세계의 각지에 마스크를 보내거나, 의료팀을 파견하고 있습니다. 그러한 '마스크 외교'도 잘된 부분이 전혀 없다고는 말할 수 없겠지만 반드시 성공했다고는 말할 수 없다고나 할까, 대단히 어려운 부분이 있었을 것으로 생각되는데, '마스크 외교'에 대해서는 어떻게 보십니까?

다카하라 아키오: 코로나19의 기원(起源)이 중국인가 어디인가에 대해서는 아직 앞으로 확인해야 하겠지만, 감염증이 우한(武漢)에서 확산되었다는 점은 틀림없다. 이것은 세계가 알고 있는 것이며, 어쨌든 이 오명(汚名)을 씻지 않으면

---

1) 중국의 2020년 GDP 성장률은 2.3%로 플러스 성장을 하였으며, 2021년 상반기 GDP 성장률은 12.7%를 기록하였다._옮긴이

안 된다는 점에서 의료(醫療) 용구 및 의료 요원을 보내는 '마스크 외교'도 강력하게 전개했으며, 대내외적으로 선전 활동을 강력히 실시했다. 물론 효과가 있는 경우도 있겠지만, 도가 지나친 부분이 두드러지고 있다. 감사를 요구한다든지, 시진핑에 대한 칭찬을 요구한다든지, 그러한 것까지 하고 있으므로 도리어 새로운 마찰을 발생시키는 상황이다. 또한 대결 자세를 노골적으로 드러내는, '전랑 외교'(戰狼外交)라고 불리는 강경한 외교의 실패도 많이 보여지고 있는 것이 현상(現狀)이다. 그러한 것은 국외에서 볼 때 실패로 비추어지지만 중국 내에서는 그렇게 받아들여지지 않으며, 임지(任地)에서 물의를 일으킨 외교관이 처벌될 리도 별로 없다. 그 배경에는 역시 시진핑 자신이 대단히 강경한 지도자라는 것이 관계되어 있는 것으로 나는 생각한다.

가와시마 신: 감사합니다. 앞에서 다카하라 아키오 선생이 투자에 대해서 언급했습니다만, 중국이 여전히 해외로부터의 직접투자에 의존하며 경제발전을 지향한다면 자유무역 체제의 질서에 의지할 수밖에 없을 것으로 여겨지는데, 이 점은 변화가 없을 것으로 생각해도 좋겠습니까?

다카하라 아키오: 그렇다. 중국 자신이 완전히 여러 방면에서 자유화(自由化)되어 왔는가 하면 물론 그렇지 않다고 할 수 있지만, 세계의 자유무역 체제가 유지되는 것에 의해 무역 및 투자를 통해서 성장하지 않으면 안 된다는 것은 알고 있다. 외자 도입(外資導入)에 대해서 말하자면, 경기(景氣)가 좋지 않은 지방은 해외로부터의 투자를 간절히 바라고 있다. 하지만 중국 내에서는 경제정책을 둘러싸고 두 가지 입장이 있는 것으로 생각된다.[2] 미국으로부터의 외압(外

---

2)   중국의 경제정책과 관련된 여러 유파(流派)의 기본 관점에 대해서는 다음을 참조하기 바란다. 石原亨一, 『習近平の中國經濟: 富强と效率と公正のトリレンマ』(ちくま新書, 2019), pp.42-55._옮긴이

壓)을 이용하여 중국 내의 개혁을 추진하고 국제경제 시스템과의 융합을 실현하고자 하는 국제파(國際派)·개혁파(改革派)와, 국유기업을 보호하는 현재의 경제 체제로부터 혜택을 받고 있는 민족파(民族派)·보수파(保守派)가 줄다리기를 하고 있는 것으로 보인다. 2019년 5월, 일단락이 되었던 미중 양국 간의 무역 교섭을 뒤엎고 다시 행하게 되었던 것은 민족파·보수파의 반격에 의한 것이 아니었을까 하고 나는 생각한다.

가와시마 신: 네, 감사합니다. 모리 사토루 선생, FOIP가 원래 갖고 있는 포섭성과 그에 반(反)하는 2개의 조류(潮流)라는 이야기가 있었습니다만, 그 이야기는 이번 코로나19 감염증 아래에서 어떻게 변화했는지, 또는 변화하지 않았는지를 아울러 말씀해주시기 바랍니다.

모리 사토루: 앞에서 다카하라 아키오 선생이 중국의 '일대일로'의 기세가 감소되고 있다고 언급했는데, 미국의 FOIP도 마찬가지의 상황에 직면하고 있는 것이 아닌가 생각된다. 미국에서는 코로나19의 감염이 아직 봉쇄되지 못하고 있으며, 다시 확대되어 간다면 중국보다도 심각한 상황에 처하게 될지도 모른다. 이번에 미국은 국내의 코로나19 대책에서 경제를 감속(減速)시키지 않기 위해서 주(州)에 따라서는 일찍이 경제 활동을 재개시켰기 때문에, 그리고 기타 다양한 사정에 의한 감염 방지책의 불철저함도 더해져 현재도 감염자 수 및 사망자 수가 세계 최대이며, 종식에 이르지 못하고 있다. 이러한 경향이 계속된다면, 결국 경제는 갈수록 감속되어버릴 것이기에 세수(稅收)가 증가하지 않는 가운데 재정 출동(財政出動)을 하지 않으면 안 된다. 그 결과 대외원조 예산 및 국방 예산 등에 여파가 미칠 가능성이 있다. '리먼 쇼크' 시에는 2008년에 금융위기가 발생하였고, 2011년에 긴축재정(緊縮財政)을 취하는 예산관리법(豫算管理

法)이 성립되었다. 즉 당초 재정을 확대시켰지만, 그 이후 시간이 흐르면서 긴축재정이 되었다. 만약 이러한 상황이 반복된다면, 양국간(兩國間)·다국간(多國間)을 포함한 지역 관여로서의 FOIP에 대한 예산상의 뒷받침이 약해질지도 모른다. 만약 민주당 정권이 탄생하고 연방의회에서도 민주당이 다수파(多數派)를 차지한다면, FOIP라는 간판을 바꾸고 다국간의 지역 관여 전략에 자원을 투입하는 움직임이 출현하게 될지도 모르므로, 이것은 유보해두고자 한다. 하지만 그 경우에도 아시아·태평양 지역의 관여 전략에 필요한 예산은 국내를 향한 프로그램의 예산과 서로 경합하게 될지도 모른다. 미국 국내가 재생(再生)되지 못하면 미국의 대외 관여가 힘을 잃게 된다는 레토릭 아래 국내 사업이 중시될 가능성이 크다.

트럼프 정권의 FOIP에는 안보, 경제·개발, 거버넌스 등의 기둥이 세워져 있는데, 만약 간판이 바뀐다고 하더라도 기본적인 조치의 방향성은 변하지 않을 것으로 생각된다. 거기에 미치는 영향을 분야별로 개관해보면, 우선 안보 분야에서의 조치에 대한 영향이라는 점에서는 인도·태평양군이 추진해왔던 다양한 안보 협력이 어느 정도의 예산 제약에 직면하게 될 것인가 하는 점이다. 미군(美軍)에 의한 지역 국가들과의 합동 군사연습 및 각종 훈련, MDA(해양 상황 감시), FMF(대외 군사 융자), HA·DR(인도 원조·재해 구제), 항행의 자유 작전, 미국 해안경비대에 의한 외국 지원 등이 주요 조치의 기둥인데, 지역 국가들로부터의 수요가 높은 것들이므로, 이들 활동 및 프로그램은 아마도 속행(續行)될 것으로 생각되지만, 예산 규모가 어떻게 될 것인지가 주목된다. 또한 코로나19의 백신이 널리 보급될 때까지는 합동 군사연습, 훈련 및 인적 교류도 실시 형태에 일정한 제약을 받을지도 모른다. 중국에 의한 해양에서의 일방적, 위협적, 확장적인 행동이 활발해지는 가운데, 외교 방면에서는 일전에 국무부가 남중국해에서의 중국의 주장은 국제법상 위법이라는 입장을 보였는데, 평시(平時)의 착실한 해양

안보상의 구체적인 협력 및 지원 활동이 더욱 중요해질 것으로 보인다. 해양 안보 이니셔티브(MSI)라고 하는, 지역 국가들의 해양안보 관련 정보의 공유, 상호 운용성의 향상, 소규모 시설의 건설 등을 지원하는 사업은 오바마 정권 시기부터 계속되었으며, 미국은 프랑스, 호주, 뉴질랜드와 함께 15개의 대양주(大洋洲) 섬나라들에 대해 '불법 어업' 단속을 지원하고 있다. 미국은 쉽라이더 프로그램(shiprider program)이라는 활동도 전개하고 있고, 대양주 섬나라 11개국이 배타적 경제수역(EEZ)에서의 수권 행사를 미국 해안경비대 및 미국 해군에게 대행시키기로 하는 협약을 체결했으며, 이러한 형태로도 미국은 지원을 맡고 있다. 이러한 해양 질서(海洋秩序)를 수호하고자 하는 사업 및 활동은 아마도 미국에서 정권을 초월하여 계속될 것으로 생각되지만, 그러한 예산이 보전될 것인지, 아니면 향후 삭감되어갈 것인지가 주목된다.

또한 경제 분야에서의 영향으로는 에너지 수요가 당초의 전망에 비해서 급감하게 될 것이므로, '아시아 EDGE'(Asia Enhancing Development and Growth through Energy)라고 하는 FOIP의 에너지 인프라 프로젝트가 재검토될지도 모른다는 점이다. 향후 민주당 정권이 출범한다면, 청정(clean) 에너지의 이니셔티브가 제기될지도 모른다. 또한 코로나19 재난의 영향으로 경제·사회 활동이 온라인화하는 흐름이 확대되어 간다면, 디지털 연결성이 더욱 중요해진다. 한편 디지털 인프라를 정비하기 위한 지출은 제한되어 있으므로 각국의 기업도 정부도 성능 면에서 어느 정도 되는 것이라면 최대한 염가의 장비를 취득함으로써 지출을 절감하고자 하는 동기가 강해질 것으로 생각된다. 그렇게 되면 5G뿐만 아니라 4G도 그렇지만, 지역 국가들은 갈수록 염가의 디지털 인프라를 추구하게 되고, 역시 비용(cost) 및 이제까지의 도입 실적이라는 측면에서 화웨이(華爲) 등 중국의 ICT 기업이 유리해지지 않을까 여겨졌다. 그런데 미국은 화웨이에 의한 반도체의 조달을 실질적으로 제한하는 조치를 강구했기에, 화웨이는 엄중한 상황에 놓여지고 있다. 게다가 홍콩 및 위구르 문제 등에서 대중 경계심도 높아지고 있다. 전반적으로 미국은 화웨이를 받아들이지 않고 '신뢰'할 수 있는 기업이 5G 시스템의 다양한 부분에 쉽게 참가할 수 있는 '오픈랜'[Open-RAN(Radio Access Network)]의 5G 시스템이라는 것을 구축하는 조치를 추진하고 있는데, 미국이 지향하는 5G 시스템은 보안(security)에 집착하고 있으므로 그 만큼 비용이 높아질지도 모르며, 어느 정도까지 국제 경쟁력을 갖게 될지는 아직 알 수 없다. 디지털 연결성이라는 측면에서의 FOIP의 경쟁력 및 기세가 앞으로 서서히 증가하게 될지도 모르지만, 디지털 인프라를 둘러싼 경쟁의 향방은 현시점에서는 아직 전망이 서지 않은 것으로 생각된다.

또한 역시 인도·태평양 지역의 인프라 개발을 위한 투자가 줄어들게 될지도 모른다. 애당초 정부의 융자만으로는 인도·태평양 지역의 인프라 수요에 대응할 수 없기 때문에 민간투자를 활용할 필요가 있다고 미국 정부는 강조해왔다. 그렇지만 인도·태평양 지역에 대한 미국의 대외 직접투자의 대부분은 일본, 한국, 호주, 싱가포르로 향하고 있으며, 민간투자가 인도·태평양 지역의 다른 국가들로 가게 될 것인지에 대해서는 약간 불안하다는 것이 실상(實狀)일 것으로 여겨진다. 미국은 2020년 초에 국제개발금융공사(DFC: United States International Development Finance Corporation)를 발족시키고 자본금을 전신(前身) 조직에 비하여 2배 증가시켜 600억 달러로 늘렸지만 아직 두드러진 움직임은 없다.

게다가 '일대일로'를 강하게 의식하여 2018년 7월부터는 외국 정부에 대해서 인프라 안건(案件)의 계약 등에 대해서 조언하며, 이른바 '채무의 덫'에 빠지는 것을 방지하는 '인프라 계약 지원 네트워크'(Infrastructure Transaction and Assistance Network)라고 하는 조치를 시작한 것 외에, 미국·일본·호주에서 질이 높은 인프라 안건에 공통되는 고도의 기준을 설정하고 개별 안건이 그러한 기준에 합치되는지를 인증하는 '블루닷네트워크'(Blue Dot Network: BDN)라고 하는 조치를

2019년 11월에 시동(始動)하였다. 특히 신흥국 정부에 대해서는 정부 조달에서의 최상의 실천과 관련된 정보를 제공하는 '글로벌 조달 이니셔티브'(Global Procurement Initiative) 등도 실시하고 있다. 이러한 조치들은 아마도 그다지 재정적인 제약의 영향을 받지 않으며 속행(續行)할 수 있는 것이 아닌가 생각된다. 즉 인프라 개발의 분야에서 중국의 투자에 관하여 각국 정부에 경종을 울리는 조치는 기능하고 있지만, 미국 자신이 투자하여 뒷받침하는 인프라 개발은 힘을 잃어버릴지도 모른다.

그리고 거버넌스의 분야에서는 '인도·태평양 투명성 이니셔티브'(Indo-Pacific Transparency Initiative)라고 하는, 2018년 11월에 마이크 펜스(Mike Pence) 당시 부통령이 발표한 조치가 있는데, 이것은 독직(瀆職) 대책, 재정의 투명성, 민주적 지원, 청년층의 육성, 보도의 자유, 기본적 인권의 보장 등을 촉진하는 다양한 사업을 전개하고 있다. 이러한 조치도 반드시 예산 측면에서의 제약에 직면하는 것은 아닐지도 모른다. 또한 피지원국(被支援國)이 코로나19 재난 대책에서 취하고 있는 다양한 조치에 독직 및 투명성, 인권 측면 등에서 문제가 있다고 하면, 받아들이는 데에 신중한 자세를 취하게 될 것이다. 미국이 품고 있는 '일대일로'에 대한 우려 중의 하나로 매수(買收) 및 부패가 있는데, 그러한 부분에 메스를 가하고자 하는 의도도 있을지 모르지만, 그 실효성은 명확하지 않다.

앞에서도 잠시 언급했지만, 이러한 지역적인 관여를 추진하는 FOIP의 조치는 만약 향후 민주당 정권으로 교체된다면, 주력하는 방향이 변하게 될 가능성이 있다. 민주당 정권은 애당초 다국간 협력의 틀에 주력하는 것을 외교의 기둥으로 삼고 있다. 오바마 대통령의 아시아에의 재균형 전략도 그러한 것이었다. 그렇기 때문에 위에서 제기한 바와 같은 개별적·구체적인 조치에 새로운 간판을 달고 외교 자원의 투입을 강화하고자 하는 것은 아닐까 생각된다. 다만 예산 방면에서의 제약은 정권이 바뀐다고 하더라도 사라지는 것은 아니기에, 미국으로서는 일본 및 호주 등과 자원(resource)을 풀(pool)로 하여 정책을 조정하면서 효과적으로 자원을 투입하는 틀을 만들게 될지도 모른다. 쿼드의 사자(四者) 안보 대화의 협의는 그러한 기능을 수행하고 있는 것처럼 보이는데, 계속 활용될 것으로 여겨진다. 이 부분도 어떻게 될지 주목을 받을 것이다.

4. 지금의 미중 관계에 지역대국, 개도국(開途國), 그리고 일본은 어떻게 관여할 것인가?

가와시마 신: 감사합니다. 마지막으로, 대립을 포함한 미중 관계가 다른 선진국, 지역대국(地域大國) 및 개도국으로부터 어떻게 여겨지는가, 그리고 일본은 향후 어떻게 대응해 나아가야 할 것인가에 대해서 의견을 듣고자 합니다. 우선 다카하라 아키오 선생부터 말씀해주시기 바랍니다.

다카하라 아키오: 우선 어떠한 국가이든, 큰 영향력을 갖고 있는 미국에 대해서도 그리고 중국에 대해서도 양가성(ambivalence)이 바탕에 있을 것으로 생각된다. 하지만 경제로 고민하고 있는 국가에서는 어느 쪽이든 여러 문제가 있더라도 투자해준다면 고마운 일이라는 것이 기본 자세가 아닐까 한다. 예를 들면, 흔히 '일대일로'가 초래하는 '채무의 덫' 사례로 거론되는 스리랑카이지만, 현지에 가보면 항구의 경영권을 건네주는 것이 무슨 문제인가, 그러한 것에 의해 계속 투자를 받는 편이 좋은 것이라는 반응이 많다. 거꾸로 말하자면 '돈이 떨어지면 정(情)도 떨어진다'는 것으로, 중국으로부터의 투자가 끊어진다면 대중(對中) 자세도 바뀌게 된다는 것이다. 미중 양국 간의 세력 경쟁에 의해 양방(兩方)으로부터 자금이 유입된다면 미중 긴장이 반드시 나쁜 것은 아니라고도 말할

수 있을 것이다. 하지만 과거에 싱가포르의 리콴유(李光耀) 총리가 말했던 바와 같이, 미국과 중국이라는 두 마리의 코끼리가 서로 싸움을 벌이든지 사랑을 하든지 잔디밭은 손상을 입게 되는 것이다. 지금은 큰 싸움이 되어 많은 국가가 고통을 겪고 있는데, 특히 안보 측면에서 미중 마찰이 발생하고 있는 지역에서는 우려가 제기되고 있다.

일본은 이오키베 마코토(五百旗頭眞) 선생의 표현을 빌리자면 '미일 동맹, 중일 협상'이 국익에 가장 들어맞는다. 즉 미중 양국과의 관계를 각각 안정시키고 발전시키는 것이 핵심이기 때문에, 미중 대립이 더욱 격화된다면 가일층 고뇌하게 될 것이다. 그것은 세계 대부분의 국가와 함께 빠져 있는 처지이기 때문에, 일본이 이른바 모범을 보이고 미중 양국과의 선택적인 협력 관계를 추구함으로써 국익을 실현하고 동시에 세계에도 공헌할 수 있는 것이 아닌가 생각된다. 구체적인 사례를 든다면, 미국과 달리 일본은 FOIP에서의 경제 협력의 측면에 주력하고 있으며, 그것의 호칭 방식도 '자유롭고 열린 인도·태평양 전략'에서 '자유롭고 열린 인도·태평양 구상(構想)'으로 바꾸었다. 중국도 마찬가지로 '일대일로 전략'에서 '일대일로 구상[중국어로는 창의(倡議)]'으로 명칭 변경을 하고 있다. 각각의 경제적인 측면에 주목하며 프로젝트를 공유함으로써 양자(兩者)의 공생(共生)을 실현하는 것이 좋을 것이다. 내가 예전부터 제창하고 있는 것이지만, 'FOIP 구상'도 '일대일로'도 실체가 없는 별자리(星座)와 같은 개념으로, 실존하는 프로젝트를 별(星)에 비유하자면, 하나의 별을 2개의 별자리가 공유하는 것은 아무 문제도 없다.

가와시마 신: 네, 감사합니다. 모리 사토루 선생, 발언을 부탁드립니다.

모리 사토루: 우선 개도국으로부터 본 미중 대립인데, 지금 다카하라 아키오

선생이 말씀한 바와 같이, 아마도 개도국 입장에서 본다면 미중 대립의 지정학적 경쟁은 지역 국가들의 경제발전을 위한 원자(原資, 투자나 융자의 기초가 되는 자금 _옮긴이)를 누가 제공할 수 있는가 하는 문제도 있지 않을까 생각된다. 때마침 최근 발간된 《포린 어페어스(Foreign Affairs)》(2020년 7월/8월호)에 알렉산더 쿨리(Alexander Cooley)가 근저(近著)의 내용에 기초하여 「패권은 어떻게 종결되는가(How Hegemony Ends)」라는 공저(共著)의 논고를 기고했는데, 그중의 논의 가운데 하나로 그는 파트로나주(patronage), 이것은 '후원'(後援) 또는 '보호'라는 의미가 있는데, 미국 및 서방측 국가들이 패트런(patron)으로서의 역할을 독점하는 시대가 끝나고, 그것을 대신하는 패트런으로서 중국이 부상한 결과, 여러 외국에는 패트런을 부분적으로 변경하거나 정치 모델을 수정하는 '이탈 옵션(option)'과 같은 것이 생겨났다고 논하고 있다. 물론 모든 국가가 그러한 것이 아니며, 국가에 따라 사정이 다른 것으로 생각되는데, 핵심은 장벽이 높은 정치개혁 및 경제개혁을 요구하지 않고 자금을 투입해주는 중국에 의존하고자 하는 국가가 출현하고, 정치적 자유를 완전히 폐지하지는 않더라도 제한하는 국가가 중국에 의존하게 되는 경향도 출현하고 있다는 점이라고 할 수 있다.

냉전의 종식 이후에는 '워싱턴 컨센서스'를 강제하는 듯한 점도 있어 미국도 켕기는 부분이 있지만, 미국 및 서방측 선진국이 개발원조(開發援助)로 개도국의 발전을 밑받침해왔던 것은 사실이다. 그런데 아프가니스탄 전쟁, 이라크 전쟁, 세계 금융위기 및 경제위기 등을 거치는 가운데 우선 오바마 정권의 무렵부터 여러 외국의 지원으로 향하던 자원이 제한되었고, 게다가 미국의 국익을 세계의 발전과 단절시킴으로써 확보할 수 있다는 발상에 입각한 일국주의(一國主義)도 출현하였으며, 이것이 미국제일주의의 본질이라고 생각하는데, 이러한 흐름이 출현함으로써 미국이 패트런으로서의 힘을 급속히 상실해왔다는 것도 사실이다.

한편으로 중국은 개도국 정권의 입장에서 본다면, 어려운 정치개혁·경제개혁을 요구하지 않고 발전의 원자(原資)를 제공해주는 국가로 비추어질 것임에 틀림없다. 앞에서 다카하라 아키오 선생이 스리랑카의 사례를 제시했는데, 중국의 자금을 받아들이는 국가들은 역시 많다고 생각된다. 다만 모든 국가가 중국에 심취(心醉)해 있는 것은 아니며, 역시 양가성 및 경계심을 조용히 간직하고 있다. 또한 중국을 조용히 경계하는 국가들이 바로 미국을 향해 마음을 여는가 하면, 그렇다고 단언할 수도 없다. 예를 들면, 베트남은 '일대일로'에 대한 지지와 참가를 표명하고 있지만, 실제로는 중국의 대규모 인프라 프로젝트에 대단히 소극적이며, 국제적인 규범을 포함하는 세 가지의 유보 조건(留保條件)을 달고 있기에 프로젝트의 실적은 제로(zero)이다. 한편 미국의 FOIP에 대해서도 일반적인 지지를 표명할 뿐이며 미국에 결정적으로 경도(傾倒)되는 것을 피하고 아세안(ASEAN)을 포함하여 어디까지나 대외 관계의 다양화(多樣化)를 추구하고 있다. 베트남이 남중국해에서 중국에 대한 경계를 강화하며 미국에 기울고 있다는 일반적인 이미지와 달리, 베트남 정부는 미국의 인권 문제 및 정치 체제에 관한 비판을 여전히 경계하고 있다. 상징적인 것이 5G인데, 베트남은 중국제 기기(機器)도 서방측 제조사의 기기도 받아들이지 않고 독자 개발의 노선을 걸으려 하고 있다.

지역의 주요 행위자와 관련해서는, 예를 들어 인도(印度)를 보면 당초에는 중국의 '일대일로' 정책에 경계심을 가지고 있으면서도 외교상으로는 어느 정도 균형을 취했다. 하지만 그 이후 서서히 '미국·일본·호주·인도 안보대화'를 각료급으로 격상시키는 것에 응하거나, 최근에는 호주·인도 국방협력 협정 등을 체결하고 있다. 또한 최근 중국·인도 국경에서 충돌이 발생하고 있기에, 갈수록 중국에 대한 경계심을 강화하고 있고, 예를 들어 인도도 5G에서 화웨이와 중싱(中興, ZTE)을 배제하는 쪽으로 기울어지고 있으며, 미국·일본·호주와의 협력을 철저하고 신중하게 추진하는 흐름에 들어가고 있는 것으로 보인다. 호주는 이 점에서 호주 내에서의 중국에 의한 정치공작의 발각, 남중국해에서의 중국의 행동 등에 따라 2016년 무렵부터 중국에 대한 경계심을 점차 강화하고 있으며, 미국보다도 먼저 5G 시스템에서 화웨이를 배제하는 것 등을 결정하고 있다. 인도와 호주는 각기 다른 이유로 중국에 대한 경계심을 강화하고 있는데, 양국 모두 대중 관계에서 안보의 논리가 확대되어가는 국면에 들어서고 있는 것이 아닌가 한다. 말라바르(Malabar) 해군 합동훈련도 결국 미국·일본·호주·인도 4개국에 의해 2020년 11월에 실시되었다.

역외(域外)의 선진국과 관련해서 논하자면, 유럽연합(EU) 및 영국이 대중(對中) 경계심을 강화하고 있다는 것은 주지하는 바와 같다. 코로나19의 감염 확대 이전부터 중국에 대한 경계심을 강화하기 시작했는데, 중국의 '마스크 외교' 및 프로파간다 활동, 그리고 홍콩 국가안전유지법 등으로 인해 그러한 경향이 더욱 강해지고 있다. 또한 캐나다에서는 화웨이의 부회장 겸 최고재무책임자(CFO) 멍완저우(孟晚舟)를 둘러싼 사건이 물의를 빚었는데, 2020년 6월 통신 대기업 3개 회사가 화웨이의 5G 기기를 배제하기로 결정했다. 전체적으로 서방 측 선진국은 중국에 대한 불신감, 경계심, 그리고 반발을 강화하고 있다.

중국이 여러 외국에서 영향력을 확대하고자 하는 행동은 아마도 복수(複數)의 동기에 기초해 있는 것으로 생각된다. 중국 경제발전의 기반을 외국으로 확대시키고, 해외의 권익(權益)을 수호하기 위해 군사적 존재감(presence)을 서서히 넓히며, 중국에서 볼 때 중요한 상대국 정부에 대한 통제를 강화하고, 체제 비판을 봉쇄하며, 궁극적으로는 중국공산당에 의한 통치의 정통성을 상처 입히지 않고 제고시키고자 하는 등의 여러 가지가 있는 것으로 생각되는데, 미국 입장에서 본다면 중국은 처음부터 적대적으로 미국의 이익을 손상(損傷)시키기 위해서, 또한 미국을 동아시아 내지 인도·태평양에서 쫓아내기 위해서 다양한 조치를 전개하고 있는 것처럼 비추어지고 있다. 이것은 결코 미국이 중국의 의도를 오해하고 있는 것이 아니라, 중국이 행하고 있는 것이 실질적으로는 모두(冒頭)에서 언급한 바와 같이, 미국이 중시하는 가치 규범을 훼손하고 미국의 지정학적 이익을 손상시키고 있으므로 중국은 미국의 이익을 희생시켜 자국의 패권을 구축하고 있다는 이해로 유도되고 있으며, 그 때문에 대중(對中) 자세의 경직화를 초래하고 있다. 단적으로 말하자면, 중국이 획득하고자 하는 이익과 미국이 확보하고자 하는 이익이 양립되지 못하나는 견해가 확산되어왔다고 할 수 있다. 향후 기후변화 및 감염증 대책 등에서 일정한 협력이 있을 수 있고, 어쩌면 전략(戰略) 대화가 부활할 수도 있지만, 미중 양국 간의 경쟁이 소멸되는 일은 역시 없을 것으로 생각한다. 또한 가치적 이익과 지정학적 이익의 광범위한 분야에서 제로섬(zero-sum)적인 상황이 되어가고 있는데, 이 두 가지가 교차하는 최대의 초점이 타이완(臺灣)인 것으로 여겨진다. 기술, 경제, 군사 균형, 지정학적 이익 등의 견지에서 본 타이완의 중요성은 앞으로 미중 쌍방에 높아져가게 될 것으로 생각된다.

최근에는 폼페이오 국무장관을 비롯한 트럼프 정권의 수뇌부가 이러한 미중 대립이 이데올로기의 대립이라고 하는 담론을 전개하고 있으며, 국무부는 2020년 봄 이래 앞에서도 언급했지만 경제 시스템의 연합을 형성한다는 '경제적 번영 네트워크'(EPN), 정보통신 네트워크로부터 중국제 기기 등을 축출하는 연합을 형성하는 '클린 네트워크'(Clean Network) 등의 시스템 분단 내지 디커플링을 표방하는 이니셔티브를 제기하고 있다. 조금 전이라면 각국이 좀 더 기다려 달라고 반응했을 것으로 생각되지만, 위구르족 문제가 부각되거나 중국이 홍콩 국가안전유지법을 제정하거나 남중국해에서 공세를 적극적으로 행하는 가운데 중국에 대한 불신감 및 반발이 강해져 원래 트럼프 정권의 대중 자세에 위화감을 느꼈던 국가들, 특히 서방 선진국 등은 미국에 전면적으로 합류하지는 않는다고 해도 일정 정도 타당하다고 생각하기 시작한 것으로도 보인다. 하지만 예를 들어 동남아시아 국가들 등은 중국과의 경제 관계를 축소시킬 리가 없기에, 미국이 중국을 이데올로기상의 적으로 간주하는 듯한 자세를 취하는 것에는 역시 눈살을 찌푸리게 될 것이라는 점에 변화가 없지 않을까 생각된다.

이러한 추세에서 일본의 진로에 대해 논하자면, 미국이 중국에 대해 취하고 있는 자세를 보고 판단하기보다도 일본 자신이 중국의 행동 및 정책을 보고 자국의 대응을 판단해 나아가야 하지 않을까 한다. 일본이 중국과 커다란 규모의 경제 관계를 맺고 있다는 것은 주지하는 바와 같은데, 만약 중국이 자신의 힘을 일본이 희구(希求)하는 규칙(rule)에 기초한 자유롭고 개방적인 국제질서를 훼손시키거나 또는 일본 국민의 생명 및 재산, 영토 등의 직접적인 이익을 침해하는 형태로 행사하는 사태가 전개된다면, 그것이 어떠한 동기 및 배경에 기초한 것이든 일본의 이익을 훼손시켜도 상관없다고 판단하고 있는 것이므로 반응해야 한다고 생각한다. 그러한 중국의 행동에 대해서 단순히 외교상의 항의만 하고 실질적인 행동을 아무것도 하지 않는다면, 일본에 대해서 무엇을 하더라도 일본은 중국과의 관계를 보전하는 것으로 중국, 미국 및 기타 국가들로부터 간주되어버리며, 그렇게 되면 결국 외교력(外交力)을 상실하는 것으로 연결되지 않겠는가? 최선은 중국이 일본의 이익 및 국제질서를 해치는 행위를 일절 삼가는 것이지만, 만약 중국이 일본의 이익 및 지역 국가들이 바라는 질서를 손상시키는 행동을 계속해 나아간다면, 그것은 일본의 대중(對中) 경제 의존이 중국에 의한 압력 행사의 수단으로 이용되는 리스크도 또한 높아져간다는 것을 의미한다. 그렇기에 그러한 압력을 받게 될 사업 분야를 특정하고, 그러한 사업 분야에서는 중국에 대한 의존을 저하시키는 방향의 정책을 취해나갈 필요가 있을 것으로 생각된다. 물론 이것은 중국과의 경제 관계를 모두 단절한다는 것을 의미하지 않는다. 리스크가 낮은 경제 관계와 리스크가 높은 경제 관계를 확인하여, 중국 리스크를 적절하게 관리하는 경제 안보의 시점(視點)이 필요하다는 것이다. 바로 그러한 리스크 관리를 통해서 안정되게 중국과 교류할 수 있는 것이다. 이 경우, 예를 들어 만약 중국에 공급망(supply chain)을 갖고 있는 일본 기업에 대해 공급망의 재검토를 권고하여, 그 결과 그 기업이 거액의 적자를 보게 되거나 도산해버리는 사례가 나타난다고 한다면, 그러한 정책은 바로 지지를 상실하고 포기할 수밖에 없게 되는 것이다. 그러한 사태를 방지하기 위해서 어떠한 준비를 할 것인지, 어떠한 조치를 강구하는 것이 정책적으로 가능한지를 검토할 필요가 있으며, 이것은 일본 정부의 경제 안보상의 중요한 과제가 아닐까 생각한다. 또한 군사 전용(軍事轉用)이 가능한 첨단 기술에 대해서는 신중한 검토를 거듭한 뒤에 필요한 것은 수출관리 제도를 통해 규제하게 될 것이다. 나아가 국방 협력의 분야에서는 미국, 그리고 앞으로는 호주와도 협력을 심화시켜야 한다고 생각되지만, 전통적인 하드(hard)한 국방 협력에 더하여 데이터 보호 및 사이버 안보에서 디지털 인프라의 개발까지 폭넓은 조치에서 연대해 나가야 한다고 여겨진다. 이러한 조치는 모두 미국의 요청에 응하는 형태가 아니라, 일본에 대한 중국의 행동에 응하여 실시되어야 하는 것으로, 일본 정부로서는 국내와 국제 사회를 향하여 일본의 대응을 충분히 설명하는 외교를 병행하여 전개해 나가야 할 것이다.

가와시마 신: 두 분 선생에게 감사드립니다. 역시 다카하라 아키오 선생이 말씀해준 바와 같이, 중국으로부터의 투자에 의존할 수밖에 없을 정도로 경제 문제를 안고 있는 국가에는 중국의 조건 없는 투자가 확실히 매력적입니다. 한편 국가의 강력함이 중요한 호주, 인도 등 지역대국(地域大國)의 경우에는 중국에 대항해 나아간다는 발상이 있는 것으로 생각됩니다. 그에 반해서 스리랑카 및 네팔 등에서는 중국에 대항해 나가는 것이 다분히 어려울 것으로 여겨집니다.

그러한 국력의 문제도 있고, 역시 국내의 사정, 즉 각국이 각자 지금 무엇을 필요로 하고 있는가에 따라, 중국에 대한 대처 방식이 변하게 될 것으로도 생각됩니다. 경제발전을 중시하는 국가에는 해외로부터의 투자가 대단히 중요하고 중국 자금(China money)에 의존하게 될지도 모릅니다. 한편 어느 정도 자국에서 인프라 투자가 완료되고 있는 국가에서는 중국과의 거리감(距離感)이 변하여 중국과의 관계가 선택적이 될 것입니다. 각각의 국가 및 지역의 개별 사정에 따라 풍경을 바라보는 방식도 다를지 모른다는 것이 무척 중요하다고 나는 생각합니다. 그리고 그러한 국가들로부터 지지를 받지 못한다면 중국이 하는 이야기는 도저히 실현되지 못할 것입니다. 이것은 미국에 대해서도 말할 수 있는 것이라고 생각됩니다.

다카하라 아키오(高原明生)
도쿄대학 공공정책대학원 교수   (전문 분야: 현대 중국정치)
저서: The Politics of Wage Policy in Post-Revolutionary China(Macmillan), 『개발주의의 시대로
     1972~2014(開發主義の時代へ 1972-2014)』シリーズ中國近代史⑤(공저, 岩波新書), 『도쿄대학숙 사회
     인을 위한 현대 중국 강의(東大塾 社會人のための現代中國講義)』(공편, 東京大學出版會) 외

모리 사토루(森聡)
호세이대학(法政大學) 법학부 교수   (전문 분야: 국제정치학, 현대 미국외교, 냉전사)
저서: 『베트남 전쟁과 동맹외교: 영국·프랑스의 외교와 미국의 선택, 1964~1968년(ヴェトナム戰爭と同
     盟外交: 英仏の外交とアメリカの選擇1964-1968年)』(東京大學出版會), 『미국 태평양군 연구: 인도·태평
     양의 안전보장(アメリカ太平洋軍の研究: インド·太平洋の安全保障)』(공저, 千倉書房), Ironclad: Forging
     a New Future for America's Alliances(공저, CSIS) 외

가와시마 신(川島真)

도쿄대학(東京大學) 대학원 종합문화연구과 교수　　　　　　　　　**(전문 분야: 아시아 정치외교사)**

저서: 『중국의 프런티어: 요동치는 경계에서 고찰하다(中國のフロンティア: 揺れ動く境界から考える)』(岩
波新書), 『21세기의 '중화': 시진핑의 중국과 동아시아(21世紀の'中華: 習近平中国と東アジア)』(中央
公論新社), 『알기 쉬운 현대 중국정치(よくわかる 現代中國政治』(공편저, ミネルヴァ書房), 『현대 중국
세미나: 도쿄대학 고마바 연속 강의(現代中國ゼミナール: 東大駒場連續講義)』(공저, 東京大學出版
會) 외

제2장

미국의 대중(對中) 접근은 어디를 향해 가고 있는가: 과거, 현재, 미래

모리 사토루(森聰)

미국의 대중 정책은 오바마 정권 제2기 무렵부터 강경해지기 시작하여, 트럼프 정권이 2017년 12월에 「국가안보전략(NSS 2017)」에서 중국을 현상변경 국가로 단정하고, 또한 2018년 2월의 「국가방위전략(NDS 2018)」에서 장기적인 전략적 경쟁 상대국으로 규정함으로써 커다란 전환이 이루어질 징후가 보였다.[1] 그 이후에도 한동안 구체적인 정책 변경은 보이지 않았지만, 2018년 7월에 트럼프 정권이 중국으로부터의 수입품에 대해서 추가관세를 부과한 것을 계기로 하여, 압력을 중시하는 대중(對中) 자세가 선명해졌다. 무역적자 문제를 둘러싼 '무역전쟁', 첨단기술(high tech)의 유출 규제를 둘러싼 '첨단기술 패권 경쟁', 중국의 인권 문제 등을 둘러싼 '체제 간 경쟁' 등의 문구가 지면을 가득 채웠고, 항간에 유포되었다. 이러한 가운데 1970년대 이래 계속되어온 미국의 대중 접근이 전환점을 맞이했다는 견해가 확대되어, 미중 대립은 장기화될 것이라는 전망이

---

[1] 「국가안보전략(NSS 2017)」과 「국가방위전략(NDS 2018)」은 모두 박행웅 편역/박동철 해제, 『트럼프의 미국 우선주의』(한울엠플러스, 2018)에 수록되어 있다._옮긴이

일반화되었던 것처럼 보인다.

그래서 본고는 미국의 대중 정책에 대해서 다음과 같은 질문을 검토해보고자 한다. 첫째, 트럼프 정권의 대중 정책은 역대 정권의 대중 정책과 비교해서 강경해진 것은 분명하지만, 거기에는 어떠한 질적인 변화가 있으며, 왜 그러한 변화가 일어났는가? 둘째, 트럼프 정권의 대중 정책은 ①무역, 금융, 산업에 관한 교섭 노선(交涉路線), ②기술 패권(技術覇權)과 지정학적 영향력을 둘러싼 경쟁 노선(競爭路線), 그리고 ③인권 및 민주주의에 관한 비정통화 노선(非正統化路線)이라고 하는 세 가지 큰 틀로 구성되었다고 볼 수 있는데, 트럼프 정권은 이러한 쟁점을 어떠한 맥락에서 파악하였는가? 셋째, 코로나19의 세계적 유행 및 홍콩 정세의 격동 등에 따라 교섭, 경쟁, 비정통화(非正統化)라고 하는 세 가지 노선에 어떠한 변화가 발생했던 것일까? 이러한 질문에 대해 검토한 뒤에 마지막으로 만약 민주당 정권이 탄생하게 된다면 그 대중 정책은 어떻게 될 것인지에 대한 분석을 토대로 하여, 향후 미국의 대중 접근에서의 방향성에 대해서 예비적으로 고찰하며 마무리를 짓고자 한다.

1. 미중 관계를 안정화시켜온 것은 무엇이었는가

미국의 대중 접근은 장기간 관여(engagement)라고 불리는 것이었는데, 그 관여 접근법(approach)을 둘러싸고 있던 구조적인 조건이 변화함으로써, 경쟁이 전면에 출현했다고 말해진다. 과거 수십 년간에 걸친 미국의 대중 관여 접근법이 변질되었다고 한다면, 그것은 어떠한 의미에서 변질되었다고 말할 수 있을까? 그리고 왜 그러한 변질이 발생한 것일까? 이러한 질문에 대해 검토하기 위해서, 여기에서는 미국을 대중 관여로 향하게 만들었던 요인이 무엇이었는가를 설명해보도록 하겠다.

리처드 닉슨 대통령이 1972년 2월에 방중(訪中)하여 이른바 '상하이 코뮈니케'를 발표한 이래, 미중 관계는 위기를 내포하면서도 대체적으로 안정되어왔다. 왜냐하면 미중 양국 사이에는 일정한 협조 관계를 유지해야 할 유인(誘因)이 존재했기 때문이다. 역사적으로 본다면, 냉전 시기에 미중 양국이 가까워지도록 만든 것은 대소(對蘇) 전략이었다. 지미 카터 정권부터 로널드 레이건 정권에 걸쳐 중국과 연대하여 소련에 대항한다는 사고방식이 주류를 차지했다.

냉전의 종식 이후에는 미중 쌍방에게 경제·상업 관계가 갖는 중요성이 점차 증가했다. 여러 차례 위기가 있었지만, 역대 정권은 미중 경제관계를 보전하고 확대시키기 위한 외교를 전개했으며, 관계를 안정화시킨다는 긴장과 완화의 순환이 반복되었다. 예를 들면, 1989년 6월의 톈안먼(天安門) 사건에 미국 전체가 강하게 반발하고 조지 부시 정권이 중국에 경제제재(經濟制裁)를 가했지만, 최종적으로는 무역에서의 최혜국대우(MFN)를 유지했다. 1996년에는 타이완 해협 위기가 일어났는데, 빌 클린턴 정권은 1999년에 중국의 세계무역기구(WTO) 가입에 합의하여, 2001년 중국이 WTO에 가입하는 길을 열었다. 조지 부시 정권은 당초에는 중국을 '전략적 경쟁상대'라고 지목하며 준엄한 자세를 보였지만, 2001년 동시다발 테러의 발생 이후에는 대(對)테러 전쟁과 아프가니스탄 및 이라크에 대한 무력 개입에 전략적 관심을 빼앗겼기 때문에, 북한의 핵개발 문제에는 중국과 협조하면서 6자회담을 통해 대응하고, 2006년 12월에는 미중 재무당국 간에 '전략 경제대화(SED)'를 개시했다. 2008년 세계 금융위기의 발생 직후에 출범한 버락 오바마 정권은 '전략·경제 대화(S&ED)' 등을 통해서 경제·외교에서 중국과의 정책협의를 거듭하면서, 중국에 기후변화 문제와 관련하여 협력을 요청한 것 외에, 정권 제2기에 남중국해·동중국해 및 사이버 수단에 의한 산업정보 절취의 문제 등에서 관계가 긴장되어가는 가운데에서도 정책협의를 유지하며 양국간투자협정(BIT: Bilateral Investment Treaty) 등 경제 분야에서의 협의를 계속했다.

이처럼 미중 양국 정부는 경제관계의 보전·강화에서 이익을 찾아냈으며, 미국 측에서는 중국과의 경제관계가 발전해간다면 결국 중국을 정치적 자유화로 향하도록 만들고, 중국이 미국과 함께 국제질서를 밑받침하는 '책임 있는 이해관계국(利害關係國)'이 될 것이라는 기대가 확대되었다. 그 논리는 미중 경제관계에 의해 중국이 경제발전을 실현한다면 결국 중국 내의 중류층(中流層)이 증가하고 그 중류층이 정치적 자유화를 요구할 것이며, 또한 중국이 미국 주도하의 기존 국제질서 속에서 경제발전이 가능하다는 확신을 심화한다면 그 국제질서를 지키는 현상유지(現狀維持) 국가가 된다는 것이었다(Harding 2015). 이것은 단적으로 말하자면, 미중 관계를 발전시켜 나간다면, 중국을 '미국화'할 수 있다고 하는, 탈냉전 시기의 미국 1강(一强)의 세계에서 미국에 생겨난 '리버럴 국제주의'라고 하는 일종의 이데올로기가 투영된 것이었다고 할 수 있다(Mearsheimer 2019). 중국공산당이 화평연변(和平演變)이라고 칭하며 실로 이러한 체제의 점진적 변혁을 경계했던 것과 정반대로, 미국은 중국의 변혁을 기대했던 것이다.

즉 미국의 대중 접근은 장기간 상업 관계(商業關係)를 기반으로 한 미중 경제관계와, 중국의 정치·외교적 변혁에 대한 기대라고 하는 2개의 구조적인 조건에 입각하여 정책노선을 취했으며, 이것은 대중 관여(關與) 접근이라고 불렸다. 또한 워싱턴은 중국이 군비(軍備)의 증강과 근대화를 추진하여 서태평양에서 미군 부대를 위협할 능력을 언젠가 획득할 가능성, 그리고 중국이 변혁되지 않을 가능성도 시야에 넣고, 만약 중국에 대항하게 될 경우에 대비하는 경쟁적 접근['헷징'(hedging)이라고 불림]을 동시에 추진했다는 것도 간과해서는 안 된다. 1990년대부터 미국에서는 중국위협론(中國威脅論)이 단속적(斷續的)으로 출현했는데, 관여를 주(主)로 삼고 경쟁을 종(從)으로 삼는 미국의 대중 관여 접근이 초당파

(超黨派)적 지지를 얻었던 것은 중국이 결국 미국에 바람직한 모습으로 변혁할 것이라는 기대가 어느 정도 폭넓게 공유되었기 때문이라고 할 수 있다.

2. 대중 경쟁적 접근법이 주류화된 이유는 무엇인가?: 국제주의와 일국주의(一國主義)로부터의 반응

이러한 관여 접근은 오바마 정권 제2기 무렵부터 쇠퇴하기 시작하고 경쟁적 접근법이 전면(前面)에 등장하게 되었으며, 트럼프 정권하에서는 경쟁적 접근이 눈에 띄게 주류화되었다. 주목해야 할 것은 미국의 엘리트와 대중 쌍방으로부터 중국에 대한 반응이 나타난 결과, 대중 관여 접근을 밑받침했던 구조적인 조건이 열화(劣化)되었다는 점이다. 국제주의를 체현하는 워싱턴의 정책 엘리트 및 기업계 등의 유력자층(establishment)과, 대중의 일부가 호소하는 일국주의를 체현하는 트럼프의 양쪽 모두 미중 경제관계는 미중 쌍방을 이롭게 한다는 전제와, 미국이 중국을 변혁시킨다는 전제로부터 멀어지게 되었던 것이다.

우선 워싱턴의 정책 엘리트 사이에서는 중국이 변혁으로 향할 것이라는 기대를 상실하고, 현행 미중 경제관계의 일부가 되고 있는 중국의 경제·산업정책은 부당한 것이므로 그 시정을 압박해야 한다는 사고방식이 주류가 되었다. 시진핑(習近平) 정권은 미국의 기대에 반하여 국내 정치·사회의 통제를 강화하고, 결국 국가 주석의 임기 제한을 철폐하기에 이르며 정치적 자유화에 완전히 역행하는 움직임을 취했다. 또한 남중국해를 군사화하지 않는다고 하는 2015년 9월의 시진핑 방미(訪美) 시의 약속에 반하여 국제법을 무시하는 형태로 남중국해에서의 영유권 주장과 인공섬 조성 및 그것의 군사기지화를 추진하고 사이버 수단을 이용한 기미기술(機微技術; 핵무기 개발에 이용할 수 있는 민감한 기술_옮긴이)·데이터의 절취도 일시적으로 건수가 저하되었지만, 결국 멈추지 않았다. 즉 중국의 국내 정치 개혁은 결실을 맺지 못했고, 미국이 중시하는 규범에 반하는 대외행동(對外行動)을 중국이 반복하여 행한 결과, 워싱턴의 정책 엘리트는 중국은 변혁되지 않을 것이라는 결론에 이르게 되었다(Friedberg 2018). 기대가 실망으로 변했을 때, 눈앞에는 강대화(强大化)된 '현상변경 국가' 중국이 가로막고 서있는 것으로 비추어졌던 것이다.

또한 미국 기업계는 중국 당국에 의한 강제적인 기술 이전(移轉), 인허가의 차별적 취급, 중국 기업에 대한 산업 보조금 제공 등의 정책에 의해 중국 기업의 경쟁력이 강화된 결과, 미국 기업이 중국 시장에서 중국의 비(非)국영기업 및 국영기업에 의해 따라잡히고 자신의 경쟁력을 빼앗기게 될 것이라는 우려가 심화되었다(US-China Business Council 2017). 그 결과 중국 시장(中國市場)과 관계되어 있던 미국 기업이 중국 당국에 의한 각종 규제 및 산업정책에 대한 반발을 강화했으며, 트럼프 정권이 중국 정부에 압력을 가하여 그러한 부당한 정책을 시정하도록 압박하는 수법을 시인(是認)하게 되었다.

여기에서 지적해두고 싶은 것은 워싱턴의 정계·관계(官界)의 대다수가 중국을 '리버럴 국제질서'로 편입하는 것을 단념하는 커다란 판단의 변경을 행했던 것에 반해서, 재계·산업계는 어디까지나 중국에 대해서 산업정책의 변경을 압박하는 수법의 변화를 바랐던 것에 불과했다는 점이다. 후자(後者)는 거듭되는 미중 간의 경제협의(經濟協議)와 거기에서의 약속을 중국 당국이 이행하지 않고 있기에, 대화와 약속이 아니라 압력에 기초한 강제(强制)도 어쩔 수 없다고 판단하고 트럼프의 강압적인 수법을 용인하고 있을 뿐이라는 점이다. 즉 경제 교섭에 앞서, 새로운 조건 아래에서의 무역과 투자를 바라는 것이며, 이른바 디커플링을 지향하는 것은 아니다. 중국에서 조업(操業)하고 있는 미국 기업은 중국으로부터의 철수를 선택하지 않고 있는 것이다.

한편 미국 국민의 일부에서는 무역자유화(貿易自由化)에 대한 부정적인 견해가 확대되었다. 특히 중국으로부터의 수입 경쟁에 노정된 지역에서는 중도(中道) 지향의 온건한 정책적 입장을 취하는 연방의원 후보자가 낙선하고 공화당 보수파 또는 민주당 좌파(左派) 후보자가 선출되었으며, 2000년부터 2016년에 걸쳐서 기존의 자유무역협정을 재검토한다고 호소하는 대통령 후보자를 지지하는 경향이 관찰되었다(Autor 2017). 즉 무역자유화에 의해 경제적 타격을 받은 세력이 트럼프를 통해서 경제적 현상(現狀)을 변경하는 관리무역(管理貿易)을 추구하는 움직임이 일어났다. 미국의 이익을 일국주의적(一國主義的)으로 정의하는 일반 대중의 세력(백인 노동자층 등)은 무역적자를 외국의 미국에 대한 경제적 수탈의 상징으로 파악하고, 기존의 자유무역협정(FTA)을 개정하거나 수단을 가리지 않고 무역 불균형을 시정함으로써 가일층의 수탈을 저지하자고 호소한 트럼프를 지지했던 것이다. 주의해야 할 것은 외국과의 무역에 부정적인 견해를 취했던 미국인은 2016년 2월 갤럽(Gallup, Inc.)의 여론조사에 의하면 약 34%이고, 58%는 무역을 성장의 기회로 간주했다는 점이다. 즉 트럼프는 무역 불균형의 시정을 외침으로써 한편으로 백인 노동자의 지지를 모으고, 다른 한편으로 중국이 미국의 대중(對中) 수출 확대를 받아들이게 함으로써 기업계의 지지를 모으고자 했는데, 무역 확대에서 정치적 이익을 찾아내고 있었다는 점을 간과해서는 안 된다.

이리하여 미중 경제관계의 현상(現狀)을 부정하고 중국의 변혁에 대한 기대를 상실하게 됨으로써, 관여 접근법은 세(勢)를 잃게 되었다. 워싱턴에서는 관여 접근을 통해서 중국을 변혁시킬 수 있다는 진보적 국제주의가 후퇴하고, 미국의 가치 규범을 수용하지 않는 상대방에 대해서 가치 규범을 공유하는 동맹국과 연대하여 대항해야 한다는 보수적 국제주의가 전면에 나타나게 되었다. 동시에 미국 내부의 일국주의로부터는 다국간(多國間)이 아니라 양국간(兩國間)

의 관리무역을 통해서 좁은 의미에서의 미국의 경제적 이익을 추구해야 한다는 중상주의(重商主義)도 대두하였다. 즉, 트럼프 정권의 대중(對中) 접근은 이러한 보수적 국제주의와 중상주의에 의해 방향이 결정된 것으로 볼 수 있다. 국방부 및 국무부가 동맹국과의 관계를 강화하고자 하는 한편으로, 대통령 및 미국 무역대표부(USTR) 등의 경제 관련 부처(部處)가 동맹국에 추가관세를 부과하거나, 관리무역을 강제하는 등의 언뜻 보기에 모순되는 듯한 움직임이 보여지는 것은 전자(前者)가 보수적 국제주의의 관점에서 가치 규범을 공유하는 안보상의 협력 상대로서 동맹국을 보고 있는 데 반해서, 후자(後者)는 무역적자의 다과(多寡)에 따라 여러 외국을 보고 그러한 가운데 동맹국과 다른 국가들을 동렬(同列)로 바라보기 때문에 발생하는 현상으로 이해할 수 있다.

3. 대중(對中) 정책연합의 이동

이러한 중국에 대한 인식의 변화에 따라 워싱턴의 대중 접근은 중심(重心)을 이동하게 되었다. 할 브랜즈(Hal Brands)와 잭 쿠퍼(Zack Cooper)의 조사에 의하면, 워싱턴의 대중 접근에는 아래와 같은 네 가지 종류의 접근(이념형)이 존재한다.

오바마 민주당 정권 시기에는 중국의 부상(浮上)을 환영하는 접근이 기조가 되었으며, 오바마 대통령은 수용(accommodation) 접근('중국제일주의 노선')을 관철하고자 했지만, 정권 제1기 후반부터 중국의 행동이 위압적인 형태가 되었기 때문에 국방부 및 국무부가 집단적 대항(collective balancing) 접근('아시아제일주의 노선')으로 중심(重心)을 이동시키고 안보 네트워크를 확대하는 '재균형'(rebalance) 전략이 추진되었다. 그것이 공화당의 트럼프 정권이 성립되자, 중심(重心)은 포괄적 압력(comprehensive pressure) 접근으로 이동하고 그것을 집단적 대항이 보완

	수용(受容)	집단적 대항	포괄적 압력	체제 전환
상정(想定)	중국은 자제적(自制的)이며 리스크 회피적(回避的)	중국은 현상변혁적(現狀變革的)이지만 리스크 회피적	중국은 현상변혁적이며 리스크 수용적(受容的)	중국은 현상변혁적이며 리스크 수용적
	미국의 우위는 열화(劣化)하는 경향에 있음	지역 국가들은 중국에 대항함	중국이 강대해질 경우, 지역 국가들은 끌려가게 됨	미국의 우위가 쓸모 없게 되고 있음
	협력의 연쇄(連鎖)는 가능함	대중(對中) 연합을 통하여 중국을 억지할 수 있음	중국의 세력이 감속되지 않을 경우, 미국은 지위를 유지할 수 없음	핵전쟁을 하지 않더라도 중국공산당을 배제하는 것이 가능함
목표	중국이 강대해지기 전에 거래하는 것	대중 연합을 견지하며 중국의 행동을 온건화시키는 것	중국이 지역·세계질서를 변혁하기 전에 약체화시키는 것	늦기 전에 중국공산당을 타도하는 것
핵심적 요인	미중 양국 간 관계의 질(質)	미중 양국 사이에서의 지역 국가들의 입장	미중 양국의 파워(power) 상호 대비	중국공산당에 의한 권력의 장악 정도

자료: Hal Brands and Zack Cooper, "After the Responsible Stakeholder, What?: Debating America's China Strategy", *Texas National Security Review*, Vol.2, No.2(February 2019), p.71의 내용을 필자가 일부 발췌함.

하게 되었다. 후술하는 바와 같이, 2020년에 들어서면서부터는 마이크 폼페이오 국무장관 및 매트 포틴저 부보좌관(국가안보 담당), 그리고 연방의회가 홍콩 및 신장 위구르 자치구에서의 인권·민주주의 문제에 초점을 맞추어 중국공산당의 지배 체제 그 자체를 비판하는 상황이 되고 있다.

요컨대 미국의 대중 접근에서의 중심이 집단적 대항에서 포괄적 압력으로 이동하게 된 것이다. '양국 간'에서 중국에 대해 다양한 분야에서 압력을 가하는 포괄적 압력을 중심축으로 삼고, 이것을 '다국간'의 연대에 의해 중국의 현상변경 행동을 억지해야 한다고 보는 집단적 대항이 보완하는 대중 자세가 취해지게 되었던 것이다.

이러한 포괄적 압력을 주(主)로 삼고 집단적 대항을 종(從)으로 삼는 대중 전략을 추구하는 안보 관련 부처의 사고방식(이것은 트럼프 본인의 사고방식과는 구별되어야 함)이 논단(論壇) 등에서 체계적으로 제시된 예는 의외로 적다. 포괄적 압력 노선에 가까운 뉘앙스를 지니고 있는 견해로서 '신(新)미국안보센터'(CNAS: Center for a New American Security)의 엘리 래트너(Ely Ratner)[2])가 2019년 1월에 했던 의회에서의 증언 내용을 인용하는 논자도 있지만(佐橋亮 2019), 해당 증언에서의 래트너의 중심적 주장은 미국의 목표는 중국의 약체화가 되어서는 안 되고 미국 자체의 경쟁력 강화에 두어야 하며[후술하는 바와 같이, 문제는 중국이 아니라 미국에 있다는 주장은 민주당의 대중관(對中觀)이 지닌 특징임], 그러한 미국 경쟁력의 기반에는 강력한 동맹과 파트너십이 포함된다고 논하고 있다(Ratner 2019). 래트너가 주도하여 CNAS의 전문가들이 정리한 대중 전략 보고서도 동맹국 및 파트너 국가와 연대하여 인도·태평양 지역의 질서를 형성해갈 필요성을 주요 주제의 하나로서 논하고 있다(Ratner et al. 2020). 래트너는 민주당 계통의 전문가 중에서도 급진적인 제안을 행하는 것으로 알려져 있으며(그중 다수가 정부에서 채택되고 있음), 그가 제안하는 조치만을 뽑아서 보면 포괄적 압력 노선을 제창하고 있는 듯한 인상을 줄지도 모르지만, 그 논의와 문맥을 전체적으로 고려해보면 미국 자신의 경쟁력 강화와 집단적 대항을 위주로 하는 접근을 제창하고 있으며 바이든 진영(陣營)의 정책구상에서의 기반을 형성하고 있는 것으로 보인다.

오히려 포괄적 압력을 주축(主軸)으로 삼으면서 집단적 대항으로 보완하는 접근을 제창하고 있는 인사는 국방부에서 국가방위전략(NDS)의 수립을 주도했던 CNAS 국방프로그램부 부장 엘브리지 콜비(Elbridge Colby)라고 할 수 있다. 콜비는 2019년 1월의 인터뷰에서 국가안보전략(NSS)에 등장하는 '원칙에 근거한 현실주의'(principled realism)라는 용어를 풀어서 설명하며 트럼프 정권의 NSS와

---

2) 2021년 7월 25일, 미국 국방부 차관보(Assistant Secretary, 인도·태평양 안보 담당)에 취임하였다._ 옮긴이

NDS의 저류에는 다음과 같은 세계관(世界觀)이 있다고 논했다. 즉, 주권국가(主權國家)를 기본적인 정치 단위로 하고 군사력과 경제력이 국제정치의 기본적인 요소라는 견해에 입각하여 제일의적(第一義的)으로는 타국을 지배하에 두는 패권국(覇權國)의 출현을 저지함으로써 국가들이 자립성을 실현하는 것을 전제로 한, 자유롭고 열린 존엄 있는 정치질서를 표방하는 것이 '원칙에 근거한 현실주의'라고 콜비는 설명한다. 콜비는 '규칙에 의거한 질서'라는 사고방식은 규칙이 국가들 간에 공유된다면 국가 간 경쟁이 극복될 것이라는 진보적인 견해에 입각하여 규칙에 위반하는 행위를 문제로 삼지만, 문제는 '규칙' 및 '규칙 위반'이 아니라 파워(power)라고 본다. 예를 들어 남중국해에서 무엇이 문제인가 논하자면, 중국이 규칙을 위반하고 있다는 것보다도 중국이 지역을 지배하는 것 자체가 문제이며, 환언하자면 중국이 합법적인 수단을 통해서 남중국해를 지배해가는 것도 그것이 지역 국가들의 자립성을 훼손시키는 지배로 귀결될 경우, '원칙에 근거한 현실주의'로부터 본다면 문제라고 콜비는 논하고 있다(Manea 2019). 초점을 철저하게 파워에 두고 파워의 상대비(相對比)가 중국에 유리한 방향으로 기울어져서 중국이 패권을 확립하는 것 자체를 문제시하며, 그것을 저지하는 것을 전략적인 과제로 삼는 콜비의 견해는 포괄적 압력 노선의 진면목(眞面目)이라고 할 수 있다.

또한 콜비는 동맹 그 자체가 미국의 목적은 아니라고 하지만 집단적 대항 노선을 부정하는 것은 아니며, 오히려 그것의 추진을 설파하고 있다. 2019년 1월에 웨스 미첼(A. Wess Mitchell)과 공동 집필한 논고 「강대국 경쟁의 시대」(The Age of Great-Power Competition)에서는 동맹국을 비롯한 여러 외국을 지역 패권국으로부터 간섭을 받지 않고 자국의 진로를 자유롭게 결정할 수 있는 환경을 유지하는 것을 전략의 목표로 규정하고, 그것을 위해서는 미국이 스스로의 파워를 유지하며 지역적인 세력 균형(power balance)에서의 우위를 확보하고 미국의 국익과 레드 라인(red line)을 명확히 하는 접근이 필요하다고 논했다. 군사 측면에서는 동맹국에 대한 중국 및 러시아의 공격을 초기 단계에서 물리칠 전력(戰力)을 정비하고, 경제 측면에서는 중국에 압력을 가하면서 불공정한 무역관행(貿易慣行)을 시정하도록 압박하며, 외교 측면에서는 동맹국과의 관계를 강화하면서 제3국에 대한 개발원조도 강화하는 등의 수단을 제창하고 있다(Colby and Mitchell 2020). 정책의 입안, 결정, 실행에 직·간접적으로 관련되어 있는 워싱턴의 관료 기구 및 연방의회의 주류파는 약간의 폭은 있지만, 트럼프와는 전혀 다른, 국제 주의적인 시각에 입각한 위와 같은 목표, 방법, 수단을 염두에 둔 대중 정책을 전개해왔다.

4. 제1기: 교섭 노선의 우위

그렇다면 이러한 포괄적 압력의 접근을 주류로 하는 트럼프 정권의 대중 정책이란 어떠한 것일까? 트럼프 정권의 대중 정책은 본고의 탈고 시점인 2020년 여름에 이르는 3년 반 남짓에 걸쳐서 제1기(2017년 1월~2018년 7월), 제2기(2018년 7월~2020년 2월), 제3기(2020년 2월 이래) 등 3단계의 발전을 보여왔다고 말할 수 있다. 각 시기에서의 대중 접근의 행태와 변천, 정책의 배경에 있는 인식을 아래에서 밝혀보도록 하겠다.

제1기는 정권의 출범부터 2018년 7월에 대중(對中) 추가관세를 발동할 때까지의 시기이다. 이 '교섭 노선의 우위' 시기에는 중국과의 교섭을 시도하면서 제2기에 출현하게 되는 경쟁 노선을 준비하는 단계였다고 말할 수 있다. 2017년 6월에 플로리다주의 마러라고(Mar-a-Lago) 사저(私邸)에서 개최된 미중 정상회담에서는 각료급의 포괄적 대화 메커니즘의 설치가 합의되어, 4가지의 협의 틀(①

외교·안보 대화, ②포괄적 경제 대화, ③법 집행·사이버 안보 대화, ④사회·문화 문제 대화)이 설치되었다. 이 무렵에는 애당초 트럼프 정권의 정치적 임용 직위가 모두 채워지지 않았던 것이 문제가 되었으며, 포괄적 경제 대화는 이렇다 할 만한 성과를 올리지 못하고 끝나게 된다.

다만 경제 분야에서 당시에는 주목받지 못했지만, 2017년 8월 14일에 트럼프 대통령이 로버트 라이트하이저(Robert Lighthizer) 미국 무역대표부(USTR) 대표에게 1974년 통상법 제301조에 의거하여 중국의 불공정 관행에 관한 조사를 개시하도록 지시했다. 또한 2017년 12월에 NSS, 2018년 2월에 NDS의 요약본이 발표되어 중국을 겨냥한 경쟁 노선의 조치가 제시되었다. 당시에 이러한 전략 문서는 트럼프의 생각을 반영하고 있지 않으므로 큰 의미가 없다는 평가 등이 산견(散見)되었다. 하지만 'NSS 2017'에는 4가지 분야에 걸쳐서 구체적인 정책적 조치가 제시되었으며, 이에 따라 관계 부처는 그 구체화와 실시를 위한 준비 작업에 착수했다. 결국 2018년 3월 USTR이 통상법 제301조에 의거한 조사 보고서를 발표하여 중국의 불공정한 법령, 정책, 관행의 존재를 인정했으며, 그 후 중국 측과의 협의에서 사태의 개선을 향한 진전이 보이지 않았기 때문에 7월의 추가관세를 발동하는 상황에 이르게 되었다.

또한 NSS 2017을 그 이전의 NSS와 마찬가지의 것으로 간주해서는 안 된다. 과거의 NSS는 정권 차원에서 거시적으로 대외관(對外觀)의 특징을 제시하는 것이 대부분이었으며, 구체적인 정책지침으로서의 실질적인 의미는 별로 없는 것으로 간주되어왔는데, 이러한 이해가 잘못된 것은 아니다. 하지만 NSS 2017은 오바마 정권 제2기부터 점점 심화되었던 중국에 대한 불신과 대항 조치를 발동해야 한다는, 이미 워싱턴에서 주류화된 사고방식을 표명한 것이었으며 중국에 대항적인 정책을 실행하라는 명령(mandate)을 부여한 것으로 보아야 한다. 따라서 NSS 2017이 정책지침으로서 기능하는 것은 당연하며, 해당 문서에서 제시되고 있는 다양한 조치가 2018년 이래 관계 각 부처에 의해 순차적·구체적인 정책으로 실행되고 있는 것이 가장 명백한 증거이다.

5. 제2기: 경쟁 노선의 우위

제2기는 2018년 7월부터 2020년 2월까지의 시기로, 경쟁 노선이 우위에 있었다. 대통령이 교섭 노선을 추진하면서도 안보 관련 부처 및 연방의회는 기술 패권 경쟁과 지정학적 경쟁으로 구성되는 경쟁 노선을 일제히 추구하기 시작했다. 또한 연방의회는 홍콩 및 신장 위구르 자치구에서의 탄압 및 인권 침해를 비난하는 비정통화(非正統化) 노선의 조치를 취하기 시작했다.

아래에서 살펴보는 바와 같이, 대통령은 경제 교섭에서 중국 측으로부터 양보를 이끌어내기 위해 추가관세를 연이어 제기하며 중국의 정보통신 계통 기업에 대한 단속도 강화했기 때문에, 중국에 대해서 경제적인 압력을 가하는 경쟁 노선이 선명해졌다. 게다가 연방의회가 2018년 8월에 '2019년도 국방수권법'을 의결하고 기술 규제와 관련된 일련의 법을 정비한 것 외에, 타이완 여행법 (Taiwan Travel Act), 티베트 상호여행법(Reciprocal Access to Tibet Act), 홍콩 인권·민주주의법(Hong Kong Human Rights and Democracy Act) 및 위구르 인권정책법(Uyghur Human Rights Policy Act)을 의결하는 등, 중국의 이른바 '핵심적 이익'에 관계된 법률을 제정하고 중국의 국내 정책을 비정통화하는 움직임이 나타났기 때문에, 중국에 대항하는 자세가 가일층 두드러진 시기가 되었다. 상징적이었던 것은 2018년 10월에 펜스 부통령이 행한 포괄적인 대중(對中) 비판의 연설이었다.

그래서 아래에서는 대통령에 의한 교섭 노선(경제협의), 안보 관련 부처와 연방의회에 의한 경쟁 노선(기술패권 경쟁과 지정학적 경쟁), 그리고 비정통화 노선(인권 침해 비판) 등의 3가지 커다란 정책적 조치가 제2기에서 어떠한 맥락 아래 어떻게 전개되었는지를 되짚어보도록 하겠다.

(1) 첫 번째 기둥: 경제협의[교섭 노선]

첫째, 대통령과 경제 담당 각료는 오로지 대중(對中) 관세 압력과 중국과의 '경제 교섭'을 통해서 대중 무역적자의 축소, 강제적인 기술이전 및 산업 보조금의 중단을 비롯한 산업정책의 시정, 중국 금융시장의 자유화 등을 중국 측이 받아들이도록 압박했다. 더욱 엄밀하게 말하면, 트럼프 대통령은 자신에 대한 지지 기반의 이익을 추구하기 위해 농산품 등의 대중(對中) 수출 확대를 목표로 삼았던 것에 반해서, 로버트 라이트하이저 USTR 대표는 중국의 부당한 산업정책의 전환, 스티븐 므누신(Steven Mnuchin) 재무장관 및 래리 커들로(Larry Kudlow) 국가경제위원회(NEC: National Economic Council) 위원장 등은 중국 금융시장의 규제 완화 및 자유화 등을 목표로 삼았다. 이러한 목표는 미중 각료급 경제협의에서 추구되었지만, 중국에 양보를 강제하기 위해 2018년 7월 이래 일련의 추가 관세를 부과했다. 트럼프는 대중(對中) 경제 교섭 중에 농가, 산업계, 금융계(월스트리트)의 이익 증진을 추구했으며, 그것을 대통령 재선(再選)을 위한 정치적 지지로 연결시킬 생각이었던 것으로 여겨진다(Bolton 2020).

이에 반해서 USTR은 완전히 다른 목표를 갖고 중국과의 경제 교섭에 임했다. 산업 분야에서 워싱턴이 위기감을 높이고 있는 것은 중국의 산업정책이 중국 기업으로 하여금 미국 기업이나 기타 외국 기업을 압도하도록 하여 중국으로부터 축출해 나아간다는 산업정책상의 의도를 가지고 있을 뿐만 아니라, 미국의 국부(國富)를 다양한 수단으로 탈취하고 그것을 군사 분야에 전용하고자 하는 전략적인 의도에 기초한 것이며, 중국의 이러한 조치는 미국이 산업기술 방면에서 지니고 있는 우위를 훼손시키고 국가안보상의 위협을 야기한다는 이해가 확산되었기 때문이다.

워싱턴에서는 예전부터 중국에 의한 기술 및 지식재산의 절취가 문제시되어왔는데, 트럼프 정권이 되자 기술 및 지식재산의 절취 문제는 '중국 제조 2025'로 대표되는 중국의 산업정책 체계의 일부로서 파악되었고 우려가 강화되었다. 중국의 산업정책이 정부의 개입에 의한 시장 왜곡 효과를 초래하고 있을 뿐만 아니라, 중국 시장으로부터 미국 기업·외국 기업을 배제시키는 부당한 것이라는, 시장 접근(access)에 대한 악영향을 우려하는 견해가 주류화되었던 것이다. USTR이 2018년 3월에 공표한, 1974년 통상법 제301조에 의거한 조사 보고서에 의하면, 중국의 '국가 중장기 과학기술 발전 계획(2006~2020)', 또는 이른바 '중국 제조 2025'에서 보여지는 산업정책은 우선 외국제(外國製) 기술을 입수하고 (Introduce), 그것을 관민(官民) 차원에서 해석하며(Digest), 정부의 보조금 및 융자에 의해 중국 기업을 지원하는 형태로 기술을 재(再)제품화하고(Absorb), 그것을 더욱 개량한다(Re-innovate)는 IDAR 접근에 기초해 있다. 기술을 입수하는 국면에서는 강제적인 기술이전, 중국 당국의 지원을 받은 중국 기업에 의한 기술의 취득, 해킹에 의한 기술의 절취, 기술자·연구자 등에 대한 스카우트 등의 관행·정책을 수단으로 이용한다. 중국 정부는 이러한 조치를 국내외에서 조직적으로 전개하여 외국제의 최신 기술을 입수하고, 그것을 중국 기업에 활용시키면서 중국 내에서 외국 기업을 차별적으로 취급하는 인허가(認許可) 제도를 운용함으로써, 중국 기업에 국내 시장에서의 우위와 국제 시장에서의 지도적 지위를 획득케 한다. 이러한 일련의 조치는 외국제 기술에 대한 중국의 의존도를 전반적으로 저하시켜가는 것을 목표로 삼고 있으며, 외국 기업에 대한 사실상의 축출로 귀결된다는 것이 USTR의 이해였다(Office of the United States Trade Representative 2018). 즉 중국이야말로 디커플링을 지향하고 있는 것이며, USTR 입장에서 미중 경제 교섭은 추가관세라고 하는 압력을 배경으로 하여 정부 보조금을 이용하여 외국 기업을 배제해 나아가는 중국의 산업정책을 시정시키기 위한 협의였던 것이다. 따라서 미중 각료급 경제협의는 실질적으로는 트럼프가 중시하는 무역교섭(貿易交渉)과 USTR 등이 중시하는 구조협의(構造協議)라는 두 가지 종류의 교섭으로 구성되어 있었다.

추가관세와 단속적(斷續的)인 미중 각료급 경제협의에서의 절충을 거듭한 결과, 미중 양국 정부는 2020년 1월에 이른바 제1단계 합의에 서명했다. 그 내용은 미국의 농산품을 포함한 대중 수출의 확대 외에, 중국의 금융시장 자유화 등을 포함하고 있었다. 하지만 산업 보조금 폐지 등의 어려운 문제는 제2단계로 넘겨지게 되었다.

(2) 두 번째 기둥: 군비경쟁(軍備競爭)과 기술패권 경쟁[경쟁 노선①]

미국 국방부 및 국무부, 상무부 산업보안국(BIS: Bureau of Industry and Security)을 비롯한 안보 관련 부처는 첨단기술의 군사, 산업, 정보통신 분야에의 이용·활용과 그러한 기술의 대중(對中) 유출의 저지 등을 포함하는 '기술패권 경쟁'을 전개해왔다. 연방의회도 일련의 입법에 의해 이러한 조치를 추진하고 있다. 이러한 기술패권 경쟁이 마치 무역분쟁 이후에 나타난 것처럼 말해지고 있지만, 사실은 그렇지 않다. 애당초 기술패권을 둘러싸고 경쟁이 발생하게 된 것은 거기에서 문제가 되고 있는 첨단기술이 군민 양용(軍民兩用) 기술이어서 국가안보상의 함의를 갖고 있기 때문인데, 이 분야에서의 경쟁은 오바마 정권 시기부터 본격화되었다. 그래서 우선 기술패권 경쟁의 배경이 되는 군사기술의 개발을 둘러싼 경쟁에 대해서 설명해보도록 하겠다.

미국이 아프가니스탄과 이라크에 '무력 개입'을 하고 있던 동안에 중국 인민해방군(人民解放軍)이 정밀유도 무기 등을 핵심으로 하는 이른바 '반(反)접근·지역거부'(A2/AD: Anti Access/Area Denial)라고 통칭되는 무기 시스템들을 도입함에 따라, 오바마 정권에서는 로버트 워크(Robert Work) 국방부 부장관이 중심이 되어 미국의 군사기술 방면에서의 우위를 어떻게 회복할 것인가 하는 근본적인 문제의식으로 돌아가, 중국 인민해방군과의 격차를 벌리기 위해 미군은 어떠한 첨단기술을 통상전력(通常戰力)에 포함시켜 나아갈 것인가에 대해 국방부 내부에서 검토가 진행되었다. 그 결과 2014년 11월에 ①인공지능(AI) 및 로봇 공학(robotics) 등을 비롯한 첨단기술을 미군의 전투 네트워크에 포함시키고, ②새로운 작전 구상을 책정하며, ③그것을 효과적으로 수행하기 위한 조직의 정비 및 인재의 육성을 지향하는 '제3차 상쇄전략'(Third Offset Strategy)의 추구를 국방 혁신 이니셔티브(DII: Defense Innovation Initiative)로서 국방부 전체 차원의 조치로 개시하는 것을 척 헤이글(Chuck Hagel) 국방장관이 발표했다.

그런데 중국 인민해방군도 미군이 중시하는 첨단기술을 막대한 자금을 투입하여 연구·개발하고 국가 차원에서 군민융합(軍民融合) 전략을 추진함으로써 AI·기계학습(machine learning), 양자기술(量子技術), 자율형 무인 시스템, 극초음속 등의 기술을 군사 목적으로 이용하려 한다는 것이 곧 명백해지게 되었고, 그 결과 미 국방당국은 미국이 군사기술에서 과거와 같은 전면적인 우위에 서는 것이 어렵게 되고 있다는 인식을 갖기에 이르렀다. 즉 세계적으로 보자면, 연구·개발 예산의 규모는 정부 부문보다도 민간 부문의 쪽이 크며, 게다가 최신의 군민 양용 기술(dual-use technology)은 민간 부문에서 개발되고 있다. '무기 시스템화'될 수 있는 첨단기술이 민간 부문에서 유통되기 때문에, 미국의 경쟁 상대인 중국도 같은 기술을 취득·활용할 수 있다. 또한 민간 부문에서는 대단히 빠른 속도로 신기술(新技術)이 개발된다. 따라서 만약 미국이 첨단기술의 군사 이용에서 중국과 격차를 벌린다고 하더라도 그 리드(lead)가 상쇄될 때까지의 기간은 과거에 비해서 짧아지며, 상쇄 경쟁은 반복될 것으로 여겨지고 있다.

즉 국방 부문에서의 첨단기술의 독점적 개발에 기초한 군사적 우위를 수십년 단위로 유지한다는 미국의 기존 상쇄 전략(相殺戰略, offset strategy)의 추진 방식이 통용되기 어려운 기술 환경이 출현하고 있을 뿐만 아니라, 중국이 국가 차원에서 군민 융합을 통해 첨단기술의 연구·개발과 군사 전용이 진전되어, 미국을 급속하게 추격해오고 있다는 인식이 있다. 이 때문에 미 국방당국에서는 미국의 군사기술상의 우위가 약화되고 있다는 위기감이 강해지고 있으며, 이러한 절박한 상황 인식이 있기 때문에 안보 관련 부처는 그러한 첨단적인 군민 양용 기술이 중국에 유출되는 경로를 차단하고 또한 기술 방면에서의 공급망 리스크 (supply chain risk)를 배제하기 위해, 다음 쪽에서 제시하고 있는 것과 같은 조치를 철저히 하고자 하는 것이다[5G 및 반도체에 대해서는 다음 절(節)에서 논한다].

주목해야 할 것은 군사, 산업, 정보통신 분야에서 정부가 민간 기업과의 제휴를 심화하는 관민(官民) 파트너십이 활성화되고 AI 등을 비롯한 첨단기술을 전략사업화(戰略事業化)하는 움직임이 일어나고 있다는 점이다. 국방부는 IT 기업 및 스타트업(start-up) 기업과의 관계를 확대·심화시키고 있으며, 미국 정부는 AI, 선진 제조(先進製造), 양자기술 등의 분야에서 사실상의 산업전략을 책정하여 산관학(産官學) 제휴를 뒷받침하고 있다. 미국에는 원래 정부가 경제 활동을 주도하는 산업전략을 기피하는 문화가 있는데, 실은 지금까지도 기술 방면에서 열세가 되었을 때에는 정부가 산관학(産官學)의 컨소시엄(consortium)을 구성하여 반격을 도모해왔던 역사가 있다. 5G 네트워크에 관해서는 정부 개발안 자체는 거부되었지만 국가 스펙트럼 전략(National Spectrum Strategy)을 책정하고 서방측 기업의 연합(Open RAN 정책연합)이 주도하는 5G 시스템의 구축을 추진하고 있다. 미국 정부가 산업을 통제하는 것은 아니지만, 냉전 시기의 '스푸트니크 쇼크' 이후 소련과의 우주기술(宇宙技術) 경쟁, 1980년대 일본과의 반도체 기술 경쟁의 때

<대미(對美) 투자 규제와 대중(對中) 수출 관리의 강화>

미국 정부는 미국제 중요 기술에 대한 중국의 접근을 제한하는 조치를 강구하고 있다.

• 중국의 대미 투자에 대한 규제의 강화: 연방의회는 2018년 8월에 '외국투자리스크심사현대화법'(FIRRMA)을 제정하여 재무부가 주무 부처인 '대미외국투자위원회'(CFIUS)의 권한을 강화했다. 외국 주체에 의한 미국의 기미(機微)기술 및 중요 인프라 등과 관련된 투자에 대한 규제를 강화했다.

• 대중 수출 관리의 강화: 수출관리개혁법(ECRA)은 중요 기술의 미국 국외로의 유출을 규제하는 상무부 주관의 수출관리 틀을 항구법(恒久法)으로 담보했다. ECRA는 신흥기술(emerging technology)과 기반기술(foundational technology)의 관리를 강화하는 권한을 상무부에 부여하고, 상무부는 규제 대상 후보인 신흥기술로서 14가지 분야를 발표하고 규제 규칙의 제정을 추진하고 있다.

<사람에 의한 기술 유출의 규제>

• 법무부: 2018년 11월에 '중국 이니셔티브'라는 조치를 개시하여 산업 스파이의 적발을 강화하는 것과 함께, 적대(敵對)하는 상대에 의해 포섭된 연구자 등 '비전통적 수집자'(non-traditional collectors)에 대한 대책을 취했다.

• 국무부: 2018년 6월부터 로봇 기술, 항공 공학, 선진제조 기술 등의 분야에서 미국의 대학원에 유학하고자 하는 중국인 학생에 대한 비자 발급을 연차(年次) 갱신제로 바꿔 사실상 엄격화하고 있다.

<개별 기업 등에 대한 제재>

미국 정부에는 특정 주체를 표적으로 삼는 수단으로서 '제재에 의한 적성국 대항법'(CAATSA), '국제긴급경제권한법'(IEEPA) 등에 의거한 제재가 있으며, 제재 대상 리스트에 기재함으로써 중국의 기업·단체 등을 수출·재

(再)수출의 규제 대상으로 지정할 수 있다.

- 상무부 산업보안국(BIS): 기술의 최종 사용의 검증이 불가능한 대상자를 지정하는 검증 불능 리스트(Unverified List), 미국의 외교·안보상의 이익을 훼손시킬 우려가 있는 대상자를 지정하는 거래제한 리스트(Entity List), 그리고 수출관리 규칙에 위반한 대상자를 지정하는 거부 인물 리스트(Denied Person List)를 관리한다.
- 재무부 해외자산관리국(OFAC: Office of Foreign Assets Control): 자산을 동결시키는 '특별지정인물 리스트'(Specially Designated Nationals List)를 관리한다.

처럼 국방고등연구계획국(DARPA: Defense Advanced Research Projects Agency) 등의 조직이 산관학(産官學)의 컨소시엄을 구성하고 연구·개발을 적극적으로 추진하여 미국의 기술 경쟁력을 지원하는 체제가 조직되고 있으며, 첨단기술 산업에 대한 정부와 시장 간의 관계가 긴밀해지는 징후가 보이고 있다.

(3) 세 번째 기둥: 지정학적 경쟁[경쟁 노선②]

국방부 및 국무부 등이 중심이 되어 제3국에 대한 영향력을 둘러싸고 해양안보(海洋安保) 및 경제·개발 등 분야에서의 '지정학적 경쟁'도 추진해왔다. 미국의 지정학적 경쟁에 대해서는 이 책의 제1장 '미중 관계와 지정학'에서 논한 바 있으므로, 여기에서는 다음과 같은 3가지 사항만 지적해두고자 한다.

첫째, 트럼프 대통령 본인의 지역 관여 실천(commitment)은 오바마 전 대통령에 비해서 두드러지게 약하다. 오바마 대통령은 규칙(rule)에 기초한 국제 시스템을 추진한다는 목표를 내세우며 '재균형'(rebalance)이라는 이름 아래 환태평양

경제동반자협정(TPP)의 체결, 미국 해외 주둔군의 동남아시아 방면으로의 분산
적 배치, 법의 지배 및 인권 등의 추진이라는 3가지 기둥으로 구성된 지역 전략
을 제기했으며, 여러 외국과 안보 네트워크를 구축하는 조치를 추진했다. 그 실
효성에 관한 평가는 좋다고만은 할 수 없지만 미국의 전략적인 관심을 아시아·
태평양으로 향하게 한다는 시그널링(signaling)을 행했던 것은 틀림없으며, 워싱
턴에서도 그 방향성에 대해서 초당파적인 지지가 있었다. 이에 반해서 트럼프
대통령은 '자유롭고 열린 인도·태평양 전략'(FOIP)을 2017년 11월에 제기했지만
TPP로부터 이탈하고 동아시아 정상회의(EAS)에도 3년 연속으로 불참하는 등,
다국간의 접근으로 지역에 관여하는 실천이 희박한 것으로 받아들여져 왔다.
트럼프 대통령이 '미국제일'(美國第一)을 내세우며 오로지 미중 양국 간의 경제
협의에 관심을 기울이고 있는 것으로부터 생겨나고 있는 부작용이라고도 할 수
있다. 이러한 취약성을 펜스 부통령 및 국무부·국방부가 보완해왔는데, 역시
대통령이 초래할 수 있는 영향력에는 미치지 못한다.

　둘째, 국무부 및 국방부 등이 경계하고 있는 것은 역시 중국의 일대일로(一帶
一路, BRI)이다. 중국이 채무국 스리랑카로부터 함반토타(Hambantota) 항구를 조
차한 사건이 미국에 가져온 충격은 컸으며, 2017년 10월에 당시의 렉스 틸러슨
(Rex Tillerson) 국무장관은 중국이 수탈적(收奪的)인 경제 관행에 이르고 있다며,
미국은 중국을 대신하여 융자를 제공하지 않으면 안 된다고 호소했다. 이것을
시초로 하여 FOIP의 틀을 통한 국무부와 국방부의 지역 관여 조치가 구체화되
었다(상세한 내용은 제1장 '미중관계와 지정학' 참조). 조지 워싱턴 대학의 로버트 서터
(Robert Sutter)에 의하면, 미국은 BRI에 대해서 다음과 같은 우려를 갖고 있다고
한다(Sutter 2020). ①중국은 BRI를 통해서 다른 국가들을 채무에 찌든 상태에 빠
뜨림으로써 자국의 영향력을 확대하고 군사적인 함의가 있는 것도 포함하여 다
양한 담보물을 수중에 넣고자 한다. ②BRI는 관련된 여러 계약이 종종 불투명

한 것 외에, 원래 부패했던 정치 지도자들과의 관계를 강화함으로써 대상국 정부에서의 부패를 조장한다. ③BRI는 권위주의 정권에 중국제 정보통신·감시 시스템의 수출을 수반하는 사례도 있는데, 그러한 경우에는 염가(廉價)로 사회 통제를 강화하는 것을 촉진시키므로, 권위주의 체제의 존속을 뒷받침하는 효과를 갖는다. ④BRI는 중국의 성장 모델 및 부당한 산업 관행(産業慣行)을 정당화하기 위해 사용된다. ⑤중국의 디지털 실크로드(Digital Silkroad)를 통해서 화웨이의 진출이 가속화되고, 여러 외국의 디지털 인프라의 안전 및 신뢰성이 훼손된다. 이러한 미국 측의 우려를 살펴보면, 거기에는 국가의 독립, 거버넌스, 정치 체제, 데이터 안보 등의 다면적인 관점에서 BRI가 가져오는 영향을 파악하고 있다는 것을 알 수 있다.

셋째, 대통령의 FOIP에 대한 실천은 약하지만 위와 같은 BRI와 관련된 대중(對中) 경계심의 고조도 있어, 국무부 및 국방부 등은 지역에 관여하는 조치를 착실하게 추진하고자 해왔다. 해양안보 협력 외에 경제·개발에 관해서는 에너지 안보, 디지털 연결성, 인프라 개발 등처럼, 오바마 정권보다도 활동 분야의 폭을 확대시켰다. 또한 굿 거버넌스(good governance)에 대해서도 펜스 부통령이 2018년 11월에 '인도·태평양 투명성 이니셔티브'를 제기했다. 이러한 것은 BRI에 관련된 상기(上記)의 여러 우려에 대응하는 조치이다. 특히 인프라 투자에 대해서는 정부의 개발원조가 아니라, 2020년 1월에 발족한 미국 국제개발금융공사(DFC)의 투자를 마중물로 하여 민간투자를 유치하는 접근이 특징적인데, 그 실효성은 미지수이다. 코로나19의 영향으로 민간자본의 해외 전개가 전반적으로 퇴조하게 될 가능성이 있으며, 또한 안보 및 굿 거버넌스에 관한 여러 활동의 예산도 전도(前途)가 예단을 불허하고 있다.

(4) 네 번째 기둥: 인권 침해 비판[비정통화(非正統化) 노선]

연방의회는 2018년에 들어서면서부터, 인적(人的) 왕래 및 이동의 자유, 인권의 분야에 관한 입법을 적극적으로 행하기 시작했다. 2018년 3월에는 '타이완 여행법', 같은 해 9월에는 '티베트 상호여행법'을 제정했다. 또한 트럼프 정권은 기존의 '하나의 중국' 정책을 공식적으로 변경하지는 않지만 요인(要人) 왕래를 활성화시켜 타이완에의 지원을 강화하는 기운이 고조되는 것을 보여왔다. 또한 2019년 2월 이후 홍콩에서 이른바 도망범 조례(逃亡犯条例) 개정안으로 발단된 항의 시위가 격렬해져 홍콩 당국의 시위 진압에 대한 비판이 높아짐에 따라, 연방의회는 11월에 '홍콩 인권·민주주의법'을 제정했다. 트럼프 대통령은 홍콩 문제에 대한 관여가 중국 정부와의 경제 교섭에 악영향을 미칠 수밖에 없는 것을 우려하여 당초에는 관여할 생각이 없었던 것으로 여겨지는데(Bolton 2020), 연방의회에서 압도적 다수로 의결됨에 따라 법안에 서명했던 것으로 보인다(트럼프가 법안에 서명을 거부하더라도 연방의회가 상·하원 3분의 2 이상의 찬성으로 재의결하여 법안이 성립되어 버린다면, 대통령이 약체로 비추어지는 것을 우려했다고 말해진다).

또한 신장 위구르 자치구에서의 이슬람교에 대한 탄압이 주목을 받게 되어, 연방의회에서는 하원이 2019년 12월에(찬성 407명, 반대 1명), 상원은 2020년 5월에(전원 찬성) 각각 위구르 인권법안을 의결했다. 전(前) 국가안보 담당 대통령보좌관 존 볼턴(John Bolton)에 의하면, 트럼프 대통령은 시진핑 국가 주석과 회담을 가졌을 때 위구르족의 수용(收容)을 용인했다고 하는데(Bolton 2020), 트럼프는 최종적으로 2020년 6월에 법안에 서명했다.

이러한 인권 관련 법안은 초당파적으로 제정된 것이 특징이다. 특히 위구르 문제에 대해서는 '종교의 자유'와 관련된 문제이며, 미국 전역에서 유력한 정치 세력이기도 한 기독교 복음파가 중국의 탄압책에 강하게 반발한다는 사정도 있기 때문에, 연방의원 등의 자세를 한층 더 강경하게 만드는 측면도 있는 것으로 여겨진다. 또한 미국 여론의 대중(對中) 감정이 악화일로에 있다는 것도 연방의회의 대중 자세가 강경해진 배경이 된 것으로 보인다(森聰 2020b).

(5) 트럼프에 의한 교섭 노선의 우선화(優先化)

위에서 살펴본 바와 같이, 트럼프 정권의 대중 정책 제2기에는 무역·투자 문제와 관련된 '경제 교섭'을 대통령이 다루면서 안보 관련 부처와 연방의회가 '기술패권 경쟁'과 '지정학적 경쟁', 그리고 인권·민주주의 외교를 전개해왔다. 여기에서 특징적인 것은 교섭 노선과 경쟁 노선이 기본적으로는 별개로 병행하여 전개되었다는 점이다.

이 제2기에서 주목해야 할 것은 트럼프 대통령이 경제 교섭에서의 진전을 최우선시했기 때문에, 때로는 기술패권 경쟁 및 인권 외교에 개입했다는 점이다. 예를 들면, 중국의 정보통신 대기업 중싱(ZTE)이 2차 제재의 대상이 되었을 때에는 연방의회의 반대를 물리치고 중국 측과의 협상 주제로 다루며 단계적으로 제재를 해제하는 결정을 내렸다. 또한 펜스 부통령이 톈안먼 사건 30주년인 2019년 6월 4일에 인권과 중국의 정보통신 계통 기업의 제재에 관한 연설을 하고자 했을 때에도, 오사카(大阪)에서 시진핑 국가 주석과 경제 교섭에 관한 회담을 앞두고 있던 트럼프 대통령은 펜스 부통령의 연설을 연기하도록 지시했던 것으로 전해지고 있다. 펜스 부통령은 10월 24일에 이 연설을 하는데, 트럼프의 개입은 경제 교섭을 최우선 과제로 삼고 있었다는 것을 드러낸다. 한편으로 트럼프는 홍콩 및 위구르 문제에 대한 관여를 기피했으며, 특히 정권 차원에서는 당초에 언급을 삼갔지만, 그 이후 중국의 인권 문제에 대한 미국의 비판을 억제하려고 하는 대통령을 연방의회가 압도해가는 흐름이 생겼다. 인권 문제에 관한 한, 트럼프는 정권 내부의 움직임은 제어할 수 있었다고 해도, 연방의회의 움직임은 막을 수 없는 구도였다고 말할 수 있다.

6. 제3기: 전면 대항 노선을 향하여

제3기는 2020년 3월 이후에 코로나19 감염증이 세계를 휩쓸고 미국 대통령 선거가 활기를 띠었던 시기인데, 주지하다시피 코로나19 재난 확대의 책임을 둘러싸고 미중 양국 정부가 서로 비난하였으며, 중국이 '허위정보'(disinformation) 공작을 전개함에 따라 트럼프 정권은 중국의 체제를 비판하는 정보전(情報戰)을 본격화시켰다. 또한 중국 정부가 홍콩에 대한 지배를 강화하기 위해 2020년 5월에 홍콩 국가안전유지법을 제정하여 6월부터 시행함에 따라 트럼프 정권은 홍콩에 대한 우대조치를 철회하는 방침을 5월 29일에 발표하고, 그 이후 연방의회는 7월에 금융제재 등을 포함한 홍콩 자치법안을 의결했으며, 대통령이 7월 14일에 해당 법안에 서명하였다.

나아가 지정학적 경쟁도 격화되었다. 중국은 남중국해에 2개의 행정구(行政區)를 설정하고 중국의 해상 법집행기관의 선박이 베트남 어선을 침몰시킨 것 외에, 해양자원 개발 현장에서 방해 행위를 하는 등의 움직임을 보였다. 이러한 중국의 행동에 따라, 폼페이오 국무장관은 7월 13일에 중국이 남중국해에서 주장하고 있는 권리는 위법이라고 전면적으로 부정한 것 외에, 데이비드 스틸웰 (David Stilwell) 국무부 차관보는 7월 15일에 남중국해 문제와 관련된 중국의 당국자 및 기업을 제재 대상으로 삼을 가능성에 대해 언급했다. 이 밖에 미국 정부는 남중국해에서의 '항행의 자유 작전'(FONOP: Freedom of Navigation Operation)의 빈도를 4월 이래 매월 2회 이상으로 올리고, 7월에는 항공모함 '로널드 레이건'호와 '니미츠'호를 남중국해에 보내 군사 훈련을 하였다.

2020년 3월 이래의 이러한 일련의 사태 전개를 배경으로 하여, 중국에 대한 비정통화(非正統化) 노선이 오로지 연방의회에 의한 홍콩 및 위구르에서의 인권 침해에 대한 비판으로부터 코로나19 재난에 따라 트럼프 정권의 수뇌부에 의한 중국공산당 통치체제 그 자체에 대한 비판으로 변질되었으며, 대중(對中) 정보전이 본격화되어 트럼프의 교섭 노선이 후퇴하였다. 또한 기술패권 경쟁의 일부를 구성하는 정보통신 기술을 둘러싸고 화웨이에 대한 단속이 반도체 공급의 차단이라는 새로운 단계에 이르렀다. 아래에서는 이러한 두 가지의 변화를 살펴보도록 하겠다.

(1) 교섭 노선의 후퇴와 비정통화(非正統化) 노선의 강화

첫 번째의 변화는 교섭 노선을 추진해왔던 트럼프 대통령이 코로나19 확대의 책임에 대해서 중국과 세계보건기구(WHO)를 비난하고, 또한 홍콩 국가안전유지법의 제정에 따라 홍콩에 대한 우대조치의 철회에 나섰기 때문에, 교섭 노선이 뒤로 물러나게 되었던 점이다. 트럼프는 당초에 중국 당국의 코로나19 재난에 대한 대응을 칭찬했지만, 3월 중순에 '중국 바이러스'(China virus)라는 용어를 사용했다. 그 배경에는 트럼프 정권의 수뇌부가 중국 당국의 초동 대응에 중대한 문제가 있다고 보는 인식이 있었다.

트럼프 정권 수뇌부의 대중 자세가 변화를 보이기 시작한 것은 2월 하순이었다. 2월 25일에 폼페이오 국무장관이, 그리고 3월 11일에 오브라이언 보좌관이 각각 중국 당국의 검열 및 보도관제(報道管制) 등으로 감염 확대에 대한 대응이 늦어졌다고 발언하자, 3월 12일에 중국 외교부 대변인은 미군 관계자에 의해 2019년 10월에 우한(武漢)에 신형 코로나 바이러스가 들어왔다고 발언하여 미국으로부터 강한 반발을 초래했다. 보도에 의하면, 포틴저 부보좌관(국가안보 담당)은 이 무렵, 미국 정보당국으로부터 전해 받은 정보에 기초하여 중국 당국이 자국의 초동 대응을 서투르게 하여 우한에서 세계로 신형 폐렴(新型肺炎)이 확대된 책임을 전가하기 위해 의도적으로 거짓 정보를 유포하는 '허위정보' 공작을 행하고 있다고 판단했다. 포틴저는 감염원(感染源)과 감염 확대의 책임을 명확히 하기 위해, 트럼프에게 '우한 바이러스'(Wuhan virus)라는 용어를 사용하도록 건의했는데, 트럼프는 그것을 수정하여 3월 16일에 트위터를 통해 '중국 바이러스'라는 용어를 사용했다고 한다(Washington Post, April, 30, 2020). 이 무렵에 미국은 중국의 보도 기자를 정부 관계자로 간주하는 규제를 가하였고, 중국은 자국 내의 미국 주요 신문 3개 사(社)의 저널리스트를 추방했다.

트럼프는 그 이후 3월 27일의 전화를 통한 미중 정상회담이 열리기 직전에 '중국 바이러스'라는 용어를 더 이상 사용하지 않을 것이라고 TV 인터뷰를 통해 언급하여 일단 설전(舌戰)은 수습된 것처럼 보였지만, 그 이후 세계보건기구(WHO)에 대한 비판을 더욱 강화하였으며, 나아가 중국에 대한 직접 비판으로 회귀했다. 또한 중국의 추이톈카이(崔天凱) 주미 대사는 4월 5일 자 ≪뉴욕 타임즈(New York Times)≫의 논평 기고문(op-ed)에서 미중 협력의 필요성을 호소했지만(New York Tiems, April 5, 2020), 그것은 이러한 일시적인 물결의 '잔잔함' 속에서 일어난 일이었다.

트럼프의 대중 비판이 이전삼전(二轉三轉)하며 이것이 주목을 받았지만, 대중 정책의 변질이라는 관점에서 주목해야 할 것은 트럼프 이외의 수뇌부도 중국에 대한 반발을 강화했다는 점이라고 할 수 있다. 중국 당국의 코로나19 감염 확대에 관한 정보 은폐, 코로나19의 기원이 미군에 있다는 프로파간다, 그리고 그 이후의 중국공산당의 대응을 자화자찬하는 선전을 목도한 폼페이오, 오브라이언 및 포틴저 등 트럼프 정권 중추의 요로(要路)가 중국공산당의 책임 회피와 자기 미화(自己美化)에 대항하기 위해 정보전을 본격화하게 되었던 것이다.

(2) 비정통화 노선의 변질: 정보전의 본격화와 폼페이오 연설

이제까지 연방의회가 주도하는 형태로 오로지 중국의 홍콩 및 위구르에서의 인권 침해 정책을 비판해왔는데, 코로나19 재난이 만연하게 되는 제3기에는 트럼프 정권의 수뇌부가 중국의 체제에 대한 비판에 나섰다. 중국공산당의 코로나19 재난에 대한 억압적인 대응과 세계 규모의 '허위정보' 공작에 대해서 트럼프 정권의 수뇌부는 강하게 반발하고 정보전을 2단계로 본격화시켰다.

제1단계 정보전에서의 조치는 중국 정부의 코로나19에 관한 '허위정보' 공작에 대한 대항책(對抗策)을 제시하는 것이었다. 외국 정부 및 비정부 주체(非政府主體)에 의한 프로파간다 및 '허위정보'에 관한 정보를 수집하고 폭로하기 위한 대항책을 담당했던 것은 국무부의 글로벌관여센터(GEC: Global Engagement Center)였는데, 폼페이오 국무장관은 3월 하순부터 G7 외교장관 회의 및 인터뷰 등을 통해 중국이 코로나19에 관하여 '허위정보' 활동을 전개하고 있다고 비난하기 시작했다. 당초에는 코로나19의 기원(起源)이 미군이라고 하는 중국의 프로파간다에 대항하는 조치가 행해졌는데, 전술한 트럼프의 대중(對中) 비판도 그 일환으로 볼 수 있다.

제2단계 정보전에서의 조치는 중국에 대한 직접적인 '체제 비판'이었는데, 전체적으로 보면 거기에는 2가지의 종류가 있었다. 첫 번째 측면은 중국공산당의 지배 체제 그 자체에 대한 전반적인 비판으로, 중국공산당의 불법·부당한 정책에 초점을 맞춘 연설을 각료급에서 실시했다. 중국 정부가 코로나19의 '미군 기원설' 유포를 후퇴시키고 중국공산당에 의한 코로나19 대책이 훌륭한 성과를 올렸으며 세계적으로 높은 평가를 받고 있다는 프로파간다를 전면에 내세우게 되자, 트럼프 정권의 수뇌부는 중국공산당을 겨냥하여 그 행위 및 정책을 비난하고 비정통화(非正統化)하는 정책 연설을 개시했다. 오브라이언 보좌관은 중국공산당의 마르크스·레닌주의 이데올로기에 대해서(6월 24일), 크리스토퍼 레이(Christopher Wray) 연방수사국(FBI) 국장은 중국 정부와 중국공산당에 의한 산업 스파이 및 미국 국내에서의 공작 활동에 대해서(7월 7일), 윌리엄 바(William Barr) 법무장관은 중국에 의한 경제·산업 관련 불법적 활동에 대해서(7월 17일), 그리고 폼페이오 국무장관이 중국공산당의 지배 체제 전반에 대해서(7월 23일) 각각 사전에 계획된 일정에 따라 차례로 연설을 행했다. 이러한 종류의 정보 발신에는 국내외의 여론을 동원한다는 의미가 포함되어 있었던 것으로 보인다.

이 제2단계의 정보전에서 또 한 종류는 중국공산당과 중국인 사이에 선을 긋고 양자(兩者)를 의도적으로 구별하여 중국인에게 중국공산당에 대한 이의 제기를 촉구하는 담론을 전개하는 것이었다. 이 점과 관련해서는 폼페이오가 2020년 7월 23일에 행한 '리처드 닉슨 대통령 도서관'에서의 연설이 주목을 받았는데, 그는 2019년 10월 30일에 허드슨연구소(Hudson Institute)에서 한 연설에서 홍콩과 신장 위구르 자치구의 인권 문제에 대해 언급한 이후에 이미 중국공산당의 엘리트 지배를 중국인은 바라지 않고 있다는 논의를 제기했다.

또한 포틴저 부보좌관은 2020년 5월 4일에 버지니아 대학의 밀러센터(Miller Center)에서 행한 연설에서 '5.4 운동'(五·四運動)의 정신을 계승하고 있는 것은 중국의 일반 시민이라고 하며, 우한시(武漢市)의 병원에서 근무했던 의사로서 코로나19의 정보를 지인에게 전달했다는 이유로 공안당국에 의해 구속되어 입막음을 당한 후 그 사실을 공표했던 리원량(李文亮)을 칭찬했다. 그리고 소수의 특권층이 자기 이익을 추구하며 피치자(被治者)로부터 이탈해가는 때에는 포퓰리즘(populism)이 그 특권층을 되돌아오게 하거나 내쫓아버리는 것이라고 논하며, 연설의 마지막에서는 5.4 운동의 목표는 시민 중심의 정치를 중국에 확립하는

데 있지 않았는가 하는 질문을 던졌다(Pottinger 2020).

아울러 오브라이언도 6월 24일의 연설에서 "중국공산당은 중국 또는 중국인과 동일하지 않다"라고 논했다(O'Brien 2020). 그리고 폼페이오는 절정이 되었던 7월 23일의 연설에서 중국에 변화를 일으킬 필요가 있으며, 그것을 위해서는 미국의 대중 자세가 엄중한 것만으로는 불충분하다고 말한 뒤에 "중국공산당과는 전혀 별개로 존재하는, 활력이 있고 자유를 사랑하는 중국인들에게 관여하고 그들을 성원(聲援)하지 않으면 안 된다"라고 호소했다(Pompeo 2020).

이러한 일련의 발언을 살펴보면, 트럼프 정권의 대중 접근이 체제 전환으로 이행한 것이 아닌가 생각하게 만드는데, 아마도 총론(總論)으로서 체제 전환으로 바뀐 것은 아니라고 여겨지지만, 포괄적 압력의 경쟁 노선이라는 범위 내에서 중국공산당에 최대한의 압력을 가한다는 방침이 취해졌을 가능성이 있다. 우선 폼페이오는 연설 중에 중국공산당의 '행위'를 변화시킬 것이라고 언급하였으며, 질의 응답에서도 "우리는 중국의 대표로서 중국공산당을 상대로 하고 있다"라고 말했다. 또한 2020년 5월에 백악관이 연방의회에 제출한 「중국에 대한 미국의 전략적 접근(United States Strategic Approach to the People's Republic of China)」이라는 문서에서도 미국의 대중 접근은 중국에 대해서 특정한 도달 상황(end state)의 실현을 지향하는 것이 아니라고 한 위에(p.1), "미국의 정책은 중화인민공화국(中華人民共和國)의 국내 통치 모델을 변경시킨다는 전제에 입각해 있는 것은 아니다"(p.8)라고 논했다(The White House 2020).

그렇다면 왜 중국공산당과 중국인 사이에 선을 긋는 듯한 언설(言說)을 전개하고 있는 것일까? 제일의적(第一義的)으로는 코로나19의 세계적 유행을 평가하며 커다란 희생을 초래한 중국공산당에 대한 강렬한 분노가 근저에 있는 것으로 보이는데, 이 밖에 생각되는 이유로는 다음과 같은 두 가지가 있다. 첫째, 코로나19를 둘러싼 리원량 사건에서처럼, 중국의 국내 통제에 이의를 제기하는 시민이 존재하며, SNS에 의해 여러 외국이 그러한 이의제기를 알 수 있는 정보 공간이 생겨나고 있다는 것이 명백해졌기 때문에, 중국 당국에 대한 중국인의 이론(異論)을 국제 무대에서 선전함으로써 중국 당국의 부당한 대응에 대한 국제 여론의 비판을 환기시키고자 했을 가능성이 있다. 둘째, 중국이 미국 내의 다양한 행위자(actor)에 영향력을 행사하는 공작 활동을 실시하고 있으므로 트럼프 정권의 행동 원칙이라고도 말할 수 있는 상호주의(相互主義)에 의거하여 미국도 중국 내의 정치·사회에 영향을 미치기 위한 정보전을 진개했을지도 모른다. 2020년 11월의 대통령 선거에 이르는 과정에서 중국 측이 트럼프의 평판을 깎아내리고 바이든 후보자를 승리하게 만들기 위해 수면(水面) 아래에서 다양한 여론 유도 공작을 실시하고 있다고 트럼프 정권은 보고 있으므로, 중국공산당에 대한 중국인의 비판에 초점을 맞추는 일종의 보복은 향후 더욱 격렬해질지도 모른다.

(3) 기술패권 경쟁의 변질: 5G와 반도체를 둘러싼 공방

제3기에는 대중(對中) 기술 규제가 더욱 엄격해지게 되었다. 미국 정부는 7월 22일에 휴스턴 주재(駐在) 중국 총영사관이 불법적인 스파이 활동의 거점이 되고 있다며 그 폐쇄를 명령하였고, 중국은 그로부터 2일 후에 청두시(成都市)의 미국 총영사관에 대한 폐쇄를 명령했다. 그리고 화웨이에 대한 규제도 새로운 단계를 맞이했다. 미국 정부의 화웨이에 대한 규제는 크게 나누어 3가지의 조치로 구성되어왔다. 첫째, 연방정부와 그 거래처, 그리고 미국 내에서의 화웨이제(製) 기기(機器)·서비스의 이용을 배제하는 조치가 있다(다음 〈표〉의 ①, ②, ③, ⑤ 참조). 둘째, 미국 정부 관할하의 주체가 화웨이에 각종 물자를 수출·판매하는 것을 규제·금지하는 조치가 있다(다음 〈표〉의 ④, ⑥, ⑦ 참조). 셋째, 특히 5G에 대

<중국제(製) 정보통신 기술을 규제·배제하는 조치>

① 2019년도 국방수권법(NDAA) 제889조: 화웨이 및 중싱(ZTE)을 포함한 중국 기업 5개 회사를 지명하여 2019년 8월부터 해당 기업과 자회사(子會社) 및 관련 회사가 제조한 통신·영상 기기 및 서비스를 미국 정부 조달의 대상에서 배제하고, 나아가 2020년 8월부터는 해당 5개 회사의 제품 및 서비스를 실질적·본질적으로 이용하는 기업과의 계약·거래를 미국 정부에서 금지한다는 조치를 정하였다.

② 2018년 연방조달공급망보안법(FASCAS): 연방정부조달보안위원회(FASC)를 설치하였는데, FASC는 필요에 응하여 전체 부처(部處)에 대해서 특정 기기 및 서비스를 조달 대상에서 제외시키는 명령(exclusion order), 정보통신 시스템 그 자체로부터 기기 등을 제거하는 명령(removal order)을 권고할 수 있다.

③ '정보통신 기술·서비스의 공급망의 안전보장'에 관한 행정명령(2019년 5월): 국가긴급사태 선언을 하고 '외적'(外敵)의 지배하에 있는 주체가 개발·제공하는 정보통신 기술 및 서비스의 취득을 미국 상무장관(商務長官)에 의한 허가제로 정했다.

④ 거래제한 리스트(Entity List)에의 화웨이의 게재(2019년 5월): 화웨이에 대한 수출이 허가제로 변경되었다.

⑤ 안전하고 신뢰할 수 있는 통신 네트워크법(Secure Networks Act, 2020년 3월): 미국의 각 주(州) 및 지방 레벨의 리스크가 있는 ICT 기기를 배제하고 교체하기 위한 예산 조치를 강구했다.

⑥ 군사 전용(軍事轉用)이 가능한 기술의 수출 허가제를 결정(2020년 4월): 군민 융합(軍民融合)에 의해 중국 인민해방군에게 이용될 가능성이 있는 기술을 수출 허가의 대상으로 규정했다.

⑦ 화웨이를 향하는 반도체 칩에 관한 수출 허가제를 결정(2020년 5월): 미국

제 반도체 제조기술(製造技術) 및 소프트웨어를 사용하여 화웨이의 반도체 칩 제조를 수주(受注)하는 외국 기업은 미국 상무장관의 수출 허가를 취득해야 한다는 의무가 부과되었다.

해서 제3국 정부에 화웨이의 5G 시스템을 도입하지 않도록 영향을 끼치는 조치가 있다. 전술한 제1기와 제2기에는 주로 이러한 3가지 조치가 중심이 되었지만, 제3기에 진입하자 화웨이에 대한 수출·판매 규제가 5G의 핵심 부품인 반도체에 미치게 되었다.

위싱턴에서는 2012년 무렵부터 화웨이 및 중싱(ZTE)에 대한 경계가 제기되었으며, 중국이 2017년에 국가정보법(國家情報法)을 제정하여 사인(私人)의 국가정보 활동에 대한 협력이 의무화되자, 중국제 정보통신 기기·서비스에는 중대한 리스크가 수반된다는 견해가 확대되었다. 화웨이는 이제까지 5G 기지국 및 회로 제어장치(回路制御裝置) 등에서 시장 점유율이 약 35% 정도에 이르렀으며, 미국 정부는 화웨이의 판매처라고 하는 이른바 '하류 부문'에 대해 영향력을 행사했다. 하지만 2020년 5월 15일에는 제3국의 기업이라고 하더라도 미국제 반도체 제조기술(製造技術) 및 소프트웨어를 사용하고 있는 경우에는 화웨이로부터 반도체 칩을 수주할 때에 미국 상무부의 허가를 획득하지 않으면 안 된다고 하는 방침(실질적으로 금지)을 발표했다. 화웨이의 공급망의 '상류 부문'에 대한 엄격한 단속에 나선 것이다. 이로 인해 타이완의 반도체 제조사 TSMC는 화웨이 산하의 반도체 설계회사인 하이쓰반도체(海思半導體, HiSilicon)에의 반도체 판매가 규제 대상이 되어 신규 수주를 정지했다. 또한 TSMC는 때를 같이 하여 미국 애리조나주에 2021년부터 공장 건설을 시작하여 2024년에 양산을 개시한다고 발표했다. 또한 반도체 제조 장치의 2분의 1은 미국 기업(Applied Materials, Lam

Research, KLA Group 등), 약 15% 전후는 일본 기업이 생산하고 있다. 이 밖에 네덜란드의 ASML 등이 생산하고 있는데, 미국 정부는 네덜란드 정부에 대해서 ASML의 중국으로의 수출을 중지하도록 요청하였고, 네덜란드 정부는 이에 응한 것으로 전해지고 있다.

반도체는 인공지능(AI) 등 군사적으로 이용되는 첨단기술의 기반을 구성하며 각종 무기 시스템에 장착되기 때문에, 미국 정부는 이 분야에서 결정적인 리드를 보전하고자 하는 동기가 강하다. 국방부가 반도체에 특화된 프로그램[3]을 설치하고 선진 반도체의 개발을 추진하는 것과 함께, 공급망의 보장 조치를 강구하고 있는 것은 그러한 동기의 표출이며, TSMC의 공장 유치 역시 그 일환으로 보아도 틀림없다. 또한 워싱턴에서는 반도체 분야에서의 대중 전략(對中戰略)의 목표가 중국의 반도체 산업 구축을 저지하는 것이 아니라, 어디까지나 미국 또는 서방측 국가들의 반도체 분야에서의 경쟁력 강화에 두어져야 한다는 논의가 있다. 중국에서 조업하고 있는 미국 기업에 반도체 제조 장치의 공급을 계속하면서, 상용(商用) 메모리칩[4]의 대중 수출도 인정해야 한다는 의견도 있다. 이러한 논의의 배후에는 서방측 기업이 중국 시장에 공급을 계속하며 이익을 거두는 것이야말로 경쟁력을 유지할 수 있는 길이며, 중국에의 공급을 전면적으로 끊어버린다면 서방측 기업이 수익 감소의 피해를 입게 될 뿐만 아니라, 중국 기업에게 시장을 건네줘 버리게 되므로, 결국에는 중국 기업의 경쟁력 강화를 돕게 될 뿐이라는 사고방식이 있다(Lewis 2020). 반도체 분야에서 미국이 중국과 경쟁하기 위해서는 기술자의 육성, 반도체 제조업자 유치를 위한 보조금 지급, 지식재산 분쟁에서의 정부의 지원, 그리고 산업 스파이 적발의 강화 등이 필요한

---

3) '신뢰와 보증을 수반하는 마이크로 일렉트로닉스'(TAME) 프로그램 등이 있다.
4) 반도체 칩에는 기억용 메모리칩, 연산용 로직칩, AI 및 5G의 특수한 FPGA 등의 종류가 있다. 메모리칩 시장을 차지하고 있는 기업은 삼성(三星), 도시바(東芝), 웨스턴디지털(Western Digital), SK하이닉스(SK Hynix), 마이크론테크놀로지(Micron Technology), 인텔(Intel) 등이다.

것으로 지적되고 있다(Lewis 2020).

또한 국무부는 정보통신 분야에서 중국 기업을 염두에 두고 '신뢰'할 수 없는 기기 및 서비스를 배제하는 조치를 활발히 취해왔다. 백악관은 2020년 3월에 「5G 안보를 위한 국가전략(National Strategy to Secure 5G)」을 발표하였는데, 그중에서 리스크가 높은 벤더를 특정하여 리스크에 대처하는 것과 함께, '프라하 제안'(Prague Proposals)의 여러 원칙(2019년 5월에 32개국의 정부 및 산업계 대표들이 모여서 5G의 보안에 관해 정리한 비구속적인 원칙)을 양국간·다국간에서 실시해 나아간다는 방침을 제시했다. 이에 따라 우선 국무부는 4월 29일에 화웨이 및 중싱(ZTE) 등 중국제 정보통신 기기 및 서비스를 사용하지 않고 재외공관(在外公館)과 국무부 본부 간의 정보통신을 행하는 '클린 패스'(Clean Path)라는 이니셔티브를 제기했다. 나아가 8월에는 '클린 네트워크'(Clean Network)의 확대를 발표하여 5G 및 사물인터넷(IoT) 등에서 '신뢰'할 수 있는 벤더만 사용한다는 사고방식에 입각하여 통신 캐리어(carrier), 앱(app), 앱 스토어(app store), 클라우드(cloud), 해저 케이블의 5가지 분야를 추가하여 중국제 기기 및 서비스를 배제한다는 방침을 발표했다. 또한 국무부는 더욱 광범위한 경제·사회 분야(무역, 디지털 통신, 인프라, 에너지, 교육, 연구, 건강·보건 등)에서 민주적인 가치에 기초한 '신뢰'의 네트워크를 국가, 기업, 시민사회(市民社會) 간에 구축하는 '경제적 번영 이니셔티브'(EPI: Economic Prosperity Initiative)도 제기했으며, 부문별로 '신뢰'라는 개념에 기초한 유지연합(有志聯合)을 결성하고자 하는 움직임을 보였다.

위와 같은 제3기의 변화를 살펴볼 때, 미국의 대중 접근 중에서 교섭 노선이 완전히 후퇴하게 되어, 제2기에서 보였던 경쟁 노선과 비정통화 노선이 더욱 첨예해져 전면(全面) 대항 노선이라고도 할 수 있는 양상을 노정하기에 이르렀다는 것을 알 수 있다. 또한 연방의회의 상원 외교위원회 짐 리시(Jim Risch) 위원장(공화당)이 코리 가드너(Cory Gardner) 공화당 의원, 밋 롬니(Mitt Romney) 공화당 의원, 토드 영(Todd Young) 공화당 의원 등과 함께 중국의 불공정한 경제 관행, 기술패권 경쟁에 대처하기 위한 동맹국들과의 연대, 중국의 해악을 수반하는 영향력으로부터의 국제기관 수호, 인도·태평양에서의 미국의 관여 강화, 군비 관리·기후변화 등 분야에서의 대중(對中) 협력 등을 골자로 하는 법안(STRATEGIC Act: Strengthening Trade, Regional Alliances, Technology, and Economic and Geopolitical Initiatives Concerning China Act)을 7월 22일에 제안했으며, 다국간 접근에 중심(重心)을 둔 대항 노선을 연방의회가 추진하려고 하는 움직임도 나타났다.

7. 코로나19 이후 시대의 미국의 대중(對中) 접근

미국의 대중 정책은, 대통령이 자신들의 정치 어젠다(agenda)에 대해서 교섭에 의해 중국과의 합의를 이끌어내고자 하는 것에 반해, 안보 관련 부처 및 연방의회는 중국의 다양한 정책 및 행동에 반응하는 형태로 경쟁 및 비정통화 조치를 전개하는 구도 속에서 실시되어왔다. 오바마 정권 시기에는 기후변화 및 핵 안보·핵 비확산이 오바마 대통령 및 민주당에 중요한 정치 과제였다. 이 때문에 예를 들어 남중국해 문제에 관해서는 중국의 반발을 초래하여 파리 협정에서의 합의 달성을 멀어지도록 할 수밖에 없는 '항행의 자유 작전' 등은 실시를 삼가거나 시기를 늦추거나 또는 대외 발표가 늦추어지기도 했다(森聰 2016). 이에 반해서, 트럼프의 경우에는 본고에서 살펴본 바와 같이, 미국 상품의 대중 수출 확대에 대해서 중국 측으로부터 동의를 받아내는 것에 주안점이 있었으며, 그것을 위해서 추가관세에 의해 압력을 행사하면서도 기술 규제를 때로 완화하거나 당초에는 인권 침해에 대한 비판을 삼가는 대응을 취했다.

즉 대통령의 교섭 노선과 안보 관련 부처와 연방의회의 경쟁 노선 및 비정통화 노선 간에는 긴장 관계가 존재한다. 하지만 앞 절(節)에서 살펴본 바와 같이, 코로나19 재난의 확대 및 홍콩 정세, 미국 대통령 선거 등에 의해 트럼프의 교섭 노선은 후퇴하고 경쟁 노선과 비정통화 노선이 더욱 전면에 나타나는 형태로 강화되었으며, 전면 대항 노선의 양상을 노정하기에 이르렀다. 미중 양국의 1단계 합의를 정치적 성과로서 선거에 활용하고자 했던 트럼프를 둘러싼 환경은 크게 변화하였고, 트럼프는 중국에 대해 대항하는 자세를 강화함으로써 미국의 혐중(嫌中) 감정에 편승하여 지지율을 조금이라도 올리고자 하는 선거 전술(選擧戰術)로 바꾸었다.[5]

이와 같이 트럼프 정권의 대중 정책은 코로나19 감염증을 둘러싼 미중 대립의 첨예화에 의해, 전면 대항 노선이라고도 할 수 있는 접근에 이르게 되었다. 그 결과 트럼프 정권은 중국의 체제 및 정책을 규탄하고 미국의 여론을 동원하고자 하는 조치도 전개했으며, 미국인의 대중(對中) 인식 및 감정은 악화되고 있다. 2020년 7월에 퓨리서치센터(Pew Research Center)가 발표한 여론조사의 결과에 의하면 중국에 대해서 부정적인 견해를 갖고 있는 미국인은 73%였으며, 미중 경제관계를 강화해야 한다는 의견은 2019년의 62%에서 51%로 저하되었고, 경제·무역 문제에서 중국에 대해 더욱 강경한 자세로 임해야 한다는 의견은 2019년의 35%에서 46%로 증가했다. 또한 미중 양국 간의 경제관계보다도 중국에서의 인권의 추진을 우선시해야 한다는 의견은 73%라는 높은 수준에 달했다. 또한 미국에 중국은 어떠한 국가인가 하는 점에 대해서 2012년부터 2020년까지의 변화를 살펴보면 '파트너'(partner)로 보는 비율은 16%로 변화가 없었지

---

5)   트럼프는 7월 15일에 선거대책본부장 브래드 파스케일(Brad Parscale)을 경질하고 빌 스테피언(Bill Stepien)을 후임자로 임용했다. 스테피언은 러스트벨트(Rust Belt: 미시건주, 오하이오주, 위스콘신주, 펜실베니아주 등의 제조업이 쇠퇴한 공업지대)를 주전장(主戰場)에서 배제시키고 비(非)러스트벨트에 해당하는 네바다주, 뉴햄프셔주, 메인주, 애리조나주, 미네소타주 등의 접전주(接戰州)를 제패함으로써 승리할 수 있다고 언급한 것으로 전해지고 있다(渡瀬裕哉 2020).

만, '경쟁 상대'(competitor)로 보는 비율은 66%에서 57%로 낮아진 데 반해, '적국'(enemy)으로 보는 비율이 15%에서 26%로 상승했다(Silver et al. 2020).

2020년 11월에 예정되어 있는 미국 대통령 선거의 결과는 전혀 예단을 불허하지만, 대중(對中) 인식을 전반적으로 경직화시킨 여론을 배경으로 하여 전개될 것으로 여겨진다. 2020년 9월 초순의 시점에서 바이든(50.5%)이 트럼프(43%)를 리드하고 있는데(2021년 1월 7일 바이든 후보자의 대통령 당선이 최종 확정됨_옮긴이), 만약 바이든 정권이 탄생하게 된다면, 그 대중 정책은 어떠한 형태를 취하게 될 것인가? 물론 향후의 정책은 앞으로 일어날 사태에 따라 형성될 것이라는 측면이 다분히 있으며, 정권의 주요 직위가 민주당 내부의 중도파(中道派)와 좌파(左派)에 어떻게 배분될 것인가에도 달려 있겠지만(久保文明 2020), 바이든 진영의 외교·안보팀 전문가들,[6] 그리고 8월의 민주당 전당대회에서 채택된 정책강령(政策綱領)을 토대로 삼아 전반적인 대외 자세와 주요한 대중 정책(對中政策)상의 쟁점에 관한 방향성을 정리해보면 다음과 같다.

- 경제, 안보, 인권 분야에서 중국 정부의 우려할 만한 행동에 대항한다. 중국과의 경쟁에서 지지 않기 위해서는 미국 자신의 경쟁력을 강화할 필요가 있으므로, 미국의 정치·경제·사회의 재생(再生)을 우선 과제로 삼고 혁신(innovation)을 위한 투자를 증대한다.
- 중국의 악의적인 행위에 대항하면서도 기후변화 및 핵 비핵산 등 상호 간에 이익이 되는 분야에서는 중국과 협력하며, 미중 양국의 경합 관계(競合關係)가 세계의 안정을 위협하지 않도록 한다. 여러 대중(對中) 정책의 목표를 미국 자신에게 해(害)가 미치는 단독주의적(單獨主義的)인 관세(關稅) 싸

---

6)   토니 블링컨(Tony Blinken), 제이크 설리번(Jake Sullivan), 커트 캠벨(Kurt Campbell), 일라이 래트너(Ely Ratner), 미라 라프-후퍼(Mira Rapp-Hooper) 등이다.

움에 이르지 않고 또한 신냉전(新冷戰)의 덫에 빠지지 않도록 하면서 추구한다.

- 다국간 접근을 중시하고 동맹의 강화와 국제기관 등에 의한 규칙의 형성 및 집단적인 문제 해결의 조치에 주력한다. 특히 민주주의 국가들에 의한 협조를 중시하고 '민주주의를 위한 정상회의'를 소집한다.

- 민주주의 및 인권, 법의 지배 등 보편적 가치를 중시하고 이러한 것에 입각한 국제질서를 주구한다. 이러한 관점에서 '홍콩 인권·민주주의법'을 집행하고, 홍콩의 자치를 훼손시킨 책임자, 기업, 금융기관, 당국자를 제재한다. 종교의 자유를 기본적 인권으로 규정하고 중국의 위구르족에 대한 대규모 수용을 비난하며 위구르 인권법에 정해져 있는 조치를 강구한다.

- 환율 조작 및 불법적인 보조금, 지식재산의 절취 등을 포함한 불공정한 무역관행을 취하고 있는 중국으로부터 미국의 노동자를 지킨다. 동맹국과도 연대하면서 유리한 입장에서 중국과의 무역 교섭에 임한다.

- 중국에 의한 침략적인 행위를 억지하고 그에 대처한다. 항행의 자유를 위한 글로벌한 실천(commitment)을 강조하고 남중국해에서의 중국의 군사적 위협에 대항한다.

- 타이완 관계법(TRA: Taiwan Relations Act)을 시행하고 타이완인의 희망과 이익에 입각한 양안(兩岸) 관계의 평화적 해결을 지지한다.

- 군사 분야에서는 테러 조직을 박멸하고 '영원한 전쟁'을 종결시킨다. 이란의 정권 교체(regime change)를 추구하지 않고, 사우디아라비아의 예멘에 대한 개입 및 지원의 중단도 요구한다. 오히려 대외정책에서 차지하는 외교의 역할을 확대해 나아간다.

이러한 정책구상(政策構想)을 전반(前半)에서 논한 4가지의 대중 접근에 입각해서 논하면, 집단적 대항으로 중심(重心)이 이동하고 있음을 시사하는데, 여러 외국과의 연대에 의해 정책 사정(射程)을 넓히면서 중국과 맞서게 될 민주당 정권은 경쟁하는 쟁점을 확대시킬 가능성이 있다. 바이든의 보좌역인 제이크 설리번(Jake Sullivan)[7]은 「중국은 세계 지배를 위한 2가지 방도를 갖고 있다」(China Has Two Paths to Global Domination)라는 제목으로 2020년 5월 하순에 공저(共著)한 논고에서, 대국(大國)이 세계에서의 지배적 지위를 지향할 때에는 이제까지 미국 등의 사례를 본다면, 우선 지역 패권을 확립한 이후에 세계의 정점(頂點)을 지향해왔지만, 중국은 다른 전략으로 세계 지배를 지향할 가능성이 있다고 논한다. 즉 중국이 서태평양에서 지역 패권을 확립하고자 한다면, 미국과 군사적으로 대치하게 되고 주변국을 미국 측에 가담하도록 내몰게 된다. 따라서 중국은 현대에 세계적인 리더십을 확립하기 위해서는 군사력보다도 경제력과 기술력이 근본적으로 중요하다는 견해에 입각하여 동방(東方)보다도 서방(西方)을 향해 영향력을 확대하고 유라시아 대륙과 인도양(印度洋) 지역에서 새로운 중국 주도의 안보·경제 질서를 정립하는 것과 함께, 국제기구에서 중심적인 위치를 차지하면서 국제경제의 규칙 및 기술의 국제표준 등을 자국에 유리하도록 유도해 나아간다. 그것을 위해서 중국은 이미 BRI와 디지털 실크로드를 추진하고 '사이버 초강대국'을 지향하면서 지정학적인 영향력을 확대하고 유엔(UN) 시스템 안에서 국가주권을 인권에 우선시키는 가치 규범의 서열을 구축하고자 시도하며, 그러한 조치를 통해서 권위주의의 활동 공간을 넓히고 민주주의적 책임성 및 투명성의 타당 범위를 축소시키고자 하고 있다. 설리번 등은 이러한 새로운 접근에는 문제점도 있지만, 중국의 전략은 이러한 2가지의 접근을 조합하고 있으며, 설령 미국이 서태평양에서 군사적 우위를 유지할 수 있다고 하더라도

---

7)   2021년 1월 20일, 미국 대통령보좌관(국가안보 담당)에 취임하였다._옮긴이

세계적인 리더십을 둘러싼 경쟁에서 패배할 가능성이 있다고 지적한다. 이러한 견해에 입각하여 미국은 예를 들어 대체적(代替的)인 5G 기술 및 인프라 투자를 제공하거나, 글로벌 차원의 과제 해결에서 효과적인 리더십을 발휘하거나, 동맹 및 파트너십이 중국의 여론전(輿論戰) 등에 의해 내부로부터 열화(劣化)되지 않도록 하는 조치가 중요하다고 논하고 있다(Brands and Sullivan 2020).

민주당 내부의 대중관(對中觀)은 한덩어리가 아니라 실은 상당한 폭이 있는 것으로 보이며, 게다가 상처를 입은 경제·사회를 재건하기 위해 국가의 자원이 국내의 여러 사업에 투입되므로, 대외 관여 자세가 적극화되더라도 비용 및 리스크를 감수하는 것에 대해서는 소극적이 될지도 모른다. 하지만 민주당의 외교·안보 엘리트의 대중관을 보는 한, '대중 경쟁의 전선(前線)'이 확대될 가능성이 있다. 즉 미국이 동맹국 등과도 연대하면서 중국과 군비 경쟁 및 기술 경쟁, 그리고 경제 분야에서의 경쟁을 전개하고(다만 TPP에의 조기 복귀에 대한 기대를 높게 가져서는 안 됨), 또한 인권 및 민주주의 등 보편적 가치를 추구하는 일환으로 중국에 대한 제재를 속행(續行)해 나아가는 것이다. 그리고 기후변화 및 핵 비확산 등의 잠재적인 협력 분야에서도 파리 협정에 서명하도록 중국 측에 촉구했던 오바마와 달리, 중국에 대해서 환경에 악영향을 초래하고 있는 정책의 시정을 압박해 나아가는 접근을 취할 것으로 여겨진다. 다만 민주당 정권은 외교를 중시하므로, 미중 양국 간에서의 전략 대화의 부활은 있을 수 있다. 즉 민주당 정권으로 교체된다고 하더라도, 일부의 정책에서 압력 중시의 접근이 수정될지 모르지만, 그것이 곧바로 대립 및 경쟁의 해소를 의미하지는 않는다고 봐야 할 것이다(또한 동맹 국가들과의 연대라고 하는 점에서도 미국은 국내의 재건에 주력하기 위해, 동맹국들에 대해서 한층 더 국방·외교 노력을 요청하게 될 것으로 여겨진다).

이러한 경쟁적 자세는 중국이 국내외에서 인권·통치 문제를 계속 갖고 있는 한 추진력을 지속할 것으로 보인다. 코로나19 이후 시대에 중국이 정치적 자유화로 향하지 않고, 미국이 중시하는 규범에 따르는 국제협조적(國際協調的)인 행동도 취하지 않으며 군비(軍備) 증강과 국가자본주의적(國家資本主義的)인 산업·경제정책을 추진하고 기술 패권을 계속 지향한다면, 공화당 정권도 민주당 정권도 모두 경쟁적 접근 또는 대항적 접근을 기조로 하는 대중 자세를 취하여, 정권 교체에 의한 대중 정책에서의 변동의 폭은 다른 정책 영역과 비교해서 상대적으로 좁을 것이다. 이러한 상황하에서 최대의 문제가 되는 것은 미국 측이 '경쟁' 또는 '대항'하는 의도를 중국 측이 '체제 전환'으로 오인(誤認)하고 반응하여 긴장이 예기치 않은 형태로 위기로 발전하게 될 리스크가 높아지고 있다는 점이다. 전략적인 상호 불신의 완화는 대단히 어렵기 때문에, 경쟁과 대항이 재생산되고 안보 논리가 경제 및 사회에 확대되어갈지도 모른다. 그렇다고 한다면, 코로나19 이후 시대의 세계질서는 미중 양국이 현행 노선을 재검토하게 되는 위기 및 사건에 직면하게 될 때까지는, 양국의 대항적인 조치가 가져오는 분단적(分斷的)인 작용에 노정되고 복잡한 다층성(多層性)을 보이게 될 것이다.

참고문헌

Autor, David, David Dorn, Gordon Hanson, Kaveh Majlesi. 2017. "Importing Political Polarization? The Electoral Consequences of Rising Trade Exposure", National Bureau of Economic Research, Working Paper No. 22637.

Blinken, Antony. 2020. "A Conversation with Former Deputy Secretary of State Antony Blinken", Hudson Institute(July 9).

Bolton, John. 2020. *The Room Where It Happened: A White House Memoir*, New York: Simon & Schuster.

Brands, Hal and Zack Cooper. 2019. "After the Responsible Stakeholder, What?: Debating America's China Strategy", *Texas National Security Review*, Vol. 2, No. 2(February), pp. 68~81.

Brands, Hal and Jake Sullivan. 2020. "China Has Two Paths to Global Domination", *Foreign Policy*

(May 22).

Campbell, Kurt M., and Jake Sullivan. 2019. "Competition Without Catastrophe: How America Can Both Challenge and Coexist With China", *Foreign Affairs* (September/October).

Campbell, Kurt M., and Mira Rapp-Hooper. 2020. "China Is Done Biding Its Time", *Foreign Affairs* (July 15).

Fontaine, Richard and Ely Ratner. 2020. "The U.S.-China confrontation is not another Cold War. It's something new", *The Washington Post* (July 2).

Colby, Elbridge and A. Wess Mitchell. 2020. "The Age of Great-Power Competition: How the Trump Administration Refashioned American Strategy", *Foreign Affairs*, Vol.99, No.1(January/February), pp.118~130.

Democratic Party. 2020. *Democratic Party Platform 2020*.

Friedberg, Aaron L. 2018. "Competing with China", *Survival*, Vol.60, No.3(June/July), pp.7~64.

Harding, Harry. 2015. "Has U.S. China Policy Failed?", *The Washington Quarterly*, Vol.38, No.3(Fall), pp.96~101.

Lewis, James A. 2020. "Managing Semiconductor Exports to China", Center for Strategic and International Studies(May 5).

Manea, Octavian. 2019. "The National Defense Strategy A Year Later: A Small Wars Journal Discussion with Elbridge Colby", *Small Wars Journal* (January 19).

Mearsheimer, John J. 2019. "Bound to Fail: The Rise and Fall of the Liberal International Order", *International Security*, Vol.43, No.4(Spring), pp.23, 24, 34, 42.

Nakamura, David, et al. 2020. "Matthew Pottinger faced China's Intimidation as a reporter. He's now at the White House shaping Trump's hard line policy toward Beijing", *The Washington Post*(April 30).

O'Brien, Robert. 2020. "The Chinese Communist Party's Ideology and Global Ambitions"(June 26), https://www.whitehouse.gov/briefings-statements/chinese-communist-partys-ideology-global-ambitions/

Pompeo, Mike. 2019. "2019 Herman Kahn Award Remarks: US Secretary of State Mike Pompeo on the China Challenge", Hudson Institute(October 30).

_____. 2020. "Communist China and the Free World's Future"(July 23), https://www.state.gov/communist-china-and-the-free-worlds-future/

Pottinger, Matt. 2020. "Remarks by Deputy National Security Advisor Matt Pottinger to the Miller Center at the University of Virginia"(May 4), https://www.whitehouse.gov/briefings-statements/remarks-deputy-national-security-advisor-matt-pottinger-miller-center-university-virginia/

Ratner, Ely. 2019. "Blunting China's Illiberal Order: The Vital Role of Congress in U.S. Strategic Competition with China", Testimony Before the Senate Armed Services Committee(January 29).

Ratner, Ely et al. 2020. *Rising to the China Challenge: Renewing American Competitiveness in the Indo-Pacific*, The Center for a New American Security(January 28).

Silver, Laura et al. 2020. "America Fault China for Its Role in the Spread of COVID-19", Pew Research Center(July 30).

Sutter, Robert. 2020. "Why American opposes the Belt and Road Initiative(BRI)?: A second look", PacNet #38, https://pacforum.org/publication/pacnet-38-why-america-opposes-the-belt-and-road-initiative-bri-a-second-look

The White House. 2017. *National Security Strategy of the United States of America*.

_____. 2018. *Summary of the National Defense Strategy of the United States of America: Sharpening the American Military's Competitive Edge*.

_____. 2020. *United States Strategic Approach to the People's Republic of China*.

Tiankai, Cui(崔天凱). 2020. "China and the U.S. Must Cooperate Against the Coronavirus", *The New York Times*(April 5).

US-China Business Council. 2017. *2017 Member Survey*. pp.3, 9, 10, 11.

Office of the United States Trade Representative. 2018. *Findings of the Investigation into China's Acts, Policies, and Practices Related to Technology Transfer, Intellectual Property, and Innovation Under Section 301 of the Trade Act of 1974* (Section 301 Report)(March 22), esp. pp.10~18.

久保文明. 2020. "'バイデン政權'の外交を考える", SPFアメリカ現狀モニター(7月1日).

佐橋亮. 2019. "アメリカと中國(5) 一枚岩ではない對中强硬論", 東京財團政策研究所(4月26日).

森聰. 2016. "アメリカのアジア戰略と中國", 北岡伸一・久保文明 監修, 『希望の日米同盟: アジア太平洋の海洋安全保障』, 中央公論新社.

_____. 2018. "貿易とテクノロジーをめぐる米中關係(前編)(後編)", SPFアメリカ現狀モニター(11月27日).

_____. 2019a. "ワシントンにおける對中强硬路線の形成(前編)(後編)", SPFアメリカ現狀モニター(2月15日).

_____. 2019b. "米中協議とファーウェイ, そしてトランプ: 大阪G20前に", SPFアメリカ現狀モニター(6月25日).

_____. 2020a. "米國の對中政策における交涉と競爭(前編)", ≪東亞≫(霞山會, 1月號), pp.92~102.

_____. 2020b. "米國の對中政策における交涉と競爭(後編)", ≪東亞≫(霞山會, 3月號), pp.76~85.

渡瀬裕哉. 2020. "トランプ大統領の選對本部長變更は吉と出るか・凶と出るか", ≪ニューズウイーク日本版≫, (7月30日), on-line 記事.

모리 사토루(森聰)

호세이대학(法政大學) 법학부 교수   **(전문 분야: 국제정치학, 현대 미국외교, 냉전사)**

저서: 『베트남 전쟁과 동맹외교: 영국·프랑스의 외교와 미국의 선택, 1964~1968년(ヴェトナム戰爭と同盟外交: 英仏の外交とアメリカの選択1964-1968年)』(東京大學出版會), 『미국 태평양군 연구: 인도·태평양의 안전보장(アメリカ太平洋軍の研究: インド・太平洋の安全保障)』(공저, 千倉書房), *Ironclad: Forging a New Future for America's Alliances*(공저, CSIS) 외

제3장

대립으로 향하는 기로에 선 중국의 대미(對美) 정책

마스다 마사유키(增田雅之)

서론: 누가 미중 대립을 일으켰는가

미중 관계를 둘러싼 구도가 크게 변화하고 있다. 2018년 3월 이래 '미중 무역 전쟁'이라고 일컬어지는 미국과 중국 양국에 의한 외교 교섭 및 관세 발동의 응수는 양국 간의 통상 마찰을 격화시켰을 뿐만이 아니다. 그것은 미중 양국 간의 '전략적 경쟁'의 무대를 과학기술 및 군사, 나아가서는 인권이나 민주주의 등의 가치관, 또는 그것을 기반으로 하는 국제 시스템의 존재 양식까지 포함하는 전면적인 것으로 삼았다. 국제사회에서 널리 미중 '신냉전'론이 정설화(定說化)되고 있는 이유이다(田中明彦 2020). 미중 간의 대립이 확대된 직접적인 요인은 미국의 도널드 트럼프 정권에 의한 '미국 제일'(America First)에 기초한 대중(對中) 비판을 계기로 하여 미국 사회에 쌓여 있던 중국에 대한 불만이 분출되었던 것에 있다.

그러나 미국에서의 준엄한 대중국관(對中國觀)은 중국의 부상(浮上)과 그 대외 행동의 변화에 의해 형성되었던 것이다. 중국의 명목 국내총생산(GDP)은 2010년에 일본을 추월하였고, 구매력 평가(PPP)에 기초한 GDP에서 2017년에 미국을 상회했다(World Bank 2020). 또한 중국의 국방예산(공표 기준)은 일본 방위 관계비(防衛關係費)의 4배에 달하고 아시아 최대 규모이다. 군사적으로도 더욱 먼 곳에서의 해군 및 공군의 작전 수행능력의 향상을 도모하며, 2010년대 이래 중국은 동중국해 및 남중국해, 그리고 서태평양에서의 해상·항공 능력에 의한 활동을 급속하게 확대·활발화시켰다. 특히 남중국해에서는 인공섬 건설과 그 군사 거점화를 추진하였으며, 파워(power)를 배경으로 한 현상변경의 기정사실화(旣定事實化)를 추진했다. 이러한 중국 자신의 변화가 미국에서의 새로운 대중국관을 유발했다는 것은 부정하기 어려운 사실이라고 할 수 있다.

그러한 한편으로, 중국은 미국과의 대립이 심화되는 것을 주어진 사실로 받아들이고 있는 것은 아니다. 국무위원 겸 외교부장 왕이(王毅)는 중국의 대미 정책(對美政策)에 어떠한 변화도 없다는 것을 강조하며 "우리는 다만 선의(善意)와 성의(誠意)를 갖고 중미 관계를 발전시키기를 바라고 있다"라고 말했다. 미국의 대중 경계심과 관련하여 왕이는 "중국은 애당초 미국에 도전하거나 대신할 계획이 없으며, 미국과 전면적으로 대항할 생각도 없다"라고 논한 이후 "미국과 충돌·대항하지 않고 상호 존중하고 협력하여 원원(win-win)하고자 한다. 또한 협조, 협력, 안정을 기조로 하는 중미 관계를 구축하고자 한다"라며 관계 개선을 강하게 지향했다(《環球時報》 2020.7.10).

미중 대립의 가일층 격화를 회피하기 위해 중국의 대외정책에 변화가 발생할 수 있을까? 발생한다면 그것은 어떠한 것이 될까? 본고에서는 시진핑(習近平) 정권 시기(2012년~)의 대외 자세를 개관한 뒤에 미중 관계의 전개를 회고해 봄으로써 중국에서의 정책 변화의 가능성과 그 영향을 논해보도록 하겠다.

1. 주변에서 글로벌 차원으로 확대된 '대국 외교'(大國外交)

시진핑 정권의 중국 외교에서 특징적인 것은 대국의식(大國意識)이 명확하게 표출되어왔다는 점이다. 2014년 11월 말에 시진핑 정권하에서 처음으로 열린 중앙외사공작회의(中央外事工作會議)에서 시진핑 중국공산당 총서기(總書記)는 "중국에는 자신만의 특색이 있는 대국 외교(大國外交)가 없으면 안 된다"라고 지적하면서 "실천의 경험을 총괄하는 것에 기초하여 대외 공작(對外工作)의 이념을 풍부하게 발전시키지 않으면 안 되며, 그것에 의해 우리나라의 대외 공작이 선명한 중국의 특색, 중국의 풍격, 중국의 기개를 갖추도록 하지 않으면 안 된다"라고 언급했다(≪人民日報≫ 2014.11.30).

이제까지 중국의 지도자는 대국의식을 갖고 있으면서도 자국의 외교 노선을 '대국 외교'로 형용하는 일은 거의 없었다. 후진타오(胡錦濤) 정권 시기에는 국제사회에서 중국이 대국(大國)으로서 져야 할 책임이 논의되었는데, 정권의 공식 방침은 '발전도상의 대국'으로서 한정적 또는 선택적인 책임을 수행한다는 것이었다(增田雅之 2009). 당(黨)의 공식 문헌 및 지도자의 발언 중에서 대국 외교라는 언급이 일부 보이기는 했지만, 그러한 것은 기본적으로 미국 및 러시아 등의 대국과의 관계를 의미하는 것이었다.

시진핑 정권은 거의 한정 없이 자국을 대국으로 규정하고 국제적인 역할을 더욱 적극적으로 발휘하는 것을 지향하게 되었다. 이른바 '도광양회'(韜光養晦, 능력을 숨기고 힘을 축적하는 것)라는 억제적인 외교 방침에 대해 시진핑은 전혀 언급하지 않았고, 그 대신에 '분발유위'(奮發有爲, 분발하여 크게 역할을 수행하는 것)라는 적극적 방침을 채택했다. 정권의 출범 당초에 '분발유위'의 중점으로 여겨진 무대가 '주변'이었다. 2013년 10월의 중앙주변외교공작좌담회(中央周邊外交工作座談會)에서 시진핑은 주변이 "대단히 중요한 전략적 의의를 갖는다"라고 강조한 위에, 더욱 주도적으로 주변 외교(周邊外交)를 전개할 것을 요구했다(≪人民日報≫ 2013.10.26).

구체적으로는 나중에 '일대일로'(一帶一路)로서 정리된 2개의 실크로드(육상의 실크로드 경제 벨트와 21세기 해상 실크로드) 건설을 추진하는 것이나, 아시아인프라투자은행(AIIB)의 설립을 가속시킨 것이었다. 실제로 2014년 이래 중국은 '연결성의 강화'를 핵심어로 하여 '일대일로' 구상과 관련된 주변 국가들(특히 동남아시아와 중앙아시아 국가들)과의 사이에서 컨센서스(consensus)의 형성을 도모하고, 인프라 방면에서의 협력을 가속화시켰다. 이러한 움직임에 대해서 중국 지도부는 국제 공공재(國際公共財)를 제공할 의사와 능력을 중국이 갖고 있다고 대대적으로 선전했다.

그 이후 중국은 적극 외교를 글로벌한 국면으로 확대시켰다. 2016년 9월 말, 중국공산당 중앙정치국(中央政治局)은 글로벌 거버넌스의 변혁에 관한 '집단학습'을 개최했다. 회의를 주재한 시진핑 총서기는 "국제적인 세력 균형(power balance)의 소장(消長) 및 변화, 그리고 세계화에 의한 과제의 증가로 인해 글로벌 거버넌스를 강화하고 그 변혁을 추진하는 것이 대세가 되고 있다. 우리는 기회를 잡고 정세에 거스르지 않으며 국제질서를 더욱 공정하고 합리적인 방향으로 발전시키는 것을 추진한다"라고 강조했다(≪人民日報≫ 2016.9.29). 이것과 관련된 조치로서 시진핑이 처음으로 내세웠던 것이 '일대일로' 구상의 추진이었으며, '일대일로'를 핵심어로 하여 활발한 정상(頂上)외교를 글로벌하게 전개했다.

2017년 10월, 제19차 당대회에서 시진핑은 '인류운명공동체(人類運命共同體)의 구축'을 호소하며 "냉전 사고와 강권 정치를 철저하게 버려야" 한다고 호소했다. 그 이듬해 6월에 개최된 시진핑 정권에서 두 번째의 중앙외사공작회의에서는 국제질서의 재구축을 지향하는 시진핑 정권의 자세가 더욱 명확하게 드러났다. 시진핑은 중국의 대외공작의 첫 번째 중점으로서 "인류공동체(人類共同體)를 구축

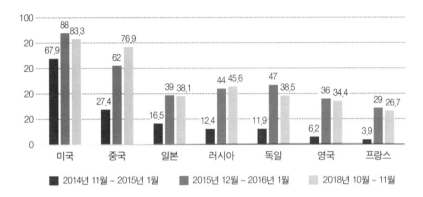

〈그림 3-1〉 중국인이 생각하는 세계대국(世界大國)

자료: 張昆·張明新(2015), p.10; 張昆·張明新(2017), p.58; 華中科技大學國家傳播戰略研究院(2019), p.12
를 토대로 하여 필자가 작성함

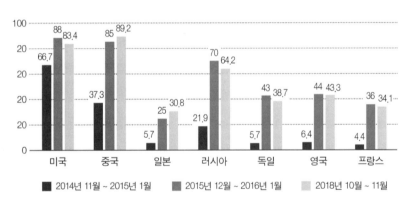

〈그림 3-2〉 중국인이 생각하는 정치대국(政治大國)

자료: 張昆·張明新(2015), p.9; 張昆·張明新(2017), p.57; 華中科技大學國家傳播戰略研究院(2019), p.11
을 토대로 하여 필자가 작성함

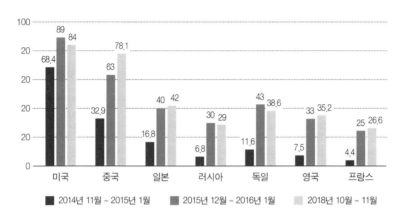

〈그림 3-3〉 중국인이 생각하는 경제대국(經濟大國)

자료: 張昆·張明新(2015), p.9; 張昆·張明新(2017), p.58; 華中科技大學國家傳播戰略研究院(2019), p.11 을 토대로 하여 필자가 작성함

하는 깃발을 높이 들고, 글로벌 거버넌스(global governance) 시스템을 더욱 공정하고 합리적인 방향으로 발전시키지 않으면 안 된다"라고 언급했다(≪人民日報≫ 2018.6.24).

시진핑 정권에서의 '대국 외교'에 대한 지향과 전개는 중국 사회의 대국의식을 강화하는 효과가 있었다고 할 수 있다. 〈그림 3-1〉, 〈그림 3-2〉, 〈그림 3-3〉은 화중과기대학(華中科技大學) 국가전파전략연구원(國家傳播戰略研究院)이 실시한 중국인(中國人)의 세계관(世界觀)에 관한 전국 규모의 여론조사 결과인데, 중국 자신의 대국(大國) 규정에 붙여진 '발전도상의 대국'이라는 한정이 급속하게 제외되고 있음을 살펴볼 수 있다. 중국 자신이 세계대국(世界大國)으로서의 지위에 적합한 국가라고 보는 응답은 2014~2015년의 조사에서는 30%가 되지 못했지만, 2018년의 조사에서는 약 80%에 달했다. 또한 분야별로는 중국을 세계의 정치대국(政治大國)으로 보는 응답이 약 90%에 달하는 것과 함께, 약 80%가 자국을 경제대국(經濟大國)으로 보고 있으며, 모든 응답에서 최근 급속하게 증가하고 있다. 또한 2018년의 조사에서는 중국이 군사대국(軍事大國)의 지위에 어울리는 국가라고 보는 응답이 76.5%가 되었다. 이 조사의 실시기관은 "중국 국민은 국제무대에서의 중국의 정치적 지위에 대해서 상당한 자신감을 갖고 있다"라고 평가했다(華中科技大學國家傳播戰略研究院 2019). 또한 런젠타오(任劍濤) 칭화대학(淸華大學) 교수는 중국이 발휘하는 국제적인 역할에 대한 국민의 평가는 대단히 높으며, '중국은 국제적인 리더십을 발휘하고 있다'라고 국민이 결론 내리고 있다고 분석했다(任劍濤, 2020).

2. 미중 '전략적 경쟁'의 출현(2012~2016년)

시진핑을 비롯한 중국 지도부가 그 대국의식(大國意識)을 말하기 시작했을 때에, 주변 지역을 무대로 하여 적극 외교(積極外交)를 전개하기 위한 전제조건은 대미 관계(對美關係)를 안정시키는 것이다. 그것을 위한 이념으로서 여겨졌던 것이 미중 '신형 대국관계'(新型大國關係)라고 하는 사고방식이었다(增田雅之 2015). 후진타오 정권 시기의 후반에도 미국과의 사이에서 '신형 대국관계'를 구축해야 한다는 것이 중국 측에서 강조되었는데, 그때의 중심 과제는 중국의 핵심적 이익을 미국 측이 존중하도록 하는 것이었다. 하지만 당시의 버락 오바마 정권이 중국 측의 요구에 반드시 적극적으로 호응하지는 않았던 점도 있어, 미중 '신형 대국관계'의 첫 번째 기둥으로 간주되었던 '상호 존중'은 시진핑 정권에서 우선순위를 내리고, 이를 대신하여 '불충돌, 불대항'(不衝突, 不對抗: 충돌하지 않고, 대항하지 않는 것)이 첫 번째의 기둥으로 설정되었다. 구체적으로는 미중 양국 관계에서 위기관리(危機管理)가 기능을 발휘하도록 하기 위해, 각 분야·각 레벨에서 관계의 제도화(制度化)를 추진했다. 미중 간의 대화 및 협의, 협력에 관한 양국 간 메커니즘은 2016년 말까지 100개를 넘었다.

군사 방면에서도 시진핑 정권은 신뢰 양성 조치(CBM)에 관한 미국 측과의 합의 형성을 추진했다. 우선 2013년 6월의 미중 정상회담에서 시진핑 국가 주석은 미중 양군 관계(兩軍關係)의 협력 발걸음이 정치·경제 분야에 비해서 늦어지고 있다는 인식을 보인 뒤에, 군사 분야에서 2개의 메커니즘, 즉 주요한 군사 활동에 관한 상호통보(相互通報) 제도의 구축과 해공역(海空域)에서의 군사 활동의 안전 기준을 공유해야 한다고 제안했다. 2014년 10월에 상호통보 제도, 11월에 해상에서 근접 시의 부대 행동의 규칙, 2015년 9월에는 상공에서 근접 시의 부대 행동의 규칙에 대해서 미중 국방당국 간에 합의가 성립되었다.

그러나 중국은 동중국해 및 남중국해에서 현상변경의 움직임을 동시에 추진했다. 미국 국방부에 의하면, 남중국해의 스프래틀리 군도[Spratly Islands, 중국명: 난사군도(南沙群島)]에서 중국이 매립을 시작한 것은 2013년 12월이었다. 2015년 후반까지의 약 2년간 중국이 매립한 해역(海域)은 3200에이커(약 13km²)에 달하며, 그것은 다른 관련 분쟁국의 합계 50에이커의 자그마치 64배 규모였다(U.S. Department of Defense 2015). 게다가 3개의 인공섬에서는 군용기도 이착륙이 가능한 3000m급의 활주로가 정비되었으며, 2015년 10월에는 인프라 정비의 단계에 들어갔다. 또한 2016년 1월, 중국은 파라셀 군도[Paracel Islands, 중국명: 시사군도(西沙群島)]의 우디 섬[Woody Island, 중국명: 융싱다오(永興島)]에 장거리 지대공 미사일과 대함(對艦) 미사일을 배치하였고, 4월에는 인공섬으로 조성한 파이어리 크로스 암초[Fiery Cross Reef, 중국명: 융수다오(永暑島)]의 비행장에 처음으로 군용기(Y-8 수송기)를 착륙시켰다.

또한 '주변', 특히 아시아 지역에서의 중국의 적극 외교(積極外交)는 미국의 존재를 강하게 의식한 것이었다. 예를 들면, 2014년 5월에 상하이(上海)에서 개최된 '아시아 교류 및 신뢰구축회의'(CICA)의 제4차 정상회의에서 시진핑은 '공통,

종합, 협력, 지속가능한 아시아 안보관'을 제기했다. 그 내용 자체는 그다지 새로운 것이 아니었지만, 주목되었던 것은 시진핑이 다음과 같이 논했던 점에 있다. "아시아의 일은 결국 아시아 사람들이 하면 된다. 아시아의 문제는 결국 아시아 사람들이 처리하면 된다. 아시아의 안전은 결국 아시아 사람들이 옹호하면 된다. 아시아 인민은 상호 협력을 강화함으로써 아시아의 평화와 안정을 실현할 수 있을 만큼의 능력도 지혜도 갖추고 있다"(≪人民日報≫2014.5.22). 즉 시진핑은 아시아의 안보에서 역외(域外) 국가(특히 미국)의 관여에 대해서 부정적인 견해를 드러냈다.

게다가 이 시기에 중국은 동아시아의 역내포괄적경제동반자협정(RCEP) 타결을 서두르는 자세를 보였던 것 외에, 2015년 말에는 57개국이 참가하는 AIIB를 발족시켰다(개업은 2016년 1월에 이루어졌다). 중국의 적극적인 해양 진출 및 대외정책에서 당시의 오바마 정권은 지역질서의 현상(現狀)을 변경하고자 하는 중국의 의도를 파악했다. 미국에서는 아시아·태평양의 지역질서를 둘러싼 미중 양국 간의 '전략적 경쟁'이 왕성하게 논의되었다. 그 한편으로 오바마 정권은 중국과의 관계에서 대립 및 경쟁과 균형이 이루어지도록 하는 협력 정책도 최후까지 계속했다(增田雅之 2017; 佐橋亮 2020). 미중 관계는 대화 및 협력의 제도화에 의해 대립 요소의 관리를 도모하는 한편으로, 군사·안보 및 지역질서(地域秩序)를 둘러싼 대립 구조가 명백해지기 시작했다.

3. 이념(理念)을 상실한 대미 관계(2017년)

2017년 1월, 미국에서 트럼프 정권이 탄생했다. 트럼프는 대통령 선거 기간 중부터 '미국 제일'(America First)이라는 슬로건을 내세웠는데, 중국 내에서는 그것은 결국 '미국경제 제일, 미국무역 제일, 미국취업 제일'이라고 이해되었으며, '그러한 것에 위해(危害)를 미치는 국가는 모두 미국의 이익에 위해자(危害者)로 간주된다'는 것이라는 이해가 제시되었다(增田雅之 2018). 또한 대통령에 당선된 이후인 2016년 12월, 트럼프는 타이완(臺灣)의 차이잉원(蔡英文) 총통과 전화 회담을 실시했다. 그 이후 미디어를 통해 트럼프는 "무역 등의 문제에서 중국과 거래(deal)가 성립되지 않는 한, 왜 '하나의 중국' 정책에 속박되어야 하는지 이해할 수 없다"라고 언급하는 것과 함께, "'하나의 중국'을 포함한 모든 것이 교섭 대상"이라는 인식을 보였다(Wall Street Journal, January 13, 2017). 즉 중국의 핵심적 이익인 타이완 문제를 무역 문제와 연계시킬 방침을 보였던 것이다.

미중 양국 간에 축적되어왔던 원칙에 반드시 얽매이지는 않겠다는 트럼프에 대해서, 중국은 다양한 경로로 움직임을 강화했다. 그 결과 트럼프 대통령은 당초에 타이완 문제에 대해서는 일정한 정도로 궤도 수정(軌道修正)을 했다. 2017년 2월, 시진핑과 트럼프는 전화회담을 했다. 백악관에 의하면, 미중 두 정상은 "시진핑 주석의 요구에 기초하여 우리의 '하나의 중국 정책'을 존중하는 것에 합의했다"(White House Office of the Press Secretary 2017). 백악관의 발표는 "우리의 하나의 중국 정책"(강조는 필자)이라고 표현했다. 그것은 중국의 입장에 트럼프 정권이 완전히 동의하지는 않았음을 시사하는 것이지만, '하나의 중국'이라는 틀 자체는 존중한다고 하였다.

중국 측은 이 전화회담에서 타이완 문제뿐만 아니라, "불충돌·불대항, 상호 존중, 협력적이고 윈윈(win-win)이라는 원칙을 견지하며 각 레벨에서의 왕래를 강화하고, 양국 간 관계와 중대한 국제적·지역적 문제에서의 협조와 협력을 개척해 나아간다"는 것이 미중 관계의 변함없는 발전 방향이라는 것이 확인되었다고도 강조했다(≪人民日報≫2017.3.1). 같은 해 4월 초의 미중 정상회담을 앞두고도 중국 측은 미중 '신형 대국관계'라고 하는 이념의 확인을 트럼프 정권에게

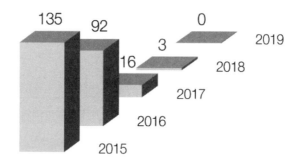

자료: ≪人民日報≫2015年~2019年.

요구했다. 하지만 백악관 고위 관계자는 정상회담 직전에 "트럼프는 이번 회담을 건설적이며 결과에 기초한 관계를 구축하기 위한 최초의 단계(step)로 간주하고 있다"라고 말했다(≪讀賣新聞≫2017.4.6). 정상회담에서도 트럼프 대통령은 미중 '신형 대국관계'라는 이념에 대해 언급하지 않고, 중국의 산업정책 및 기술정책, 사이버 정책에 대한 우려를 전하며 중국이 문제 해결을 위한 구체적인 조치를 강구하도록 요구했다. 또한 핵 실험 및 미사일 발사를 반복하는 북한에 대한 압력 강화에 협력할 것도 중국 측에 강하게 요구했다.

그 결과 정상회담에 관한 중국 측의 공식 보도에도 '신형 대국관계'에 대한 언급은 없었다. 정상회담에서 시진핑은 "협력이 유일하게 올바른 선택이다"라는 것을 지적하며, 트럼프 정권과의 사이에서 대화를 통해 협력 관계를 구체화할 의향을 보이는 데 그쳤다(≪人民日報≫ 2017.4.8). 그 이래 중국 지도부 및 공적(公的) 미디어가 미중 '신형 대국관계'에 대해 직접 언급하는 일은 거의 없어지게 되었다.

그런 한편으로 '신형 대국관계'라고 하는 이념의 상실에도 불구하고, 미중 관계에 대한 미래 전망은 여전히 낙관적이었다. 중국 내의 전문가 다수는 경제 관계를 중심으로 미중 양국은 "이익공동체(利益共同體)를 이미 형성하고 있으며", "중미 관계에 풍파가 발생하더라도 큰 목표는 앞을 향해 발전하는 것이다"라고 주장했다(≪解放日報≫ 2017.3.21). 관계자 중에는 중국의 시장 규모를 감안한다면, 미국에 많은 경제적 이익을 공여(供與)할 수 있다는 자신감을 보이는 자도 있었다(增田雅之 2018).

4. '신냉전'(新冷戰)으로 향하는 미중 관계(2018년~)

2017년 12월에 백악관은 『국가안보전략(NSS)』을 공표했다. 이 NSS의 특징 가운데 하나는 '안보의 큰 기둥'으로서 '번영의 추진'을 내세웠다는 점에 있다. "21세기의 지정학적인 경쟁에서 승리를 쟁취하기 위해서 연구, 기술 및 혁신의 분야에서 서두에 서지 않으면 안 된다"고 할 것인데, 그 기반이 되는 "미국의 지식재산을 중국과 같은 경쟁자가 절취하고 있다"(White House 2017). 중국으로부터 본다면, 안보의 맥락에서 경제 관계가 자리매김된 의미는 적지 않다. 왜냐하면 미중 관계에서 경제 관계는 이제까지 안정장치(安定裝置)로서 기능해왔다는 이해가 중국에서는 일반적이었으며, 중국은 경제 관계를 강화함으로써 미국과의 정치적인 상위(相違) 및 대립을 관리해왔다. 하지만 NSS는 무역 및 기술 혁신 등의 이슈를 강한 위기감에 뿌리내린 안보 문제로 규정했던 것이며, 경제 관계는 "중미 마찰의 '추진기'(推進器)가 되었다"라고 중국 내의 전문가는 지적했다(趙可金 2020).

또한 '인도·태평양'이라는 지역의 맥락에서 나타난 대중 인식(對中認識)도 대단히 준엄하였다. 즉 대외적인 경제 활동, 영향력 공작, 군사적인 위협 등을 통해서 중국은 정치·안보 방면에서의 어젠다를 실현하고자 한다고 지적했다. 그

위에 NSS는 "중국은 인도·태평양에서 미국을 축출하고 국가 주도 경제 모델의 리치(reach)를 확대하며 자국에 유리한 지역질서를 구축하려 하고 있다"라는 인식을 보였으며, 또한 중국에 대한 관여 정책을 재검토하고 있음을 강하게 시사했다(White House 2017).

이러한 미국의 대중(對中) 인식을 결정짓도록 만들었던 것은 2017년 10월에 개최된 중국공산당 제19차 당대회에서의 시진핑 보고였다고 할 수 있다. 시진핑은 과거 5년간을 회고하며 "중국 특색의 사회주의의 길, 이론, 제도, 문화가 부단히 발전하고 개도국의 현대화로의 길을 열어가며, 발전을 가속화시키고 있을 뿐만 아니라, 자신들의 독립성이 유지되기를 바라는 국가와 민족에게 완전히 새로운 선택지를 제공하고 인류의 문제 해결에 공헌하기 위한 중국의 지혜와 중국의 방안을 제시하고 있다"라고 논했다. 또한 시진핑은 "중화민족의 위대한 부흥"이라는 '중국의 꿈'(中國夢)을 실현하기 위한 청사진을 제시했다. 즉 21세기 중반까지 "현대화된 사회주의 강국을 만들어낸다"는 것을 최종 목표로 삼고 2020~2035년에 "경제력 및 과학기술력이 대폭 향상되어 혁신형 국가(革新型國家)의 선두에 올라서며", 또한 마찬가지로 2035년까지 "국방과 군대의 현대화를 기본적으로 실현하고 21세기 중엽에는 세계 일류(一流)의 군대를 전면적으로 만들어낸다"는 것도 선언되었다(中共中央黨史和文獻研究院 2019).

또한 2018년 3월의 전국인민대표대회(전국인대)에서 중국은 헌법(제45조)을 개정하여 국가 주석의 2기 10년의 임기 제한을 철폐했다. 이것은 시진핑의 종신제를 가능케 하는 것으로 이해되었다(McGregor 2019). 제19차 당대회 보고와 합쳐서 이해한다면, 시진핑은 권위주의 체제를 가일층 강화하여 군사력, 경제력, 과학기술력(科學技術力)의 어느 방면에서도 세계의 '강국'이 되는 것을 선언했다는 점이다. 이러한 중국의 정책 동향에 따라, 중국의 이질성(異質性)에 대한 인식이 구미 국가들에서 확대되었다. 경제성장이 민주화를 가져올 것이라는 기대감, 게다가 군사력 및 과학기술력 방면에서의 미국의 우위를 전제로 해왔던 미국의 대중(對中) 관여 정책도 재검토되었다.

2018년 3월 이래의 미중 통상교섭은 무역전쟁이라고 불리며, 무역 불균형의 시정을 위한 교섭 또는 그 과정에서의 관세 발동의 응수가 주목을 받았다. 하지만 더욱 중요한 것은 인공지능(AI) 및 정보통신의 최첨단 기술을 둘러싼 패권 경쟁이 미중 대립의 주전장(主戰場)이 되었다는 점이다. 미국 입장에서 본다면, 중국과의 관계에서 기술을 둘러싼 우위성을 상실하면, 전쟁 수행 및 인도·태평양 지역에서의 작전 수행 능력이 크게 제약받을 수밖에 없다. 이것은 안보의 문제이다. 2015년 5월에 중국이 발표한 정부 유도(政府誘導)의 산업정책 '중국 제조 2025'에 대해서도 미국은 준엄하게 비판했다. 또한 '중국 제조 2025'는 차세대 정보기술 및 항공·우주 설비 등 10개 중점 분야에서의 혁신을 통한 제조업의 고도화를 지향하는 것이다. 미중 무역전쟁이 격화되는 과정에서도 중국의 방침에 변화는 없었다. '중국 제조 2025'는 "시장 주도의 개방적이며 또한 포괄적인 것을 견지하고 있는 발전 계획이다"라며 중국 정부는 미국의 비판에 대해서 반발했다(≪人民日報≫2018.9.25).

2020년 1월, 트럼프 대통령과 류허(劉鶴) 중국 부총리는 23개월에 달하는 미중 무역교섭의 제1단계 합의 문서에 서명했다. 중국은 2021년 말까지의 2년간 2000억 달러의 수입 확대, 지식재산권의 보호, 기술이전 강제의 금지 등을 약속하고 미국이 중국의 합의 이행 상황을 엄격히 감시하게 되었다. 미국은 2019년 9월에 1200억 달러 상당의 중국 제품에 부과했던 15%의 관세를 7.5%로 인하하는 것에 동의했다. 하지만 이 합의는 일시적인 휴전에 불과했다.

2019년 12월에 중국의 우한시(武漢市)에서 처음으로 감염이 확인된 코로나19 바이러스는 2020년 3월 이래 중국 내에 그치지 않고 세계적으로 유행하여 세계 경제에 심대한 타격을 입혔다. 권위주의적인 방법으로 재빨리 감염 확대를 억

제한 중국은 그 국제적 이미지의 악화에 브레이크를 걸기 위해 '마스크 외교'를 전개하였고, 또한 세계보건기구(WHO)를 지원하는 등 감염증 대책에서 글로벌 리더십의 발휘에 힘을 기울였다(Beijing Review, May 28, 2020).

그 한편으로 감염자 수와 사망자 수에서 세계 최대가 되었던 미국은 코로나19 위기를 계기로 하여 중국에 대한 비판을 강화했다. 2020년 2월 말까지는 코로나19 대책과 관련된 미중 협력의 가능성이 모색되었다. 하지만 3월 중반 이래 트럼프 대통령은 중국의 초기 대응 및 정보 공개가 늦어진 것을 중국공산당의 통치 체제와 관련지으면서 강하게 비판했다. 또한 4월~5월에는 트럼프 대통령이 코로나19를 둘러싼 WHO의 대응을 '중국 편들기'라고 준엄하게 지적하였고, 미국은 7월 6일 자로 1년 후의 WHO 탈퇴를 유엔(UN)에 통고했다. 또한 홍콩에서의 '일국양제'(一國兩制)를 유명무실화시키는 '국가안전유지법'이 6월 30일에 시행된 것에도 미국은 강경하게 반응했다. 7월 14일, 트럼프 대통령은 홍콩의 자치를 침해하는 행위에 관여한 중국의 당국자 및 기업에 대한 제재를 가능케 하는 '홍콩 자치법'(Hong Kong Autonomy Act)에 서명한 것 외에, 무역 등에 관해서 홍콩에 부여했던 우대 조치를 폐지하는 대통령 행정명령에도 서명했다. 미중 양국 간의 대립이 더욱 전면적으로 확대된 것이다.

결론: 중국의 대외정책은 변화할 것인가?

중국 내에서도 미중 대립에의 대응 방식에 관해 활발하게 논의가 이루어지고 있다. 우선 미중 간의 전략적 경쟁을 어떻게 규정할 것인가이다. 푸단대학(復旦大學)의 우신보(吳心伯) 교수에 의하면, 중국의 학계에는 다음과 같은 4가지의 관점이 제시되고 있다고 한다(吳心伯 2020). ①미중 경쟁의 본질은 지역적·지구적 리더십을 둘러싼 것이며, 미중 간의 경쟁은 불가피하다. ②미중 경쟁의 핵심은 경제력과 그 영향력을 둘러싼 것이다. ③미중 경쟁은 주로 안전보장을 둘러싼 분쟁이며, 중국이 동아시아의 안보 시스템에 도전하는 것을 미국은 우려하고 있다. ④미중 경쟁은 경제, 안보, 이데올로기 등의 여러 분야에 걸쳐 있다.

미중 대립의 격화, 그리고 미국에서의 '신냉전'(新冷戰)이라는 언설(言說)의 확산에 따라 ④의 관점으로부터의 연구가 증가하고 있지만, '신냉전'이라는 성격 부여에 동조하지 않는 논의가 주류를 차지하고 있다. 왜냐 하면 미중 양국 간의 이익은 상호 융합되어 있으며 장기적인 대립의 대가(代價)를 견뎌낼 수 없기 때문이다. 또한 미중 대립은 냉전 시기와 같은 진영(陣營) 간의 대립이 될 수 없다고 한다. 특히 미국과 유럽 및 일본의 대중(對中) 정책은 동일하지 않으며, 미국을 중심으로 하는 반중(反中) 진영의 형성은 어려울 것으로 여겨지고 있다(袁鵬 2020).

중국에서 미중 관계의 현상(現狀)을 '신냉전'이라고 성격을 규정하는 것이 부정되고 있는 한편으로, 미국의 대중 정책에서의 변화는 근본적인 것으로 간주되고 있다. 따라서 중국도 상응하는 대응을 강구하지 않으면 안 된다. 그 한 가지는, 양국 간 토대(base)에서의 직접적인 대응이다. 즉, 경쟁 및 대립의 격화를 방지하는 것을 목적으로 하는 위기관리 메커니즘의 강화이다. 외교 방면에서는 정상(頂上)의 상호 방문을 제도화하고 전략대화 등을 실시하여 양국 관계의 불확실성을 저하시킨다. 이에 더하여 군사 방면에서의 CBM(적대국 간의 신뢰 구축 조치_옮긴이)을 적극적으로 운용하여 미중 양군(兩軍) 간에 의도에 대한 오해와 예기치 않은 사태의 발생을 회피하는 것이다. 또한 이러한 위기관리의 프로세스에서는 위기의 예방 및 위기에 대한 반응이라는 단계에서의 정책 협조를 특히 강화하지 않으면 안 되는 것으로 간주된다(趙景芳 2018; 姚雲竹 2019)

다른 한 가지는 간접적인 대응인데, 대미 관계 이외의 외교 공간(外交空間)을 확대시켜 미국의 반중 진영 형성을 방지하는 것이다(≪國際商報≫2020.6.11; ≪環球時報≫2020.6.19). 2020년 6월, 중국의 시진핑 국가 주석과 리커창(李克强) 총리는 유럽연합(EU)과의 사이에서 TV회의 형식의 정상회의를 실시했다. 정상회의에서는 홍콩 문제, 코로나19에 대한 대응 및 투자협정 등의 경제 문제가 논의되었다(Reuters, June 23, 2020). 시진핑 주석은 코로나19 위기라고 하는 환경하에서 "세계에 심각한 변화가 발생하고 있으며, 많은 불안정·불확정 요소에 직면하고 있다"라고 논하면서 "'코로나19 이후 시대'의 중국·EU 관계를 더욱 착실하게 성숙시키고 한 단계 높은 수준으로 격상시키고자 한다"라고 말했다(≪人民日報≫ 2020.6.23.). 정상회의에 관한 공동성명의 발표 및 공동 기자회견은 미루어졌지만, EU 측이 강하게 요구했던 투자협정의 조기 타결에 중국 측은 응했다. 정상회의 이후, 외교부 구주국(歐州局)의 왕루퉁(王魯彤) 국장은 투자협정의 연내 타결을 지향하는 것에 합의했다는 점을 발표하는 것과 함께, 중국 측에서 내부의 심사 프로세스를 마쳤다고 밝혔다(新華社, 2020.6.23).

이렇게 보면, 대미 관계에서 중국이 취할 수 있는 직접적인 대응은 한정적이라고 말하지 않을 수 없다. 중국 시장의 가일층 개방 및 비즈니스 환경의 개선에 의해 미국의 중국에 대한 경제 방면에서의 의존을 높이는 것도 주장되고 있으며, 미중 무역교섭의 제1단계 합의도 그 일환이었던 것으로 여겨진다(≪國際商報≫ 2020.6.11). 하지만 중국과의 경제 상호의존에 대한 미국의 기대는 비관적이다. 오히려 중국의 경제 모델 그 자체가 문제시(問題視)되고 있다. 또한 제도를 통한 위기관리에 관해서도 트럼프 정권은 제도 그 자체에 무게를 두지 않고 있다. 그렇다고 한다면, 중국이 취할 수 있는 수단은 갈수록 간접적인 것이 될 것으로 여겨진다. 중국 지도부가 EU와의 관계가 갖는 중요성을 가일층 강조하는 것은 대미 관계가 그렇게 간단히 개선되지 않을 것이라는 인식에 기초하여 외교 방면에서의 안전망(安全網)을 추구하고 있는 것에 다름 아니다.

그러나 미국도 중국에 대항하기 위해 '자유세계'(自由世界)의 연대 강화를 추구하고 있다. 2020년 7월, 마이크 폼페이오 국무장관은 닉슨의 1972년 방중 이래 반세기에 걸쳐 계속되어온 중국에 대한 '관여'라는 낡은 틀은 "달성되지 못했다"라고 논한 뒤에 "우리는 그것을 계속해서는 안 되며, 회귀해서도 안 된다"라고 하여 대중 관여 정책의 종언을 선언했다. 폼페이오 국무장관이 제기했던 것은 '자유세계'가 중국이라는 "새로운 전제국가(專制國家)를 이겨내는 것"이며, 경제·외교·군사를 조합시켜 중국에 연대하여 대항할 필요성을 강조했다(Pompeo 2020).

2018년 이래의 미중 관계는 중국의 인식 여하를 불문하고 "장래 대립의 씨앗을 심는" 것이 되었다(Medeiros 2019). 그리고 대립의 씨앗은 이미 싹이 트기 시작했으며, 미중 대립은 세계를 휘말려들게 하면서 전개될 것으로 전망된다. 그리고 그것은 국제질서에 심각한 균열을 발생시킬 것임에 틀림없다.

참고문헌

佐橋亮. 2020. 「米國の對中國政策: 關與·支援から競爭·分離へ」, 宮本雄二 外 編, 『技術覇權 米中激突の深層』, 日本經濟新聞出版社.
田中明彦. 2020. 『ポストモダンの'近代': 米中'新冷戰'を讀み解く』, 中央公論新社.
增田雅之. 2009. 「中國外交における'國際責任': 高まる國際的要求, 愼重な自己認識, 嚴しい國際情勢認識」, ≪アジア經濟≫第50卷 第4號.
_____. 2015. 「パワー·トランジッション論と中國の對米政策: '新型大國關係'論の重點以降」, ≪神奈川大學アジア·レビュー≫第2號.
_____. 2017. 「アジア太平洋には米中を受け入れる空間はあるのか」, 加茂具樹 編, 『'大國'としての中國: どのように台頭し, どこにゆくのか』, 一藝社.
_____. 2018. 「中國の對米政策」, 防衛研究所 編, 『中國安全保障レポート2018』, 防衛研究所.
McGregor, Richard. 2019. "Xi Jinping's Quest to Dominate China", *Foreign Affairs*, Vol.98, No.5.
Medeiros, Evan S. 2019. "The Changing Fundamentals of US-China Relations", *The Washington*

Quarterly, Vol.42, No.3.

Pompeo, Michael R. 2020. "Communist China and the Free World's Future", US Fed News(July 23).

U.S. Department of Defense. 2015. *Asia-Pacific Maritime Security Strategy*.

White House Office of the Press Secretary. 2017. "Readout of the President's Call with President Xi Jinping of China"(February 9).

White House. 2017. *National Security Strategy of the United States of America*(December).

World Bank. 2020. *Purchasing Power Parities and the Size of World Economies: Results from the 2017 International Comparison Program*, Washington, DC: World Bank.

華中科技大學國家傳播戰略研究院. 2019. "中國公衆的世界觀念調查報告(2017~2018)", ≪人民論壇: 學術前沿≫第5期(上).

任劍濤. 2020. "中國復興與世界格局變化", ≪武漢科技大學學報(社會科學版)≫第3期.

吳心伯. 2020. "論中美戰略競爭", ≪世界經濟與政治≫第5期.

姚雲竹. 2019. "中美軍事關係: 從準同盟到競爭對手", ≪美國研究≫第2期.

袁鵬. 2020. "新冠疫情與百年變局", ≪現代國際關係≫第5期.

張昆·張明新. 2015. "中國公衆的世界觀念調查報告(2015)", ≪人民論壇: 學術前沿≫第10期(上).

_____. 2017. "中美公衆的世界觀念調查報告(2016)", ≪人民論壇: 學術前沿≫第1期(上).

趙景芳. 2018. "新時代中美安全危機管理的戰略選擇", ≪中國評論≫第10期.

趙可金. 2020. "'軟戰'及其根源", ≪美國研究≫第3期.

中共中央黨史和文獻研究院. 2019. 『19大以來重要文獻選編(上)』, 北京: 中央文獻出版社.

마스다 마사유키(增田雅之)

일본방위연구소(日本防衛研究所) 지역연구부 중국연구실 주임연구관 **(전문 분야: 현대 중국의 외교·안보 정책, 아시아의 국제관계)**

저서: 『현대 일본의 지정학(現代日本の地政學)』(공저, 中央公論新社), 『'대국'으로서의 중국('大國'としての中國)』(공저, 一藝社) 외

제2부

미중 대립의 제상(諸相)

제4장

단편화되는 국제질서와 국제협조 체제의 재구축을 향하여

아키야마 노부마사(秋山信将)

1. 붕괴되어가는 국제협조(國際協調)

현재의 '규칙(rule)에 의거한 리버럴 국제질서'는 제2차 세계대전 이래, 미국이 주도하여 민주주의 동맹국과 함께 구축했다. 이 국제질서는 미국의 패권, 즉 힘(power)이 있었기에 구축이 가능했으며, 질서의 유지라고 하는 관점에서 보더라도 파워의 분포가 중요한 의미를 갖는다. 하지만 국제질서를 '규칙에 의거한' 시스템이라고 하는 견해가 이루어지는 것은 ①자유민주주의적인 가치관에 기초하여 국가의 행동 원칙 및 규범, 규칙(rule)이 규정되고, 그것에 의해 국가 간 관계가 더욱 평화적(무력 분쟁의 리스크를 저하시킴)이 되며, 또한 타국의 행동이 예측 가능하게 됨으로써 사전에 분쟁을 회피하고 협조적인 행동을 취하는 것이 기대되고 있다는 점, ②그러한 협조적인 행동을 규정하는 규범 및 규칙을 유엔(UN), 기타 국제기관 및 유럽연합(EU)과 같은 지역협력의 틀, 또는 미일 동맹 및 북대서양조약기구(NATO) 등의 동맹을 포함하는 국제제도(國際制度)가 담보하고,

규칙의 형성 및 분쟁 해결의 장(場)을 제공하고 있는 점, 그리고 ③패권국인 미국의 '전략적 인내'를 포함하여 질서의 유지에 대해서 그것에 참가하는 국가들이 응분의 비용(cost) 부담에 응하고 있으며, 그러한 부담은 일반적으로 이른바 선진민주주의 국가가 떠맡고 있다는 특징이 있기 때문이다(Ikenberry 2009).

코로나19 감염증 위기로 인해 이러한 리버럴 국제질서가 동요하고 있다. 그것은 한편으로 미국의 리더십의 기능 미비와 그것을 대신할 패권국 또는 리더의 부재, 즉 이안 브레머(Ian Bremmer)가 말하는 'G세로'(G-Zero)적인 상황이 되어 나타나고 있다(ブレマー 2012).

커트 캠벨(Kurt Campbell)과 러시 도시(Rush Doshi)는 미국이 이번의 코로나19 위기에 대한 글로벌 대응에서 리더십을 발휘하지 못하고 만약 대응을 잘못하게 될 경우 영국이 수에즈 위기를 계기로 하여 글로벌 강대국으로서의 지위를 명실공히 상실했던 것처럼, 미국도 글로벌 리더로서의 지위를 상실할 수밖에 없다고 경고한다(Campbell and Doshi 2020). 조지프 나이(Joseph Nye)는 미국뿐만 아니라 중국도 리더십을 발휘했다고는 말하기 어려운 것으로 보고 있다(Nye 2020). 중국은 국내에서의 초동 대응 및 정보 제공의 지연으로 인해 국제사회의 불신을 샀고, 그 이후 의료·방호 자재를 제공하거나 의료팀을 파견하는 등의 '마스크 외교'를 전개했지만 국제사회로부터의 신인(信認)을 얻지 못했다.

두 번째의 측면은 이제까지 국제사회가 그 발전에서 중요하다고 생각해온 원칙 및 규범의 후퇴이다. 감염증의 봉쇄 대책을 실시하는 가운데, 사람 및 물품의 자유로운 이동을 제한하고 안전을 위해서는 국가에 의한 통제, 감시, 또는 개인 데이터의 수집을 허용하고 자유 및 인권을 제한하는 것도 어쩔 수 없다고 하는 풍조가 확대되어, 리버럴 국제질서의 사상적 기반을 구성하는 자유무역 및 민주주의, 인권 등의 가치에 대한 사회의 수용 방식이 변용되고 있다.

그리고 국제질서의 동요라고 하는 세 번째의 측면은 국제기관에 대한 불신감의 증대 또는 국제협조의 기능 미비 등, 국제제도를 통한 다국간주의(多國間主義)에 대한 신뢰성이 흔들리고 있다는 점이다. 감염증에 관한 정보 공유 및 팬데믹(pandemic) 대책의 국제협조에서 중심적인 역할을 수행할 것으로 기대되었던 세계보건기구(WHO)에 대해서는 중국으로부터 적절한 정보 제공을 받지 못했고 그 결과 각국의 대응에 지침이 되는 효과적인 정보와 안내(guidance)를 제때에 그리고 효과적으로 제공하지 못했기에, 독립된 전문기관으로서의 존재 양식에 강한 의문이 노정되었다(Wall Street Journal, April 5, 2020). 이러한 비판 중에는 국제기관에서 중국의 영향력이 증대하고 있는 것에 대한 경계감도 다분히 포함되어 있다고 할 수 있다.

팬데믹이라는 글로벌한 위기에는 바이러스에 관한 과학적인 지견(知見)의 공유, 백신의 개발, 의료 물자 및 기자재의 상호 융통 등, 국제적인 협조를 통해서 더욱 효과적으로 대응할 수 있다는 것은 쉽게 상상할 수 있다. 그럼에도 불구하고 이번의 위기에는 국경의 폐쇄(사람의 왕래를 더욱 원활하게 하기 위한 쉔겐 조약 체제의 위기로 상징됨) 및 의료 자재(資材)의 쟁탈전, 또는 백신 개발 경쟁과 그것을 확보하기 위한 움직임에서 보이는 바와 같이, 이제까지 국제협조의 이상론(理想論)에 숨겨져 있던 주권국가의 자아(ego)가 드러나게 되었다. 이것은 국제협조가 정치적으로 얼마나 취약한 것인지를 재차 인식하도록 만들었다.

아래에서는 국제기관 및 제도를 통한 국제협조가 코로나19 위기를 통해서 어떻게 변용해가고 있는가에 대해 한 차례 고찰해보겠다. 그것을 위해서 앞에서 언급한 국제질서의 동요와 관련된 논점을 ①국제기관의 권한(mandate)과 수요(needs)의 갭(gap)이라는 제도상의 문제에서 유래하는 거버넌스의 문제, ②중국의 부상(浮上)을 포함하는, 국제기관 및 국제제도에서의 정치 구조, ③국제질서가 의거하는 가치 규범 체계의 변화로 정리하고 각각에 대해서 분석을 시도해보도록 하겠다.

2. 국제적인 감염증 대책을 둘러싼 거버넌스[1]

코로나19 팬데믹은 국제사회 전체를 혼란에 빠뜨렸다. 많은 사람에게는 현대 사회가 감염증에 대해서 이처럼 취약하다는 것이 충격일지도 모른다. 하지만 국제사회는 이미 2000년 이후부터만 해도 2002년부터 2003년의 중증급성호흡기증후군(SARS), 2009~2010년의 신형 인플루엔자, 2012년의 중동호흡기증후군(MERS), 그리고 2013~2014년의 에볼라 출혈열 등 내단히 심각한 감염증의 발발(outbreak)을 몇 가지나 경험한 바 있다.

그러한 것을 경험하는 가운데, 많은 식자(識者)가 감염증이 초래하는 사회적 리스크의 중대함을 경고하고, 국제사회 전체 차원에서의 대처를 준비하도록 촉구했다. 상징적인 것은 2015년 3월 빌 게이츠가 한 경고이다. 게이츠는 "향후 수십 년간 1000만 명 이상이 죽는다면 전쟁보다도 감염력이 강한 바이러스에 의한 것일 가능성이 높다"라고 논하며 그 심각성을 강조했다.

이 발언에는 복선이 있었다. 그것은 2013년부터 2014년에 발생했던 서아프리카에서의 에볼라 출혈열의 발발이다. 이 에볼라 출혈열의 발발은 다양한 점에서 이번의 코로나19에 대한 WHO의 대응을 비판하는 복선이 되었으며, 이 2014년과의 비교 대상으로 이번 WHO의 대응 모습을 살펴볼 때, 중요한 논점이 명료하게 보인다.

서아프리카에서의 에볼라 출혈열의 발발은 2013년 12월에 기니아의 마을에서 있었던 2세 남아의 장의(葬儀)로부터 발생한 집단 감염이 발단이 되어, 그 이듬해 3월 23일에 유행이 선언되었다. WHO가 '국제 유행병 발생 경보와 대응 네트워크'(GOARN: Global Outbreak Alert and Response Network)를 통해서 파견한 대

---

1) 이 절(節)에서 다루고 있는 코로나19에 대한 세계보건기구(WHO)의 대응 모습에 대해서는 秋山信將(2020a)를 참조하기 바란다.

응팀은 즉시 현지의 심각한 정세를 보고했다. 하지만 WHO 본부는 적극적인 대응책을 제시하지 않았고 라이베리아(Liberia), 시에라리온(Sierra Leone) 등에서의 유행이 보고되었으며, 나아가 WHO의 무딘 움직임에 분개한 '국경 없는 의사회'(MSF: Médecins Sans Frontières)가 WHO의 부작위(不作爲)를 엄중히 비판한 이후인 6월 말이 되어서야 결국 심각한 우려를 표명했고, 에볼라 출혈열의 유행이 '국제적 공중보건 비상사태'(PHEIC)[2]라고 선언한 것은 8월에 접어든 시기였다.

이 무렵에는 이미 국제사회에서 WHO의 부작위에 대한 위기감이 확산되었으며, 9월 8일에는 미국의 오바마 당시 대통령이 국가안보상의 우선 과제로서 미군을 포함한 요원을 현지에 파견할 필요성에 대해서 언급했다. 또한 에볼라 출혈열의 발발은 유엔 안전보장이사회(안보리)에서 다루는 일로 되었다. 9월 15일에는 유엔에서 안보리 결의 제2176호가 채택되어, 라이베리아에서 전개되고 있던 유엔 평화유지활동(PKO) 라이베리아 미션(UNMIL)의 활동 기간 연장과 에볼라 대응을 위한 추가적 지원 조치의 명령(mandate)이 결정되었다. 9월 16일에는 미국이 의료진 및 군사 요원을 포함하는 3000명의 요원을 파견하기로 결정하였고, 9월 18일에는 역사상 처음으로 감염증의 발발을 '국제 평화와 안전에 대한 위협'으로 인정하는, 유엔 안보리 결의 제2177호가 채택되었다. 이 결의를 토대로 하여 '유엔 에볼라 긴급 대응 미션'(UNMEER)이 조직되고 활동이 개시되었다.

이러한 일련의 움직임은 국제사회의 신속한 대응을 상징한다기보다도 위기

---

2) '국제적 공중보건 비상사태'(PHEIC: Public Health Emergency of International Concern)는 자국의 영역 내에서 사상(事象)이 발생하고 있는 세계보건기구(WHO) 참가국으로부터 수리(受理)한 상황에 기초하여 국제적인 대응을 필요로 하는 대규모 질병의 발생과 그 밖의 '기원(起源) 또는 발생에 관계없이' 공중보건(公衆保健)상의 위협이 되는 모든 사물 및 현상에 대해서 선언된다. 자연발생, 사고, 고의 등 그 발생의 양태를 불문하고, 또한 생물(감염증), 화학물질, 방사성물질 등 그 기원이 되는 물질도 불문한다.

대처를 주관해야 할 국제기관으로서의 WHO의 움직임이 너무나 무딘 것에 대해서 국제사회가 그 의의를 묻는 사태였다고 봐야 할 것이다.

그 이후 WHO의 대응이 늦은 것에 대해서는 내부 조사가 실시되었으며, 그 내부 보고서에서는 서아프리카 지역의 WHO 사무소가 제 기능을 하지 못했고, 감염증 위기를 지적하는 외부로부터의 명료한 메시지도 간과하는 등, 조직으로서의 실무 능력 결여가 지적되었다. 또한 이러한 능력 결여의 요인에 일부 정치적인 요소가 포함되어 있었다는 섬도 시적되있다. WHO는 현지의 정치 상황을 배려하면서 에볼라의 영향을 적게 보이도록 하려는 정치적인 의도가 보였다는 점, 또한 PHEIC의 선언으로 연결되는 긴급위원회의 소집을 주저했던 것은 해당 지역에 대한 적대적인 행위로 간주되기 때문이었다고 하는 WHO 내부로부터의 증언도 있었다.

에볼라 출혈열에 대한 이러한 대응 모습을 참조하면서 이번의 코로나19 감염증 팬데믹에 대한 대응을 살펴보면, 다음 몇 가지의 논점이 부각된다. 우선 ①WHO가 PHEIC 또는 팬데믹을 선언하는 데에는 대단히 신중한 판단을 하는 경향이 있다는 점이다. ②WHO가 현장에서 원활한 활동을 하기 위해서라고 하더라도 현지의 정부 및 정치 정세에 과잉 배려하기 일쑤라는 점이다. ③이러한 조직의 기능 미비가 이미 지적되었음에도 불구하고, 이번의 코로나19 위기까지 충분한 개선이 이루어졌다고는 말할 수 없다는 점이다. ④더욱 거시적인 국제 정치의 시각에서 본다면, 에볼라 출혈열의 발발에 대해서 이것을 단순히 인도적인 위기라고 규정한 것만이 아니라, 유엔 안보리까지 동원하여 '국제 평화와 안전에 대한 위협'으로서 국제안보상의 위기로 인정하고 유엔 PKO, 세계은행, 미군 및 기타 다양한 행위자를 포함시키는 대응이 가능했던 것은 미국의 강한 리더십과 유엔 안보리에서의 합의를 가능케 했던, 대국 간의 협조가 존재했기 때문이라는 점이다.

①의 WHO가 현지에서 신속하게 정보를 수집하여 국제사회에 적절한 경고를 발동하는 일을 하지 못했다는 점은 실로 이번의 코로나19 대응에서 WHO가 가장 강하게 집중적으로 비판을 받고 있는 점이기도 하다. WHO 및 가맹국의 감염증에 대한 대응은 국제보건규칙(IHR: International Health Regulations)에 규정되어 있다. IHR에 의하면, WHO는 "질병의 국제적 확대를 저지하고 방호(防護)하며 관리하고 아울러 그것을 위한 공중보건 대책을 제공한다"(IHR 제2조)라고 되어 있는데, 그러한 대책은 "국제 교통 및 거래에 대한 불필요한 저해를 회피하고 공중보건 리스크에 응하여 그것에 한정된 방법"(IHR 제2조)으로 실시되어야 한다고 동시에 규정되어 있다. 이 문언(文言)을 좁게 해석한다면, 국제적인 교류를 저해하는 사태는 최소한에 그치지 않으면 안 되고, 그것을 위한 조치도 대단히 억제적일 필요가 있다. 이번의 위기에서 WHO가 반복하여 무역 및 사람의 이동 제한은 권고하지 않는다고 언급하고 도항(渡航) 제한 권고 등의 강한 조치를 제기하지 않았던 것에 불만이 표출되었지만, 이러한 권한하에서는 도항 제한 권고를 내는 것은 대단히 장벽이 높은 조치였다고 말할 수 있다.

부언하자면, IHR이 2005년에 개정될 때에 감염증 대책의 중점은 검역을 통한 감염증 침투 저지에서 주요 국가의 내부에서의 대책[감시(surveillance) 등]으로 이행되었다. 이것은 생물학적(生物學的) 위협의 인식이 다양해지고 변용되고 있다는 인식하에 다양화하는 위협에 대한 국내에서의 대처 실효성의 향상을 각국에 촉구하는 변경이었다. 이 변경은 검역 대책의 중요성을 줄이는 것은 아니지만, 각 주권국가의 방침 및 국내 대책을 더욱 존중하는 것을 시사하고 있다.

또한 WHO에 의한 정보 수집 및 국제사회에 대한 소통(communication, 경고의 발동)에서의 해당국의 역할과 권한은 제도적으로도 대단히 크게 규정되고 있다. PHEIC의 발동에는 해당국이 우선 사태의 발생 이후에 평가를 하고, 그 평가 이후 24시간 이내에 WHO에 통보하는 것이 의무화되어 있다. WHO는 이러한 통보에 기초하여 해당국으로부터의 정보 이외에도 얻어진 정보를 토대로 하여 해당국에 대한 정보 조회(情報照會)를 통해서 평가를 한다. 또한 PHEIC의 인정(認定) 및 권고의 발포(發布)에서도 사무총장은 해당국과 협의하고 양자 간에 '견해의 일치를 보았을 경우'에 전문가로 구성되는 긴급위원회에 잠정적 권고에 관한 견해를 구한 다음 최종적인 결정을 하는 것으로 되어 있다. 해당국은 또한 PHEIC의 종결 및 잠정적 권고의 해제를 제안할 수 있는 것 외에, 이 긴급위원회의 멤버 중 적어도 1명은 해당국이 지명한 전문가를 포함시키는 것이 바람직하다고 되어 있다.

이러한 제도상의 제약은 ②의 논점과 관련된다.

에볼라 대응에서 해당국에 대한 정치적 배려 때문에 대응의 지연을 초래한 것은 평시부터 활동을 원활하게 하기 위해서는 해당 지역과 밀착되고 양호한 관계를 구축해 나아갈 필요가 있는데, 그 가운데에서 일종의 유착과 같은 관계가 발생한 결과이기도 했다. 게다가 전술한 바와 같이, WHO의 긴급 시 대응은 제도상 해당국으로부터의 정보 제공이 있어야만 비로소 행동을 취할 수 있게 되어 있으며, 또한 대응 과정에서는 계속적으로 해당국으로부터의 정보의 제공, 즉 협력이 불가결해지고 있다. 또한 해당국에는 WHO의 감염증 긴급 대응의 결정 과정에서 사실상의 거부권 행사를 가능케 하는 수단이 존재한다. 따라서 기자회견 등에서 WHO의 테드로스 게브레예수스(Tedros Ghebreyesus) 사무총장이 중국의 대응을 칭찬하고, 지금까지 WHO 간부가 중국으로부터 충분한 협력을 얻고 있다는 발언을 행했던 것은 문자 그대로 중국의 대응을 칭찬하였다기보다도 중국으로부터 적극적인 협력을 얻어내기 위해 양호한 관계를 유지하기 위한 방편(方便)이라고 봐야 할 것이다. 사실 WHO는 코로나19의 발발(outbreak) 당초부터 중국으로부터 정보 제공이 이루어지지 않는 것에 초조해했으며, 1월 하순에 긴급위원회를 개최하고 그 이후 테드로스 사무총장이 방중(訪

中)하였으며, 나아가 그 직후에 PHEIC이 발동되는 일련의 과정에서는 중국과의 사이에서 준엄한 주고받기가 이루어졌다.

감염증처럼 사회의 안정에 민감한 정보를 취급할 경우(안보상의 기밀로 다루는 국가도 있음)에는 국가로서 정보 관리를 철저히 하고, 국제기관에 모든 정보를 제공하는 것은 주저하게 될 것이다. 그러한 의미에서는 가맹국과 국제기관 간의 협력 및 정보 제공을 둘러싼 관계는 항상 긴장을 내포하고 있다. 국제원자력기구(IAEA)의 '안전조치협정'처럼, 가맹국이 국제기관에 대해서 정보 제공의 의무를 진다고 규정되어 있는 경우에도 항상 가맹국의 전면적 협력이 확보되는 것은 아니다. 더욱이 법적 의무를 규정하지 않고 있는 IHR의 경우 IAEA 이상으로 가맹국으로부터 전면적 협력을 확보하는 것은 어려울 수도 있을 것이다.

이러한 상황을 개선하고 신속하며 또한 효과적인 대응을 가능케 하기 위해서는 향후 WHO의 권한을 재정의(再定義)하고 WHO에 보다 큰 권한을 부여하면서 참가국의 법적 의무를 강화하는 형태로 IHR을 개정할 가능성이 고려된다. 하지만 IHR의 개정을 실현하기 위해서는 세계보건총회(世界保健總會)에서 어느 나라도 반대하지 않는 안(案)으로 할 필요가 있다. 국가가 자국의 주권을 국제기관에 양허(讓許)하는 것이 될 수밖에 없는 개정은 실로 국제협조의 기운(機運)이 저하되고 주권국가의 자율성이 강조되는 조류(潮流) 속에서 컨센서스를 획득하는 것은 불가능하지는 않더라도 어려울 것으로 보인다.

IAEA에서 안전조치의 표준적인 협정인 '포괄적 안전조치협정'이 가맹국의 의무로서 도입된 것은 1972년의 일이다. 미소 양국의 핵경쟁이 격화되고 핵의 응수가 국제사회 전체에 파멸적인 위기를 초래할 수밖에 없다는 우려, 그리고 기술 레벨이 세계적으로 향상되어 자국의 이웃나라가 핵무기를 보유할 수밖에 없다는 핵확산 리스크(그것은 안보상 자국이 이웃나라보다도 불리한 입장에 놓여지는 것을 의미함)가 높아지는 가운데의 일이었다. 그 이후 이라크 및 북한의 핵개발 위기에 따라 IAEA의 사찰 권한을 더욱 강화한 추가의정서(追加議定書)가 1997년에 작성되었는데, 이 문서의 의무화는 가맹국의 반대가 뿌리 깊어 실현되지 못했다. 하지만 그 이후 점차 추가의정서 체약국이 계속 증가했으며, 핵 비핵산의 검증에서 표준으로 삼아야 한다는 인식도 확대되고 있다. 이러한 사실로부터 유추해보면, IHR도 단번에 IHR의 개정에 의해 WHO에 강대한 권한을 부여하고 참가국의 법적 의무를 강화하는 것과는 다른 수법을 모색하는 것도 가능할 것이다. 국제기관을 둘러싼 정치의 현실을 수시하면서 개혁의 접근법을 모색해나갈 필요가 있다.

3. 국제기관에서의 정치 기조(政治基調)의 변동

그렇다면 앞 절(節)에서 언급했던 ③과 ④의 논점에 관하여 국제기관을 둘러싼 정치를 이해하는 데는 어떠한 틀을 설정하는 것이 적절할까? 하나의 대립축은 대국(大國) 간의 라이벌 관계이다. 대국 간의 전략적 경쟁이라는 대립축이 중요한 의미를 갖는다는 것은 말할 필요도 없다. 국제기관에서는 대국 간의 협조 없이는 중요 사항에 관해서 실효적인 결정이 이루어지기 어렵기 때문이다. 냉전 시기에는 미소 양 진영의 대립이 국제기관에서의 정치에도 농도 짙게 반영되었는데, 지금은 미중 양국의 전략적 경쟁이 주목받게 될 것으로 예견된다.

그러나 간과해서 안 되는 것은 또 하나의 대립축이다. 그것은 남북(南北)의 대립이다. 1950년대 이래 많은 개도국이 독립하고 국제기관에의 가맹이 진행되는 가운데, 선진국과 개도국 간의 정치적·경제적 격차의 시정(是正)이 많은 국제기관의 다양한 국면에서 대단히 중요한 정치의 축으로 작용하게 되었다. 이러한 격차의 시정은 정책 방면에서는 국제협력의 제공이라는 형태로 실시된다. 국제사회에서는 차례로 새로운 과제가 설정되고 있기에 국제기관의 재정적인 수요(needs)는 확대일로에 있다.

개도국 측으로부터는 더욱 많은 지원 요청이 있는 한편으로, 국제기관의 예산 가운데 많은 비율을 부담하는 선진국이 국내에서 지출 증가를 제기하는 것은 정치적으로 어렵다. 타국의 지원을 위한 갹출에 대해서 국내의 청중을 향해 설명 책임(說明責任)을 수행하고자 할 경우, 국익의 증진에 직접적인 공헌을 하는 것이 아니라 국제환경의 개선이라고 하는 간접적 또는 애매한 설명이 될 수밖에 없으며, 갹출에 대한 이해를 얻는 것은 용이하지 않다. 이 때문에 국제기관의 활동이 확대되고 재정 규모가 늘어나는 가운데, 사무국 및 프로젝트의 설명 책임 및 효과적인 관리 방식을 추구해야 한다는 목소리가 다액의 갹출국을 중심으로 높아지고 있다.

이러한 행정·재정 개혁 및 예산 삭감 압력을 받고 있는 것은 WHO도 예외가 아니다. 행정·재정 개혁은 2017년에 테드로스 사무총장이 선출되었을 때의 WHO 사무총장 선거에서의 쟁점 가운데 하나였으며, 2014년의 에볼라 출혈열 대응에 대한 비판을 받아, 팬데믹 등의 위기대응 능력을 강화하는 데 적합한 후보자와, WHO의 행정·재정 개혁 및 각국의 보험제도 개혁에 대한 지원 등 항시적인 업무를 추진하는 데 적합한 후보자라고 하는 대립축이 있었다는 점에 유의해야 할 것이다. WHO 공동체는 정무(政務) 경험이 풍부하고 조직의 관리에 장점이 있는 것으로 간주되며, 최빈국(最貧國)에도 보험 제도를 보급시켜야 한다고 주장했던 테드로스 사무총장을 지지했던 것이다.[3]

---

3)　또한 테드로스 사무총장의 경쟁 후보자 진영은 선거 기간 중에 테드로스 후보자가 보건장관, 외교장관을 역임했던 모국(母國) 에티오피아가 콜레라의 유행을 은폐하고 인권 침해도 일으켰다는 비판을 전개했다. 또한 테드로스 사무총장이 서아프리카에서의 '에볼라 출혈열' 위기에서도 아프리카연합(African Union)의 대응에서 지도적인 역할을 수행하고 있다는 것은 유의해야 한다.

4. 국제기관에서의 중국의 영향

2017년의 WHO 사무총장 선출은 WHO 역사상 처음으로 선거에 의한 것이었으며 아프리카, 카리브해, 태평양 그룹을 비롯해 많은 개도국이 테드로스 사무총장을 지지했다. 그중에는 중국도 포함되어 있었는데(또한 일본도 테드로스 사무총장에게 투표했다고 알려져 있음), 중국의 지지가 테드로스 사무총장의 탄생에 결정적인 역할을 수행했다고는 말할 수 없을 것이나.

다만 국제기관에서 중국은 서방측이나 동구권 등의 그룹에도 소속되어 있지 않으면서, 개도국 그룹(G77 및 비동맹(NAM) 국가들)과 행동을 함께하는 일이 많다. 그것은 대국(大國)을 자임하는 현재에도 보이는 경향이며, 일반론이기는 하지만 중국은 이러한 입장을 국제기관에서의 영향력 확대에 활용하고자 한다.

미국을 비롯한 선진국이 국제기관의 행정·재정 개혁을 주장하고 예산 및 인원의 삭감을 제기하고 있을 때에, 중국은 경제성장의 결과 각 국제기관에의 분담금이 대폭 증액되었으며, 이러한 움직임은 상징적으로 중국의 존재감 확대를 인상지우고 있다. 유엔에서는 2019~2021년의 통상예산(通常豫算)에서 중국의 분담 비중이 12.005%가 되어, 8.564%의 일본을 제치고 제2위로 부상(浮上)했다. 그 밖에도 미국에는 미치지 않지만, 각 국제기관에 대한 임의 갹출금도 증액되고 있다. 다만 2019년도의 WHO 예산을 보면 분담금, 임의 갹출금을 합쳐 미국은 4억 달러 이상을 갹출하고 있는 것에 반해서, 중국은 그것의 약 10분의 1에 불과하다. 그럼에도 불구하고 중국의 영향력이 높아지고 있다는 우려가 뿌리 깊은 것은, 중기적(中期的)인 추세나 정치적인 자세에 의한 것이 크다고 할 수 있다. 후자(後者)에 대해서는 예를 들어 현재 15개가 있는 유엔의 전문기관 중에서 4개의 기관에서 중국인이 수장(首長)을 맡고 있다. 예외는 있지만(예를 들어 미국이 세계은행 총재 자리를 독점하고 있는 것 등), 일반적으로 대국은 국제기관의 수장을 맡는 일이 별로 없다. 15개 유엔 전문기관의 수장 포스트 중 4개를 대국이 차지하고 있다는 것은 대단히 이례적인 상황이다.

가와시마 신(川島眞)에 의하면(川島眞, 2019), 2018년 6월에 열린 중앙외사공작회의(中央外事工作會議)에서 리커창 총리는 국제사회에서의 역할에 대해, "세계의 틀이 변화하는 가운데 우리나라의 지위와 역할을 명확히 하고, 객관적으로 우리나라의 대외 방침을 둘러싼 정책을 책정한다"라고 했으며, 대국(大國) 간 관계에 대해서는 "전체적으로 안정된, 균형이 잡힌 형태로 발전해 나아가는 대국관계(大國關係)의 틀을 구축하도록 하지 않으면 안 된다"라고 논했다. 또한 2018년 12월의 개혁개방(改革開放) 40주년 기념식전(紀念式典)에서 미중 대립의 가운데에서 "우리나라는 나날이 세계라는 무대의 중앙에 가까워지고 있다"라며 주요 행위자(player)로서의 대두(擡頭)를 자임하며 "우리나라는 국제사회 공인(公認)의 세계 평화 건설자가 되고, 글로벌한 발전의 공헌자가 되며, 국제질서의 옹호자가 될 것이다"라며 국제질서의 수호자로서 스스로를 규정했다.

그러나 중국이 옹호하는 국제질서가 구체적으로 어떠한 것인가는 명확하지 않다. 현재의 리버럴 국제질서를 대신할 수 있는 국제질서의 비전은 보이지 않으며, 중국 자신이 글로벌한 '질서'를 구축하는 것에 관심이 있는 것으로는 보이지 않는다. 오히려 기존의 질서에 도전하는 것이 아니라, 그 틀 내에서 존재감을 높이고 자신의 이익을 최대화하는 것을 지향하고 있는 것처럼 보인다.

이러한 중국에 도전이 되는 일은 대국 간 경쟁으로 외교의 주전장(主戰場)이 옮겨지는 중에, 이제까지 국제기관에서는 남북(南北)의 대립 축 위에서 '남'(南) 측에 다가가는 형태로 영향력을 제고시켜왔던 중국이 과연 향후에도 계속해서 '남'(南)과의 협조체제를 유지하는 것이 가능할 것인가 하는 점이다. 물론 '일대일로'(一帶一路) 구상 등을 통해서 개도국에 영향력을 확보하는 것은 일정 정도 가능할 것이다. 하지만 기후변화 등 지구 규모의 과제에서는 개도국의 입장에서 선진국에 대해 요구를 하는 것이 아니라, 개도국으로부터 온난화 대책의 실시를 요구받는 측으로 입장이 이동되고, 개도국과의 사이에서 입장의 상위(相違)가 드러나게 된다. '기증자'(donor)로서의 지위가 정착되어감에 따라, 타국 및 국제기관을 향한 요구가 높아지고, 또한 요구의 목소리가 저절로 커졌을 때에 국제질서를 유지하기 위해 대국에게 요구되는 '전략적 인내'를 중국에 기대할 수 있을 것인가 하는 우려가 떠오르고 있다.

5. 코로나19 위기가 가져온 국제협조의 구조적 변화

리버럴 국제질서, 특히 국제기관을 통한 국제협조의 위기가 현재화(顯在化)했던 것은 미국 트럼프 정권의 자국제일주의적(自國第一主義的)인 외교 자세, 즉 국제협조의 실현을 위한 리더십을 발휘할 의사와 능력을 결여하고 있다는 것에 의한 바가 크다.

한편 국제기관을 통한 다국간(多國間) 협력의 실효성에 관한 불만, 그리고 기능 미비에 대한 우려는 트럼프 정권의 탄생 및 코로나19 위기 이전부터 존재해 온 현상이었다. 코로나19 위기는 위기 그 자체가 국제협조의 존재 양식을 바꾸었다기보다도 국제기관을 통한 다국간 협조에 내재하는 구조적인 문제를 드러나게 만들었다고도 말할 수 있다.

코로나19 위기를 통해서 살펴보았던, 리버럴 국제질서의 존재 양식에 영향을 미치는 조류(trend)와, 그 조류가 국제질서의 각 층위(層位)에서 어떠한 현상이 되어 표면화되는가는 〈표 1〉과 같이 정리할 수 있다. 코로나19 이후 시대의 조류로서 ①'강인화'(强靭化, resilience[4]), 지속가능성, 위기관리'의 요청이 높아지고, ②사회의 '디지털화'가 더욱 진전되며, ③사회의 '단편화'(斷片化), '분산화'(分

〈표 4-1〉 코로나19 이후 시대의 조류(trend)와 국제질서의 변용

		코로나19 이후 시대의 조류		
		강인화(強靭化), 위기관리	디지털화	단편화(斷片化), 분산화
리버럴 국제질서의 층위	권력정치 (power politics)	•자국제일주의(自國第一主義)	•권력의 '통화'(通貨)로서의 정보 및 데이터(data)	•G제로(G-Zero)
	국제제도, 다국간주의와 국제협조	•'전략적 인내'의 종언	•경제의 디지털화에 따른 규칙 형성 (rule-making) •규제의 조화 (harmonization)	•국제기관의 역할 변화[네트워킹과 편성 (orchestration)] •유지국연합(有志國聯合) •관민(官民) 파트너십
	자유주의적 시장경제/ 글로벌 경제	•경제안보(economic statecraft) •제조업의 국내 회귀	•정보경제(情報經濟), 디지털화	•디커플링 (decoupling) •공급망/가치사슬의 분단 •기술 표준을 둘러싼 경쟁
	민주주의적 가치	•정부 역할의 증대 •배외주의 •안전을 위한 개인정보의 활용	•생체(bio) 감시사회 •개인정보의 유통·공유	•거버넌스 모델 간 경쟁

散化)가 일어난다. 그리고 이러한 조류가 국제질서의 각 층위, 즉 △권력정치 (power politics)의 레벨, △국제제도, 다국간주의와 국제협조의 레벨, △자유주의적 가치에 기초한 글로벌 경제의 레벨, 그리고 △국가의 거버넌스·민주주의적 가치의 레벨에서 다양한 현상으로 표출된다.

①의 조류는 국가의 정책 형성 및 행동의 원칙으로서 강인성(強靭性) 및 지속가능성, 또는 위기관리가 중요한 판정기준(criteria)이 된다. 국가로서의 강함이 그 실효성은 어쨌든 간에 레토릭으로서 정책의 형성에 영향을 미치게 될 것이

---

4) resilience는 일반적으로 회복력(回復力) 또는 회복탄력성(回復彈力性)을 의미한다._옮긴이

다. 이것은 국제정치에서의 권력정치(power politics)의 국면에서는 자국제일주의적(自國第一主義的)인 외교 정책으로 나타난다. 국제제도 및 국제기관 등 다국간 협조의 장(場)에서는 대국(大國)이 질서 유지를 위해서 자신의 이익이 일정 정도 상실되는 것을 받아들이는 '전략적 인내'가 종언(終焉)을 고한다. 글로벌 경제의 방면에서는 자국의 경제안보를 우선시하고 또한 경제적인 수단을 이용하여 국익의 실현에 매진한다. 그러한 가운데 타국, 특히 협조적 관계를 확립하는 것이 어려운 국가에 의존하게 될 리스크를 감소시키기 위해서 제조업을 국내 및 다른 우호국(友好國)으로 이전(移轉)시키는 등의 행동을 취한다. 그리고 가치(價值)의 레벨에서는 리스크 관리를 우선시키는 것이 되면, 거버넌스의 모델을 불문하고 정부의 역할은 증대하며 사회에서는 배외주의의 경향이 높아진다. 또한 개인정보가 안전을 위한 목적으로 수집되고 또한 이용된다면, 개인의 권리에 대한 옹호보다도 사회의 안전 및 질서가 우선시된다.

②의 조류는 '디지털화'이다. 디지털화는 권력정치의 국면에서는 권력을 교환하는 '통화'(通貨)로서의 정보 및 데이터의 역할이 상대적으로 증대한다. 이것은 물론 군사력 및 제조력(製造力) 등의 의미가 없어지는 것을 의미하지는 않지만, 빅데이터 및 인공지능(AI)을 실제로 이용하는 것이 진전됨에 따라, 경제 활동에서도 또한 군사적인 활동에서도 데이터량(정보량) 및 데이터를 취급하는 기술이 향후 더욱 중요하게 된다. 또한 경제의 디지털화는 코로나19 위기에 의해 제조업 및 관광업 등이 정체되는 가운데, 경제성장(부흥)을 견인하는 커다란 원동력이 되고, 이러한 디지털화의 성공 여부가 국제사회에서의 파워의 분포에 영향을 미치게 될 것이다. 디지털화는 국가 간의 권력을 규정하고 있다는 점뿐만 아니라, 국가와 민간(기업) 간의 역학 관계를 규정한다는 점에서도 변화를 가져올 가능성이 있다. 이른바 GAFA(구글, 애플, 페이스북, 아마존_옮긴이)로 상징되는, 방대한 데이터를 지닌 민간기업의 영향력은 공적(公的)인 영역(domain)에서도

그리고 사회경제 시스템에서도 좋든 싫든 높아지고, 그만큼 정부의 영향력은 상대화된다.

한편 데이터의 교환과 개인정보의 취급에서의 인권 보호는 트레이드오프(trade-off, 이율배반적) 관계가 된다. 경제의 디지털화는 필연적으로 세계화를 수반하는 것이기도 하며, 다양한 데이터 통신과 정보의 취급, 기술에 관계된 규제와 표준화, 인권에 대한 배려 및 규제에 대해서는 각국 간에 규제를 조화시켜 나아갈 필요성이 있으며, 국제협조의 필요성이 높아진다. 그 과정에서 민주주의적 가치 및 인권의 존중에 관한 사고방식의 상위(相違)는 ③의 조류이다. 단편화(斷片化) 및 거버넌스 모델 간의 경쟁 등과 같은 현상을 만들어낼 가능성도 있다.

그러한 ③의 조류는 '단편화', '분산화'이다. 지금 국제정치에서의 권력 투쟁의 중요한 축은 미중 양국이 되고 있는데, 미국이 리더십을 방기(放棄)하고 중국도 리더로서의 비전이 불투명하고 또한 국제사회에서 받아들여질 상황이 아니라고 한다면, 결국 리더 부재의 'G제로'의 세계가 출현하게 될 것이다. 경제 방면에서는 현재 미국이 첨단기술 부품 및 제품의 공급망에서 중국과의 디커플링을 추구하고 있는 바, 향후 경제의 디지털화·첨단기술화 등과 관련된 기술의 공급 및 정보의 공유 등에서 규제 및 규칙의 조화가 요구되는데, 그러한 조화가 가능한 국가들 간에 공급망이 형성될 가능성이 있다. 특히 국가안보 및 경제경쟁(經濟競爭)에 중요한 기술 분야에서 '관리되어진 부분적인 디커플링'이 향후 진전될 가능성이 있다(猪俣哲史 2020).

만약 그와 같은 디커플링이 진전된다면, 그것은 자연히 공급망(supply chain), 가치사슬(value chain)의 확대에서는 타국을 편입하기 위한 거버넌스 모델 간의 경쟁으로 전개될 가능성도 내포하고 있다.

6. 리더십 부재의 세계에서의 거버넌스와 국제기관

그렇다면 이러한 국제환경 속에서 국제기관을 통한 국제협조 체제는 향후 어떠한 운명을 밟게 될 것인가?

위기관리에 대한 의식(意識)이 제고되고, 정책의 시각이 세계화에서 '주권국가'로 회귀하고 있는 가운데, '공동의 이익'을 위해서 개별 국가의 이익을 양보하는 것은 더욱 어렵게 될 것으로 예상된다. 국가 긴의 히드(hard)한 안보의 영역에서 과거에는 대국(大國) 간의 협조 및 다국(多國) 간의 결정이 존재했던 영역[군비관리(軍備管理) 등]에서는 현재와 같은 대국 간의 경쟁 관계가 격화되고 분단화가 진전되어 간다면, 서로 다른 전략적 이익을 수렴시키는 균형점을 찾아내는 것은 쉽지 않다.

단편화(斷片化)·분단화(分斷化)가 진행되는 상황에서는 다국간의 틀 속에서 국제협조가 필요한 장면에서도 대국의 리더십을 기대할 수 없다. 그럼에도 기후변화, 감염증 팬데믹 대응, 테러·과격파 대책 등, 다국간의 협조가 필요한 지구 규모의 과제에 대한 조치를 추진하기 위해서는 새로운 국제협조의 존재 양식을 모색하지 않을 수 없다. 첫째, 대국의 부재 또는 대국이 이기적인 행동을 취할 경우, 그것을 협조하며 억제해 나가기 위한 국제협조의 가치(價値)를 공유하는 유지연합적(有志聯合的)인 협력이 필요하다. 둘째, 국가 간의 조치만으로는 지구 규모의 과제에 대응하기가 어렵다는 것은 이제까지의 경험을 통해 이미 인식되고 있는 부분인데, 관심을 공유하는 유지국(有志國)에서 식견 및 자원(resource)을 지닌 민간의 행위자를 참여시킨 관민(官民) 파트너십 및 연합이 중요하게 된다. 예를 들면, 공중보건 분야에서는 '세계백신면역연합'(GAVI: Global Alliance for Vaccines and Immunization)이 상징적인 존재이다. GAVI는 2000년의 다보스 회의를 계기로 성립되었으며 개도국, 기부국(寄附國), WHO, 기타 국제기관, 제약회사(製藥會社), 연구기관, 게이츠 재단(빌 & 멀린다 게이츠 재단) 등이 파트너십을 형성하고 전 세계의 아이들에게 예방 접종을 하며 백신을 더욱 입수하기 쉽게 하는 것을 통해 세계의 유아(乳兒) 및 유아(幼兒)의 사망률을 감소시키는 활동을 하고 있다.

일부 분야에서는 아마도 이러한 네트워크화 및 파트너십화(化)가 본래 수행해야 할 역할을 보완하는 차원의 기능을 하게 될 것이다. 유지적(有志的)인 모임이라면, 국제사회가 전체적으로 거의 보편적인 '공동 이익'이라는 인식을 갖는 것이 어렵게 될 경우에도 공공의 이익을 위한 협력이 가능하다.

한편 국제기관의 역할에 관해서는 구조적인 제도적 제약을 받으면서도 다양한 과제에 어떠한 조치를 취해야 할까? 이념과 실효성의 양면으로부터 구상하고 구체적인 전략을 책정하고 실행의 틀(민간과의 파트너십도 포함) 및 수단을 조합시켜 나아가는 '사고의 리더'(thought leader)라든지(中滿泉 2020), 중층화(重層化)하고 네트워크화해 가는 국제협조(秋山信將 2020b)의 편성(orchestration)을 위한 조정자로서의 역할이 늘어나게 될 것으로 보인다. 그중에는 장기적으로 봐서 더욱 좋은 거버넌스의 제도 설계(制度設計)에 대해서 구상하는 것이 포함된다는 것은 말할 필요도 없다.

참고문헌

Campbell, Kurt M. and Rush Doshi. 2020. "The Coronavirus Could Reshape Global Order", *Foreign Affairs* (March 18).
Ikenberry, G. John. 2009. "Liberal Internationalism 3.0: America and the Dilemmas of Liberal World Order", *Perspectives on Politics,* Vol.7, Iss.1(March), pp.71~87.

Nye, Joseph S., Jr. 2020. "China and America Are Failing the Pandemic Test", *Project Syndicate*(April 2).

"World health coronavirus disinformation: WHO's bows to Beijing have harmed the global response to the pandemic", *Wall Street Journal*(Online)(April 5).

秋山信将. 2020a. "新型コロナウイルス對應から見る世界保健機關(WHO)の危機對應體制の課題", 日本國際問題研究所(5月17日), https://www.jiia.or.jp/column/challenges-for-WHO.ht ml.html#_ftn.3.

_____. 2020b. "コロナ危機は新しい, 実効的な多国間主義を考える契機である(後編)", 国連広報センターブログ(7月17日), http://blog.unic.or.jp/entry/2020/07/17/110521

猪俣哲史. 2020. "經濟教室'國際貿易體制の行方(中)' 制度の似た國同士で分業へ", ≪日本經濟新聞≫(7月14日)

川島眞. 2019. 「習近平政権の国際秩序観: 国際政治は国際連合重視, 国際経済は自由主義擁護」, 安全保障・外交政策研究會(11月), http://ssdpaki.la.coocan.jp/proposals/36.html

イアノ・ブレマー 著. 北澤格 譯. 2012. 『'Gゼロ'後の世界: 主導國なき時代の勝者はだれか』, 日本經濟新聞出版.

中満泉. 2020. 「國際安全保障と國連の役割」, 一橋大學講義'國際安全保障論'講義資料(7月17日).

아키야마 노부마사(秋山信将)

히토쓰바시대학(一橋大學) 대학원 법학연구과 교수　　　　(전문 분야: 국제정치학, 국제안전보장)

저서: 『핵 비확산을 둘러싼 국제정치(核不擴散をめぐる國際政治)』(有信堂), 『NPT 핵의 글로벌 거버넌스(NPT 核のグローバル・ガバナンス)』(편저, 岩波書店) 외

제5장

미중 통상교섭과 그 과제: '디커플링'은 현실적인가

가지타니 가이(梶谷懷)

서론

후베이성(湖北省) 우한시를 시작으로 하여 2020년 초에 중국 전역을 습격한 코로나19에 의한 폐렴의 유행은 도시 봉쇄 등을 통해 사람·물품의 흐름을 정지시키고, 중국 및 세계 경제에 커다란 영향을 미쳤다. 3월 16일에 공표된 2020년 1~2월의 각종 경제지표는 전년에 대비하여 소매 판매액이 마이너스 20.5%, 수출이 마이너스 17.2%, 공업 생산액이 마이너스 13.5%, 고정자산투자(固定資産投資)가 마이너스 24.5% 등, 전년 대비 20% 전후의 커다란 하락을 보였다(〈그림 5-1〉 참조). 특히 고정자산투자는 그때까지 연(年) 5~6%의 성장이 계속되었던 만큼, 그 하락하는 모습이 두드러졌다.

2020년 3월 이래, 공장에서의 생산 활동은 서서히 재개되었고 경제통계도 공업생산 등에 대해서는 비교적 순조로운 회복 경향이 보이는 것으로 보도되었다. 예를 들면, 7월 16일에 공표된 상반기 경제통계에서는 6월의 공업 부가가치

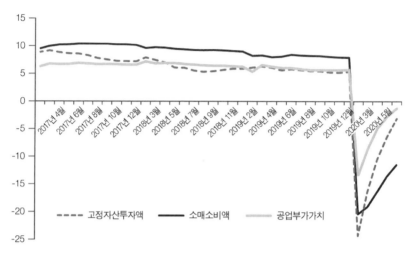

〈그림 5-1〉 각종 경제지표의 추이

주: 숫자는 모두 연초(年初)부터 해당 월(月)까지 누계 액수의 전년 대비 성장률임

자료: 중국국가통계국 웹사이트, http://data.stats.gov.cn/easyquery.htm?cn=A01

의 전년 대비 성장률은 4.8%로 거의 예년과 같은 수준의 회복을 보였다. 그런 한편으로 서비스업은 두드러지게 회복이 늦었고, 특히 음식·숙박 산업이 상반 기에만 26.8%의 마이너스가 되는 등, 산업별로 회복 경향의 차이가 크다는 것이 명확해졌다. 또한 전체적으로 소비는 회복 기조에 올라섰다고 말하기 어려운 상황이 계속되고 있다.

코로나19 재난은 일반적으로 공급과 수요의 쌍방에 커다란 충격(shock)을 미친 것으로 여겨지고 있으며, 특히 공급망에서 특정 산업 및 공정(工程)의 집중도가 높아지고 있는 상황 아래에서는[1] 사람의 왕래와 물류에 커다란 타격을 미치는 코로나19 재난이 공급망의 분단을 초래하고, 세계경제에 불확실성을 초래한다는 우려가 크다. 한편으로, 상기(上記)한 바와 같이 중국 경제에서 공급 능력

---

1) 『통상백서 2020(通商白書2020)』 제2부 제1장 제2절 「공급망에서의 집중도의 제고」(サプライチェーンにおける集中度の高まり) 참조.

은 비교적 빨리 회복되고 있는 점도 있어, 중국을 허브(hub)로 삼았던 공급망의 회복은 비교적 이르지 않을까 하는 견해도 유력하다. 이렇게 보면, 중장기적인 공급망의 동향에 미치는 영향으로서는 코로나19 재난보다도 미중 대립을 비롯한 정치적 문제의 영향이 우려되는 상황이라고 말할 수 있을지도 모른다.

위와 같은 '코로나19 이후' 시대의 세계경제 상황에 입각하여, 본고에서는 이제까지의 미중 경제대립의 구도를 회고하면서 향후의 관계 개선에서 커다란 장애가 될 것으로 전망되는 산업정책의 문제와, 미국에서의 중국계 자본의 규제 문제를 고찰해보도록 하겠다.

1. 미중 양국 간의 관세 인상 경쟁

우선 이제까지의 미중 경제대립의 표면화와 그 이후의 경위를 회고해보도록 하겠다.

2018년 6월 15일에 미국 트럼프 정권은 500억 달러의 대중(對中) 수입 품목에 25%의 추가관세를 부과한다고 하며, 대상이 되는 중국 제품 1202개 품목의 최종 리스트를 발표했다. 중국도 대항조치로서 콩, 소고기 및 자동차 등 합계 659개 품목 500억 달러 규모 상당의 미국 제품에 25%의 추가관세를 부과한다고 발표하고 7월 6일부터 340억 달러어치(제1차), 8월 23일부터 160억 달러어치(제2차)에 대해서 실시했다.

이어서 7월 12일, 미국 정부는 중국제 가구 및 모자 등 6031개 품목 2000억 달러 규모 상당에 대해 추가관세 10%를 부과한다고 공표하였고, 중국도 LNG·목재 등의 미국 제품 600억 달러 상당에 5~10%의 추가관세를 부과하겠다고 하였으며, 이어서 9월 24일부터 관세 인상(제3차)이 실시되었다.

그 이후 미중 양국 간에 협의가 계속되었지만, 2019년 5월 10일이 되어 미국 정부는 중국 측이 지식재산권 및 산업 보조금에 관해서 과거의 합의로부터 후퇴한 것에 불복(不服)한다면서 2000억 달러 규모 상당의 중국 제품을 대상으로 한 제3차의 보복 관세율을 10%에서 25%로 인상했다.

　　또한 같은 해 9월 1일부터 스마트 시계 등의 중국 제품 1100억 달러어치에 대해서 15%의 제재 관세를 부과하는, 제4차의 관세 인상이 발동되었고, 나아가 나머지 수입 품목 1600억 달러 상당은 12월 15일에 역시 15%의 제재 관세를 가한다는 것이 발표되었다. 중국도 즉시 대미(對美) 수입품의 추가관세를 5% 올려, 미중 양국이 상호 간에 부과하는 관세율은 평균 20%를 넘게 되었다.

　　그 이후 10월에 재개된 미중 양국 간의 각료급 통상교섭에 의해 미국 정부가 표명했던 2500억 달러어치의 중국 제품에 부과하고 있는 발동이 완료된 제재 관세를 25%에서 30%로 인상하는 조치를 12월로 미루는 것 등의 부분적 합의에 도달했다는 것이 보도되었다. 그리고 12월 13일 미중 양국 정부는 제1단계의 미중 통상합의가 성립하여 미국이 제4차의 나머지 1600억 달러 규모 상당의 수입품에 대한 추가관세를 발동하지 않으며, 이미 발동이 완료된 추가관세에 대해서도 단계적으로 인하하는 한편, 중국은 향후 2년간 2000억 달러 이상의 미국 상품을 구입한다는 조건에 합의했다고 발표했다.

　　이상이 제1단계의 통상합의(通商合意)에 이르기까지의 관세 인상 경쟁의 대체적인 경위인데, 미중 양국 간 대립의 배경에는 단순한 무역 불균형이 아니라, 국제특허 출원 수에서 미국에 육박하는 기세를 보이는 등, 중국에서의 현저한 혁신(innovation) 현황, 나아가서는 중국 정부가 2015년에 제기한 인터넷과 첨단 기술 산업에 관한 산업정책인 '중국 제조 2025'에 대한 경계심이 있는 것으로 보인다.

　　트럼프 정권은 중국 제품에 대한 제재 관세를 가할 때에 중국 정부에 의한 지

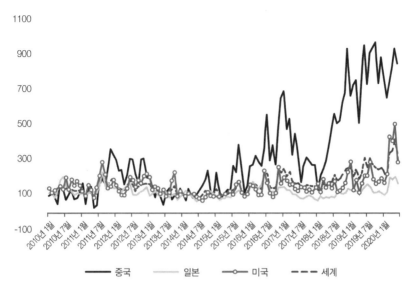

〈그림 5-2〉 경제정책 불확실성의 추이

자료: Economic Policy Uncertainty, http://www.policyuncertainty.com/index.html

식재산권 침해의 '수법'으로서 다음의 4가지를 거론하며 비판했다. ①외자 규제에 의해 미국 기업에 기술이전을 강요하고 있고, ②기술이전 계약에서 미국 기업에 대해 차별적인 취급을 하고 있으며, ③중국 기업을 통해서 첨단 기술을 보유한 미국 기업을 매수하고 있고, ④중국 인민해방군 등이 미국 기업에 사이버 공격을 하고 있다. 거기에는 일시적으로 미국 기업의 이익을 훼손시킨다고 하더라도 중국의 부상(浮上)이 현저한 IT 산업의 기선을 제압하여 중국 기업이 차세대의 '플랫폼'을 만들어내는 것을 저지하고자 하는, 미국 정부의 '초조함'이라고도 할 수 있는 자세가 여실히 보여졌다.[2]

---

2) 모리 사토루(森聰)는 "미국의 제조업과 선진 기술을 지키는 조치가 국가안보상의 중요한 과제로 간주되어야 한다는 기본 인식이 있으며, 전통적인 경제적 민족주의와 새로운 기술민족주의(techno-nationalism)가 일체화하면서 국방 정책에 결합되는 현상을 살펴볼 수 있다"라고 논하고 있다(森聰 2019).

이처럼 격화하는 관세 인상 경쟁의 움직임은 중국 경제에 어떠한 영향을 미치게 될까? 무역전쟁의 영향이 본격화하기 시작한 2018년 후반부터 2019년 초에 걸쳐 수출입(輸出入) 및 고정자산투자 등의 거시경제 지표에 정도의 차이는 있지만, 일정한 저하 경향이 관측되었다. 수출입에 관해서는 2018년 12월에 수입·수출 모두 전년보다 감소를 기록한 것 외에, 미국의 추가관세의 직접 대상이 되었던 로봇 및 공작기계(工作機械), 나아가 PC 및 휴대전화 등 대미(對美) 수출의 주력 상품이 되어왔던 제품의 생산도 크게 하락했다.

그러나 더욱 심각한 문제는 미중 간 경제관계의 장래에 대한 불투명성이 강화됨으로써 경제에 대한 비관적인 예상이 확산되었다는 점에 있다. 〈그림 5-2〉는 각국의 신문 보도로부터 경제정책의 불확실성을 나타내는 용어의 사용 빈도로부터 계산된 '경제정책 불확실 지수'(經濟政策不確實指數) 동향을 보여주고 있다. 2018년부터 특히 중국 내에서의 불확실 지수가 급상승하는 것을 살펴볼 수 있다. 중국의 국내경제 중에서 이러한 불확실성 증대의 영향이 가장 컸던 것은 민간기업의 투자동향이다. 예를 들면, 2019년 민간기업에 의한 고정자산투자의 제3사분기까지의 누적 액수의 전년 대비 신장률은 4.7%가 되어, 2020년 초에 코로나19 재난의 영향으로 크게 하락하기 이전에 약 3년만의 낮은 수준이 되었다는 것은 기억해두고자 한다.

2. 제1단계의 미중 합의와 관리무역의 우려

미중 간의 대립 격화가 세계경제의 불확실성을 증대시키는 것이 우려되는 가운데, 2020년 1월 15일 미중 양국 정부는 무역협의를 둘러싼 '제1단계'라고 불리는 부분적 합의 문서에 서명했다.

이 제1단계의 합의는 관세의 인하 및 지식재산의 보호 강화 등의 분야에 한정되고 중국 입장에서 양보하기가 어려운 산업 보조금 등의 분야가 제2단계로 미루어졌기 때문에, 중국 측에게도 합의하기 쉬운 것이었다. 다만 부분적으로 관세가 인하되었지만, 2019년까지 인상된 관세의 대부분은 그 상태 그대로 유지되었기 때문에 남겨진 과제가 많다.

향후의 교섭에 남겨진 첫 번째의 과제로서, 합의가 미중 양국 간에 '관리무역'(管理貿易)의 실시를 수반하는 것이라는 점을 들 수 있다. 제1단계의 미중 합의에서 중국은 향후 2년간 2017년에 비해서 미국으로부터의 물품 및 서비스 수입을 2000억 달러 이상(공업 제품이 777억 달러, 농산품이 320억 달러, 에너지가 524억 달러, 서비스가 379억 달러) 증가시키기로 하였다. 또한 특히 농산품에 관해서는 중국이 연평균 400억 달러, 2022년까지의 2년간 적어도 800억 달러 상당의 미국 농산품 및 해산물을 수입한다는 합의가 이루어졌다.

이 합의에 따라 미중 양국이 2019년 9월에 발동한 추가관세가 동시에 인하된 것 외에, 중국 정부는 콩 및 액화천연가스 등 미국으로부터의 수입품 696개 품목에 대해서 추가관세를 면제한다는 결정을 했다.

다만 이러한 수입의 수량 할당에 관해서는 명백한 관리무역이며 자유무역의 원칙에 반하는 것이라는 비판이 이어졌다. 예를 들면, 영국의 ≪이코노미스트 (Economist)≫는 1980년대에 일본으로부터의 자동차 및 반도체 등의 수입 급증에 따라 행해졌던 미일 통상교섭 등을 예로 들면서 미국이 종종 통상정책에서 달성하기 위한 수치(數値) 목표를 도입했던 적이 있으며, 그러한 관리무역의 실시가 무역에 무익(無益)하거나 또는 왜곡을 발생시킬 위험이 있다고 준엄하게 비판했다("管理貿易の教訓 生かせぬ米國", ≪日本經濟新聞≫2020.1.28). 또한 2020년 판 (版) 『통상백서(通商白書)』도 이러한 수량 목표를 정한 관리무역에서는 양국 모두 수출 상품의 경쟁력을 제고시킬 인센티브가 상실되는 것, 미국으로부터 중

국으로의 수출을 2017년에 비해서 2000억 달러 확대한다는 것은 그만큼의 타국으로부터의 수입을 미국으로부터의 수입으로 교체하는 것을 의미하기 때문에, 타국에 대한 마이너스의 파급효과가 우려된다는 것을 지적하고 있다(『通商白書2020』, p. 227).

게다가 이 합의의 실행 가능성은 코로나19 재난의 영향도 있어 일찍부터 어려울 것으로 여겨지고 있다. 목표를 달성하기 위해서는 중국이 1월부터 4월까지 미국 상품을 700억 달러 이상 수입할 필요가 있음에도, 실제로는 그 절반인 367억 달러에 그쳤다고 한다("米中貿易合意 實現に暗雲",《日本經濟新聞》2020.5.19). 5월의 미중 간의 전화 협의에서는 희토류(rare earth) 광석 및 비행기록장치(flight recorder)등 미국 상품 79개 품목에 대해 추가관세를 철폐하는 등, 중국 정부가 목표 실현을 향해 다가가는 자세를 보이고 있다는 소식이 전해졌는데, 2017년에 비해서 콩 등의 농산품 수입에 대한 증가가 충분하지 않으며 실제로는 합의의 실현이 어려울 것으로 여겨지고 있다.

3. 중국 정부에 의한 '신산업'(新産業)의 지원

향후 미중 양국 간의 통상교섭에서 장애물이 될 두 번째의 과제는 제1단계의 합의에서 뒤로 미루어졌다. 중국 정부가 특히 첨단기술 분야의 산업정책을 폐지하는 문제이다. 구체적으로 미국은 특히 중앙정부와 지방정부에 의한 산업 보조금이 중국의 첨단기술 기업에 유리한 조건이 되었다며, 그 폐지를 요구하는 데 반해서 중국 정부는 특히 지방정부에 의한 보조금의 폐지에 난색을 보였던 것이 양국 간의 합의를 어렵게 만들고 있다고 알려졌다.

그렇다면 미국 정부가 지적하는 바와 같이, '중국 제조 2025'는 중국의 첨단기술 산업의 실력을 향상시키는 역할을 수행했던 것일까? 이 점에 관하여 2018년 판(版) 『통상백서(通商白書)』는 중국의 관민(官民) 전체를 동원한 혁신·창업에 대한 조치와 ICT(정보통신기술)로 대표되는 '신산업'(新産業)의 기술 수준에 관한 매우 흥미로운 분석을 하고 있다.[3] 중국 경제의 혁신에 관한 분석 중에서 특히 흥미로운 것은 기술 수준의 국가별 비교 우위를 측정하고 국제 비교하기 위한 지표인 현시기술 우위지수(RTA: Revealed Technological Advantage; 국내 전체의 특허 출원수(特許出願數)에 어느 특정의 기술 분야가 차지하는 비율을 분자로, 마찬가지의 비율을 세계 전체로 측정한 것을 분모로 삼은 것)가 2000년과 2017년에 어떻게 변화했는지에 관한 분석이다.

분석의 결과에서 매우 흥미로운 것은 중국이 최근 약 15년간 기술적인 비교 우위를 갖고 있는 산업 분야가 크게 변화했다고 밝혀졌다는 점이다. 예를 들면, 2000년의 단계에서는 중국이 기술적으로 비교 우위를 갖고 있던 것은 잡화(雜貨) 등의 '기타 소비재', 가구·게임, 엔진·펌프·터빈 등의 분야였으며 이른바 '신산업' 분야에서는 거의 비교 우위를 갖고 있지 않았다.

한편 2017년의 수치에서는 디지털 통신전기(通信電氣)·디지털통신 및 광학기계(光學機械), 컴퓨터 기술 등의 '신산업' 분야가 RTA의 상위를 차지하게 되고, 또한 그 기술의 우위성이 미국 및 일본, 독일 등 선진국을 능가하게 되었다는 점이다. 이것은 중국의 국제적인 지식재산권의 출원을 화웨이, 중싱(ZTE), 징둥팡과기그룹(京東方科技集團, BOE), 텐센트(Tencent, 騰訊控股有限公司) 등 ICT를 중심으로 한 '신산업' 분야의 대기업이 담당해왔다는 것에 상응한다.

물론 특허의 수만으로 그 국가의 실제 기술 수준을 파악하는 것은 불가능하다. 하지만 2018년 4월에 미중경제·안보검토위원회(USCC)가 공표한 보고서

---

3)　『통상백서(通商白書) 2018』 제2부 제3장 제2절 「신산업의 약진」(新産業の躍進) 참조.

(Beeny, et. al. 2018)에서도 정보통신기술 및 전기자동차 분야에서 미국의 기술 수준이 중국에 장기적으로 뒤떨어져가거나 또는 현재에도 이미 뒤떨어졌을 가능성이 시사되고 있으며, 이 분야에서 미중 양국 간의 기술 격차가 급속하게 축소되고 있는 것은 확실하다고 할 수 있다.

이러한 '신산업' 분야는 2015년에 중국의 국무원(國務院)이 발표한 중장기 산업정책 '중국 제조 2025'에서 2025년까지 세계의 톱 클래스를 지향하는 것으로 지목된 분야와 거의 겹친다. 첨단기술 중에서도 생명공학 등은 2000년에 비해서도 중국의 비교 우위가 저하되었으며, 오히려 미국 등에 뒤처지고 있다. 즉 중국이 '신산업' 분야에서 급속하게 국제적인 존재감을 향상시킨 배경에는 중국 정부의 산업정책의 효과가 상당히 컸다는 것을 『통상백서 2018』의 분석은 밝히고 있다.

4. 혁신을 밑받침하는 '정부유도기금'(政府誘導基金)

미중 간의 통상교섭에서 커다란 장애물이 되었던 것이 중국 정부의 산업정책 중에서도 이른바 '산업 보조금'을 통한 중국 기업에의 직접 지원이었다.[4] 하지만 이러한 '보조금' 중에서 직접적인 재정지출에 의한 것은 별로 많지 않다. 오히려 최근 중국의 '신산업'에 대한 지원에서 비중을 늘려가고 있는 것은 일정한 형태로 정부가 관여한 투자 펀드이다. 그 배경에는 벤처기업의 자금 조달원으로서 벤처캐피탈이 부상해왔던 점이 있다. 벤처엔터프라이즈센터(VEC: Venture Enterprise Center)가 발행하는 『벤처 백서(ベンチャー白書)』에 의하면, 중국에서의

---

4)   2019년 판(版) 『통상백서』에 의하면, 중국의 정부 보조금 액수는 과거 10년간 꾸준히 증가해왔으며, 2017년 시점에서 2009년의 3.7배에 해당하는 1346억 위안(元, 약 2조 엔)이 지급되었다고 한다.

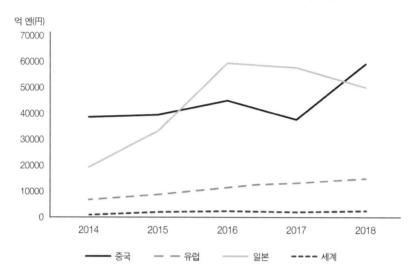

〈그림 5-3〉 벤처캐피탈 펀드의 신규 조성 액수(엔화 환산) 추이

억 엔(円)

주: 벤처캐피탈의 신규 조성액은 2018년의 평균 환율에 의하여 엔화로 환산한 수치
자료: ベンチャーエンタープライズセンター, 『ベンチャー白書2019 ベンチャービジネスに關する年次報告』.

벤처캐피탈 펀드의 신규 조성금 액수는 최근 약 5년간 급격하게 확대되었으며, 2016년과 2017년부터는 미국을 능가할 정도가 되고 있다(〈그림 5-3〉[5] 참조).

이러한 벤처캐피탈의 급속한 확대와 병행하여 다양한 정부 계통 투자기금(投資基金)도 설립되고 있다. 그중에서도 혁신 촉진이라는 관점에서 존재감을 증가시키고 있는 것이 정부기관, 금융기관, 기업, 사모투자(PE)기금, 공적연금(公的年金) 등의 융자 주체로부터 자금을 모으고 정부 프로젝트에의 출자 및 기업의 자금조달, 기업 합병 등의 산업 구조의 최적화를 지원하는 '정부유도기금'(政府誘

---

5) 다만 2018년은 벤처캐피탈을 통한 창업 지원의 움직임이 약해진 점도 있어, 신규로 조성된 액수는 미국을 하회(下回)하고 있다. 또한 신규 조성 펀드에만 국한하지 않고, 벤처캐피탈의 투자 총액을 보면 2018년의 수치로 미국이 14조 4573억 엔, 중국이 3조 5370억 엔으로 미중 양국 간에 커다란 차이가 있다.

導基金)이다.[6] 대표적인 '정부유도기금'으로 집적회로(IC) 산업에의 지원을 목적으로 하여 2014년 9월에 설립된 국가집적회로산업투자기금(國家集積回路産業投資基金)이 있다. 해당 기금은 그 규모에서 정부 보조금을 상회하며, 집적회로(IC)라고 하는 첨단산업에 대한 기금을 통해 정부의 영향력이 강화될 것으로 시사되고 있다.[7]

2018년 6월에 대중(對中) 강경파로 알려져 있는 피터 나바로(Peter Navarro)를 중심으로 하는 백악관 통상산업정책실이 정리한 '중국의 경제침략이 미국과 세계의 기술과 지식재산을 얼마나 위협하고 있는가'라는 제목의 보고서(White House Office of Trade and Manufacturing Policy 2018)는 상기(上記)의 국가집적회로산업투자기금에 대해서 2014년 6월에 중국의 산업정보기술부(MIIT)[8]가 집적회로 산업의 발전과 촉진에 관한 국가 지침을 발표하고 집적회로 부문을 국내의 산업과 안전의 요구를 충족시키기 위해서 자급자족을 하기 위한 목표를 상술(詳述)했기 때문에, 중국 정부가 외국 자산을 취득할 목적으로 급속하게 전개했던 것이라고 결론내리고 있다.[9]

또한 각종 산업투자기금(産業投資基金)을 비롯한 정부유도기금은 그 자회사

---

6) 터우중연구원(投中研究院)의 보고서 「2019년 정부 유도기금 집중 연구보고(2019年政府引導基金專題研究報告)」에 의하면, 2018년 말에는 1267개의 정부유도기금이 설립되었고, 그 규모는 1조 8785억 위안(元)에 달했다고 한다. 또한 마찬가지로 터우중연구원의 보고서 「2018년 정부 유도기금 조사연구 보고(2018年政府引導基金調研報告)」에 의하면, 이러한 정부유도기금의 대부분이 지방에 대한 투자비율을 40% 이상 설정하도록 요구되고 있다고 한다.

7) 『통상백서 2019』 제2부 제2장 제2절 「무역 제한적인 조치 발동의 배경」(貿易制限的措置發動的背景) 참조.

8) Ministry of Industry and Information Technology(MIIT)의 약칭이며, 중국 공업정보화부(工業和信息化部)라고 일컬어지기도 한다._옮긴이

9) 『통상백서 2019』는 이러한 정부 계통 투자기금의 존재는 ①반도체 및 통신 등 첨단산업의 주요 기업에 대한 금융 지원을 통해서 정부의 영향력이 강화될 가능성, ②정부 지원이 일종의 계기가 되어 민간으로부터의 자금 조달을 집중시켜 특정 산업의 과잉 생산을 초래할 가능성, 그리고 ③고도의 기술을 지닌 해외 기업을 매수하는 자금이 될 가능성이 있음을 지적한다.

(子會社)로서 다수의 벤처캐피탈을 갖고 있으며,[10] 전술한 벤처캐피탈을 통한 투자를 제고시키는 데 커다란 역할을 수행한 것은 틀림없다.

다만 이러한 정부유도기금, 특히 지방정부가 설립한 기금의 존재가 미국이 주장하는 바와 같이, 정부 개입에 의해 시장을 왜곡시키고 경쟁의 공정성(公正性)을 훼손시키는 '나쁜 산업정책'인지 여부에 대해서는 판단하기 어려운 문제를 포함하고 있다. 예를 들면, 중국 기업의 혁신에 상세한 딩커(丁可)는 이러한 정부유도기금의 투자처가 반드시 '중국 제조 2025'의 중점 영역에만 집중되어 있는 것은 아니라는 점, 다수의 기금이 출자처의 투자 실적 및 출자 비율 등에 많은 조건을 부과하는 등, 경제합리성(經濟合理性)에 알맞은 운영을 행하고 있다는 점 등의 이유를 들어 특정 산업의 육성을 지향하는 산업정책과는 성격이 다르다는 것을 지적하고 있다(丁可 2019).

또한 미중 간에 '정부에 의한 보조금'의 취급을 둘러싸고 충돌이 발생한 것은 이번이 처음이 아니다. 예를 들면, 국유상업은행(國有商業銀行) 및 기타 국유기업(國有企業)도 포함하여 보조금의 교부(交付) 주체로서의 국유기업이 정부 또는 '공적기관'(公的機關)에 해당하는지 여부에 대해서 2008년에 미국이 국가의 주식 보유율이 과반수라면 공적기관에 해당한다고 주장하며 WTO에 제소하고 중국이 이것에 대해서 다투었던 사건(WT/DS379)이 있다.

중국의 독점금지법(獨占禁止法)을 전문 분야로 삼고 있는 가와시마 후지오(川島富士雄)에 의하면, 이 건(件)에 대해서 WTO 상급위원회(上級委員會)는 단순히 그 주식을 과반수 보유하고 있는지 여부가 아니라 정부 권한을 부여받고 이것을 행사하고 있는지 여부가 기준이 되어야 한다고 판단하고, 미국 상무부가 철

---

10) 터우중연구원(投中研究院)이 실시한 설문조사(「2018년 정부유도기금 연구조사 보고」에 수록되어 있음)에 의하면, 정부유도기금에 의한 전체 투자 중의 73.3%가 벤처캐피탈에 향하고 있으며, 또한 출자처(出資處)의 펀드 중에 83.3%가 출자액 4배 이상의 자금을 모으는 데 성공했다고 한다.

강 제조사 등 기타 국유기업을 공적기관으로 인정했던 것은 WHO 보조금 협정의 위반이라고 하며, 중국 측의 주장을 인정하는 결정을 내렸다(川島富士雄 2011). 즉 WTO 상급위원회는 어떤 기업의 자본을 정부 계통의 기관이 과반수 소유하고 있는 것만으로는 그 기업에 대한 정부의 의미 있는 지배의 증거가 될 수 없다고 하며, 그것만으로는 정부 기능을 실행할 권한을 부여받고 있다는 증거가 될 수 없다고 판단하였다.

이러한 WTO에서의 과거의 분쟁과 그 결과에 입각한다면, 국유기업 등이 주체가 된 정부유도기금에 의한 출자(出資)가 미국이 주장하는 바와 같은 '정부 보조금'에 해당한다고 일률적으로 말할 수 없는 측면도 있다. 아마도 이 점에 관한 인식의 상위(相違)가 미중 간의 구상이 최종적으로 결렬에 이르게 된 커다란 요인일 것이다.

또한 위에서 말한 백악관 통상산업정책실의 보고서는 전술한 중국 민간기업 경영자의 정부 또는 중국공산당과의 강한 연계를 지적하고 있다. 즉 기업 경영자의 다수가 현재 또는 과거에 중국공산당의 당원 또는 (지방)정부의 직책에 취임했던 경험이 있으며, 또한 중국의 상위 100대 기업 중에 95개 기업, 나아가 인터넷 분야의 상위 10대 기업 중에 8개 기업이 중앙정부나 지방정부, 그리고 각급(各級) 인민대표대회 및 정치협상회의(政治協商會議)의 현재 또는 과거의 멤버에 의해 통제되고 있다고 지적한다.

그러나 민간기업의 경영자가 이른바 명예직(名譽職) 차원에서 지방의 인민대표대회 또는 정치협상회의의 직책을 겸임하는 것은 이른바 주지(周知)의 사실이며, 그것을 들어 정부의 통제가 민간기업에도 미치고 있다고 판단하는 것은 다소 근거가 박약하다고 말하지 않을 수 없다. 여기에 이 장의 제6절에서 다룰 중국 경제발전의 '독자성'(獨自性)에 관한 미중 양국의 커다란 인식 차이가 모습을 드러내고 있다고 말할 수 있을지도 모른다.

5. 미국에 상장(上場)하는 중국 기업을 둘러싸고

미중 양국 간 통상교섭의 세 번째 과제는 확대되는 양국 간의 자본이동(資本移動)을 둘러싸고 발생하고 있다. 예를 들면, 2019년 9월에는 대중 강경파로 알려져 있는 공화당의 마르코 루비오(Marco Rubio) 상원의원 등이 연방 공무원의 연금 운용을 관리하는 연방퇴직저축투자위원회(FRTIB)에 대해서 중국 주식에 대한 투자를 멈추도록 요청했다고 보도되었다.

또한 2020년 5월 미국 상원은 중국 기업을 염두에 두고 회계 감사를 거부한 외국 기업을 상장 폐지하는 법안을 의결했다. 2020년 4월 나스닥(NASDAQ)에 상장했던 대형 커피체인 루이싱커피(瑞幸珈琲) 및 온라인 교육의 하오웨이라이교육그룹(好未來敎育集團, TAL) 등의 중국 기업이 매출액을 대폭 부풀리는 등 부정 회계 문제가 연이어 발각되어, 미국 당국의 중국 기업에 대한 불신감이 증가했기 때문인 것으로 여겨진다(그 이후 나스닥은 6월에 루이싱커피에 대한 상장을 폐지한다). 그 배경에는 미국 시장에 상장한 중국 기업에 관한 감사 체제의 불투명성에 대한 미국 증권거래위원회(SEC)의 우려가 있다. 실제의 회계감사는 중국 기업이 본사를 두고 있는 중국에서 행해지는데, 그때 대형 감사법인(監査法人)도 현지의 중국 감사법인에게 감사를 맡긴다. 하지만 중요한 감시량(監視量)은 중국에 반출하는 것이 금지되어 있기 때문에, 감사의 체크가 본사에서는 불가능하여 부정의 온상이 되고 있다는 우려가 제기되었기 때문이다("米, 中國企業への不信再燃", ≪日本經濟新聞≫ 2020.4.21).[11]

---

[11] 또한 '킵웰 조항'(keepwell agreement)이라고 불리는 중국 기업이 해외의 현지 법인(現地法人)에서 발행하는 달러 표시의 사채(社債) 발행에서 자회사의 업무를 건전하게 유지하는 것을 보증하는 제도가 없어지는 것은 아닌가 하는 경계심도 확대되고 있다("米中對立, 資本市場に火種", ≪日本經濟新聞≫ 2020.5.24).

또한 7월 14일에는 중국 증권감독관리위원회(證券監督管理委員會)와 중국 재정부(財政部)가 미국의 상장 기업에 대한 감사법인을 감독하는 기업회계감독위원회(PCAOB)와 2013년에 체결한 '각서'를 트럼프 정권이 일방적으로 파기할 방침이라고 전해졌다. 이렇게 될 경우 미국의 주식시장에 상장하고 있는 약 250개 중국계 기업의 상장에 커다란 리스크가 된다.

다만 이러한 미국의 중국을 대상으로 한 자본 규제(資本規制)가 다시 문제가 되고 있다고 말하는 것 자체가 미국 투자가의 사금이 중국 기업에 상당한 규모로 흘러들어가고 있음을 반증하는 것이기도 하다. 미국의 투자자금이 중국 기업으로 유입될 때의 대표적인 경로 가운데 하나가 앞 절(節)에서 다루었던 벤처 캐피탈이다. 그것과는 별도로 중국의 대형 IT기업이 해외에서 자금을 조달하는 데 왕성하게 이용되고 있는 것이 '변동지분사업체(VIE: Variable Interest Entity) 구조'이다.

이것은 알리바바(Alibaba), 텐센트, 바이두(百度) 등 대형 IT기업의 자금 조달과 깊이 관련되어 있다. 주지하다시피 이들 대형 IT기업은 그 지주회사의 등기(登記)를 '조세 피난처'인 케이맨군도(Cayman Islands)에서 행하고 있다. 또한 그 주식의 대부분이 해외투자가에 의해 보유되고 있기에, 형식상으로는 외자기업이 되고 있다.

한편 중국의 국내법(國內法)은 인터넷 산업에 외자 기업이 참가하는 것을 엄격하게 규제하고 있다. 그럼에도 불구하고 BAT(바이두, 알리바바, 텐센트) 등에 대한 해외투자가의 출자가 가능한 것은 이러한 기업이 VIE(변동지분사업체)라는 수법을 이용하고 있기 때문이다(〈그림 5-4〉 참조). VIE 구조는 해당 사업을 ①중국 국내의 사업을 행하는 중국 자본의 운영회사와, ②은행으로부터의 융자 또는 해외 상장(上場)의 주체가 되는 해외 등기의 지주회사로 분할하고, 후자(後者)의 전자(前者)에 대한 직접적인 출자를 피하는 형태로, 해외에서의 자금 조달과 국

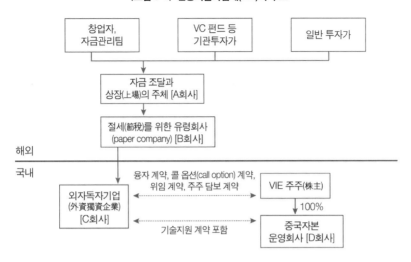

〈그림 5-4〉 변동지분사업체(VIE)의 구조

자료: 關志雄(2016).

내에서의 사업 전개를 양립시키는 것이다.

해외에 자본을 지닌 지주회사(持株會社)는 예를 들어 전자상거래(e-commerce) 서비스의 타오바오(淘寶)를 운용하는 타오바오왕뤄유한공사(淘寶網絡有限公司) 등 중국 국내의 운영회사에 출자하는 것이 아니라, 어디까지나 융자 계약 및 위임 계약 등 일련의 계약 관계를 통해서 운영회사를 실질적으로 지배하는 수법을 취하고 있다. 이것이 중국에서 합법인지 여부는 실은 회색지대(gray zone)라고 말해지는데, 당국은 묵인하고 있으며 대형 IT기업의 해외에서의 자금 조달은 그룹 규모의 확대에 기여해왔다. 그 와중에 당연히 미국 기업 및 투자가의 자본도 대량으로 유입되고 있다.

이러한 VIE 구조에 대해서 영국 신문 ≪파이낸셜타임스(Financial Times)≫의 2019년 10월 8일 자에 매우 흥미로운 논설이 게재되었다.[12] 이 신문은 미국 정부가 자본시장을 통한 대중 제재를 하려고 하면, 중국 정부도 이제까지 묵인해왔던 VIE 구조를 이용한 미국을 포함한 해외 자본의 '투자'를 위법(違法)이라고 판단하고 금지 조치를 취할 가능성이 있다고 지적했다. 그리고 그렇게 되면, 수십 억 달러 규모에 달한다고 하는, 미국에 본거지를 둔 기업의 중국계 IT기업에 대한 출자가 완전히 허사가 되어버릴 것이라고 전망했다. 《파이낸셜타임즈》는 이러한 조치가 중국 정부 입장에서 "자본시장에서의 제재로 코너에 몰리게 될 경우에는 효과적인 수단이 될 것이다"라고 지적했다. 물론 해당 신문도 지적한 바와 같이, 이 수단은 '핵무기'와 같은 것으로, 실행하게 된다면 BAT 등의 중국 기업에도 심대한 영향을 미치게 될 뿐만 아니라, 향후 중국이 해외 자본을 유치하는 것도 어렵게 될 것이기 때문에 실행될 가능성은 낮다.

그럼에도 이 문제는 미중 양국이 아무리 격렬하게 대립하고자 하더라도, 현실의 자본시장이 고도로 통합되어 있는 세계경제에서 양국의 '디커플링'을 추진하는 것은 커다란 '고통'을 수반할 수밖에 없으므로, 외곬의 방법으로는 결코 안 된다는 것을 상징적으로 보여준다고 말할 수 있다.

6. '또 다른 유형'으로서의 중국을 조망하기

중국의 개혁개방 정책이 시작된 이후부터 미국의 역대 정권은 중국의 경제발전이 결국에는 중간층(中間層)을 육성하여 '법의 지배'의 확립 및 민주화로 연결될 것으로 생각하고 '관여 정책'을 추진해왔다. 하지만 민주당 오바마 정권의 후반 무렵부터 중국의 정치경제 체제의 변혁에 관한 비관적인 견해가 확대되었다. 그 이후 2018년 3월의 전국인민대표대회(전국인대)에서 시진핑이 국가 주석

---

12) "VIEs: China's nuclear option", *Financial Times* (October 8, 2019), https://ftalphaville.ft.com/20 19/10/08/1570555832000/VIEs--China-s-nuclear-option/.

의 임기 제한을 폐지하여 정권의 장기화가 명백해진 것이 미국의 대중(對中) 정책이 '관여'에서 '억지'(抑止)로 전환하는 데 결정적인 역할을 수행했던 것으로 말해진다.13)

그런데 '관여 정책'에서 '억지 정책'으로 180도로 전환이 된 것처럼 보이는 미국의 대중 정책이지만, 실은 이 두 가지 입장은 어떤 인식에서는 기묘한 일치를 보이고 있다. 즉 거기에 공통되고 있는 것은 현재 구미(歐美)에 존재하고 있는 정치경제 체제가 유일한 보편적인 존재 양식이며, 그 이외의 체제는 거기를 향하여 '수렴'되고 있는 한에서는 존재가 인정되지만, 그렇지 않은 '이질적인 체제'는 존재해서는 안 된다고 하는 이항대립적(二項對立的)인 인식이다.

이에 반해서 이제까지 일본의 중국연구자 사이에서는 중국이 구미형(歐美型)의 '보편적 모델'로 수렴될 것인지에 관한 질문이 더욱 소프트(soft)한, 즉 이항대립적인 견해를 회피하는 형태로 제기되어 왔다. 명(明)·청(淸) 시기의 중국사를 전문 분야로 하는 기시모토 미오(岸本美緒)에 의하면, 전후(戰後) 중국 연구의 패러다임은 전전(戰前)의 문제의식을 계승하여 중국 사회를 서양 및 일본 사회와 비교했을 때의 차이에 주목하는 '유형론'(類型論)과, 마르크스주의 사학(史學)의 영향을 받아 서양을 모델로 삼는 발전 단계 속에서 중국사의 각 시기를 규정하고자 하는 '(발전)단계론'으로 대별된다(岸本美緒 2013). 이러한 '유형론'은 반드시 미국류(流)의 '이질론'(異質論)과 같은 것은 아니다. 유형론적인 중국론 중에는 중국 경제가 제도적 인프라의 결여, 또는 리스크 불안정성, 그리고 거기로부터 발생하는 '흩어진 모래(散沙)와 같은 자유'를 견지하면서 단선적인 발전단계론

---

13) 미중 간의 대립이 단순한 '무역전쟁'을 넘어 더욱 심각화·장기화될 것이라는 비관론의 근거가 되었던 것이, 미국의 마이크 펜스(Mike Pence) 부통령이 2018년 10월 4일 보수계 싱크탱크 허드슨연구소(Hudson Institute)에서 행한 연설이다. 펜스 부통령의 연설은 무역 문제에 국한하지 않고 정치, 군사, 인권 문제까지 트럼프 정권의 중국에 대한 강경한 견해가 포괄적으로 포함되어 있으며, 이른바 '중국이질론'(中國異質論) 일색으로 점철되었기 때문에 충격적인 것으로 받아들여졌다.

으로는 파악되지 않는 '독자성'을 지니고 있다는 것에 주목하며, 그 의의를 적극적으로 평가하고자 하는 입장도 존재하기 때문이다.

일본의 중국 연구에는 구미 모델이 유일한 목표라는 것을 전제로 삼는 '단계론'도 '이질론'도 아닌 '또 다른 유형'으로서 중국을 조망한다는 전통이 축적되어 왔다. 그 전통을 계승하는 중국 연구자에게는 경제적인 상호 이익을 추구하는 것과 함께, 권위주의적인 현(現) 정권에 동조하는 것이 아니라, 그리고 미국의 이항대립적인 중국론에 추수(追隨)하는 것도 아니라, 독자적인 입장에서 관계를 모색하는 자세가 코로나19 이후 시대의 불투명한 상황에서 재차 필요하다고 할 수 있다.

참고문헌

梶谷懷. 2018. 『中國經濟講義: 統計の信賴性から成長のゆくえまで』, 中公新書.
川島富士雄. 2011. 「中國による補助金供與の特徵と實務的課題: 米中間紛爭を素材に」, RIETI Discussion Paper Series, 11-J-067.
關志雄. 2016. 「問われる中國のインターネット企業の海外上場の在り方: VIEスキームの功罪を中心に」, ≪野村資本市場クォータリー≫(Autumn).
岸本美緒. 2013. 「理念型としての傳統中國經濟: 中國研究における歷史學と經濟學」, Research Meeting on Economic History, http://www.cirje.e.u-tokyo-ac.jp/res earch/workshops/ history/history_paper2013/history1021.pdf
丁可. 2019. 「ベンチャーキャピタル: 中國の事例」, 木村公一朗 編, 『東アジアのイノベーション』, 作品社.
森聰. 2019. 「貿易とテクノロジーをめぐる米中關係(後編)」, ≪日米關係インサイト≫, https://www.spf. org/jpus-j/investigation/spf-america-monitor-document-detail_15.html
White House Office of Trade and Manufacturing Policy. 2018. *How China's Economic Aggression Threatens the Technological and Intellectual Property of the United States and the World*, https://www.whitehouse.gov/wp-content/uploads/2018/06/FINAL-China-Techno

logy-Report-6.18.18-PDF.pdf

Benny, Tara et. al. 2018. *Suppy Chain Vulnerabilities from China in U.S. Federal Information and Communication Technology,* Interos Solutions Inc, https://www.hsdl.org /?view&did=817143

가지타니 가이(梶谷懷)

고베대학(神戶大學) 대학원 경제학연구과 교수 **(전문 분야: 현대 중국경제)**

저서: 『현대 중국의 재정금융 시스템(現代中國の財政金融システム)』(名古屋大學出版會), 『일본과 중국 경제: 상호 교류와 충돌의 100년(日本と中國經濟: 相互交流と衝突の100年)』(ちくま新書), 『중국경제 강의: 통계의 신뢰성부터 성장의 행방까지(中國經濟講義: 統計の信賴性から成長のゆくえまで)』(中公新書) 외

제6장

기술혁신과 디커플링: 중국의 관점

쓰가미 도시야(津上俊哉)

서론: 세계화의 역전

1990년대에 동서 냉전(冷戰)이 종식된 이래, 세계에서는 국경을 넘는 거래 및 인적(人的) 왕래가 확대되는 '세계화'가 진행되었는데, 최근 그 움직임이 역전되고 최소화되는 징후가 나타나고 있다. 본고(本稿)에서는 이러한 현상을 '디커플링(decoupling) 현상'이라고 부르도록 하겠다.

세계화의 톱니바퀴를 역전시키는 동력(動力)으로는 세 가지가 있다. 첫째는 '세계화가 선진국의 중산계급을 몰락시키고 빈부의 격차를 확대시켰다'라고 하는 이해가 확대되었던 점이다. 뉴욕 대학의 브랑코 밀라노비치(Branko Milanovic) 교수가 2016년에 발표한 '코끼리 곡선'(elephant graph)이 제시하고 있는 바와 같이(〈그림 6-1〉 참조), 과거 20년 동안 개도국의 중산계급(中産階級)과 선진국의 매우 소수의 부유층 소득이 현저하게 상승하는 한편으로, 선진국의 중산계급의 소득은 거의 상승하지 못했다는 것이 그 증거로 받아들여지고 있다.

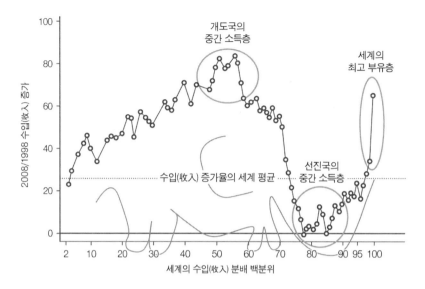

〈그림 6-1〉코끼리 곡선(세계화로 세계의 빈부 격차가 확대되었나?)

개도국의
중간 소득층

세계의
최고 부유층

수입(收入) 증가율의 세계 평균

선진국의
중간 소득층

2008/1998 수입(收入) 증가

세계의 수입(收入) 분배 백분위

그 결과, 세계화의 조류를 밑받침해왔던 자유무역 체제가 선진국 유권자의 지지를 상실해버렸다. 풍향의 변화를 감지하고 공공연히 자유무역을 부정해보였던 것이 미국 트럼프 대통령이었으며, 관세 인상을 통해 미국에 산업을 다시 불러들이는 '다시 미국을 위대하게 만들자'(Make America Great Again)를 표방하며 지지자들의 갈채를 받았다.

트럼프가 실시하는 것과 같은 정책으로는 산업이 부활하지 않으며, 소비자에게 쓸데없는 비용을 부담하게 할 뿐이지만, 유권자의 지지를 얻어 2020년을 기준으로 지난 4년간 미국 통상정책을 자유무역으로부터 일탈시켰다.

두 번째의 동력이 본고(本稿)의 주제인, 정책으로서 추진되는 디커플링이다. 이 정책은 생산 거점의 해외 이전(또는 공급망의 국제적 확대)이 과도하게 진전된 결과, 아래에서 제기되는 것과 같은 리스크가 높아졌다는 점을 중대하게 본다.

① 안보 리스크(통신기기의 대중(對中) 의존에 의해 통신을 차단·도청당할 리스크 등)

② 국민의 생명·건강 리스크(마스크 등 방호 자재의 공급이 두절될 리스크 등)

③ 자연재해에 의한 리스크(공급망의 중단으로 인해 산업 활동이 혼란에 빠질 리스크 등)

논자(論者)는 이러한 리스크를 감소시키기 위해, 정책 수단에 의해 디커플링을 촉진하자고 주장한다. 본고에서는 이러한 관점에서 추진되는 정책을 '디커플링 정책'이라고 부르도록 하겠다.

우대 세제(優待稅制) 및 보조금 등의 경제 인센티브를 수단으로 삼는 디커플링 정책은 경제를 왜곡시킬 우려가 적은 반면, 효과도 적다. 거래 관계에서는 간단히 상대방을 교체할 수 없으며, 세계화가 진전되었던 것은 비용과 실행의 양면에서 강한 경제적 합리성이 가동되었기 때문이다.

이 밖에, 거래를 금지하고 위반에 대해서 형사처벌을 가하는 방식도 있다. 이것은 강력한 효과를 발휘하지만, 기업 활동을 위축시키며 경제를 왜곡시키는 효과가 크다. 현재 미국이 중국에 대해 집행하고 있는 '첨단기술(high tech) 냉전' 정책은 이것에 해당한다.

세 번째의 동력은 최근의 코로나19 감염증의 만연에 의한 세계경제의 정체(停滯), 인적(人的)·물적(物的) 왕래의 두절 및 축소이다.

최근 수년 동안, 이러한 3가지의 동력은 서로 뒤얽혀 세계화를 그 이전의 상태로 되돌리기 시작했다. 첫 번째 및 두 번째의 동력만으로 세계화가 본격적으로 역전될지 여부는 미지수였지만, 지금에 이르러 갑자기 추가된 세 번째의 동력, 즉 코로나19 팬데믹의 향후 행방에 따라서는 본격적인 역전이 일어날 가능성도 부정할 수 없게 되고 있다.

1. 미국의 대중(對中) 첨단기술 규제에 대한 개관

미국의 대중(對中) 첨단기술 규제가 2018년 이래 급부상하게 된 원인은 2가지가 있다. 하나는 시진핑 정권의 등장 이래, 남중국해 등의 영토·영해 권익(權益)을 둘러싼 공격적인 자세, '관여 정책'의 기대를 배신하는 전제적(專制的) 경향의 증대, 경제 방면에서의 국가자본주의적(國家資本主義的) 색채의 강화 등 중국이 미국의 기대를 배신하는 방향으로 크게 변질되었다는, 미중 관계 전반에 걸쳐 있는 문제이다.

또 하나는 중국의 과학기술 수준이 급속하게 상승한 것에 의해 미국이 불의의 타격을 입었다고 하는 첨단기술 분야 고유의 문제이다. 그것을 상징하는 것이 '중국 제조 2025' 문제이다. 2015년에 '중국 제조 2025'가 발표된 직후, 미국은 무반응(無反應)이었지만, 지금은 이 문제를 미중 대립의 주요 쟁점으로 삼고 있다. 그렇다면 최근 5년 동안에 무엇이 변화했을까?

중국의 과학기술, 특히 AI 연구가 장족의 진보를 거둔 것에 주목하며 '미국이 추월당할' 위기감이 급격하게 높아졌다는 점이다'스푸트니크 쇼크(Sputnik Shock)의 재래(再來)'라고 불림]. 과학기술에서 격차가 축소됨으로 인해 미국의 안보 우려가 높아지는 것과 함께, '중국이 미국의 기술을 훔치고 있다'라고 하는 최근의 불만도 더욱 강화되었다.

동시에 초미(焦眉)의 일로 간주된 것이 '화웨이 문제'이다. 미국 의회의 자문기관인 '미중 경제·안보 검토위원회'(USCC)가 의회에 제출한 '연차보고서'(2018년판)는 "경제·사회의 신경 계통에 상당하는 통신망을 탁월한 '비용 대비 성능'을 지닌 화웨이 제품이 점유할 경우, 중국공산당이 마음만 먹으면 화웨이에 명령하여 기기에 장착된 '백도어'(back door)를 열게 하여 정보를 절취하고, 인프라에 사이버 공격을 가하는 등의 리스크를 초래할 것"이라고 지적했다.

특히 2018년은 차세대 5G 통신망을 정비하기 위한 설비투자(設備投資)가 전 세계적으로 시작되려는 시기이기도 하여 손을 놓고 있으면 화웨이가 세계의 5G 통신기기 시장을 석권할 것으로 예상되었기 때문에, '화웨이를 봉쇄하지 않으면 안 된다'라고 하는 위기감이 급격하게 강화되었다.

〈표 6-1〉은 '안전보장'의 이름하에 과거 3년간 도입되었던 첨단기술 규제와 관련된 사항을 정리한 것이다. 제품 및 기술의 수출입(輸出入)과 관련된 투자에 대해서 '안전보장'을 위해 행해져왔던 규제는 ①무기(武器)·무기기술(武器技術) 및 군사 전용(轉用)되기 쉬운 제품·기술에 대한 규제, ②군(軍) 및 관계 기관·에 이전시 등 구매자의 속성에 착안한 규제, ③최종 사용(end use) 및 최종 사용자 (end user) 등, 사용되는 방식에 착안한 규제를 중심으로 행해져왔다. 최근에는 무기기술과 민생기술(民生技術)의 융합[이른바 '양용기술'(dual-use technology)의 발달], 그리고 최근 중국이 추진하고 있는 '군민 융합'(軍民融合) 정책의 영향1) 등, 새로운 요인이 추가되었기 때문에 이제까지 안보 정책의 시야에 넣기 어려웠던 민간기업의 민생기술도 대상이 되고 있다.

그러나 화웨이와 그 제품·기술에 대한 규제는 ①특정 기업을 타깃으로 삼아, ②'매매'(賣買) 방식의 거래에 대해 금지 조치를 부과하고, ③또한 규제의 그물을 외국 기업에까지 확장(역외 적용)시킨다는 점에서 종래의 안보 관련 규제의 선을 크게 넘고 있다. 특히 〈표 6-1〉의 가장 하단(下段)에 제시된 화웨이의 반도체 조달을 저지하기 위한 조치에는 '화웨이를 무너뜨린다'는 의도가 노골적으로 드러나 있다.

---

1)   '군민 융합'(軍民融合)은 경제, 과학기술, 교육, 인재 양성 등의 영역에서 군(軍) 및 군수산업(軍需産業) 과 민간 경제의 쌍방향 결합을 강화하여 국방·군대 현대화 건설과 경제 건설의 통일적 발전, 국방과 군 대의 가일층 충실에 공헌하는 것을 목적으로 2015년 시진핑이 제창하였으며, 그 이후 '제13차 5개년 계획'에서 자리매김되었고 2017년에는 이것을 추진하기 위해 시진핑을 주임(主任)으로 하는 '중앙군 민융합발전위원회'(中央軍民融合發展委員會)가 설립되었다.

〈표 6-1〉 미국 정부에 의한 대중(對中) 첨단기술 규제의 강화

수출관리개혁법(ECRA)에 의한 기미기술(機微技術)의 수출 규제[국방수권법 2019(2018년 8월)에 포함]

AI, 양자컴퓨터 등 '신흥기술'(新興技術) 및 안보의 확보상 중요한 '기반기술'(基盤技術)을 특정국(테러지원국, 우려국 등)에 수출하는 것을 규제함

외국인투자위험심사현대화법(FIRRMA)에 의한 투자 규제[국방수권법 2019(2018년 8월)에 포함]

외국 기업의 미국 기업 매수가 미국의 안보에 위협을 미치는지를 외국인투자심의위원회(CFIUS)가 심사하고 필요할 경우 투자를 중지시킴. CFIUS는 종래부터 투자 규제를 맡아왔는데, 권한이 강화됨

중국 기업이 제조한 통신·감시 기기 및 그것을 이용하는 기업의 제품 등에 대한 미국 정부 조달 금지(국방수권법 2019/2020)

제1단계(2019~): 화웨이 외에 중국 기업 5개 사(社)가 제조한 통신·감시 기기 등을 미국 정부가 조달하는 것을 금지함
제2단계(2020~): 전술한 기기 등을 이용하는 기업의 제품 등을 미국 정부가 조달하는 것을 금지함

'외국 적대자'의 정보통신 기기 등의 미국 내 민간 거래의 금지[국제긴급경제권한법(IEEPA)에 의거한 대통령 행정명령]

'외국 적대자'(外國敵對者)가 제조·공급하는 '정보통신기술 또는 서비스'를 미국 시민, 기업, 영주자(永住者) 등이 취득하는 거래가 미국의 IT 기기, 서비스 및 중요 인프라, 디지털 경제의 보안에 심각한 악영향을 미치는지 여부를 상무장관이 거래 사안별로 판단하여 금지 또는 개선 명령을 공표함

재량적(裁量的) 수출 규제·제재[거래제한 리스트(Entity List) 규제]의 강화 (1)

미국의 안보·외교 정책상의 이익에 반하는 것으로서 '거래제한 리스트'에 등록된 자에 대한 화물 및 기술의 수출을 개별적으로 허가받도록 하는 (실질은 금지) 제재를 재량적으로 확장·강화하고, 중국 관계에서는 군수기업, 원자력 관계 기업, DRAM 및 슈퍼컴퓨터의 제조사와 함께 화웨이 및 그 자회사, 감시기기 제조사 등이 지정됨

수출관리규칙(EAR) 및 거래제한 리스트 강화에 의한 화웨이의 반도체 조달 저지

화웨이 또는 그 자회사[하이실리콘(HiSilicon)]이 미국제 소프트웨어(설계 소프트웨어)를 이용하여 작성한 반도체 설계 또는 화웨이 및 그 자회사의 설계·사양(仕樣)에 기초하여 미국제 반도체 제조 장치를 이용해 제조된 반도체의 재수출(再輸出)을 실질적으로 금지[타이완(臺灣)의 반도체 제조사가 화웨이가 이용할 반도체를 수탁 제조하는 것을 저지함]

자료: 필자가 작성함

ICT 산업은 1996년의 WTO에서 IT 물품의 관세를 원칙적으로 제로(zero)로 하는 ITA(IT 협정)가 체결된 이래, 자유무역과 세계화의 선두에 서왔는데, 미국이 형사처벌에 의해 이행을 담보하는 형태로, '매매'(賣買) 거래에 대한 일률적

금지를 부과하고, 나아가 그 의무를 외국 기업에까지 부과하는 역외 적용(域外適用) 방침을 채택함으로써 사실상 WTO의 자유무역 규칙으로부터 제외되어 버렸다고 말하지 않을 수 없다.

2. 미국의 '화웨이 봉쇄' 정책의 문제점

종래 화웨이는 스마트폰 등에 사용하는 핵심 칩(chip)에 대해 자회사 하이실리콘(HiSilicon)이 미국제 반도체 설계 소프트웨어를 이용하여 설계를 하고, 제조를 타이완의 TSMC에 위탁하는 형태로 조달해왔는데, 미국은 2020년 5월에 발표한 화웨이의 반도체 조달을 저지하기 위한 조치로 이 루트를 막아버렸다. 화웨이는 이러한 사태를 상정하고 수입 부품의 비축을 계속해왔기 때문에 스마트폰의 생산이 즉시 중단되지는 않았지만, 이 조치로 커다란 타격을 입었다는 것은 의심할 바 없다. 또한 이 조치에 의해서도 화웨이가 무너지지 않는다면, 미국 정부는 더욱 과격한 수단을 강구할 가능성도 있다.

이러한 행동 방식에는 중대한 문제가 잠재되어 있다. 아래에서 이와 관련된 4가지 사항을 지적해보도록 하겠다.

(1) 화웨이에 큰 타격을 줄 수는 있더라도 죽이지는 못한다

화웨이를 '인민해방군의 전위(前衛) 기업'으로 파악하는 서방측의 논조[2]와는

---

2) 미디어의 논조뿐만 아니라, 2020년 6월 미국 국방부는 화웨이(華爲)를 "중국군(中國軍)에 소유 또는 지배되고 있는 군사 '최종 사용자'(end user)"라고 규정했다["米中関係等の緊迫化と諸規制の動向について(概観)", CISTEC(2020年6月30日)]. 하지만 구체적인 증거가 있어서 인정한 것인지 여부는 밝혀지

대조적으로 중국에서는 화웨이와 그 창업자 런정페이(任正非)가 존경을 받아왔다. 당과 정부에 기대어 실적을 늘리고자 하는 민영 기업가가 많이 있는 가운데 당 및 정부와의 거리를 유지하면서 회사를 오늘날까지 성장시켜온 기업가로 간주되었기 때문이다.

그러한 화웨이가 미국 정부로부터 '중국 정부 및 군(軍)의 앞잡이'이자 눈엣가시와 같은 적(敵)으로 여겨져 공격을 받는 상황을 보면서, 중국인은 거꾸로 '화웨이, 힘내라!'라며 화웨이 제품을 구입하고 사내(社內)에서는 정년 퇴직을 한 사원이 무급으로 봉사하겠다고 신청해오고, 타사(他社)로부터 기술자가 "급료가 줄어도 좋으니 세기(世紀)의 대전역(大戰役)에 종사시켜주기 바란다"라며 실로 의용군처럼 전직을 희망해왔다고 한다.[3]

그것은 전전(戰前)의 중국이 항일전쟁(抗日戰爭)을 전개했던 것처럼 '강대한 외적(外敵)에게 공격을 받더라도 굴복하지 않고 계속 저항한다'는 것이 '중국인의 바람직한 자세'로 정형화(定型化)되고 있기 때문이다. 미국의 대중(對中) 강경 조치는 말하자면 중국인으로 하여금 '철저 항전(抗戰)'의 버튼을 누르도록 만들어버린 것이다.

중국공산당 및 중국 정부는 그와 같은 정신에 더욱 강하게 지배받고 있다. 중국 외교부는 각국이 미국의 요구에 응하여 화웨이 제품을 배제하지 않도록, 각지의 재외공관이 주재국 정부에 압력을 가하도록 하고 있다. 중국 정부는 생명유지 장치를 부착해서라도 화웨이를 경제적으로 뒷받침할 것이다. 역설적이게도 미국의 '화웨이 봉쇄' 조치는 화웨이에게 중국 정부와의 거리를 줄이도록 만들고 있는 것이다.

지 않고 있다.
3) 1000만 명 이상의 팔로워를 보유하고 있는 선전(深圳)의 IT기업가 단빈(但斌)이 중국의 SNS인 웨이보(微博)를 통해 "화웨이 창업자 런정페이의 바로 옆에서 일하는 사원으로부터 들은 이야기"라고 밝혀, 커다란 반향을 불러일으킨 일화이다.

(2) 서방측 반도체 산업에도 큰 타격을 입히고 있다

형벌로 밑받침되는 거래 금지형(去來禁止型)의 조치는 강력하지만, 미국 및 동맹국의 기업까지 손실을 입게 되어버리는 것이 큰 결점이다. 미국반도체산업협회(SIA: Semiconductor Industry Association)는 2020년 3월 보스턴컨설팅그룹(Boston Consulting Group)에 위탁하여 이러한 조치가 미국 반도체 업계에 커다란 손해를 초래하고 있다고 호소했다.[4]

일본의 관련 업계도 마찬가지의 처지에 있다. 일본은 이미 핵심 칩(chip) 및 고집적(高集積) 메모리 산업의 주역은 아니지만, 콘덴서 및 전하결합소자(CCD: Charge Coupled Device) 등의 전자부품 제조에서는 여전히 경쟁력을 갖고 있으며, 중국 기업에도 대량의 제품을 공급하고 있다.[5] 하지만 미국의 반도체 '거래 금지' 조치에 의해 화웨이 및 중싱(ZTE) 등의 스마트폰 생산이 감소된다면 일본의 부품업계도 대중(對中) 매출액이 하락하게 된다. 또한 미국 정부는 일본 제조사가 대량의 IT 부품을 화웨이 등에 공급하는 것을 유쾌하게 생각하지 않는다는 보도도 있어,[6] 만약 이것을 억제하려는 정책이 시행된다면 영향은 더욱 커지게 된다.

이처럼 '거래 금지형'의 조치는 화웨이뿐만 아니라, 일본의 IT 산업에도 커다

---

4) 미국반도체산업협회(SIA)가 보스턴컨설팅그룹에 위탁한 조사(2020년 3월)의 주요 내용[Boston Consulting Group(BCG), *How Restricting Trade with China Could End US Semiconductor Leadership*(2020)_옮긴이]은 다음과 같다. ①미국이 거래제한 리스트 등에 기초하여 현재의 금수(禁輸) 등의 제한을 유지할 경우, 미국 반도체 산업은 3~5년 동안 세계 점유율의 8%, 매출액의 16%를 상실하게 된다. ②미국이 반도체에 대해 대중(對中) 전면 금수를 행할 경우 상실은 세계 점유율의 18%, 매출액의 37%로 확대된다. ③이상의 결과, 미국이 상실하게 될 전문직의 고용 기회는 15만~40만 명에 달한다.
5) 화웨이는 2019년 11월 도쿄(東京)에서 행한 기자회견에서 "2019년 일본 기업으로부터의 부품 조달 액수는 1조 1000억 엔에 달할 것"이라는 전망을 발표했다.
6) "日本企業のファーウェイ取引, 目を光らせる米政府", *Wall Street Journal*(日本語版)(2020.6.30).

란 타격을 입힐 우려가 크다. 화웨이는 타격을 받더라도 중국 정부의 두터운 비호를 받게 되지만, 서방측의 제조사에게 같은 정도의 비호가 제공될 것으로는 생각되지 않는다. 그 결과 이러한 정책이 5년, 10년 동안 계속될 경우, 서방측 기업 쪽이 더욱 쇠퇴하게 되는 결말을 초래할 우려가 있다.

(3) 중국에 공급 불안을 느끼도록 만들어 맹렬히 '반도체 국산화'로 향하게 하였다

중국은 이전부터 국산 반도체의 연구·개발에 주력해왔는데, 미국이 핵심 반도체의 수출을 제한하는 조치를 채택하는 것을 보고, 자력 개발에 매진하기 시작했다. 그 심정은 과거 중국이 희토류의 수출을 제한함으로써 일본의 관련 업계가 갖게 되었던 위기감과 비슷하다.

중국이 자력 개발에 주력하더라도 최첨단의 핵심 칩을 자급할 수 있게 될 것인지, 또한 그것이 언제쯤 가능할 것인지는 알 수 없지만, 생산 투자에 대한 지방정부의 원조(출자 등의 형태를 취함)는 막대하다. 향후 기술력의 격차가 줄어든다면, 서방측 산업의 존속이 위협받게 될 우려가 있다. 특히 메모리 산업 등은 향후 수년 안에 정부 지원을 받는 중국 기업의 과잉 생산에 의해 국제 수급이 크게 교란될 우려가 있다.

강대한 정부 지원을 전제로 한 경쟁은 공정한 경쟁의 방식이라고는 도저히 말할 수 없지만, 그렇게 비판을 받는다면 중국은 "그렇다면 안보의 명목으로 중국 기업을 말살하고자 하는 미국의 행동은 공정한 경쟁의 방식인가? '그것은 안보 정책이다'라고 한다면, 중국의 반도체 산업 육성도 안보 정책이다"라고 반박할 것이다.

(4) 사물인터넷(IoT) 구축을 둘러싼 경쟁에서 중국에 뒤처지게 될 우려가 있다

5G 통신이 전략적으로 중요한 것은 모든 것이 인터넷을 통해 연결되는 'IoT 경제·사회'를 구축하는 데 고속, 저지연(低遲延), 다단말(多端末) 동시접속 가능 등의 특징을 지닌 5G 통신기술이 불가결하기 때문이다.

5G 통신은 'sub-6'라고 불리는 비교적 낮은 주파수와 '밀리미터파'(millimetre waves)라고 불리는 높은 주파수의 2가지 종류의 전파를 이용하는데 고속성(高速性), 다단말 접속을 담보하는 것은 밀리미터파 쪽이다. 그런데 밀리미터파는 가시광선에 가까운 직진성(直進性)이 있기 때문에, 건축물이 세워져 있어 사각(死角)이 출현하기 쉬운 도시에서는 기지국(基地局)을 많이 설치하지 않으면 통신의 품질을 확보할 수 없다. 이 때문에 5G 통신 본래의 성능을 발휘하기 위해서는 기지국 투자에 다액의 자금이 소요된다.

화웨이 등 가격 경쟁력이 있는 중국제 기지국 설비는 거기에서도 힘을 발휘한다. 거꾸로 말하면, 염가의 중국제를 배제할 경우 5G 네트워크의 구축이 늦어지게 되고 통신의 품질이 확보되지 않으며, '4G+' 정도의 속도밖에는 나오지 않는다는 핸디캡을 짊어지게 될 우려가 있다.

'이 문제를 방치할 경우 IoT 경제사회 구축에서 중국 진영(陣營)에 뒤처지게 될 것'이기 때문에, 서방측에서는 제조사 및 통신업자에게 보조금을 제공한다는 구상이 유포되고 있지만, '피땀어린 노력을 하지 않더라도 이익을 올릴 수 있는' 환경을 만든다면, 기업은 타락하게 되고 도리어 경쟁력을 상실하게 되는 것이 상례(常例)이다. 그러한 폐해를 피할 수 있는 제도 설계가 가능할 것인지 여부는 아직 미지수다.

전술한 바와 같이, 형벌의 위협을 통해 이행을 강제하는 '거래 금지형' 조치는 기업을 위축시키고 경제 활동을 왜곡시킨다. 근저(根底)로부터 경제의 논리에 맞지 않는 것이다. 그럼에도 소기의 목적을 달성할 수 있다면 공과(功過)·득실(得失)을 비교 평가할 여지가 있지만, 위와 같은 목적을 달성하는 것은 어려운 반면, 부작용이 크다고 한다면 이 정책의 과(過)가 무겁다. 즉 '(잇속을 차리려다가) 자기 발등을 찍는 경우'(Don't shoot your foot)에 해당하는 것이다.

3. 21세기의 세계경제는 '데이터 경제'를 무대로 삼아 블록화가 진행될 것인가?

ICT 산업을 무대로 한 격렬한 미중 대립, 특히 미국의 치열한 디커플링 정책을 보고, '21세기의 세계경제는 인터넷 공간과 데이터 경제를 무대로 삼으며 1세기 이전과 마찬가지로 블록화의 길을 걷게 될 것'이라는 언설(言說)이 제창되었다.

디커플링 정책을 추진하고 있는 미국의 입안자(立案者)들은 또한 블록화를 추진하여 '미국 주도의 대다수 국가에서 중국 진영을 봉쇄하는 것'을 지향하고 있는 것처럼 보여지는데, 현실이 그렇게 진행되고 있다고 단언할 수는 없다.

(1) 5G 통신기기를 둘러싼 진영(陣營) 참가국 획득 경쟁

미국 정부는 2018년 후반부터 각 동맹국에 대해서 '5G 통신망 구축에서 화웨이 제품과 기타 중국 제품을 배제하라'는 압력을 가하기 시작했는데, 당초에 많은 국가로부터 저항을 받았다.

G20 신흥국(브라질, 남아프리카공화국, 사우디아라비아, 터키 등)은 미국으로부터 요청

을 받고도 정부 관계자가 공개적으로 '화웨이를 환영한다'라고 표명했고, 유럽에서도 독일을 필두로 하여 많은 국가가 저항했으며, 미국의 가장 긴밀한 동맹국임에 틀림없는 영국도 이에 따르지 않는 자세를 보였다.

화웨이의 통신기기는 이미 4G 네트워크에서도 광범위하게 사용되고 있으며, 전술한 5G 통신의 특성을 고려해보면, 비용이 저렴한 중국제를 배제하는 것의 단점이 너무 크게 여겨지기 때문이다. 또한 에드워드 스노든(Edward Snowden)이 폭로한 바와 같이, 세계에서 가장 활발한 통신 감청 및 도청 활동을 전개하고 있는 미국이 중국의 '안보 리스크'(security risk)를 논란거리로 삼는 것에 대해서 '무슨 낯으로 그런 말을 하느냐'는 반감을 느낄 국가도 많을 것으로 생각된다.

2019년의 시점에서 미국의 '화웨이 배제' 요청에 찬성한 국가는 미국보다 먼저 독자적으로 배제를 결정했던 호주, 2018년 12월에 사실상의 배제 방침을 결정한 일본, 그리고 대중(對中) 경계심이 강한 베트남 등 3개국 정도밖에 없었다.

그런데 2020년에 들어서면서부터 사태가 변화하기 시작했다. 중국이 코로나19 재난에 편승하여 전개했던 이른바 '마스크 외교' 및 '전랑외교'(戰狼外交)가 각국에서 반발을 사게 되고, 나아가 6월 말 중국 전국인민대표대회가 홍콩 입법회(立法會)를 배제하고 '일국양제'(一國兩制)의 공약을 휴지조각으로 만드는 '홍콩국가안전유지법'(香港國家安全維持法)의 제정을 강행함으로써, 강한 국제적 비난에 노정되었기 때문이다.

영국의 보리스 존슨(Boris Johnson) 정권은 2020년 초에는 화웨이제(製) 기지국 설비를 일부 용인하는 방침을 표명했지만, 7월에 이르러 '2027년까지 배제'하는 방침으로 전환했다. 그로부터 조금 뒤 프랑스 정부도 마찬가지로 '2028년까지 배제'하는 방침을 표명했다.

미국은 애당초 화웨이를 환영하는 의향이 강한 G20의 신흥국 및 아세안

(ASEAN) 등 개도국이 화웨이 배제를 받아들이게 하기 위해서, 위협하는 것뿐만 아니라 미국 정부의 공적(公的) 차관을 공여하겠다는 의향을 보였다. 다만 그러한 정책이 효과를 올리고 있는지 여부는 여전히 미지수다.[7]

위에서 살펴본 바와 같이, 중국은 5G 통신망을 둘러싼 '진영 빼앗기' 경쟁에서 이전처럼 유리하게 되지는 않고 있지만, 전도(前途)는 여전히 미지수다. 영국·프랑스가 화웨이 배제의 진영에 참가한 것은 미국 측의 큰 승리이지만, 영국·프랑스는 그 이유를 '미국의 제재 조치에 의해 화웨이의 제품 공급에 리스크가 발생했기 때문'이라고 설명하였으며, 또한 배제의 기한을 7~8년 이후로 충분히 기간을 두고 있다(앞으로 6년 후에는 차세대 '6G' 시대에 진입하게 될 것이라는 말도 있다). 영국·프랑스 양국은 미국 측에 전면적으로 찬성했던 것은 아니며,[8] 좋게 말하자면 '사려 깊은 것'이고, 나쁘게 말하자면 '노회한 면종복배(面從腹背)'의 자세를 취했다고도 보인다. G20 신흥국도 본고의 집필 시점에서는 그 향방이 명확히 보이지 않지만, 흥정의 결과 중국으로부터 유리한 조건을 얻게 될 경우 중국 진영에 머무르게 될 가능성도 있다.

(2) 또 하나의 참가국 획득 경쟁

미중의 '블록' 참가국 획득 경쟁은 SNS 및 B2C 서비스(앱)에서도 잠재적으로 행해지고 있다. 기존 인터넷상의 서비스라고 하면 구글, 아마존, 페이스북, 애플 등 미국 플랫폼 기업들이 전 세계를 석권해왔는데, 최근에는 이변이 발생하고

---

7) "US dangles financial aid to anti-Huawei campaign in Asia", *Nikkei Asian Review*(July 25, 2020), "Brazil may face 'consequences' if it gives Huawei 5G access, says U.S. ambassador", Reuters (June 29, 2020).

8) 鶴岡路人, "イギリスのファーウェイ排除: 政府報告書にみる連続性", 笹川平和財團國際情報ネットワーク分析(2020年7月28日), https://www.spf.org/iina/articles/tsuruoka_14.html

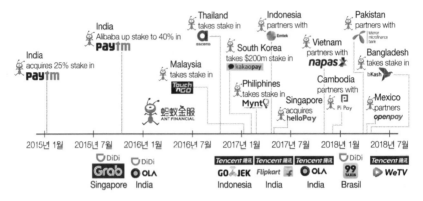

〈그림 6-2〉 중국 IT기업의 개도국 시장으로의 전개

자료: 도쿄대학(東京大學) 이토 아세이(伊藤亞聖) 준교수(准敎授)가 작성한 자료를 토대로 하여 필자가 추가함(Tencent, DiDi 관련)

있다.

〈그림 6-2〉는 도쿄대학(東京大學)의 이토 아세이(伊藤亞聖) 준교수(准敎授; 우리나라의 부교수에 해당_옮긴이)가 알리바바 계열의 앤트파이낸셜(Ant Financial) 사(社)의 개도국 전개에 대해 작성한 자료에 필자가 기타 기업에 관한 정보를 첨가한 것인데, 2010년 중반부터 알리바바, 텐센트, 디디(DiDi) 등 중화(中華) 계통의 플랫폼이 개도국 기업과의 사이에서 자본 참가·매수, 업무 제휴를 통한 중국식(式) 서비스를 적극적으로 전개하고 있는 것을 살펴볼 수 있다.

이에 대해서 미국 정부는 '중국 계통의 앱(app)은 개인정보를 빼내서 중국 정부에 제공할 우려가 있다'라며 배제를 호소하고 있지만, 압력을 가하고 있는 상대가 기업이 아니라 정부이며, 압력을 가하는 방식도 위압적이라는 점이 주목된다.

미국의 요구에 따라 5G 통신망으로부터 중국 기기(機器)를 배제하거나, 중국 기업과의 제휴를 자제하도록 하면, 산업이 손실을 입게 되고 과도한 비용을 부담하게 될 우려가 있다. 하지만 미국은 그 불이익을 보완해줄 메리트(merit)를 상대국에 제공하기보다도 '요구에 따르지 않으면 불이익을 당하게 될 것'이라고 위협하는 일이 많다.[9] 과연 이러한 행동 방식으로 비즈니스 주도하에 윈윈 (win-win)을 제안하는 중국과의 '진영 빼앗기' 경쟁에서 승리할 수 있을까?

(3)선진국은 현재 세계경제의 소수파(minority)이다

미국 정부가 '중국세(中國勢)를 봉쇄하는' 식의 행동에 나서고 있는 것은 국제적인 영향력 및 지도력에서 여전히 중국을 압도하고 있다는 자신감이 있기 때문이겠지만, 다시 한 차례 2020년의 '자신의 모습'을 거울에 비춰보아야 하지 않을까?

첫째, 지금으로부터 20년 전인 2000년, 미국은 세계 GDP의 30%, G7 국가들은 합계로 65%를 차지했지만, 2018년에는 각각 24%, 46%까지 비중이 저하되고 있다[국제통화기금(IMF) 통계로부터 추산한 내용이다]. 미국의 대중 강경파는 '선진국이 현재 세계경제의 소수파가 된' 현실을 실감하고 있을까?

둘째, '동맹국'을 하나도 갖고 있지 않은 중국에 비해서 미국의 국제적 영향력이 압도적으로 큰 것은 사실이지만, 트럼프 대통령의 '미국 제일'(America First) 이래, 그 이기적(利己的)·타손적(他損的)인 언동이 미국의 리더로서의 영향력을 얼마나 감소시켰는지를 미국의 대중 강경파는 실감하고 있을까? 바로 미국의 힘 및 영향력이 저물어가고 있기 때문에 트럼프와 같은 대통령이 선출된 것이 아니었을까?

---

9)   미국은 독일 등에 대해 "화웨이를 배제하지 않는 국가에게는 미국이 정보(intelligence) 활동에서 획득한 테러리스트 관련 정보를 넘겨주지 않을 것"이라고 전하였고, 또한 폴란드에 대해서는 "화웨이를 받아들이는 국가에는 미군 병사를 안전하게 주둔시킬 수 없다"라고 위협했다["In 5G Race With China, U.S. Pushes Allies to Fight Huawei", *New York Times* (January 26, 2019)].

2020년 중국은 '마스크 외교' 및 '전랑 외교'(戰狼外交)를 추진하고, 나아가 홍콩의 '일국양제'를 붕괴시킴으로써 일종의 자살골을 찼다. 하지만 세계는 그럼에도 '리더는 역시 미국이다'라고 느꼈을까? 오히려 '세계질서를 수호해주는 리더가 아무도 없는 G제로 시대가 도래하였다'는 것을 느끼고 있다고 해야 할 것이다.

자신의 힘을 과신하며 극단적이고 폐해가 많은 선택을 타국에 강제한다면, 21세기의 블록화는 미국과 그 동맹국의 진영이 도리어 고립되어 버리는 결과를 초래할 우려가 있다. 미국의 대중 강경파는 이 점에 대해 고려해야 되지 않을까?

4. 미중 기술패권(技術霸權) 경쟁의 향방

'대중(對中) 첨단기술 냉전'식의 디커플링 정책을 추진하는 미국의 '대중 강경파'가 지니고 있는 발상의 근저에는 '중국은 미국이 만들어낸 기술 혁신의 과실을 훔쳐서 모방하고 있을 뿐이며, 스스로 기술 혁신을 해낼 역량이 없다', '따라서 기술을 절취하고 모방할 수 있는 길을 막아버린다면 중국 과학기술의 발전은 감속될 것이며', '미국의 장기적인 국익을 고려한다면 단기적으로 경제 손실을 감수하더라도 디커플링 정책을 추진하여 미국의 장기적인 우위를 유지하는 쪽이 좋다'라는 사고방식이 있는 것으로 느껴진다. 실제로 그러한 것일까? 중국은 혁신의 역량이 없는 것일까?

(1) 독자적인 발전을 이룩하게 된 중국의 IT 기술

이와 같은 미국의 상투적 논리를 반박했던 것이 전(前) 구글(Google) 중국 사장 리카이푸(李開復)의 저서 『AI 초강대국들: 중국, 실리콘밸리, 그리고 신 세계 질서(AI Super-Powers: China, Silicon Valley, and the New World Order)』이다(Lee 2018).[10]

리카이푸는 중국의 인터넷 사업이 2000년대의 초창기에는 문자 그대로 '모방자'(copycat)였지만, 2010년대에 진입하여 알리바바, 위챗(WeChat) 등의 슈퍼앱(super app)이 'QR 코드' 지불 기능이나 GPS 기능 등 다양한 기능을 스마트폰에 결합시킴으로써 전기(轉機)가 도래했다고 한다(Lee 2018: 58).

최근 중국에서는 스마트폰을 토대로 한 '미니프로그램'(小程序)이 꽃을 활짝 피우고 있다. 슈퍼앱이 외부 앱과 정보를 주고받기 위한 사양(API: Application Programming Interface)을 공개하고 있기에, 스마트폰상의 앱은 입력·출력을 중심으로 한 간단한 기능만을 갖도록 하고 많은 기능·작업을 슈퍼앱 관련 기업의 서버에 위임하는 방식으로 이루어지고 있다.

미니프로그램은 간단하게 만들어지기 때문에 O2O(Online to Offline)이라고 불리는 소비자를 향한 배송(配送) 서비스 등을 무대로 하여 다양한 미니프로그램이 무수하게 생겨났다. 앱의 품질 및 보안의 관점에서는 문제가 많지만, 그것을 우승열패(優勝劣敗)로 도태시키는 경쟁을 통해 밀고 나가는 것이 중국류이다.

리카이푸는 중국의 IT 산업은 이리하여 2010년대부터 단순한 모방의 단계를 졸업하고 독자적인 진화를 실현하기 시작했다고 한다. 그것을 상징하는 것이 2020년 코로나19 재난의 와중에 출현한 밀접 접촉·행동 추적 앱이라고 할 수 있다. 2월에 알리바바가 관련 API를 공개하여 미니프로그램의 개발을 호소하자마자, 1주일 후에는 각지에서 우후죽순처럼 미니프로그램이 만들어졌다. 이 밀접 접촉·행동 추적 앱의 효용 및 위력은 세계를 놀라게 만들었다. 이 성공을 보고, 중국 인터넷의 '감시 사회'적인 측면을 비판해왔던 미국에서도 기업이 종

---

10)   Kai-fu Lee, *AI Super-Powers: China, Silicon Valley, and the New World Order*(Houghton Mifflin Harcourt Company, 2018).

업원의 건강·행동 감시를 위해 유사한 앱의 도입을 시작했다고 한다.[11]

(2) '실장(實裝) 시대'의 AI 개발은 중국이 우위에 있나?

그 자신 AI 기술의 전문가인 리카이푸는 향후 IT 기술 경쟁의 중심이 될 것으로 여겨지는 AI 기술에 대해서도, 아래와 같은 점에서 중국의 우세를 예상하고 있다.

첫째, 미국은 획기적인 독창적 신기술의 발명에 확실히 장점이 있지만, 최근 개발된 '딥러닝'(deep learning)은 수십 년에 한 차례 출현하는 기술적 비약(break through)이며, 향후 한동안은 딥러닝의 알고리즘을 경제·사회의 현장에 응용해 나아가는 '적용의 시대'가 이어질 것인데, 그것은 노벨상을 받을 수 있는 독창적인 천재들보다도 근성(根性)이 있고 돈을 버는 장사에 예리한 감각을 지닌 무수한 기업가들의 몫이며, 중국은 그쪽 분야에서 미국보다도 줄곧 우위에 있다(Lee 2018: 13~15, 85).

둘째, 우수한 AI 프로그램의 개발에는 대량의 데이터(data)가 필수적인데, 중국은 '데이터의 사우디아라비아'라고 불릴 정도로 방대한 데이터를 갖추고 있다(Lee 2018: 55).

셋째, 중국은 중앙에도 지방에도 기술적 통찰력(洞察力)이 풍부한 정부의 두터운 지원이 있다(리카이푸는 중앙에서는 리커창 총리의 '대중(大衆) 창업·대중 혁신'(Lee 2018: 62)을, 그리고 지방에서는 베이징 중관춘관리위원회(中關村管理委員會)의 궈홍(郭洪) 주임(主任)(Lee 2018: 51)을 칭찬하고 있다).

위와 같은 리카이푸의 진단이 타당한지는 필자가 판단할 수 없지만, '중국에 혁신 능력이 없기 때문에, 정보의 절취·유출을 막으면 진화가 멈추게 될 것'이

---

11) "Welcome Back to the Office, Your Every Move Will Be Watched", *Wall Street Journal* (May 5, 2020).

라고 단언하는 것은 위험하다고 생각된다. 특히 5G 통신망 정비에서 중국이 앞서나갈 것을 생각하면(제2절 참조), 사물인터넷(IoT) 경제 및 사회의 추진에서도 중국이 세계를 주도하게 될 가능성이 충분하다고 말할 수 있다.

(3) 중국의 기술패권(技術覇權)은 멈춰지지 않을 것인가?

전술한 바와 같이 미국의 디커플링 정책을 비판하면, 미국의 논자로부터 "'미국이 중국에 추월당하는 것은 피할 수 없으니 운명을 받아들여라'라고 말하고 싶은 것인가?"라는 반문을 듣게 될 것이다. 전제적(專制的)인 중국이 IT에서 세계의 패권을 장악하는 시대가 도래할 것인가?

미래의 일은 알 수 없지만, 그렇게 될 것 같은 '긍정적인' 요인과, 그렇게 될 것 같지 않은 '부정적인' 요인을 아울러 고려해볼 수 있을 것이다.

1) 긍정적인(중국이 미국을 추월할 수 있을 것으로 보이는) 요인

①풍부한 인적 자원(human resource)과 정부의 자원 투입

'전쟁이 과학기술을 진보시킨다'라고 하는 것은 국가의 존망을 걸고 평시에는 어려운 예산과 인원을 투입하기 때문이다. 중국은 지금 미중 대립으로 강한 긴장감에 에워싸여 있으며, 과학기술 분야에서 전시(戰時)와 유사한 자원 동원(資源動員)을 할 가능성이 높다. 그렇게 되면, 풍부하고 우수한 이공계 인재의 풀과 강대한 경제력을 지닌 정부의 예산 투입이 결합되어 미국을 초월하는 속도가 더욱 빨라질 수도 있다.

인재에 관해서는 중국은 노벨상 수상자급(級)의 천재는 없더라도 〈표 6-2〉에 제시되고 있는 바와 같이, 우수한 실무 엔지니어가 될 수 있는 학생이 대규

<table>
<thead>
<tr><th colspan="2"></th><th>학사(본과, bachelor)</th><th>석사(master)</th><th>박사(doctor)</th></tr>
</thead>
<tbody>
<tr><td colspan="2">중국</td><td>1,505,576</td><td>218,981</td><td>32,700</td></tr>
<tr><td rowspan="3">미국</td><td>총 학생 수</td><td>354,806</td><td>129,095</td><td>28,101</td></tr>
<tr><td rowspan="2">그중에 외국
국적의 비중</td><td>23,461</td><td>66,278</td><td>12,253</td></tr>
<tr><td>6.6%</td><td>51.3%</td><td>43.6%</td></tr>
</tbody>
</table>

〈표 6-2〉 미중 양국의 이공계(理工系) 학생 수의 비교 (단위: 명)

자료: (미국) The National Center for Education Statistics(NCES) Number and percentage distribution of science, technology, engineering, and mathematics(STEM) degrees(2015-2016); (중국) 中國敎育統計年鑑(2017年版)(科學技術振興機構). 미국은 STEM(Science, Technology, Engineering, Mathematics)의 합계, 중국은 이학(理學, Science) 및 공학(工學, Engineering)의 합계.

모로 존재한다. 미국과 비교해보면 석사, 박사로 단계가 올라감에 따라 미중 양국 간 학생 수의 차이는 좁아지는데, 미국의 대학원 졸업생(석사과정·박사과정)은 통계상으로도 거의 절반이며(〈표 6-2〉 참조), 대학에 따라서는 80%가 중국을 필두로 하는 외국 국적의 보유자라는 점은 유의해야 할 것이다.

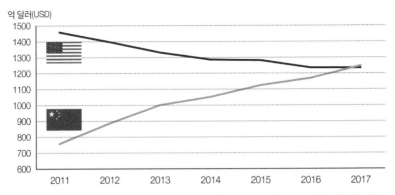

〈그림 6-3〉 미중 양국의 과학기술 관련 정부 예산의 추이

자료: 중국 재정부(財政部)의 국가재정(國家財政) 중에서 과학기술 관련 지출액을 각 연도의 환율로 환산함; American Association for the Advancement of Science(AAAS), U.S. R&D Funding by Federal Government.

예산에 대해서도 비교 그래프를 작성해보았다(그림〈6-3〉참조). 이러한 지표(指標)로 적정한 비교가 되는지에 대해서는 일정한 유보가 필요하지만, 여기에서도 중국이 추격하고 있는 흐름을 살펴볼 수 있을 것이다.

②미국은 악수(惡手)를 연발하며 자멸하는가?

가장 걱정되는 것은 최근에 미국의 정책이 좋지 못한 악수(惡手)를 두고 있다는 점이다. 대중 강경책(對中强硬策)에서 그것이 특히 두드러진다. 화웨이 봉쇄 정책의 문제점에 대해서는 이미 논했는데, '기술 유출을 방지하기 위해서'라고 하면서 외국 국적의 학생 및 연구자에 대한 비자를 제한하는 조치도 악수의 전형이다. 오늘날의 미국 과학기술력(科學技術力)은 전 세계로부터 재능을 흡수함으로써 성립되어왔다는 점을 망각한 것으로 밖에는 달리 생각되지 않는다.

2) 부정적인(중국이 미국을 추월할 수 없을 것으로 보이는) 요인

①민영 경제(民營經濟)에 대한 '관'(官)의 과잉 개입

시진핑 정권이 등장한 이래, 국유 경제(國有經濟)의 비대화가 더욱 두드러졌다. 공식 문서에서는 "공유제 경제(公有制經濟)와 비(非)공유제 경제를 함께 흔들림 없이 발전시킨다"라고 말하고 있지만 관(官)·민(民)의 경쟁 조건에서의 비대칭은 줄곧 시정되지 않고 있으며, 민영기업의 경영은 어려운 상황에 직면하고 있다.

또한 최근 '혼합 소유제(混合所有制)의 추진'이라는 명목하에 부진한 국유기업의 구제에 민영기업이 협력케 하고, 우량한 사영기업(私營企業)·외자기업(外資企業)에 대한 당의 간섭 강화[당 지부의 설치, 일부 지방에서의 당 연락원(連絡員)의 기업 상주]가 두드러지고 있으며, 민영기업가(民營企業家)는 '공사합영(公私合營) 정책[12]의 재래(再來)인가'라며 불안해하고 있다.

중국 경제가 지닌 활력의 원천은 민영기업임에도, 당과 정부 등의 '관'(官)이 경영에 개입하고 간섭하면 할수록 기업의 선택은 속도가 늦어지게 되고, '정부의 정책'에 따라 획일화되어 다양성을 상실하게 된다. 이러한 풍조가 계속된다면, 첨단기술 분야에서 미국을 추월하기 위해 필요한 활력도 상실되어갈 것이다.

②재정난(財政難)이 중국 민영 경제(民營經濟)의 활력을 잠식하고 있다.

중국은 다른 국가에 비해서 정부의 경제력이 대단히 강하다. 도시의 토지 및 기업 자산(企業資産) 등 부(富)의 총량(stock)을 많이 지배하고 있을 뿐만 아니라, 부의 분배에서도 조세 및 공공요금, 금융 비용(금융기관은 실질적으로 국유임)의 형태로 부의 많은 부분을 흡수한다. 향후 중국 경제가 성장을 유지하기 위해서는 효율이 높은 민영경제의 성장이 필수적인데, 이러한 구조를 바꾸지 않는다면 어렵다.

한편 지면 관계상 상세하게 논할 수는 없지만, 중국의 국가재정(國家財政)은 2010년대의 과잉 투자·부채, 성장의 저하, 고령화에 따른 연금 채무(年金債務)의 부담 증대 등의 원인에 의해, 2020년대에 재정난에 직면하게 되는 것은 확실한 것으로 생각된다. 이렇게 될 경우 중국공산당의 사고방식에 입각해 본다면, 재원을 획득하기 위해서 민족주의에 호소하며 민간기업을 더욱 수탈하는 것도 불사하게 되지 않을까?

③미래 IT 기술의 발달이 '공산당 일당지배'에 사망선고를 내리게 된다.

중국공산당과 중국 정부는 타국의 정권에 비해서 IT 리터러시(literacy)가 매우

---

12) '공사합영'(公私合營)은 중국공산당이 국공내전(國共內戰)에서 승리한 이후 1954년부터, 그때까지 협력을 구해왔던 민족자본가(民族資本家)의 회사를 손바닥 뒤집듯이 접수했던 정책을 지칭한다.

높으며 AI, 빅데이터, 안면 인식 등의 IT 기술을 일당 지배체제의 강화를 위해 활용하고 있다. IT의 힘을 빌려 전제체제(專制體制)를 강화한 '중국공산당 버전 2.0'이 생겨난다고 보는 경향도 있다.

그러나 미래 IT 기술의 발전은 거꾸로 권력의 분산·다원화가 하나의 주제가 될 가능성이 있다. 예를 들면, 애당초 무정부주의적인 색채를 띠었던 블록체인 (blockchain) 기술을 활용하는 디지털 통화는 은행 계좌뿐만 아니라, 금융 당국의 감독도 불필요하게 될지 모른다[그래서 각국 금융당국은 리브라(Libra) 통화를 경계했다]. 또한 택시 등의 '승차 공유 서비스'(ride-sharing service)에 편입된 크로스 스코어링 (cross scoring, 운전사와 승객이 상호 간에 '별점' 평가를 하는 것) 기술도 도로운송사업법(道路運送事業法) 등의 법규제(法規制) 및 정부의 감독 없이 운송사업을 건전하게 발전시킬 수 있을지 모른다.

가장 큰 도전은 AI에 의해 도래하게 될 것이다. 중국공산당은 방대한 데이터를 해독하여 인지(人智)가 미치지 않는 인과 관계를 발견하고 대책을 찾아내는 AI의 탄생을 바라기에, 그 개발을 위한 지원에 주력하고 있다. 하지만 AI가 인지(人智)를 초월하는 '특이점'(singularity)을 달성하는 날이 도래한다면, AI는 불합리한 기득권에 속박되어 있는 일당 지배체제에 사망 선고를 하게 되지 않을까?

미래의 일은 알 수 없지만, 첨단기술의 육성 지원에 주력하더라도 중국공산당이 의도하고 있는 것과 같은 미래가 기다리고 있다는 보증은 없다고 해야 할 것이다.

결론: 일본의 진로

지금 중국에 대해서 필자가 두려운 것은 세계 제2위의 초강대국이 되었음에도 불구하고 아직 '추격하고 추월하자'는 정신을 '견지하고 있는 것'뿐만 아니라, 향후 30년간의 국가목표(시진핑의 '사회주의 현대화 강국' 목표)까지 천명하고 있다는 점이다.

시장경제와 양립되지 않는 기형적인 산업정책 및 자기주장이 너무 강한 대외정책 등, 우리가 위화감을 갖게 되는 중국의 행태는 모두 이 정신에 의해 정당화되고 있다(예를 들면, 지식재산에 대한 해킹도 '따라잡기 위해서 ⋯⋯'라며 죄책감을 느끼지 않는다). 이러한 행태가 해외(海外)와의 불화를 초래하더라도, '외국이 중화민족의 부흥을 질투하며 방해하고 있다'라고 여겨버린다.

미중 대립이 심각해진 것을 중국처럼 일방적으로 미국만의 책임으로 돌리는 것은 부당하다. 세계 제2위의 초강대국이 과도한 '추격·추월' 정신을 계속 유지한다면, 전후(戰後)의 국제질서를 붕괴시켜 버리게 될 것이다(최근 1~2년, 바로 그러한 붕괴가 시작되었다는 것이 실감된다). 그러한 의미에서 미중 대립으로 세계에 혼란이 초래된 책임은 미중 쌍방에게 있다. 본고(本稿)에서는 미국의 극단적인 '첨단기술 냉전'형 정책을 여러 차례 비판했지만, 그것은 이 정책이 도리어 미국 및 동맹국의 이익에 손상을 입히는 결점이 명백하기 때문이며, 필자에게는 미국만을 비판하고자 하는 생각이 없다.

무책임하게 말하는 듯하지만, 그렇게 깨우쳐주더라도 중국의 행태가 금방 고쳐지는 일은 기대할 수 없다. 도그마가 국가와 국민 전체에 강력하고 굳게 뿌리내리고 있기에, 중국은 파국(破局)이 도래하거나 그 일보 직전에 이르지 않으면 궤도 수정을 할 수 없을 것이다.

그러한 파국은 미중(美中) 전쟁이라도 일어나지 않는 한, 곧바로는 도래하지 않을 것이므로 향후 동아시아 및 일본은 경제뿐만 아니라, 정치외교(政治外交) 방면에서도 미중 간의 틈바구니에서 쌍방으로부터 압박을 받는 고통을 장기간 겪게 될 것이다. 일본은 리더 부재의 'G제로' 환경하에서 그 고통 속에서 살아갈 각오가 요구되고 있다. 이제까지는 '정치외교는 미일 기축(美日基軸), 경제는 중일 협력(中日協力)'의 2가지 기둥 사이에서 균형을 잡아왔지만, 향후에는 그러한 절충이 이루어질 여지도 좁아지게 된다.

마지막으로 일본이 '첨단기술 냉전'에 어떻게 대응해야 할 것인지에 대해서 두 가지 사항을 논해보도록 하겠다.

첫째, 기술의 대중(對中) 유출·절취 문제에 대해서 지나치게 무방비해왔던 현재의 모습을 바꾸어 단속 및 방호책(防護策)을 강화하는 것은 필요하지만, 이것을 완전히 방지하는 것은 어렵다. 대책의 강화가 어느 선을 넘어버리면, 미국 및 동맹국 측의 손실이 급격하게 증대되며, '자기 발등을 찍는' 결과가 초래되기 때문이다. 결국 중국과의 첨단기술 경쟁에서 승리를 쟁취하기 위해서는 자신의 과학기술 연구·개발을 강화하며 리드(lead)를 잃지 않도록 하는 것을 가장 근본으로 삼을 수밖에 없다.

미일동맹 기축(基軸)이 국시(國是)인 일본은 미국으로부터 '안전보장'과 관련하여 압력을 받게 되면 '아니오'라고 말하기 어려운 국가이지만, 지금의 너무 극단적인 미국의 행동 방식에 대해서는 '도리어 자기 진영의 이익을 해치고 있다'는 의견을 표시해야 한다. 마찬가지로 ICT 산업 전체를 WTO의 자유무역 규칙(rule)의 적용 제외로 하는 듯한 미국의 행동 방식에도 반론을 제기해야 하며, 그밖의 영역에서도 자유무역 체제를 수호하는 입장을 견지해야 한다.

둘째, 필자는 지금 미국의 극단적인 봉쇄 정책이 재난을 초래하게 될 것을 우려하고 있는데 '미국은 종종 큰 잘못을 범하지만, 잘못을 알게 되면 반성하고 유연하며 대담한 궤도 수정을 하는 국가이다'라는 것에 일말의 희망을 품고 있다. 미중 양국 간의 냉전적 대립은 당분간 계속되겠지만, 현재의 정책의 폐해가 현저해진다면, 그 점에 대한 궤도 수정은 기대할 수 있을 터이다.

이것은 거꾸로 미국의 극단적인 정책에 맹종(盲從)하게 되면, '2층으로 올라갔는데 사다리가 없어지는' 쓰라린 고통에 직면하게 될 리스크가 있다는 것이다. 미국을 향하여 '아니오'라고는 말하기 어렵다고 하더라도 '미국은 변동하는 국가이기 때문에'라고 하는 '마음'은 간직하고 있을 필요가 있다. 이 점에서 5G 통신망에서 화웨이 제품을 배제하는 건에 대해서 영국·프랑스 양국이 전술한 바와 같이 좋게 말하자면 '사려 깊은 것'이고, 나쁘게 말하자면 '노회한 면종복배(面從腹背)'의 자세를 취했던 것은 일본도 참고해야 할 것이다.

쓰가미 도시야(津上俊哉)

쓰가미공작실(津上工作室) 대표   (전문 분야: 현대 중국 연구)

저서: 『'미중 경제전쟁'의 내실을 독해한다('米中經濟戰爭'の內實を讀み解く)』(PHP研究所), 『거룡의 고투: 중국, GDP 세계 1위의 환상(巨龍の苦鬪: 中國, GDP世界1位の幻想)』(角川書店), 『중국 정체의 핵심(中國停滯の核心)』(文藝春秋) 외

제7장

미중 첨단기술 패권경쟁과 타이완 반도체 산업: '2개의 자장(磁場)' 아래에서

가와카미 모모코(川上桃子)

서론

2018년 무렵부터 표면화된 미국과 중국의 첨단기술(high tech) 패권을 둘러싼 격렬한 대립은 기술·시장 방면에서 이 두 대국의 쌍방과 깊이 연계되어 있는 동아시아 국가들의 산업에도 심대한 영향을 미치고 있다. 그중에서도 그 최전선에 위치해 있는 것이 반도체 산업이다. 최근 인공지능(AI), 빅데이터, 제5세대 이동통신 시스템(5G) 등의 새로운 기술이 흥륭(興隆)함에 따라, 이러한 신기술의 실현을 주관하는 핵심부품으로서의 반도체 산업의 중요성이 현저하게 높아지고 있기 때문이다. TSMC를 둘러싼 최근의 동향은 그 상징적인 사례이다.

TSMC는 타이완이 세계에 자랑하는 반도체 파운드리[foundry, 웨이퍼(wafer) 가공 전문기업]의 거인(巨人)이며, 반도체 미세가공기술의 선두주자이다. TSMC는 애플, 퀄컴, NVIDIA 등 미국의 첨단기술 기업으로부터 반도체 칩의 제조를 수탁받고 있는 것 외에, 중국 화웨이로부터도 5G의 통신 기지용 반도체 및 스마트폰용 반도체 제조의 대부분을 수탁해 왔다. 미국 정부는 5G의 기술 패권을 확립하고 있는 화웨이에 대한 제재를 강화하는 가운데, 화웨이가 반도체 제조에서 TSMC에 강하게 의존하고 있다는 점에 착안하여, 여기에 쐐기를 박았다. 2020년 5월, 미국은 새로운 화웨이 제재 방책을 발표했는데, 이것은 사실상 TSMC에 화웨이와의 거래를 금지하는 것이었다. 이에 따라 TSMC는 화웨이로부터의 신규 수주를 중단하겠다고 발표했다.

'화웨이와 TSMC'는 미중 간의 격렬한 공방전(攻防戰)과 이것에 농락당하고 있는 동아시아의 모습을 상징하는 사례이다. 하지만 이 사례만을 보더라도, 미중 간의 디커플링이 타이완의 첨단기술 산업에 미치는 광범위한 영향은 충분히 파악하기가 어렵다. 타이완이 미국, 중국 각각과의 사이에서 형성해왔던 연계가 중층적이며, 동일한 반도체 산업에서도 하위 부문(sub-sector)에 따라 미중 첨단기술 패권경쟁의 움직임으로부터 받는 영향에는 차이가 있기 때문이다. 그래서 본고(本稿)에서는 메모리 반도체[DRAM 및 플래시 메모리(flash memory) 등 기억보존 기능을 지닌 반도체]와 로직 반도체[CPU 및 각종 컨트롤러(controller) 등 여러 가지 연산처리를 행하는 반도체] 등의 2가지 하위 부문을 다루며 미중 첨단기술 대립이 타이완의 반도체 산업에 미치고 있는 영향을 분석한다. 이를 통해서 미국과 중국이라는 2개의 강력한 자장에 이끌려왔던 타이완의 첨단기술 산업이 미중 디커플링으로부터 받는 영향에 대해서 고찰해보도록 하겠다.

아래에서는 우선 타이완의 대미(對美) 연계, 대중(對中) 연계의 형성 과정을 개관한다. 이어서 메모리 산업의 사례를 다루면서 중국의 자력(磁力)이 타이완의 첨단기술 인재를 강하게 끌어당겨 왔다는 것, 미중 디커플링에 의해 타이완이 '첨단기술 인재의 확보를 위해 경쟁하는 장소'가 될 가능성이 있음을 논한다. 계속해서 미국과 타이완 간 연계의 '부산물'이라고도 할 수 있는 TSMC를 둘러싼 최근의 동향을 정리하며 TSMC가 미중 디커플링의 초점이 된 경위와 산업의 상류(上流) 영역을 장악하고 있는 미국의 파워를 논한다. 그리고 마지막으로 논의를 정리하겠다.

1. 타이완 첨단기술 산업의 미국 연계와 중국 연계

(1) 미국과의 연계 속에서 형성된 반도체 산업

타이완의 첨단기술 산업은 1970년대의 여명기부터 현재에 이르기까지 기술·시장 측면에서 미국에 깊이 의존하면서 발전해왔다.

1960년대 말부터 1990년대에 걸쳐서, 타이완에서는 유명 대학의 이공계 학부를 졸업한 젊은이들의 다수가 미국에 유학했다. 그(녀)들의 다수는 대학원을 졸업한 이후에도 미국에 남으며 첨단기술 기업 및 연구기관의 엔지니어 또는 과학자가 되었다. 동시에 그(녀)들은 모국과의 밀접한 관계를 유지하며 타이완의 과학기술 정책에 대해서 조언을 하거나, 타이완으로 귀국하여 투자를 하거나, 타이완에서 창업한 동기생들의 미국 비즈니스를 지원하면서 타이완의 첨단기술 산업의 발전에 커다란 역할을 수행했다. 그중에서도 반도체 산업은 재미(在美) 타이완인 첨단기술 공동체가 중요한 공헌을 한 사례로 알려져 있다 (Saxenian 2006).

타이완 반도체 산업의 시작은 1970년대에 정부의 이니셔티브 아래 미국으로부터 기술 도입을 함으로써 이루어졌다. UMC(聯華電子, 1980년 설립), TSMC (1987년 설립) 등의 대표적인 반도체 제조사는 모두 정부 계통의 연구기관인 공업기술연구원(工業技術研究院)이 중심이 되어 행해진 기술개발 프로젝트를 모체로 하여 탄생한 것이다(佐藤幸人 2007; 岸本千佳司 2017).

이 과정에서 재미 화인(在美華人)[1]이 중심적인 역할을 수행했다. TSMC의 파운드리 사업을 발족시키며 TSMC가 세계적인 반도체 제조사로 발전한 과정을 장기간에 걸쳐 이끌어왔던 모리스 창(Morris Chang, 張忠謀)은 그 대표격이다.

1980년대 중반 이후가 되자, 실리콘밸리의 첨단기술 기업 등에서 경험을 축적한 엔지니어들이 속속 귀국하여, 타이완에서 창업을 하거나 신설된 첨단기술 기업의 중요한 직책에 취임하였다. 그들은 기술 지식뿐만 아니라, 조직 경영의 노하우, 시장에 대한 지식 및 미국 첨단기술 산업의 인맥도 타이완에 가지고 들어와, 타이완과 미국 간 반도체 산업의 교량 역할을 하였다(Saxenian 2006).

TSMC 및 UMC의 파운드리 사업 확대는 미국의 반도체설계 전문기업(fabless semiconductor company)의 흥륭을 뒷받침하였으며, 이러한 고객 기업의 성장은 타이완의 파운드리와 그 주변 기업의 성장을 더욱 촉진했다.

이처럼 타이완의 반도체 산업에서 미국은 기술의 획득원(獲得源)으로서 그리고 시장으로서 대단히 중요한 역할을 수행해왔다.

(2) 시장으로서 그리고 활약의 장으로서의 중국

한편으로 2000년대 이래, 중국의 첨단기술 산업이 급속히 성장함에 따라, 타이완의 반도체 산업은 중국과의 사이에서도 깊은 연계를 형성하게 되었다. 타이완 반도체 산업에 중국은 다음과 같은 점에서 중요하다.

첫째, 시장으로서의 중요성이다. 타이완의 반도체 수출(HS Code 8542)에서 차

---

1) 그중에는 타이완 출신자 외에, 중국에서 출생하여 미국에 유학한 이후 타이완 정부의 요청에 응하여 타이완의 첨단기술 산업의 발전에 공헌하게 된 사람들도 적지 않다. TSMC의 모리스 창[Morris Chang, 중국명: 장중머우(張忠謀), 1931년 저장성(浙江省) 닝보(寧波) 출생_옮긴이]은 후자(後者)의 대표적인 사례이다.

지하는 중국(홍콩을 포함)의 비율은 2005년에 48%였고, 2019년에는 59%로 대단히 높다(Global Trade Atlas의 데이터 기준). 여기에는 중국에서 제품 조립을 하는 타이완 계통, 외자(外資) 계통 제조사의 수입 수요(輸入需要)가 많이 포함되어 있는데, 중국 기업도 반도체 사용자로서의 중요성을 급속히 높여가고 있다. 또한 타이완 팹리스(fabless) 기업의 고객을 지역별로 살펴보면, 2000년대 후반에는 중국이 50%를 넘어섰다(『半導體産業年鑑』 各年度版).

둘째, 중국은 패키징(packaging)·검사(檢査) 등의 '후공정'(後工程)을 중심으로 한 생산거점으로서 중요하다. 패키징·검사 관련 최대 기업인 ASE(日月光半導體製造)는 상하이(上海), 쿤산(昆山), 우시(無錫) 등에 공장을 갖고 있다. 웨이퍼 가공공정의 경우에는 생산의 주력은 타이완에 있지만, TSMC는 상하이와 난징(南京)에, UMC는 샤먼(廈門)에 각각 공장을 보유하고 있다.

셋째, 중국은 타이완의 첨단기술 인재가 전직(轉職)·취직하는 장소로서도 중요성을 더해가고 있다. 중국 정부가 자국의 첨단기술 산업을 육성하는 것에 주력함에 따라, 중국의 반도체 기업이 타이완의 기술자와 과학자를 대상으로 '인재 스카우트'(headhunting)를 하는 움직임이 확대되고 있으며, 다수의 기술 계통 인재가 중국으로 건너가고 있다.[2] 중국이 타이완에 대한 통일 공세의 일환으로 타이완의 전문직 인재의 중국에서의 취로(就勞), 또는 타이완인 청년의 창업에 다양한 우대 조치를 강구하는 것도 타이완으로부터의 인재 유출의 한 가지 원인이 되고 있다.

이와 같이 중국 경제의 급격한 성장, 그중에서도 2010년대 이래의 첨단기술 산업의 흥륭과 이를 위한 국가자원(國家資源)의 투입은 타이완의 반도체 산업에

---

[2] 전산업(全産業) 합계의 수치(數値)인데, 행정원(行政院) 주계총처(主計總處)의 통계에 의하면, 2018년 중국(홍콩·마카오 포함)에서 취직한 타이완인의 수는 40만 명으로서, 동남아시아의 11만 명, 미국의 9.5만 명을 크게 상회했다.

대해서 강한 자력(磁力)을 미치게 되고 있다. 긴 역사를 갖고 있는 미국과의 기술·시장 방면에서의 연계와 새롭게 흥륭한 중국이 지닌 시장으로서 그리고 활약의 무대로서의 강한 흡인력, 타이완은 이 2개의 자장 아래에 놓여왔다.

다음 절(節)에서는 메모리 반도체 산업의 사례를 다루며 중국의 자장이 타이완의 첨단기술 인재를 끌어당겨왔던 모습을 살펴보도록 하겠다.

2. 타이완 메모리 산업에 보이는 중국의 자장[3]

중국에서는 2014년에 '국가 IC산업 발전추진 가이드라인'이 제정되고 '국가 반도체산업투자기금'(國家半導體産業投資基金)이 설립된 이래, 거액의 자금을 투입하여 반도체 산업의 육성을 추진하고 있다. 중국에서는 급속히 확대되는 반도체 수요와 국내 생산능력 사이의 갭(gap)이 야기하는 반도체의 자급률 저하라는 사정에 더하여,[4] 미중 첨단기술 마찰의 발생으로 인해 자국의 반도체 산업 육성이 초미(焦眉)의 사안이 되고 있다.

DRAM 및 플래시 메모리 등의 메모리 반도체의 국산화에는 2010년대 중반 이래 거액의 자금이 투자되고 있다. 2016년 무렵부터는 ①국유기업 칭화쯔광 그룹(清華紫光集團)이 중심이 되어 추진하고 있는 창장(長江) 메모리테크놀로지에 의한 NAND형(型) 플래시 메모리 등의 생산, ②안후이성(安徽省) 허페이시(合肥市) 등이 출자한 CXMT(長鑫存儲技術)에 의한 DRAM 생산, ③푸젠성(福建省) 전자정보그룹(電子情報集團), 푸젠성의 여러 시(市)가 출자한 JHICC(福建省晉華集成電路)에 의한 DRAM 생산 등의 메모리 국산화 프로젝트가 발족하여 2018년 무

---

3) 이 절(節)의 기술(記述)은 川上桃子(2019)를 토대로 하였다.
4) 중국의 반도체 자급률은 2017년의 시점에 겨우 13%였다(湯之上隆 2017).

렵부터 본격적인 공장 건설의 단계에 들어갔다. 이 중에 ①은 양산(量產) 개시가 완료되었고, ②는 양산을 개시했지만 현재 고전(苦戰) 중인 것으로 보도되고 있다. ③에 대해서는 후술하도록 하겠다. 또한 쯔광그룹(紫光集團)이 충칭(重慶)에 DRAM 공장을 건설할 계획을 새롭게 발표했다(≪日本經濟新聞≫ 2020.6.27).

메모리 산업과 같은 기술집약형 산업의 형성을 위해서는 경험이 풍부한 첨단 기술 인재가 불가결하다. 이 점에서 타이완은 중국에게 알맞은 기술 인재의 공급원이 되었다. 그 배후에는 타이완 측의 푸시(push) 요인과 중국 측으로부터의 흡인 요인이 있다.

타이완 측의 푸시(push) 요인으로서는 타이완 DRAM 산업이 한국과의 경쟁에 패배하여 도태·재편에 내몰리게 되었다는 사정을 들 수 있다. 다음 절(節)에서 살펴보게 되는 로직 반도체 부문과는 달리, 메모리 반도체에서는 설계부터 제조, 판매까지를 통합적으로 행하는 IDM(integrated device manufacture)이라고 불리는 수직통합형(垂直統合型)의 반도체 제조사가 산업의 주역이다. DRAM 산업에서의 IDM 간의 격렬한 경쟁에서는 심하게 등락하는 제품 가격의 풍파를 견뎌내며 최첨단의 미세가공 기술에 대한 끊임없는 투자를 할 수 있는 자금력이 관건이 되어왔다.

타이완에서는 1990년대에 7개 사(社) 전후의 제조사가 메모리 반도체 생산에 참가하여 한국, 일본의 기업과 격렬한 경쟁을 벌였다. 하지만 자금력이 열등하고 기술 측면에서 해외의 협력업체에 의존했던 타이완세(臺灣勢)는 이 소모전에서 살아남을 수 없었다. 2000년대 중반이 되자 삼성전자, 하이닉스(현재의 SK하이닉스) 등 한국세(韓國勢)의 우위가 확립되어 타이완 제조사의 대부분은 경영 통합 및 시장 퇴출에 내몰리게 되었다. 결국 난아커지(南亞科技)를 제외하고 타이완의 DRAM 제조사는 모두 미국의 DRAM 제조사인 마이크론 테크놀로지(Micron Technology)의 산하에 들어감으로써 명맥을 유지하게 되었다.

타이완의 메모리 제조사가 한국세와의 경쟁에서 패하여 외자(外資) 아래로 편입된 것은 타이완의 메모리 산업 인재를 중국으로 유출시키는 결과로 되었다. 그때 타이완인 기술자들의 동기 중 하나가 되었던 것은 숙적(宿敵) 삼성전자에 대한 대항심이었다. 예를 들면, '타이완 DRAM 산업의 대부(代父)'라고 불렸던 화야커지(華亞科技, 영문명: Inotera Memories, Inc.) 전(前) 회장 가오치취안(高啓全)은 2015년에 쯔광(紫光)그룹으로 이직할 때 미디어의 인터뷰에 답하며 삼성전자의 세계 메모리 시장 제패(制覇)에 대항하는 면에서 중국이 메모리 산업을 육성하는 것에는 큰 의의가 있으며, 이에 공헌하고 싶다는 포부를 말했다. 가오치취안의 발언은 타이완의 동업자들로부터 대체적으로 공감을 얻었다고 하며, 타이완 DRAM 업계가 삼성전자에게 품고 있었던 패배감과 대항심이 중국의 DRAM 산업 육성에 그들이 참가하도록 뒷받침했다는 것을 살펴볼 수 있다(陳良榕 2015). 한국세와의 경쟁에서 패배한 타이완 DRAM 제조사의 경영자들, 엔지니어들에게 중국은 실력을 발휘할 수 있는 무대를 제공해주는 신천지(新天地)가 되었던 것이다.

한편 중국 측의 흡인 요인으로서는 풍부한 정책자원(政策資源)을 배경으로 하는 고액 연봉의 제시 및 지위 면에서의 처우 등 적극적인 스카우트 방책이 있었다. 1990년대 이래 생산의 경험이 있으며, 미국과도 기술 연계를 갖고 있는 타이완 DRAM 산업의 인재는 중국에 이용가치가 높은 존재였다. 한국 및 일본의 기술자에 대해서도 마찬가지의 조치가 행해졌지만, 중국과 타이완 간에는 언어의 장벽이 없으며 장기간에 걸쳐 인적(人的) 네트워크가 펼쳐져왔던 것도 있기에 타이완으로부터의 인재 스카우트는 더욱 광범하게 행해졌다. 개발팀 단위의 스카우트 등도 흔히 행해지고 있다. 2016년에 마이크론의 자회사가 된 화야커지에서는 약 200명의 직원이 중국의 메모리 제조업체로 전직했다고 한다(≪經濟日報≫ 2017.4.5).

이러한 인재 스카우트는 때로 불법적인 기술 유출을 수반하면서 행해져왔다. 타이완 미디어에 의하면, 중국 측이 종종 타이완인 엔지니어에 대해서 파격적인 대우를 제시하며 그 반대급부로 근무처의 영업비밀을 빼내오도록 요구해왔다는 것이 상세하게 보도되었다(林苑卿·林宏達 2018).

그중에서도 2018년 가을에 발생한 'JHICC-UMC 사건'은 타이완의 기업과 기술자들이 미국의 첨단기술을 중국에 부정하게 누설하는 채널이 되어버릴 가능성이 있음을 알려준 사건이었다(川上桃子 2019). 이 사건에서는 UMC와 이 회사의 타이완 간부들이 중국의 국책(國策) 메모리 제조사 JHICC에 기술이전을 해주기 위해 DRAM 기술을 개발하는 과정에서 해당 간부들의 이전 근무처인 마이크론 테크놀로지의 타이완 자회사로부터 기술을 절취하여 JHICC에 제공하려 했다고 하여 미국 법무부에 의해 기소(起訴)되었다. JHICC는 미국의 거래제한 리스트에 추가되어, 미국의 제조장치 기업으로부터의 설비 수입이 불가능해져, 이 회사의 DRAM 생산 계획은 양산 개시를 눈앞에 두고 좌절되었다.

이와 같이, 메모리 반도체 분야에서는 타이완의 기업과 기술자들이 중국의 자장에 강하게 끌어당겨져 왔다. 앞으로 미중 첨단기술 패권경쟁이 더욱 격화되고 중국이 자국의 첨단기술 산업 육성에 보다 많은 국가자원을 투입한다면, 타이완이 더욱 '인재의 확보를 위해 경쟁하는 장소'로 화(化)할 리스크가 있는 것으로 여겨진다.

3. TSMC의 사례에서 보는 미국의 강대한 자장

2019년 이래, 미중 간의 첨단기술 패권을 둘러싼 공방전의 최전선이 되고 있는 것이 TSMC이다. 최근 TSMC의 선택으로부터는 세계의 반도체 기술 리더인이 회사도 산업의 '관제고지'(管制高地)를 장악하고 있는 미국에 의한 강한 통제의 자장 아래 놓여 있는 상황을 살펴볼 수 있다.

TSMC는 1987년에 타이완 정부의 반도체 국가프로젝트를 모체로 하여 성립되었다.[5] 인텔, 삼성전자가 제품 설계부터 제조, 판매까지를 통합적으로 행하는 IDM인 것에 반해서, TSMC는 성립 이래 고객을 위해 공정(工程) 흐름(flow)을 구축하고 이것에 따라 반도체의 웨이퍼 가공을 행하는 파운드리 사업에 특화되어 왔다. 2000년 무렵까지는 미세화(微細化)의 속도에서 미국, 일본의 기업을 따라잡았고 2000년대에 들어서자 우수한 제조능력에 더하여 IP 프로바이더의 조직화, 전자설계자동화(EDA: Electronic Design Automation) 벤더와의 연대 강화, 패키징·검사 공정까지 일괄적으로 관리할 수 있는 메커니즘 구축 등을 통해서 고객 서비스를 확충하고 세계의 주요한 반도체 팹리스로부터의 수주를 차례로 획득했다. 2010년대 이래에는 최첨단의 프로세서 기술 개발의 주역이 되었으며 반도체 산업의 기술 혁신을 견인하고 있다.

TSMC는 이제 인텔(CPU), 삼성전자(메모리 사업 및 파운드리)와 함께 세계의 반도체 빅 쓰리(Big Three) 중의 하나로 간주되고 있다. 세계의 파운드리 시장에서 차지하는 비중은 53%에 달하며, 2위인 삼성전자(16%)를 크게 따돌리고 압도적인 지위를 확립하고 있다.

TSMC가 출현함에 따라 로직 반도체의 세계에서는 설계와 제조를 분업(分業)하는 비즈니스가 주류가 되었으며, 1990년대 말 이래 팹리스와 파운드리가 상호 간의 성장을 강력히 유발하게 되었다. TSMC가 파운드리로서 압도적인 지위를 확립함에 따라, 팹리스 기업에는 TSMC의 걸출한 미세가공 기술과 양산능력(量産能力), 고객 서비스 능력에 대한 접근이 자사(自社)의 제품 경쟁력과 직결되

---

5) TSMC의 발전 과정에 대해서는 佐藤幸人(2007), 岸本千佳司(2017) 등이 자세하게 다루고 있다.

고 있다.

현재 TSMC의 고객 구성을 살펴보면, 미국 기업이 약 60%를 차지하고 있으며, 최대 고객인 애플 외에 퀄컴(통신용 칩), NVIDIA(AI 칩), 자일링스[Xilinx, Inc., FPGA(Field Programmable Gate Array)], AMD(Advanced Micro Devices, Inc., 프로세서) 등 첨단기술 기업이 주요 고객으로 이름을 함께 올리고 있다.

미국이 강하게 경계하는 중국 첨단기술 산업의 기함기업(旗艦企業) 화웨이도 또한 TSMC와의 거래에 강하게 의존해왔다. 화웨이는 산하의 팹리스 기업 '하이실리콘'을 통해서 5G 통신기기용 및 스마트폰용 반도체의 제조를 TSMC에 의존해왔다.

2019년 5월, 미국은 화웨이를 거래제한 리스트에 추가하고 미국에서 유래한 기술 및 소프트웨어가 원가(原價)의 25% 이상 포함되어 있는 제품에 대해서는 외국 제품도 포함하여 화웨이에 대한 수출을 실질적으로 금지했다. 이때 TSMC는 이 규제에 저촉되지 않는다고 하면서 화웨이와의 거래를 계속했다.

그러나 2020년 5월, 미국 상무부는 화웨이에 대한 제제 강화책의 일환으로서 이 회사가 사양(仕樣)을 지시한 외국제 반도체 및 미국제 제조장치를 사용하는 경우를 새로운 수출 규제 대상으로 추가했다. TSMC의 제조 라인은 어플라이드 머티어리얼즈(Applied Materials, Inc.), KLA, 램 리서치(Lam Research Corporation) 등 미국계 장치 제조사의 설비에 크게 의존하고 있다. 새로운 규제책(規制策)에 따라 TSMC는 화웨이로부터의 신규 수주를 정지한다고 발표했다.

TSMC에 화웨이는 애플 다음가는 제2위의 고객이었으며, 매출액에서 차지하는 비율은 14%였다(林宏達·林宗輝 2020). 화웨이로부터의 수주를 상실함으로써 발생한 구멍은 다른 고객으로부터의 수주에 의해 순조롭게 메워질 것으로 전망되지만, TSMC가 제2위의 고객인 화웨이로부터 수주를 중단하는 것은 고뇌에 찬 선택이었던 것으로 여겨진다.

그러나 이 거래 정지로부터 입은 피해는 당연한 일이지만 화웨이 쪽이 훨씬 크다. 화웨이가 TSMC를 대신할 거래처를 발견해낼 가능성이 대단히 낮기 때문이다. 현재 화웨이는 로 엔드(low end)의 칩에 대해서는 중국의 SMIC(中芯國際集成電路製造)에도 일정한 양의 생산을 위탁하고 있지만, 현시점에서 SMIC의 프로세서는 14나노(nano)로 화웨이용 제품을 7나노 프로세서로 제조하고 있는 TSMC에 수년 단위로 뒤처져 있다(山田周平 2020). SMIC의 생산 능력은 TSMC의 약 20% 정도에 불과한 것으로 여겨지며, TSMC의 대체 공급사가 되기에는 아직 멀었다(湯之上隆 2020). 또한 2020년 10월에는 SMIC도 미국의 수출 규제 대상이 되었다. 이로부터 미국이 핵심부품 제조에서 TSMC에 의존하고 있는 그 결정적인 아킬레스건을 노리며, 화웨이에 강렬한 일격(一擊)을 가했다는 것을 알 수 있다.

그 TSMC가 미국 정부의 화웨이에 대한 제재 강화책의 발표와 거의 같은 타이밍에 미국 애리조나주에서의 5나노 프로세서 공장의 건설 계획을 발표했다. 2021년에 착공하여 2024년에 양산이 개시될 예정이며, 2021~2029년 동안에 총액 120억 달러를 투자할 계획이라고 한다.

이러한 투자 계획으로부터도 미국이 TSMC에 미치는 커다란 영향력을 살펴볼 수 있다. ≪상업주간(商業周刊)≫의 보도에 의하면(蔡靓萱·黃靖萱·吳中傑, 2020), TSMC는 1996년에 워싱턴주에 8인치(inch)의 공장을 설립했는데, 그 가동 효율은 충분히 올라가지 못했으며, 이 회사는 예로부터 미국에서의 공장 조업(操業)의 어려움을 통감하고 있었다. 하지만 2019년 이래 미국은 국방부 및 상무부 루트를 통해서 TSMC에 미국으로의 진출을 재삼(再三) 요청했으며(林宏達·林宗輝 2020), TSMC 측은 결국 '(미국에) 보험료, 보디가드 비용'을 지출할 수밖에 없다는 판단하에, 5나노 공장의 투자를 결정했다고 한다(郭庭昱 2020). 업계 소식통 사이에서는 TSMC는 미국으로부터의 요망(要望)에 응하여 미국에 새로운 공장을 건설하는 것의 반대급부로, 모종의 형태로 화웨이와의 거래를 계속할 수 있도록 미국 측의 양보를 이끌어낼 것이라는 관측이 있었던 듯한데, 그것은 실현되지 못했다(蔡靚萱·黃靖萱·吳中傑 2020: 42~43).

위에서 언급한 경위로부터 알 수 있는 바와 같이, 지금은 세계 최강의 반도체 제조사가 된 TSMC라고 하더라도 미국의 강력한 통제하에 놓여 있다. TSMC의 미국 공장이 난징(南京) 공장과 거의 동일한 규모의 생산 능력이 될 것이라는 점으로부터 이 회사가 미중 양국 사이에서 균형을 잡으려 시도하고 있다는 것도 지적되는데(林宏達·林宗輝 2020), '미국인가, 중국(기업)인가'의 양자택일을 하도록 압박을 받는다면, 전자(前者)를 선택하는 것 외에 현실적인 선택지는 없다. 이러한 미국의 강대한 파워의 배후에 있는 것은 미국이 동아시아에서의 지정학적(地政學的)인 파워를 보유하고 있을 뿐만 아니라, 반도체 산업의 '관제고지'를 장악하고 있다는 사실, 구체적으로는 주요한 제조설비 공급자(어플라이드 머티어리얼즈, KLA, 램 리서치 등), 설계에 불가결한 EDA 벤더[CNDS(Cadence Design Systems), 시놉시스(Synopsys, Inc.) 등], IP 프로바이더, 그리고 팹리스 등의 중요한 고객기업군(群)을 보유하고 있다는 산업의 실태가 있다.

TSMC의 사례로부터는 미국이 타이완의 첨단기술 산업에 미치는 강대한 영향력이 그 정치 파워뿐만 아니라, 현시점에서는 중국을 훨씬 상회하는 반도체 산업에서의 기술패권(技術覇權)에도 기인한다는 것을 살펴볼 수 있다.

결론

본고(本稿)에서는 기술·시장 방면에서 미국 및 중국의 쌍방과 깊은 관계를 갖고 있는 타이완 반도체 산업의 사례를 토대로 하여 2018년 이래 표면화된 미중 첨단기술 관련 패권경쟁의 동향이 타이완의 첨단기술 산업에 미치는 영향을 살펴보았다.

메모리 산업의 사례로부터는 중국이 타이완에 대해서 미치는 자력(磁力)의 강함, 즉 중국이 국가 정책으로 메모리 산업의 창설에 자원을 투입하는 가운데, 한국세와의 경쟁에 패한 타이완 메모리 업계의 기술자들이 활약할 수 있는 무대로서 중국이 강한 흡인력을 갖고 있다는 실태를 살펴볼 수 있었다. 또한 로직 반도체의 사례로부터는 '파운드리의 영웅(英雄)'인 TSMC의 사례에 입각하여, 이 산업의 '관제고지'를 장악하고 있는 미국이 타이완에 미치고 있는 파워의 강력함을 살펴보았다.

이처럼 타이완은 미국의 자장과 중국의 자장 아래 놓여 있으며, 그 어느 쪽의 자장이 우세해지는가는 해당 하위 부문에서의 타이완 기업의 경쟁력과 미국에 의한 견제력(牽制力) 및 시장(市場)으로서 그리고 경력(career) 발전의 장(場)으로서 중국이 지닌 잠재력 중에 그 어느 쪽이 우월해지는가에 의해 결정된다. 다만 메모리 산업에서도 미국이 제조장치를 비롯한 산업의 상류(上流) 영역을 지배하고 있으며, 중국이 지닌 자력도 또한 미국의 수중에 장악되어 있다는 것에는 주의가 필요하다.

미중의 첨단기술 관련 패권경쟁은 향후에도 격화될 것이다. TSMC의 미국 진출 사례에서 나타난 바와 같이, 미국과 중국이 타이완 기업에 대해 자국 내에 대형 제조거점을 설립하도록 요구하는 움직임도 예상된다. 이것은 기업의 최적 거점(據點) 간 분업 체제를 구축하는 데 교란 요인이 되고, 공급망의 글로벌한 효율성을 저하시키게 될 것이다.

또한 미중 대립이 격화하는 가운데, 중국은 독자적인 첨단기술 산업의 창설을 위해 더욱 많은 자원을 투입하게 될 것이다. 이것은 타이완의 첨단기술 인재를 중국으로 끌어당기는 효과를 강화하게 된다. 중국이 누려왔던 재미 화인(在

美華人)의 첨단기술 공동체 및 도미(渡美) 유학생을 통한 미국으로부터의 기술 지식 획득 채널이 급속하게 좁아지고 있는 점도, 미국을 대신할 기술의 획득원 (獲得源)으로서 타이완으로부터의 인재 스카우트를 더욱 가속화시킬 가능성이 있다.

한편 2018년 이래의 미중 대립 격화는 타이완의 기업 및 개인에게 '중국을 선택하는 것'이 갖는 리스크 및 기피감(忌避感)을 강화하고 있다. 2019년의 '도망범 인도 조례(逃亡犯引渡條例) 반대 시위'에서 시작되어 2020년 6월의 국가안전유지조례(國家安全維持條例)의 제정에 이르는 일련의 홍콩 정세도 타이완인, 그 중에서도 청년들에게 충격을 주어 그(녀)들의 중국에서의 경력 발전에 대한 관심에 찬물을 끼얹는 일이 되었다. 2020년 코로나19의 세계적인 감염 확대도 마찬가지의 효과를 초래하고 있다. 또한 타이완에 미치는 중국의 자력도 동아시아 정치의 역동성과 세계적인 팬데믹의 전개 속에서 부단히 변용되고 있다.

참고문헌

Saxenian, Anna Lee. 2006. *The New Argonauts: Regional Advantage in a Global Economy*, Cambridge: Harvard University Press.
川上桃子. 2019. "米中ハイテク摩擦と台湾のジレンマ: JHICC-UMC事件からみえるもの", ≪IDEスクエア≫ (4月), https://www.ide.go.jp/Japanese/IDEsquare/Analysis/2019/ISQ2019 10_002.html
岸本千佳司. 2017.『台灣半導體企業の競爭戰略, 戰略の深化と能力構築』, 日本評論社.
佐藤幸人. 2007.『台灣ハイテク産業の生成と發展』, 岩波書店.
山田周平. 2020. "半導體にみる中國の光と影: 供給網が示すハイテク強國への難路", 宮本雄二・伊集院敦・日本經濟研究センター 編著,『技術覇權 米中激突の深層』, 日本經濟新聞出版社.
湯之上隆. 2017. "米中ハイテク戰爭と中國半導體産業", *CISTEC Journal,* No.179, pp.167~183.
_____. 2020. "半導体の歷史に重大事件, ファーウェイは'詰んだ'", *JBPress*(6月1日), http

s://jbpress.ismedia.jp/articles/-/60730

蔡靚萱·黃靖萱·吳中傑. 2020. "火線上的台積電", ≪商業周刊≫(1697期), pp.36~44.

陳良榕. 2018. "竊密恐遭罰六千億 聯通案三大攻防", ≪天下雜誌≫(11月21日號), pp.32~35.

郭庭昱. 2020. "台積電再評價非典型投資迷抬頭", ≪財訊雙週刊≫(5月28日號), pp.68~72.

林宏達·林宗輝. 2020. "後華爲時代台股新贏家", ≪財訊雙週刊≫(5月28日號), pp.60~67.

林苑卿·林宏達. 2018. "潛伏竹科的紅色狼群", ≪財訊雙週刊≫(2月22日號), pp.65~87.

『半導體産業年鑑』各年度版, 臺北: 工業技術研究院産業經濟與趨勢研究中心.

가와카미 모모코(川上桃子)

일본무역진흥기구(JETRO) 아시아경제연구소 지역연구센터 센터장　**(전문 분야: 타이완 및 동아시아 경제)**

저서: 『압축된 산업발전: 타이완 노트북 컴퓨터 기업의 성장 메커니즘(壓縮された産業發展: 臺灣ノート
　　パソコン企業の成長メカニズム』(名古屋大學出版會) 외

제8장

미중 사이버 전쟁의 양상과 그 행방

오사와 쥰(大澤淳)

서론

중국에서 발단된 코로나19의 세계적인 유행에 따라, 미중 양국 간의 대립은 더욱 격화되고 있다. 사이버 공간도 예외가 아니며, 미중 양국이 불꽃을 튀기며 싸우는 첨단 영역이 되고 있다. '미중 사이버 전쟁'이라는 단어의 어감(語感)으로는 미국과 중국의 해커들이 키보드를 누르면서 전자(電磁) 공간에서 멀웨어(malware)를 서로 던지는, SF 영화와 같은 세계를 상상할지도 모른다. 하지만 실제의 미중 사이버 대립은 단순한 전자 공간상의 싸움이 아니라, 패권 경쟁의 한 가지 중요한 전장(戰場)이라고 말하는 것이 정확하다. 사이버 공간의 전장 중 하나는 기업 비밀을 둘러싼 경쟁이며, 또 하나는 세계를 무대로 삼아 전개되는 하드(hard)와 소프트(soft) 양면(兩面)의 우위를 둘러싼 경쟁이다.

2018년 이래 미국 정부의 중국에 대한 사이버 방면에서의 대응은 더욱 강경해지고 있다. 예를 들면, 2018년 8월에 성립된 '2019년 국방수권법'[1]에서는 중

---

1)   H.R.5515 · John S. McCain National Defense Authorization Act for Fiscal Year 2019,

국 통신기기 대기업 화웨이 및 중싱(ZTE) 등의 제품을 이용한 연방정부 조달이 금지되었다. 2020년 7월에는 폭스 뉴스에 출연한 마이크 폼페이오 당시 국무장관이 중국의 동영상 투고 어플리케이션(이하 '앱'으로 약칭) 틱톡(TikTok)에 대해서 미국 내에서의 사용 금지를 검토하고 있다고 말했다.[2] 전자는 하드웨어로부터의 중국 제품 배제이며, 후자는 앱으로부터의 중국 제품 배제에 해당한다.

미국 정부의 대응은 어느 것이나 안보를 이유로 삼는다. 그런데 왜 하드웨어 및 소프트웨어로부터 중국 제품을 배제하지 않으면 미국의 안보가 유지되지 않는 것일까? 그 이유를 알기 위해서는 무엇보다 우선 '사이버' 영역의 특성을 이해할 필요가 있다.

'사이버'라는 용어를 듣게 되면, 인터넷으로 대표되는 '컴퓨터와 네트워크로 구성되는 전자 영역'을 떠올리는 사람이 많을 것으로 생각되는데, 이 '사이버' 영역은 단순히 전자 영역에 그치지 않는다. 원래 '사이버'라는 용어의 어원은 미국의 수학자 노버트 위너(Norbert Wiener)가 제창했던 '사이버네틱스'(cybernetics)라는 개념에 있다.[3] 이 '사이버네틱스'는 기계의 제어(制御) 계통과 동물의 인지(認知) 계통이 마찬가지의 기구(機構)를 갖고 있으며, 그 공통의 기구는 피드백이라는 메커니즘이며, 사이버를 이해하기 위해서는 통신·제어 공학에 그치지 않고 인간사회를 포함한 학제(學際)적인 이해가 필요하다는 사고방식이다.

학제적인 이해가 필요하다고 위너가 갈파했던 바와 같이, '사이버' 영역은 ① 컴퓨터 및 네트워크 등 하드웨어의 물리층(物理層), ②앱 및 플랫폼 등 소프트웨

https://www.congress.gov/115/bills/hr5515/BILLS-115hr5515ih.pdf

2)   "Pompeo slams Susan Rice: She has a history of going on Sunday shows and lying", Fox News Channel(July 7, 2020), https://www.youtube.com/watch?v=Op6n8vSuALc

3)   Norbert Wiener, *Cybernetics: Or Control and Communication in the Animal and the Machine*(The MIT Press, 1948)[戶田巖 外 譯, 『サイバネティックス: 動物と機械における制御と通信』(岩波書店, 1962)].

어의 논리층(論理層), ③그러한 것을 이용하는 개인 및 집단의 사회층(社會層)의 3층(三層)에 걸쳐 상호 간에 결부되어 있다. 그 때문에 미국 사회의 안전을 확보하고자 한다면 '사이버' 공간을 구성하는 하드웨어의 물리층과 소프트웨어의 논리층 2가지의 안전(security)을 동시에 확보할 필요가 있다.

그리고 사이버 영역의 미중 경쟁을 결정짓고 있는 요인은 디지털 헤게모니(패권)를 둘러싼 미중 간의 대립이다. 중국의 시진핑 국가 주석은 건국 100주년이 되는 2049년까지 '중국의 꿈=중화민족의 위대한 부흥'을 달성하겠다고 거리낌 없이 공언(公言)하며 미국 중심의 국제 규칙(rule)에 대해서 이의를 제기하며 대항하려 하고 있다. 그 배경에는 2008년의 '리먼 쇼크'로 미국의 경제 우위에 그늘이 지고 있다는 중국 측의 독해가 있다. 거꾸로 미국 측에서도 중국은 장기적으로 세계적인 패권을 노리고 있으며,[4] 이 상태로 공산당이 주도하는 중국의 부상(浮上)을 방치할 경우 미국을 비롯한 자유주의 사회의 장래가 위태롭다는 견해가 주류가 되어가고 있는 중이다.[5]

본고(本稿)에서는 미중 간의 사이버 영역에서의 경쟁이 어떠한 양상이 되고 있는지, 그리고 그 대립에 어떠한 구조적인 문제가 내재되어 있는지를 규명하고, 코로나19 이후 미중 대립의 사이버 공간에서의 경쟁의 행방을 고찰한다. 우선 미중 사이버 전쟁의 과거 20년의 역사로부터 미중 사이버 대립의 양상을 개관하고, 다음으로 민간기업의 비밀을 노리는 중국에 의한 사이버 정보 절취와 미국의 대응을 살펴보도록 하겠다. 그 위에 사이버 공간을 구성하는 '물리층', '논리층'에서의 미중 간의 경쟁을 밝히도록 하겠다.

---

4) Michael Pillsbury, *Hundred-Year Marathon: China's Secret Strategy to Replace America as the Global Superpower*(Henry Holt and Co., 2015).

5) 단적으로 이것을 표명했던 것이 2020년 7월 23일에 닉슨 대통령 기념도서관에서 행해진 마이크 폼페이오 당시 국무장관의 대중(對中) 연설이었다. https://www.state.gov/communist-china-and-the-free-worlds-future/.

1. 미중 사이버 전쟁의 역사

미중 간의 사이버 전쟁의 역사를 살펴보면, 지금으로부터 약 20년 전인 1999년까지 소급될 수 있다. 그해에 중국으로부터 미국으로의 정치적 의도를 지닌 최초의 사이버 공격이 행해졌다. 그 계기는 코소보 분쟁 말기의 유고슬라비아 수도 베오그라드에서의 중국 대사관에 대한 오폭(誤爆) 사건이었다.

1999년 5월 7일, 미군의 폭격기가 베오그라드의 중국 대사관을 정밀 유도탄으로 폭격했다. 투하된 폭탄은 중국 대사관의 일각을 파괴하고 지하에서 폭발하여 중국인 저널리스트 3명이 사망하고 27명이 부상을 당했다. 이 오폭 사건이 발생한 때로부터 불과 5일 후에, 미국 정부기관의 웹사이트가 중국의 해커로부터 사이버 공격을 받았다. 이 공격을 실행했던 것은 '중국홍객연맹'(中國紅客聯盟)이라고 자칭하는 해커 집단이었는데, 이 집단에 의한 공격은 베이징 정부의 정치적 의향을 강하게 반영한 것이었다. 마찬가지의 사이버 공격은 2001년 5월에도 발생했다. 이 공격은 그해 4월에 발생한 미국 해군의 정찰기와 중국 공군기의 충돌 사건에 따른 것이었다. 이러한 중국의 사이버 공격에 대해서는 미국의 해커도 응수하여, '제1차 미중 사이버 전쟁'이라고도 일컬어지는 상황이 발생했다.

이 무렵 미중 사이버 대립의 특징은 중국 정부가 '중국홍객연맹' 등의 애국적 해커 집단을 '프록시'(proxy, 代理主體)로 이용하여 미국 정부기관의 홈페이지를 공격하는 것이었다. 디도스(DDoS) 공격 등의 수법에 의해 네트워크의 허용량(許容量)을 넘는 포화 통신 요구를 행함으로써 서버 및 네트워크를 마비시키는 기능 방해형 사이버 공격이 행해졌다. 이 시기의 사이버 공격은 상대국 정부기관의 홈페이지를 사이버 공격으로 마비시킴으로써 상대국의 정치적인 체면을 실추시키려는 정치적 의도를 갖고 있었다.

이 '대리 주체'를 이용한 기능 방해형 사이버 공격은 그 이후 방어하는 측의 기술이 발달[6]함에 따라, 유효성이 감소하고 미중 간에는 별로 보이지 않게 되었다. 그것을 대신하여 증가하게 된 것이 표적형 공격[標的型攻擊; 바이러스가 첨부된 이메일, 워터링 홀(Watering Hole) 공격] 등에 의해 특정 정부기관, 기업, 단체, 개인의 네트워크나 PC에 침입하여 기밀 정보, 영업 정보, 특허 등을 절취하는 정보 절취형(情報竊取型) 사이버 공격이다.

중국으로부터 미국의 정부기관 등에 대해서 정보 절취를 목적으로 한 표적형 사이버 공격이 최초로 행해진 것은 2003년 무렵이었던 것으로 말해진다. 'Titan Rain'이라고 명명된 일련의 공격은 적어도 2007년 무렵까지 계속 이어졌으며 국방부, 국무부, 국토안전부, 에너지부 등이 공격 대상이었다.

이 공격에서는 'MyFip'이라고 하는 '트로이 목마'형 멀웨어가 사용되었다. 'MyFip'은 표적형 공격에 사용되는 이메일에 첨부되어 타깃의 컴퓨터에 침투하며, 일단 감염에 성공하면 취약성이 있는 ID 및 패스워드의 조합(예를 들어 ID가 'administrator'이고 패스워드가 '12345'인 것 등)을 전체적으로 시행(試行)하여 타깃 컴퓨터의 관리 권한을 장악한다. 관리 권한을 장악한 후에는 컴퓨터 내부의 파일을 검색하고 그러한 파일을 중국 국내의 IP 주소를 갖고 있는 컴퓨터로 전송한다. 감염으로부터 데이터의 전송까지 10~30분 정도면 완료되는 완성도가 높은 멀웨어였다.

'Titan Rain'의 실행자는 누구였을까? 사이버 공격의 실행자를 특정하는 것을 '귀책'(attribution)이라고 부른다. 2000년대 초에 행해진 'Titan Rain'과 같은 사례

---

6) 디도스(DDoS) 공격에 대한 방어 기술로서는 ①대량의 통신을 중추(backbone) 측에서 차단하는 대책, ②대량의 통신에 대한 분산 처리, ③DDoS의 발신원(發信源)이 되는 봇(bot)에 대한 삭제(takedown), ④온프레미스(On-premise, 소프트웨어 등의 솔루션을 클라우드 같은 원격 환경이 아닌 자체적으로 보유한 전산실 서버에 직접 설치해 운영하는 방식_옮긴이)를 통한 대처 등이 있다.

에서는 기술적인 흔적을 완전히 지우는 작업이 행해지지 못했으며, 공격의 실행자가 그 흔적을 남기는 사례가 많이 보였다. 'MyFip'에서는 절취한 파일을 광둥성(廣東省)의 컴퓨터로 전송한 흔적이 발견되었다. 공격의 의도 등에 대한 분석도 가미되었던 '귀책'에 의해, 'Titan Rain'은 중국 인민해방군이 관여한 사이버 공격 캠페인이었다는 결론이 내려지고 있다.[7]

'Titan Rain'은 2006년에 미국 국무부의 컴퓨터 수백 대에 침입했던 것 외에, 같은 해에 국방부의 비비닉(非秘匿) 계통의 네트워크 'NIPRNET'[Non classified Internet Protocol (IP) Router Network_옮긴이]에 침입하여 10~20TB 분량의 데이터를 절취했던 것으로 분석되고 있다. 이 'NIPRNET'은 미국 수송군(USTRANSCOM)이 물자의 조달을 위해 민간의 계약업자와 정보를 주고받는 것에 사용되며, 유사시에 표적이 될 가능성이 높은 것으로 지적된 바 있다.[8]

'Titan Rain' 외에도 미국 정부기관을 표적으로 한 사이버 공격은 2006년부터 2010년 사이에 빈발했다. 2006년에는 미국 의회의 반중(反中)적인 관계자에 대한 표적형 공격, 미국 해군대학에 대한 공격이 이루어졌다. 2007년에는 미국 국방장관 사무실의 이메일로부터 국방부의 네트워크에 침입하였고, 에너지부 산하의 오크리지 연구소에 대한 표적형 공격, 중국 출장 중인 미국 상무부 교섭단의 PC에 대한 부정 침입(不正侵入)이 있었다. 2008년에는 NASA에 대한 여러 차례의 표적형 공격이 있었다. 이러한 정부기관에 대한 표적형 공격은 2010년대에 들어서서 미국이 대책을 강구하게 되어 점차 보도되는 건수가 적어졌다.

미국이 중국의 정부기관에 행한 사이버 공격에 관해서는 공개된 정보가 거의

---

7)   Jason R. Fritz, *China's Cyber Warfare: The Evolution of Strategic Doctrine*(Lexington Books, 2017).

8)   Bryan Krekel, "Capability of the People's Republic of China to Conduct Cyber Warfare and Computer Network Exploitation", The US-China Economic and Security Review Commission (October 2009).

없다. 하지만 군 및 정부기관에 대한 정보 절취형 사이버 공격은, 당연한 일이지만, 미국 측도 중국에 대해서 행해왔던 것으로 생각하는 것이 자연스럽다. 2013년에 홍콩으로 망명한 에드워드 스노든은 미국의 정보기관이 중국을 표적으로 삼아 해킹을 행했다고 인터뷰에서 인정한 바 있다.[9] 스노든의 폭로 이후 2014년 5월에 중국 정부는 정부기관에서의 마이크로소프트 Windows 8의 이용을 금지했으며, 미국제 OS 및 비즈니스 소프트웨어를 중국제의 OS(NeoKylin) 및 비즈니스 소프트웨어로 교체하라는 통지를 하달했던 것으로 말해지고 있다. 또한 2019년 12월 중국 정부는 정부기관에서의 외국제 컴퓨터 및 소프트웨어의 이용을 금지하는 통지를 했다고 보도되었다.[10]

하지만 정부기관 간의 사이버 정보 활동 관련 싸움은 아무리 격렬하더라도 쌍방 모두 '큰일'로 삼지 않는 것이 통례이다. 그것은 다음과 같은 사이버 누설 사건의 에피소드로부터도 명백하다.

2015년 6월 미국 연방인사관리국(OPM: Office of Personnel Management)은 시스템에 부정 침입이 발생하여 연방 전·현 직원의 개인정보가 유출되었을 가능성이 있다고 발표했다. 사이버 공격을 행한 것은 중국 정부가 관여하는 'Deep Panda=APT19'라고 불리는 그룹이었는데, 이 공격으로 정보(intelligence) 및 군 관계자의 국가안보 관련 비밀취급 인가 서류인 SF-86이 유출되었다고 보도되었다. 사실이라면 대단히 심각한 사이버 유출이며, 미국의 안보를 뒤흔들 수밖에 없다. 하지만 이에 대한 당시 미국 정보 분야의 수장 제임스 클래퍼(James Clapper) 미국 국가정보국(DNI: Director of National Intelligence) 국장의 반응은 매우

---

9) "EXCLUSIVE: Whistle-blower Edward Snowden talks to South China Morning Post", *South China Morning Post* (June 12, 2013), https://www.scmp.com/news/hong-kong/article/1259 335/exclusiv e-whistle-blower-edward-snowden-talks-south-china-morning

10) "Beijing orders state offices to replace foreign PCs and software", *Financial Times* (December 9, 2019).

흥미롭다. 이 국장은 정보 관련 회의에서 OPM에 대한 침입이 중국의 해커에 의한 일이었을 가능성이 높다는 견해를 보이며 "당신들은 중국이 성취해낸 것에 경의를 표해야 한다"라고 말했다고 미국 미디어가 전했다.[11]

이처럼 정보기관 간의 불문율(不文律)로서 상대국의 국가기관에 대한 정보 절취 공격은 피차일반이라는 이해가 있다. 상대국의 정보 활동으로부터 자국의 정부기관을 지키는 방첩(counter-intelligence)을 해내지 못한 것은 그 국가의 정보 기관이 책임져야 할 일이라는 인식이 미중 쌍방 간에 존재한다. 그렇다면 왜 사이버 공격에 관해서 중국의 책임을 추궁하는 미국 정부의 대응이 최근 들어 급속하게 엄격해지고 있는 것일까?

2. 민간기업의 비밀을 노리는 중국의 사이버 정보 절취

사이버 공간을 둘러싼 미중 대립의 한 가지 주제는 민간기업이 보유한 지식재산 및 기업 비밀에 관한 싸움이다.

중국은 미국 정부기관의 비밀정보뿐만 아니라 자국의 과학기술 발전에 도움이 되는 '지식재산 정보'의 절취 및 중국 기업을 비즈니스상 유리하게 하는 '기업 비밀'의 절취를 사이버 공간에서 적극적으로 행하고 있다.[12] 이러한 미국 민간기업에 대한 사이버 정보 활동에서는 미국 정부기관에 대한 정보 활동에서 사용되고 있는 것과 동일한 사이버 공격 수단을 방어가 취약한 민간기업에 대한 침입에 사용하고 있기에 잠시도 버티지 못하게 된다. 미국은 그러한 중국의

---

11) "China Is 'Leading Suspect' in Massive Hack of US Government Network", ABC News(June 26, 2015).
12) 大澤淳, 「サイバーセキュリティ: カギを握るサイバージオポリティクス」, 外交政策センター 編, 川上高司·石澤靖治 編著, 『2020年生き残りの戦略: 世界はこう動く!』(創成社, 2020).

사이버 공격을 '불공정한' 것이라며 '귀책'에 의해 공격자를 특정하고 철저하게 억제하는 정책을 취하기 시작하였다.

　미국 법무부는 2020년 7월 21일 기자회견을 하고 전 세계의 기업 등을 표적으로 삼아 지식재산 및 비즈니스 비밀을 10년 이상에 걸쳐 사이버 절취를 했다고 하며 중국 국가안전부(國家安全部)와 관련된 2명의 중국인 해커를 소추(訴追)했다고 발표했다.[13] 기자회견 중에 존 데머스(John Demers) 법무부 차관보(국가안보 담당_옮긴이)는 "이 두 명은 중국의 국가안전부에 고용되어 활동했다. 중국 정부는 해커 범죄자의 행위를 묵인했다"라며 중국 정부를 비난했다.[14] 중국인 해커 2명에 대한 사법 소추는 7월 7일에 워싱턴주 동부지구 연방지방법원에 행해졌다. 소추된 자는 리샤오위(李嘯宇, Li Xiaoyu)와 둥자즈(董家志, Dong Jiazhi)로, 공소장[15]에 의하면 2명의 중국인 해커는 2009년부터 2020년까지의 10년 이상에 걸쳐 중국 국가안전부 광둥(廣東)지국의 지원을 받으며 군사위성, 군사 통신, 고출력 레이저, 대화학전(對化學戰) 무기 등의 기술에 관한 비밀을 미국의 군수산업으로부터 절취했다. 중국 국가안전부의 지원 요원은 2명의 해커에게 제로데이(Zero-day, 알려지지 않은 보안 취약점이나 발견된 취약점에 대해 각 개발업체들이 보안 패치를 내놓기 전까지 해당 취약점에 무방비 상태인 점을 악용하는 사이버 공격 방법을 지칭함_옮긴이)의

---

13)　미국 법무부 보도자료, "Two Chinese Hackers Working with the Ministry of State Security Charged with Global Computer Intrusion Campaign Targeting Intellectual Property and Confidential Business Information, Including COVID-19 Research"(July 21, 2020), https://www.justice.gov/opa/pr/two-chinese-hackers-working-ministry-state-security-charged-global-computer-intrusion.

14)　미국 법부부 기자회견, "Chinese Hackers Working with the Ministry of State Security Charged with Global Computer Intrusion Campaign"(July 21, 2020), https://www.justice.gov/opa/video/chinese-hackers-working-ministry-state-security-charged-global-computer-intrusion-campaign.

15)　미국 워싱턴 동부지구 법원(U.S. District Court for the Eastern District of Washington)의 "미합중국의 리(李)와 둥(董)에 대한 공소장", https://www.justice.gov/opa/press-release/file/1295981/download.

취약성을 이용한 멀웨어를 제공했다. 정보 절취형 사이버 공격의 피해 기업은 미국 전역뿐만 아니라 네덜란드의 전기(電機) 제조사, 독일의 소프트웨어 기업, 호주의 국방기업, 한국의 조선(造船)기업, 영국의 AI 기업 등 다양하게 걸쳐 있으며, 가장 최근에는 신형 코로나19의 백신에 관한 정보 절취를 행했다.

중국의 국가기구가 관여하는 사이버 공격에 대해서 미국이 '귀책'에 기초하여 공격자를 특정하고 사법 소추를 포함한 모든 정책을 동원하여 공격 측의 부담을 증대시켜 사이버 공격에 대항하는 조치를 취하기 시작한 것은 2014년 무렵의 일이다. 그 전년(前年)인 2013년에 미국 보안 관련 회사 맨디언트 사(社)는 중국 정부와 관계 있는 'APT1'에 의한 사이버 공격에 대해 분석한 보고서를 공표했다.16) 해당 보고서에 의하면, 'APT1'은 상하이(上海)에 거점을 둔 중국 인민해방군 산하의 61398부대이며, 2006년 이래 7년간에 걸쳐 미국의 기업 150개 사 이상에 침입하였다. 타깃이 된 산업은 정보, 운수(運輸), 첨단기술(high tech), 금융, 법률사무소, 공학(engineering), 미디어, 식량·농업, 우주, 위성 통신, 화학, 에너지, 의료 등 광범위하게 걸쳐 있었다. 미국 사법당국은 2014년 5월, 미국의 웨스팅하우스(Westinghouse, 원자로), 솔라월드(SolarWorld, 태양광 발전), US스틸(US Steel, 철강) 등의 네트워크에 정보를 절취하려는 목적으로 침입하여 정보를 철취했다는 혐의로 공격 그룹 'APT1'의 실행범으로서 중국 인민해방군 61398부대에 소속되어 있는 장교 5명을 소추했다.17)

공격 그룹 'APT1' 외에도 중국 정부와 관계되어 있는 공격 그룹은 수십 개에 달하는 것으로 보인다. 표적형 사이버 공격의 공격 그룹을 분석하고 있는 미국

---

16) Mandiant, "APT1: Exposing One of China's Cyber Espionage Units"(February 2013).
17) US Department of Justice, "U.S. Charges Five Chinese Military Hackers for Cyber Espionage against U.S. Corporations and a Labor Organization for Commercial Advantage"(May 19, 2014), https://www.justice.gov/usao-wdpa/pr/us-charges-five-chinese-military-hackers-cyber-espionage-against-us-corporations-and.

의 FireEye 사에 의하면, 항공우주, 첨단기술 기업을 타깃으로 삼는 'APT3', 정부기관, 공학 기업을 타깃으로 삼는 'APT10', 정부기관, 국방 관련 조직, 저널리스트를 타깃으로 삼는 'APT12', 일본·타이완을 표적으로 삼는 'APT16', 미국의 법률사무소, IT 기업을 타깃으로 삼는 'APT17', 바이오 기술, 첨단기술, 항공산업 등 폭넓은 기업을 표적으로 삼는 'APT18', 투자정보를 타깃으로 삼는 'APT19', 동남아시아를 표적으로 삼는 'APT30', 일대일로(一帶一路)에 연계된 국가를 타깃으로 삼는 'APT40', 의료, 대학, 미디어 등을 표적으로 삼는 'APT41' 등의 존재가 밝혀지고 있다.[18]

이러한 공격 그룹 중 'APT10'은 클라우드 서비스 등을 제공하는 회사를 표적으로 삼아 공격하여 그 고객인 정부기관 및 기업의 기미정보(機微情報)·지식재산의 절취를 행했다. 영국의 대형 방위산업체 BAE와 PWC는 2017년 4월에 'APT10'이 행하고 있는 '정보 절취형' 사이버 공격에 관해서 보고서를 공표했다.[19] 그에 의하면, 'APT10'의 표적은 공적 기관(公的機關), 의약·건강, 광업, 에너지, 금속, 공학, 공업 생산, 기술 산업, 소매 등 다양하게 걸쳐 있다. 이 'APT10'에 대해서 미국은 영국 등의 동맹국과 함께 공격자를 특정하고,[20] 공격자 중 2명이 중국의 국가안전부와 관련되어 있다는 것을 밝혔다. 미국 법무부는 2018년 12월 클라우드 서비스 등을 제공하는 회사에 대한 부정 접근을 통해서 45개가 넘는 기업의 기술 정보를 절취했다고 하며 '중국인 해커' 주화(朱華,

---

18) FireEye 사(社)의 홈페이지. Advanced Persistent Threat Groups, https://www.fireeye.com/current-threats/apt-groups.html.

19) PWC/BAE, "Operations Cloud Hopper: Exposing a systematic hacking operation with an unprecedented web of global victims"(April 2017), https://www.pwc.co.uk/cyber-security/pdf/cloud-hopper-report-final-v4.pdf.

20) UK Government, "UK and allies reveal global scale of Chinese cyber campaign"(December 20, 2018), https://www.gov.uk/government/news/uk-and-allies-reveal-global-scale-of-chinese-cyber-campaign.

제8장 미중 사이버 전쟁의 양상과 그 행방   231

Zhu Hua), 장스룽(張士龍, Zhang Shirong) 2명을 소추했다고 발표했다.[21] 공소장에 의하면, 이 2명은 중국 텐진(天津)에 있는 기술 기업의 사원이며, 국가안전부 텐진 지국과 협력하여 2006년부터 2018년까지 적어도 12개 국가의 다양한 기업들로부터 정보를 절취했다.[22]

미국의 사법(司法)을 이용한 중국의 사이버 공격에 대한 대응은 과거 5년간 다음과 같이 계속해서 행해지고 있다.

- 2016년 7월, 중국 인민해방군의 장교와 결탁하여 사이버 공격을 통해 미국의 방위산업에서 정보를 절취했다고 하며 중국 국적의 남성에게 징역 46개월, 벌금 1만 달러의 판결이 내려졌다.
- 2017년 11월, 금융 및 공학(engineering) 기업으로부터 사이버 공격을 통해 정보 절취를 했다고 하며 중국 광둥성에 있는 광저우보위정보기술유한회사 (廣州博御信息技術有限公司)의 경영진 등 중국인 3명을 기소했다.[23] 광저우보위정보기술유한회사는 중국 국가안전부의 지시를 받고 미국 정부, 미국 기업으로부터 정보 절취를 행했다. 해당 회사는 'APT3'이라고 불리는 공격 그룹이었던 것으로 보인다.
- 2018년 10월, 항공기의 제트 엔진 기술에 관련된 기업 비밀을 절취했다고 하며 중국 국가안전부 장쑤성청(江蘇省廳)의 고관(高官) 2명과 중국인 해커 5

---

21) US Department of Justice, "Two Chinese Hackers Associated with the Ministry of State Security Charged with Global Computer Intrusion Campaigns Targeting Intellectual Property and Confidential Business Information"(December 20, 2018), https://www.justice.gov/opa/pr/two-chinese-hackers-associated-ministry-state-security- charged-global-computer-intrusion.
22) 뉴욕주 남부지구 법원(U.S. District Court for the Southern District of New York), "미합중국의 주(朱)와 장(張)에 대한 공소장", https://www.justice.gov/opa/press-release/file/1121706/downlo ad
23) 미국 법무부 보도자료(press release), https://www.justice.gov/opa/pr/us-charges-three-chinese -hackers-who-work-internet-security-firm-hacking-three-corporations.

명을 기소했다. 24) 이 사이버 공격 그룹은 상하이의 중국상용비행기유한책

임회사(中國商用飛機有限責任公司)가 개발 중인 중국 최초의 대형 민간 여객

기를 위해 사이버 정보 절취를 행했던 것으로 보인다.

• 2018년 11월, DRAM 제조에 관련된 기업 비밀을 절취했다고 하며 산업 스

파이 활동의 죄로 푸젠성진화집성전로(福建省晋華集成電路)와 그 관계자를

기소했다. 25) 미국 상무부도 반도체 제조장치 등 미국 제품의 수출 규제 대

상에 이 회사를 지정했다. 푸젠성진화집성전로는 2016년에 푸젠성 성정부

(省政府)가 출자하여 설립된 기업으로 '중국 제조 2025'를 담당하는 기업으

로 간주되었다.

• 2019년 5월, 미국 대형 보험회사 안셈(Anthem)으로부터 미국인의 개인정보

7800만 건을 사이버 공격으로 절취했다고 하며 중국인 2명을 기소했다. 26)

• 2020년 2월, 미국인의 신용정보를 사이버 공격을 통해 대량 절취했다고 하

며 중국 인민해방군 제54연구소(第五四研究所)에 소속되어 있던 4명의 중국

인을 기소했다. 27)

• 2020년 3월, 중국인 2명을 암호화폐(暗號貨幣)를 자금세탁한 죄로 기소했

다. 28) 이들은 북한 관계자가 사이버 공격을 통해 부정하게 획득한 암호화

폐 2억 5000만 달러 중에 1억 달러를 자금세탁하여 환금(換金)했다.

---

24) 미국 법부무 보도자료, https://www.justice.gov/usao-sdca/pr/chinese-intelligence-officers-and-
their-recruited-hackers-and-insiders-conspired-steal.

25) 미국 법부무 보도자료, https://www.justice.gov/opa/pr/prc-state-owned-company-taiwna-company-
and-three-individuals-charged-economic-espionage.

26) 미국 법부무 보도자료, https://www.justice.gov/opa/pr/member-sophistcated-china-based-hacking-
group-indicted-series-computer-intrusions-including.

27) 미국 법부무 보도자료, https://www.justice.gov/opa/pr/chinese-military-personnel-charged-
computer-fraud-economic-espionage-and-wire-fraud-hacking.

28) 미국 법부무 보도자료, https://www.justice.gov/opa/pr/two-chinese-nationals-charged-laundering-
over-100-million-cryptocurrency-exchange-hack.

위에서 살펴본 바와 같이, 미국 정부는 2018년 이래 민간기업에 대한 중국의 사이버 공격에 대단히 엄격한 대응을 취해오고 있다. 그 배경에는 다음과 같은 미국의 위기감이 있다.

지식재산을 타깃으로 한 중국의 정보 절취형 사이버 공격은 국가가 관여하여 행해지고 있으며, 중국의 중장기적인 과학기술 정책 '중국 제조 2025'와 밀접한 관계가 있다. 사이버 수단을 이용한 정보수집 활동은 중국의 기술 획득에서 핵심적인 위치에 있는 것으로 말해진다.[29] 그 때문에 중국이 지국의 '5개년 계획'에서의 중점 분야에 따라 사이버 절취를 행하고 있다고 미국 정부는 의심한다.[30] 이러한 사이버 수단을 이용한 정보 절취는 중국의 기술력을 강화시키고 중국의 국력을 증대시킨다. 중장기적으로는 국가 간의 '힘 관계'에 중대한 영향을 미치며 중국을 패권국으로 밀어올리는 것이 아닌가 하는 위기감이 미국 내부에서 확대되고 있다.

그리고 사이버 공간을 둘러싼 미중 경쟁에서 또 하나의 주제가 되고 있는 것이 사이버 공간에서의 우위를 둘러싼 경쟁이다.

3. 사이버 공간에서의 우위를 둘러싼 미중 경쟁

제4차 산업혁명이라고 일컬어지는 사물인터넷(IoT) 사회의 도래를 앞두고 제5세대 이동통신(5G) 등의 정보통신 인프라와 전자 결제(電子決濟) 등의 IoT 플랫

---

29) 예를 들면, 다음을 참조하라. William C. Hannas, James Mulvenon and Anna B. Puglisi, *Chinese Industrial Espionage* (Routledge, 2013).
30) Gina Chon and Charles Clover, "US spooks scour China's 5-year plan for hacking clues", *Financial Times*(November 25, 2015), https://www.ft.com/intl/cms/s/0/40dc895a-92c6-11e5-94e6-c5413829caa5.html.

234 제2부 미중 대립의 제상(諸相)

폼을 둘러싸고 미중 양국의 치열한 디지털 패권경쟁이 발생하고 있는 중이다. 중국은 '일대일로' 구상의 디지털판(版)이라고 할 수 있는 '디지털 실크로드' 구상을 제기하여 미국의 '디지털 패권'으로부터의 이탈을 도모하고 있다. 이에 대해서 미국은 중국의 화웨이가 중국의 디지털 패권 구축의 첨병 역할을 수행한다고 단정하고 이 회사를 집요하게 궁지로 내몰며 중국의 디지털 패권을 저지하고자 한다.

시진핑 국가 주석의 '중국의 꿈'(中國夢)을 구현(具現)하는 대외정책으로서 중국 정부가 제기했던 것이 '일대일로' 구상이다. 이 구상은 2013년에 카자흐스탄과 인도네시아에서 시진핑 국가 주석이 직접 연설을 행하며 육로(陸路)의 '일대'(一帶) 구상,[31] 해로(海路)의 '일로'(一路) 구상[32]이라는 형태로 세계에 제기되었다. 현재의 '일대일로' 구상이 된 것은 2015년 3월의 '실크로드 경제벨트와 21세기 해상 실크로드 공동 건설 추진의 비전과 행동'[33]이라는 중국 정부의 발표를 통해서이다.

이 '일대일로' 구상의 디지털판에 해당하는 것이 '디지털 실크로드' 구상이다. '디지털 실크로드' 구상은 2015년 1월의 다보스 회의에서 리커창(李克強) 총리가 천명했다.[34] 2015년 당초에 이 구상은 '정보 실크로드'(信息絲綢之路)라고 불렀으며 글로벌 차원에서의 정보통신 인프라의 정비라고 하는 하드웨어 정비 중심

---

31) 주중(駐中) 일본 대사관의 홈페이지, 「習近平主席のナザルバエフ大学での講演」(2013年9月8日), http://www. china-embassy.or.jp/jpn/zgyw/t1076413.htm.

32) ASEAN-China Center, "Speech by Chinese President Xi Jinping to Indonesian Parliament" (October 3, 2013), http://www.asean-china-center.org/english/2013-10/03/c_133062675.htm.

33) 中國國家發展改革委員會·外交部·商務部, "シルクロード経済ベルトと21世紀海上シルクロードの共同建設推進のビジョンと行動"(2015年3月30日), http://www.china-embassy.or.jp/jpn/zgyw/t125 0235.htm.

34) World Economic Forum, "Chinese Premier Li Keqiang's speech at Davos 2015"(January 23, 2015), https://www.weforum.org/agenda/2015/01/chinese-premier-li-keqiangs-speech-at-davos-2 015.

의 구상이었다. 하지만 그 이후 2017년에 '디지털 실크로드'(數字絲綢之路)라고 개칭되어, 전자 결제 및 전자 상거래 등의 사물인터넷(IoT) 플랫폼, 즉 소프트웨어 분야를 포함하는 글로벌한 전개를 중국 정부가 지향하고 있음이 분명해지고 있다.

'하드' 방면에서의 통신 인프라 정비에서는 육상에서 중국전신(中國電信, China Telecom)이 2016년에 중국과 유럽을 잇는 'Transit Silkroad' 케이블35)을 개설했다. 해양에서는 중국연통(中國聯通, China Unicom)이 해저 케이블을 부설하여 중국과 유럽을 잇는 'AAE-1' 및 브라질과 카메룬 사이의 남대서양(南大西洋)을 횡단하는 'SAIL'을 2018년까지 연이어 개통시켰다. 화웨이의 자회사 '화웨이 Marine'은 아프리카 대륙을 일주하는 해저 케이블을 부설하고 있으며, 동아프리카 국가들 사이를 잇는 'Peace Cable'을 2021년에 개통시킬 예정이다.

각국 내의 이동통신 인프라 정비에서도 중국 기업의 진출이 두드러진다. 제4세대(4G)까지의 이동통신 기지국에서는 화웨이가 세계적으로 점유율 30.9%, 중싱(ZTE)이 10.9%를 차지하고 있다. 또한 5G에서도 화웨이가 기간 특허(基幹特許)의 15%를 보유하고 있다.36)

'소프트' 방면에서는 스마트폰을 이용한 전자 결제 플랫폼이 이미 동남아시아 및 인도로 확대되고 있다. 알리바바 그룹의 앤트 파이낸셜(Ant Financial)은 자기 회사의 시스템을 인도, 태국, 한국, 필리핀, 말레이시아, 인도네시아, 파키스탄, 방글라데시 등에 수출하고 있다.37) 2019년 4월, 중국 정부에서 '일대일로'

---

35) China Telecom, "Euro-Asia Network Solution", https://www.chinatelecomeurope.com/wp-content/uploads/ChinaTelecom_Euro-Asia-network-solution.pdf.

36) Shuli Ren, "China's 5G Riches Are a Blocked Number for Investors", *Bloomberg Opinion* (February 12, 2019), https ://www.bloomberg.com/opinion/articles/2019-02-11/china-s-5G-winners-are-out-of-reach-for-sto ck-investors.

37) Daniel Keyes and Greg Magana, "REPORT: Chinese fintechs like Ant Financial's Alipay and Tencent's WeChat are rapidly growing their financial services ecosystem", *Business Insider*

건설의 담당 부서인 '일대일로'건설공작영도소조판공실(一帶一路建設工作領導小組辦公室)이 「일대일로 공동 건설의 이니셔티브: 진전, 공헌 및 전망」이라는 제목의 보고서[38]를 공표하여 전자 상거래, 전자 결제에서의 중국 표준의 채택이 포함된 '디지털 실크로드' 건설의 협력 강화를 위한 각서가 일대일로와 연계된 16개국과 체결되었다는 것을 밝혔다. 또한 중국제 AI 기술을 이용한 디지털 감시 시스템이 세계 63개국에 수출되었으며, 그중 36개국이 일대일로 이니셔티브 협력국이라는 것이 미국 카네기평화재단의 보고서[39]를 통해 밝혀졌다.

이와 같이 중국의 '디지털 실크로드' 구상에는 정보통신 인프라라고 하는 '하드'(물리층) 위에 사물인터넷(IoT) 플랫폼이라는 '소프트'(논리층)를 전개하여 세계의 정보 데이터를 놓고 제4차 산업혁명에서 사이버 공간에서의 우위를 구축하여 디지털 패권을 미국으로부터 탈취하고자 하는 목적이 선명하게 드러난다. 이에 맞서 미국은 2018년 무렵부터 중국의 정보통신 산업에 대한 압력을 강화하고 있다.

2018년 4월, 미국연방통신위원회(FCC)는 중국이동통신(中國移動, China Mobile)의 미국 시장 참여를 불허하였다. 동시에 중싱(ZTE) 및 화웨이 등의 중국제 통신기기를 염두에 두고 일부 중국 기업의 제품에 대한 연방정부 보조금 이용을 금지하는 규제를 설정하고, 통신망의 공급망(supply chain)을 지키기 위한 대책의 도입을 공표했다.[40] 2018년 8월에 제정된 '2019년도 국방수권법'(H.R. 5515)[41]

(December 19, 2019), https://www.businessinsider.com/china-fintech-alipay-wechat.

38) '一帶一路'建設工作領導小組辦公室, "'一帶一路'共同建設のイニシァチブ: 進展, 貢獻と展望2019"(日本語版), https://www.yidaiyilu.gov.cn/wcm.files/upload/CMSydylgw/201904/201904240813002.pdf.

39) Steven Feldstein, "The Global Expansion of AI Surveillance", Carnegie Endowment for International Peace, *Working Paper* (September 2019).

40) 다음을 참조하기 바란다. FCC, "FCC Proposes to Protect National Security through FCC Programs"(April 18, 2018), https://www.fcc.gov/document/fcc-proposes-protect-national-security-through-fcc-programs-0.

41) H.R.5515 - John S. McCain National Defense Authorization Act for Fiscal Year 2019,

에서는 화웨이 및 중싱(ZTE) 등의 제품을 이용하는 정부 조달이 금지되었고, 또한 두 회사 등의 기기를 이용하고 있는 기업체와의 계약도 금지(2020년 8월 시행)되었다. 2019년 5월에는 미국 상무부가 화웨이 및 그 관련 회사를 미국 수출관리규정(EAR: Export Administration Regulations)에 기초하여 '제재대상 리스트'에 올려,[42] 미국 제품 또는 미국 제품을 일정 정도 이상 포함하고 있는 제품을 미국 및 제3국 기업이 화웨이에 판매할 수 없게 되었다. 또한 같은 달, 화웨이 등의 기기를 염두에 두고 안보상 우려가 되는 통신기기의 국내 통신 서비스에 대한 이용을 금지하는 대통령 행정명령[43]이 공포되었다.

미국은 중국의 '디지털 패권' 확립으로 연결되는 글로벌 차원의 통신 인프라 정비에서 화웨이가 중요한 역할을 수행하는 것으로 인식하고 있다.[44] 서두에서 논했던 사이버 공간을 구성하는 삼층(三層) 구조 중에서 하드웨어의 '물리층'을 장악당한다면 미국이 생각하는 사이버 공간의 안전은 위태롭게 된다. 그 때문에 화웨이를 사법의 장(場)을 통해 궁지로 내몰기 시작했다.

미국 법무부는 2019년 1월 화웨이 및 이 회사의 명완저우(孟晩舟) 최고재무책임자(CFO)를 금융 사기 및 기업 비밀 절취 혐의로 기소했다고 발표했다.[45] 해당

---

https://www.congree.gov/115/bills/br5515/BILLS-115br5515ih.pdf

42) US Department of Commerce, "Department of Commerce Announces the Addition of Huawei Technologies Co. Ltd. to the Entity List"(May 15, 2019), https://www.commerce.gov/news/press-releases/2019/05/department-commerce-announces-addition-huawei-technologies-co-ltdds.

43) The White House, "Executive Order on Securing the Information and Communications Technology and Services Supply Chain"(May 15, 2019), https://www.whitehouse.gov/presidentia l-actions/executive-order-securing-information-communications-technology-services-supply-chain.

44) 예를 들어 다음을 참조하기 바란다. House Permanent Select Committee on Intelligence, "China's Threat to American Government and Private Sector Research and Innovation Leadership"(July 19, 2018), https://docs.house.gov/Committee/Calendar/ByEvent.aspx?EventID=108561.

45) US Department of Justice, "Chinese Telecommunications Conglomerate Huawei and Huawei CFO Wanzhou Meng Charged With Financial Fraud"(January 28, 2019), https://www.justice.gov/opa/pr/chinese-telecommunications-conglomerate-huawei-and-huawei-cfo-meng-charged-financial.

공소장에서는 화웨이가 경제뿐만 아니라 국가안보상으로도 위협이 되고 있다고 지적하였다.[46] 또한 2020년 2월 미국 법무부는 화웨이를 '조직범죄 규제법'(RICO) 위반으로 기소했다고 발표했다.[47] '조직범죄 규제법'에서 유죄가 될 경우, 미국 금융 시스템과의 달러 거래가 금지되어 글로벌한 활동이 불가능해지게 된다.

이것은 '달러 결제로부터의 배제'라고 하는, 기축통화국(基軸通貨國) 미국만이 지니고 있는 '전하(殿下)의 보도(寶刀)'이다. 그것을 이용해서라도 중국의 디지털 패권을 저지하겠다고 하는 미국의 굳은 결의를 살펴볼 수 있다.

결론

중국의 사이버 수단을 이용한 정보 절취와 시진핑 정권에 의한 '디지털 실크로드' 구축의 시도는 미국의 패권에 대한 중국의 도전으로 인식되고 있다. 사이버 공격을 이용한 '기술이전'(技術移轉)을 둘러싼 공방과 사이버 공간의 '물리층'과 '논리층'에서의 글로벌한 우위를 둘러싼 경쟁은 코로나19 이후 시대의 국제질서를 둘러싼 미중 경쟁에서 주요 전장이 될 것이다.

그리고 일본도 이 싸움과 무관할 수 없다. 일본 기업도 중국의 사이버 수단을 이용한 기술 절취의 '주요 장소'가 되고 있으며, 또한 글로벌 차원의 5G 인프

---

46) 뉴욕 동부지구 연방지방법원의 공소장, https://www.justice.gov/opa/press-release/file/112502/download.

47) US Department of Justice, "Chinese Telecommunications Conglomerate Huawei and Subsidiaries Charged in Racketeering Conspiracy and Conspiracy to Steal Trade Secrets" (February 13, 2020), https://www.justice.gov/opa/pr/chinese-telecommunications-conglomerate-huawei-and-subsidiaries-charged-racketeering.

라 설비를 둘러싸고는 중국뿐만 아니라 일본, 유럽, 한국의 전기통신기기 제조사도 주요한 행위자(player)이다. 사이버 공간에서의 미중 대립이 더욱 격렬해지고 있는 가운데, 일본이 지금까지 취해왔던 것과 같은 모호한 입장은 향후 허용되지 않게 될 것이다.

오사와 쥰(大澤淳)
나카소네 평화연구소(中曾根平和研究所, NPI) 주임연구원   (전문 분야: 국제정치학, 공공정책)

제9장

코로나19 이후 시대의 우주개발

스즈키 가즈토(鈴木一人)

우주개발(宇宙開發)은 코로나19 바이러스로부터 가장 관계가 먼 것 중의 하나라고 할 수 있다. 국제우주정거장(ISS: International Space Station)에 체류하고 있는 몇 명을 제외한다면, 우주 공간에 바이러스의 숙주가 되는 인간 및 동물은 존재하지 않으며, 그러한 우주정거장에 있는 우주 비행사들은 출발하기 전에 철저하게 검사를 받고 우주 체류 중에도 항상 건강 상태가 모니터링되고 있다. 당분간 우주정거장 이외에 인간이 우주 공간에 나가는 일은 없을 것이고, 감염증이 문제가 되는 일도 아마 없을 것이다.

그럼에도 우주개발은 코로나19 이후 시대에 영향을 미치는 한 가지 분야이며, 또한 코로나19 바이러스의 감염 확대에 의해 영향을 받는 분야이기도 하다. 본고(本稿)에서는 전통적인 우주개발에서 21세기형 우주개발로 전환해온 큰 흐름을 파악한 위에 코로나19 바이러스가 기술 개발 및 산업 구조에 어떠한 영향을 미쳤는지 개관하고, '사회 시스템으로서의 우주'와 '안전보장의 수단으로서의 우주'가 코로나19 이후 시대의 국제관계 중에서 어떻게 나아갈 것인지를 전망해보도록 하겠다.

1. 국가 파워의 상징으로서의 우주개발

지상을 떠나 우주 공간으로 가는 것은 인류가 장기간 꿈꾸어왔던 사업이다. 우주 공간에 도달하기 위한 이론은 19세기에 러시아의 콘스탄틴 치올콥스키 (Konstantin Tsiolkovski) 등이 생각해냈지만, 그것을 실현하기 위한 기술은 당시에는 존재하지 않았고, 어디까지나 책상 위의 공론(空論)이었다. 그것이 우여곡절을 거치면서도 실현될 수 있었던 것은 나치 독일이 영국을 공격하기 위해 개발한 V2 미사일의 기술이 응용될 수 있었기 때문이다. V2 미사일의 개발에 관여했던 기술자들은 제2차 세계대전 이후에 미국, 소련 및 유럽 각국으로 이주하였고(경우에 따라서는 연행되었고), 각국에서 미사일 개발에 종사하게 된다.

소련의 미사일 기술자인 세르게이 코롤료프(Sergei Korolev)는 대륙간 탄도미사일을 개발하는 중에 우주 공간에 방출된 미사일 탄두의 재돌입 기술이 확립되기 전에 탄도 부분에 인공위성(이하 위성으로 약칭)을 탑재하여 지구주회궤도(地球周回軌道)에 방출(放出)하는 것을 구상했는데, 비콘(beacon, 기계음) 신호를 발(發)하는 위성을 탑재하여 발사했던 것이 1957년의 스푸트니크 1호였다. 당시 소련의 지도자였던 니키타 흐루시쇼프(Nikita Khrushchev) 서기장은 이 기술을 중시하지 않았지만, 미국에서는 소련의 위성이 머리 위를 통과할 때에 라디오로 비콘 신호를 수신하였고 그 기술에 경악하였다. 그러한 미국의 반응을 보고 흐루시쇼프는 우주개발이 냉전의 대립 관계 중에서 대단히 큰 심리적 우위성을 획득할 수 있다는 것을 이해하고 코롤료프에게 우주 로켓을 더욱 개발하도록 명령했다. 때마침 러시아 혁명 40주년의 해를 맞이하여, 혁명기념일에 맞추어 코롤료프는 라이카(Laika)라고 불리는 개를 태운 스푸트니크 2호를 발사하고(라이카는 쏘아 올리는 도중에 사망했지만), 그것이 대대적으로 선전됨으로써 소련은 생물, 그리고 장래적으로는 인간을 우주 공간에 보내게 될 것으로 미국에서는 받아들여졌다. 미국은 소련이 유인(有人) 우주 비행에 성공하기 전에 그것을 실현하는 것을 목표로 항공우주국(NASA)을 설립하고 소련과의 '우주경쟁'을 개시한다.

이와 같이 우주개발의 시작은 미사일 개발의 도중에 파생된 사업으로, 국가적인 목적이라기보다는 기술 개발의 중간 단계에서 시작되어 그것이 의도하지 않은 형태로 유인 우주 비행을 둘러싼 경쟁이라는 게임으로 바뀌었다. 이 시점에서 우주개발은 인간을 우주에 보내고 최종적으로는 달(月)과 화성(火星)에 인류를 도달시키는 것이 목적이 되는 국가 간 경쟁의 규칙이 설정되었다. 환언하자면, 군사적인 목적 및 우주 공간에 대한 지배 등의 목적이 아니라, 흡사 올림픽에서 금메달을 놓고 다투는 것처럼 우주개발에서 한 걸음이라도 앞으로 나아가고자 하는 것이 미소 양국 간에 설정되어 상대방에게 승리를 거두는 것이 목적이 되었다.

이리하여 시작된 우주개발은 국가를 상징하는 사업으로 규정되었고, 그 성공이 국가의 기술력을 나타내는 것과 함께, 우방국에 대해서는 동경과 존경을 모으는 소프트 파워(soft power)로서, 또한 적대국에 대해서는 우주 공간에서 이해할 수 없는 어떤 행동을 취하는 것이 가능해졌다는 위협으로 받아들여지게 되었다. 이러한 미소 우주경쟁에 의해 촉발되는 형태로 세계 각국에서 우주개발에 대한 관심이 높아지고 유럽, 일본, 중국, 인도 등의 기술력이 있는 국가들에서는 미소 양국을 뒤쫓는 우주개발이 추진되었다.

한편으로 미소 우주경쟁에 숨겨져 있는 형태로 군사적인 인프라로서 통신, 위치 측정 및 정찰 등을 가능하게 하는 무인(無人) 위성이 개발되고 진화되어 왔다. 이러한 것은 전략적인 정보 수집을 하는 데 불가결해지고 있으며, 드론 및 잠수함에 의한 작전 행동을 가능케 했다. 이러한 군사 인프라로 정비된 위성은 기술의 진보에 따라 진부화(陳腐化)되고 점차 민간 기술로 사용되었다. 오늘날 우리가 일반적으로 사용하고 있는 위성 방송 및 기상위성 데이터, GPS에 의한 지리 공간 정보(地理空間情報) 서비스는 모두 군사 기술로 개발된 후 민간에 개방된 기술이다.

이러한 기술을 획득하고 군사적인 능력을 제고시키는 것은 유인 우주 비행과 같은 '멋진' 우주개발과는 달리, 군사 기밀의 배후에 숨겨져 있으면서도 '수수한' 기술 혁신(技術革新)이 거듭되어 그 능력의 유무(有無)가 국가의 군사적인 행동의 폭을 규정할 정도로 중요한 인프라가 되었다. 또한 이러한 기술이 진부화(陳腐化)하고 민간에 해방(解放)됨으로써 그 국가의 우주산업이 상업적으로 성공하고 그 국가의 우주 인프라에 경제적으로 의존하는 상황이 만들어졌다. 그것이 결과적으로 국가의 군사적, 경제적인 파워, 다시 말해 하드 파워(hard power)로서 기능하게 되었다.

2. 두 번째 국면에 진입한 우주개발

그런데 우주개발은 이미 새로운 국면에 진입하고 있다. 미소 우주경쟁 시대에 설정되었던 '게임의 규칙(rule)'이 대폭적으로 변경되고 우주개발에서 '누가', '무엇을' 달성하는가 하는 관계가 복잡해지고 있다.

그 첫 번째의 이유는 우주가 '민주화'(民主化)되었기 때문이다. 미소 우주경쟁 시대에는 미소 양국이 압도적인 기술력과 자금력을 갖고 우주개발에 매진했으며, 아폴로 계획의 정절기였던 1960년대 종반에는 국가예산의 4~5%(일본의 현대 국가예산으로 환산해보면 국방비 전체의 규모에 상당함)를 투입했다. 유럽, 일본, 중국, 인도 등은 후발 우주개발국으로서 미소 양국의 뒤를 쫓았지만, 그 차이는 도저히 메우지 못했다. 하지만 현대에는 80개 이상의 국가들이 자국의 위성을 보유하고 소형 위성인 경우에는 기술적인 기초가 취약한 개도국이라고 하더라도 독자적으로 개발할 수 있는 등, 우주개발 기술의 진부화(陳腐化)가 진전되고 있다. 미국, 일본, 유럽에서는 대학의 연구실 단위로 교육 목적에서 위성을 개발하는 것이 가능해지고 있으며, 그것을 발사하기 위한 로켓도 민간기업이 개발하고 있다. 즉 국가에 의존하지 않더라도 시장에서 로켓을 조달하여 발사하는 것이 가능하다. 즉 우주개발이 특정 선진국만 누리는 특권적인 기술이 아니라 누구라도 쉽게 접근할 수 있는 기술이 되었으며, 그 때문에 우주개발에 관한 행위자가 늘어나고 우주 공간에서의 정치적인 영향력의 양태도 '민주화'하고 있다.

둘째, 우주가 '상업화'되었다는 것을 들 수 있다. 이제까지 우주개발은 국가가 주체가 되어 추진하는 것이며, 1967년에 발효된 우주개발의 거버넌스에서의 기초가 되는 우주조약(宇宙條約)에서도 민간의 활동도 포함하여 국가만이 우주개발을 행하는 주체가 된다고 정해져 있다. 그 때문에 민간기업이라고 하더라도 특정 국가의 인가를 획득한 후에 위성을 발사하고 운용하지 않으면 안 된다. 또한 우주 물체(宇宙物體)와 지상을 잇는 무선 주파수(無線周波數)가 유한하기 때문에 그 조정을 행하는 것, 나아가서는 정지궤도(停止軌道)에 배치할 수 있는 위성도 국제전기통신연합(ITU: International Telecommunication Union)에서 국가 대표에 의해 조정되는 방식이 되고 있다. 그러나 민간 기업이 국가의 기술적, 재정적 지원을 받지 않고 스스로 자금 조달을 하여 우주개발에 나서게 됨에 따라 민간 사업자는 경영자 및 주주(株主)의 국적 등을 고려하지 않고 가장 수월한 법제도가 정비되어 있는 국가를 선택하여 거기에 활동 거점을 두게 된다. 그 때문에 룩셈부르크 등은 달(月) 등의 천체(天體)에서의 자원의 상업적 채굴을 인정하는 국내법을 제정하여 우주자원을 탐사하는 기업을 유치하고 있다. 이처럼 우주개발은 국가의 상징이라기보다는 국가가 고용 및 경제의 활성화 등을 위해 기업 유치(企業誘致)에 힘쓰는 '보통의' 경제 활동이 되고 있는 중이다.

셋째, 우주가 '군사화'(軍事化)했다는 것도 상황을 복잡하게 만들고 있다. 이미 논한 바와 같이, 우주개발은 미소 우주경쟁의 시대부터 군사적 목적으로 활용되어 왔다. 하지만 그러한 것은 부대(部隊) 간의 통신 및 정보 수집의 일부로서의 정찰 등 보조적인 역할이 중심이었으며, 우주정거장을 보유·운용하지 않더라도 군사적 능력에 결정적인 차이가 발생하지는 않았다. 하지만 현대에는 통신 및 위치 측정 등의 우주 시스템은 거의 모든 무기를 운용하는 데 불가결한 인프라가 되고 있다. 이른바 네트워크 중심전(network-centric warfare)이라는 개념이 생겨나고 지휘, 명령, 감시 및 정찰 등의 이른바 C4ISR이 우주 시스템과 그것을 연결하는 사이버 네트워크가 없으면 작전 행동을 취할 수 없는 상황이 되고 있다.

이것은 환언하자면 우주의 '취약성이 현재화(顯在化)'해졌다는 것을 의미한다. 우주 공간에 인공 물체를 투입하기 위해서는 초속 7.9km(시속 28,400km)의 속도를 확보하지 않으면 안 되며, 그 때문에 엄청난 에너지를 필요로 한다. 때문에 위성 등은 가능한 한 가볍게 설계되고 있으며, 외부로부터의 충격 및 충돌에 취약하지 않을 수 없다. 또한 우주 공간에서의 행동은 물리 법칙에 따라 규칙적이 되기 때문에 위성을 격추시키거나 그 위성으로부터 발사된 전파 및 신호를 방해하고자 할 경우 용이하게 실행할 수 있다. 즉 우주 시스템은 공격하기 쉬운 대상이며, 방어하기 어려운 것이다. 현대의 군사 능력에 불가결한 우주 시스템은 그 중요성과는 정반대로 대단히 취약하며 지휘·명령 계통 및 정찰·감시 능력의 관건이 되는 우주 시스템의 기능을 탈취한다면 적의 군사 능력을 용이하게 끌어내릴 수 있다. 그 때문에 우주개발이 두 번째 국면으로 진입함으로써 그 취약성이 현저해졌으며, 무력 분쟁이 일어났을 때 제일 먼저 공격 받을 표적이 된 것이다.

3. 우주에서의 미중 대립

세계사적(世界史的)으로 본다면, 두 번째 국면에 진입한 우주개발의 시대는 동시에 미중 대립이 격렬해진 시대이기도 하다. 냉전이 종식되고 30년 이상이 지나면서 미소 양국이 벌여왔던 것과 같은 우주경쟁은 우주의 '민주화', '상업화', '군사화', '취약성의 현재화(顯在化)'가 진전되는 가운데 확실히 변화했으며, 미중 관계에서의 우주경쟁이 있다고 하더라도 과거와 같은 경쟁이 되지는 않고 있다.

그 최대의 이유는 미소 우주경쟁이 다른 국가가 쫓아갈 수 없는 양대 우주개발 선진국 간의 경쟁이었던 것에 반해서, 현대의 미중 경쟁은 '우주의 민주화'에 의해 양적(量的)으로는 타국과 차이가 있다고 하더라도 질적(質的)으로 큰 차이가 없으며, 미중 양국이 이른바 '동료 중의 수석(首席)'이라는 위치에 있을 뿐이라는 점이다. 예를 들면 2020년은 지구와 화성이 근접하는 타이밍이며 화성 탐사기(火星探査機)를 발사하는 최적의 시기였는데, 화성을 향해 탐사기를 발사한 것은 미국과 중국뿐만 아니라 UAE도 일본의 H-IIA 로켓을 이용하여 화성 탐사기를 발사했다. 미중 양국은 화성에 착륙하는 탐사기를 탑재했으며 UAE의 그것은 화성을 주회(周回)할 뿐이므로 질적인 차이가 있다고 할 수 있지만, 과거에 미국은 화성 착륙, 화성 탐사차(探査車)의 성공이라는 실적이 있는 데 반해서, 중국은 화성 주회궤도(周回軌道)에 투입하는 것마저 성공했던 적이 없는 최초의 시도였으며, 기술적으로는 대단히 리스크가 큰 도전을 하고 있다. 그러한 의미에서 중국과 UAE는 화성을 향한 탐사기의 최초 발사라고 하는 점에서 큰 차이가 없다. 이처럼 미중 양국은 돌출된 두 나라가 최강의 자리를 놓고 싸우는 경쟁을 하고 있는 것이 아니다.

둘째, '우주의 상업화(商業化)'에 의해 우주개발은 이미 국가 간의 경쟁이 아니게 되었다는 점을 들 수 있다. 중국의 우주개발은 현재 국가 주도이며, 중국의 영광을 짊어진 사업으로 규정되어 그 점에서는 미소 우주경쟁 시대와 크게 다르지 않다. 하지만 미국은 이미 민간기업에 의한 우주개발이 진전되어 국가 사업으로서의 우주개발과 혼재되어 있는 상황이다. 미국은 2011년에 노후화한 우주 왕복선(Space Shuttle)을 퇴역시켰고 그 이후에는 러시아만이 국제우주정거장에 우주 비행사를 보냈지만, 2020년에 9년 만에 미국으로부터 유인(有人) 우주 로켓이 발사되었다. 하지만 이 유인 로켓은 남아프리카공화국 출신인 일론 머스크(Elon Musk)가 설립한 SpaceX라는 민간기업이 개발한 것이며, NASA가 개발자금의 지원 및 안전성의 확인 등은 했지만, 기술개발은 모두 SpaceX가 하고 있다. 그 로켓에 탑재된 유인 우주선인 크루 드래건(Crew Dragon)은 이제까지의 NASA의 우주선과는 디자인이 크게 다르며 터치패널로 조작하는 백(白)과 흑(黑)을 기조로 한 스타일리시(stylish)한 것이었다. 로켓에는 NASA의 로고가 붙어 있었지만, 전 세계가 '미국의' 로켓이라기보다는 'SpaceX' 로켓이라고 인식하고 있으며, 그러한 의미에서는 미중 우주경쟁은 SpaceX의 로켓과 중국 로켓의 경쟁이라는 위상의 차이가 있다.

또한 우주의 '군사화'가 진전됨으로써 군사 목적의 우주개발도 크게 달라지고 있다. 미소 우주경쟁 시대의 군사적 우주개발은 얼마나 많은 위성을 발사하고 정찰 및 통신 능력이 얼마나 높은가를 놓고 다투는, 능력 개발의 경쟁이었다. 더욱 높은 분해 능력(해상도)의 정찰위성을 발사하고 상대방의 정보를 얼마나 획득할 것인가, 또한 미국이 GPS 위성을 정비하여 세계의 어디에서도 자신의 위치를 파악할 수 있게 되자, 소련(러시아)은 GLONASS라고 하는 유사한 시스템을 개발하여 미국과 동등한 능력을 획득하고자 애를 쓰고 있다(GLONASS는 여러 차례 가동하고는 있지만 그때마다 위성의 미비점 등으로 인해 충분한 기능을 발휘하지 못하는 일이 반복되고 있다).

그러나 현재 미중 양국에서의 군사적 우주개발은 능력을 둘러싼 경쟁이 되고 있지 않다. 확실히 중국은 러시아와 마찬가지로 미국의 GPS에 대항하여 중국판(版) GPS라고 불리는 '베이더우'(北斗) 위치 측정 위성을 정비했으며, 미국의 능력에 대항하고 있는 것처럼 보인다. 하지만 러시아의 사례와는 달리, 중국은 GPS가 정비되고 전 세계를 향하여 무료로 민생용(民生用) 신호가 배신(配信)된 이후에 '베이더우'를 정비한 점이 중요하다. 즉 미국의 GPS는 군사적 목적으로 개발되었으면서도 1983년의 대한항공 여객기 격추 사건을 계기로 민간을 위한 신호를 무료로 발신함으로써 전 세계의 휴대전화에 GPS 수신 기능이 포함되고 지도 앱 및 위치정보를 사용한 게임[포켓몬고(Pokémon GO) 등]이 널리 보급되었으며, 중국에서도 미국의 GPS에 대한 의존도가 높아졌다. '베이더우'는 미국에 과도하게 의존하는 것을 피하기 위한 리스크 저감 조치라고 할 수 있다. 즉 중국은 미국에 대항하는 것이 아니라 이미 미국의 GPS에 의존하고 있으며, 미중 대립이 격렬해질 경우 중국을 향한 GPS 신호의 질을 떨어뜨리거나 또는 정지시킬 가능성이 있다는 점을 우려하는 것이다. 그 때문에 중국 사회에서 불가결한 서비스가 되고 있는 위성 위치 측정 정보를 차단당할 때의 리스크를 고려해보면 거액의 비용을 투입하더라도 자체적인 위성 시스템을 구축할 필요가 있다고 인식했던 것이다. 물론 중국이 독자적인 위치 측정 위성 시스템을 보유하게 됨으로써 군사적인 능력을 제고하는 것도 목적으로 삼고 있는데, 그것은 '베이더우' 개발의 한 가지 이유에 지나지 않는다.

이처럼 중국은 미국의 능력을 추격하는 것을 목적으로 삼으면서도 그것 이상으로 미국의 우주 시스템에 의존하는 것을 피하기 위한 목적으로 군사적 우주개발을 추진하고 있는 것이다. 또한 우주 시스템의 '취약성의 현재화(顯在化)'가 높아짐으로써, 미중 우주경쟁이 자신의 능력을 제고시키는 경쟁이라기보다는 상대방의 능력을 빼앗는 경쟁이 되어가고 있다. 미소 우주경쟁 시대에도 1970

년대부터 1980년대에 걸쳐서 위성을 파괴하는 반(反)위성무기(ASAT) 실험이 행해졌는데, 그 중요성은 낮았고 상호 간에 위성을 파괴하는 것에 의한 우주 공간의 군사화를 피한다는 양해가 있어서 ASAT 실험은 행해지지 않게 되었다. 하지만 2007년에 중국이 자국의 위성을 파괴하는 실험을 행하여 다수의 우주 쓰레기(space debris)를 퍼뜨렸던 것은 많은 국가에 충격을 주었다. 그것은 우주의 '군사화'가 진전된 결과, ASAT 능력의 중요성이 훨씬 제고되고 상대방의 위성을 파괴할 수 있다면 상대방의 군사 능력을 현저히 저하시킬 수 있다는 점이 인식되었기 때문이다. 그 때문에 2008년에 미국도 자국의 위성을 격추시키는 실험을 행했으며 그 이후에도 미중 양국(그리고 러시아, 인도)은 위성 능력을 빼앗기 위한 대(對)우주(counterspace) 능력을 제고시키려 하고 있다. 대(對)우주 능력에는 물리적으로 위성을 파괴하는 것뿐만 아니라, 방해 전파를 발사하는 '재밍'(jamming) 또는 위성 정보에 가짜 정보를 혼입시키는 '스푸핑'(spoofing), 정찰위성에 레이저 광선 등을 쏘아 눈을 멀게 하는 '대즐링'(dazzling) 등의 수단도 포함되며, 중국은 이러한 능력을 제고시키고 있는 것으로 보인다. 또한 위성은 네트워크를 매개로 하여 관제되고 있기 때문에, 그 시스템을 사이버 공격을 통해서 하이재킹(hijacking)하거나 위성의 통제를 빼앗는 것도 대(對)우주 공격으로서 고려할 수 있다. 또한 우주 공간에서 상대방의 위성에 접근하여 방해 전파를 발사하거나 물리적으로 접촉하여 파괴하는 등의 '접촉 근접 작전'(RPO: Rendezvous and Proximity Operations), 이른바 '킬러 위성'이라고 불리는 활동도 대(對)우주 능력에 포함된다.

이와 같이, 우주 공간에서의 미중 대립은 미소 우주경쟁 시대와는 그 양상이 크게 변화하고 있다. 양자(兩者)는 경쟁하고 있다고 말할 수 있지만, 그것은 눈에 보이는 형태에서의 국가 위신을 둘러싼 경쟁도 아니고 군사 능력의 향상을 지향하는 경쟁도 아니며, 상대방의 능력을 빼앗기 위한 경쟁이다. 우주 공간에서의 군사적인 대립, 특히 사이버 공격 및 방해 전파 등 눈에 보이지 않는 형태의 공격에 의한 전투가 되면, 누구의 공격인지 명확하지 않아 그 공격에 대한 보복 공격을 하는 것이 대단히 어려워진다. 그렇게 되면, 우주 공간에서의 상호 억지(相互抑止) 관계가 성립하기 어렵게 되며, 미중 대립이 우주 공간에서 가일층 격화되고 선제적으로 공격할 인센티브(incentive)가 높아진다. 즉 우주 공간에서의 미중 대립은 장래에 무력 분쟁이 발발할 경우 가장 먼저 전투가 시작되는 무대가 될 가능성이 높으며, 우주 공간에서 어떤 문제가 발생함으로써 그것을 적의 공격으로 오인(誤認)하고 우발적으로 미중 간의 무력 대립으로 발전하게 될 우려마저 있다고 할 수 있다.

4. 대단히 어려운 '규칙 제정'

이와 같이 미중 대립의 최전선이 될 가능성이 있는 우주 공간에서의 미중 대립을 어떻게 안정시킬 것인가는 코로나19 이후 시대 국제질서의 안정에 대단히 중요한 문제가 될 것이다. 하지만 이미 논한 바와 같이, 우주 공간에서 상호 억지의 관계를 구축하는 것은 어려운 일이며, 미중 관계가 균형을 유지하는 것은 기대할 수 없다.

이러한 가운데 이제까지 몇 차례에 걸쳐 우주 공간에서의 질서를 안정화시키기 위해 국제적인 규칙을 제정하려는 시도가 이루어진 적이 있다. 2000년대 초부터 중국과 러시아는 '우주에서의 무기 배치와 우주 물체에 대한 위협이나 무력 사용의 금지 조약'(PPWT: Treaty on the Prevention of the Placement of Weapons in Outer Space and of the Threat or Use of Force against Outer Space Objects)을 제창하고 있다. 이것은 우주 공간에 공격적인 무기를 배치하는 것을 금지하는 조약안(條約

案)이지만 진정한 노림수는 미국이 개발하고 있는 것으로 여겨지는, 우주 공간에 배치할 미사일 방어 시스템의 정비를 저지하는 것이다. 중국과 러시아는 미국의 미사일 방어 시스템이 핵억지의 구조를 불안정하게 만든다며 그 배치에 반대하고 있는데, 그러한 흐름에서 우주 공간에서의 미사일 방어의 배치에도 반대하고 있다. 또한 2007년의 중국에 의한 ASAT 실험은 우주 쓰레기를 발생시키고 그것이 우주 공간에 있는 다른 위성과 충돌함으로써 미중 대립과는 관계가 없는 위성을 파괴할 뿐만 아니라, 우주 쓰레기와 위성의 충돌에 의해 발생한 새로운 우주 쓰레기가 더욱 증가하여 언젠가 우주 공간이 사용할 수 없는 상태가 될 것이라는 우려도 있기 때문에, ASAT를 금지하는 것을 포함하는 '우주 활동에 관한 국제행동규범'(ICoC: International Code of Conduct)을 유럽연합(EU)이 제창했다. 이것에 미국, 일본, 독일, 호주 등이 찬성의 뜻을 보였고, 약 60개 국가를 모아 유지국(有志國) 회합 등을 개최했지만, 중국과 러시아가 반대하고 또한 몇몇 개도국도 EU가 주도하여 논의를 추진하는 것이 아니라 유엔에서 논의해야 한다며 EU의 리더십에 저항하겠다는 의사를 보였다.

이와 같이, 중국 및 러시아가 주도하는 PPWT도, 그리고 유럽연합이 주도하는 ICoC도 우주 공간의 규칙 제정을 위한 기초가 되지는 못했다. 그 때문에 현재는 우주 공간에서의 대(對)우주 공격을 억제하는 규칙은 존재하지 않으며, 2019년에는 인도가 중국에 대항하여 우주 대국(宇宙大國)이라는 것을 보여주기 위해서 ASAT 실험을 행하였고, 또한 2020년에는 러시아가 궤도상의 위성으로부터 탄환(彈丸)과 같은 것을 발사하는 실험을 행했다.[1] 이처럼 규칙이 존재하지 않는 상황이 계속됨으로써, 우주 공간에서의 공격적인 활동이 무규칙(無規

---

1)   2021년 11월 15일, 러시아는 미사일로 자국 위성을 요격하여 1500개 이상의 커다란 파편이 발생하였으며, 이로 인해 국제우주정거장(ISS)의 우주비행사들이 일시적으로 대피하는 소동이 벌어졌다._옮긴이

則)하게 전개되고 우주 공간의 질서가 불안정하게 될 우려가 있다. 또한 우주의 '민주화'와 '상업화'가 진전됨에 따라, 미중 양국 이외의 국가 및 민간기업의 위성이 다수 발사되고, 향후 우주 공간이 더욱 혼잡해지는 상황이 발생할 것으로 전망된다. 그러한 가운데 우주 쓰레기가 발생하는 ASAT 공격, 또는 민간기업의 위성도 포함하는 재밍 등의 방해 행동을 취하는 것은 군사 활동뿐만 아니라, 통신 및 방송, 기상(氣象) 등의 일반적인 일상생활에도 깊이 침투하고 있는 위성 데이터에 의한 서비스에도 영향을 미칠 수밖에 없다. 우주 공간에서의 미중 대립을 제어하기 위해서라도 일정한 '규칙의 제정'이 필요하다.

5. 코로나19 이후 시대의 우주질서를 향하여

우주 공간에서의 질서는 크게 변화하고 있는 중이다. 한편으로는 '민주화'와 '상업화'가 진전됨에 따라 미중 양국에 의한 조정(調整)만으로는 질서를 형성할 수 없게 되고 있으며, 다른 한편으로 '군사화'와 '취약성의 현재화(顯在化)'를 초래하고 있는 주역인 미중 양국의 대립이 만들어내는 질서의 불안정화가 진전되고 있기에 미중 양국이 관여하는 질서 형성이 어떤 형태로든 추진되지 않으면 안 된다. 이 모순된 2개의 목표, 즉 미중 양국 간의 대립을 완화하고 우주 공간이 군사적인 대립에 의해 혼란에 빠지지 않도록 질서 형성을 진행하면서, 민간기업 및 개도국도 포함하는 글로벌한 우주 공간의 질서 형성을 지향하는 규칙을 제정하지 않으면 안 된다.

여기에서 관건이 되는 것은 '우주 교통 관리'(STM: Space Traffic Management)이다. 우주 공간, 특히 지구에 가까운 저궤도(低軌道)에 방대한 수의 위성이 발사되고 그러한 것이 무질서하게 배치되어 지구를 주회(周回)하게 되면, 위성들 간의 충돌 리스크 및 우주 쓰레기와의 충돌 리스크가 대단히 높아진다. 이것은 저 궤도에 발사한 위성의 운용자(operator)가 직면하게 될 리스크일 뿐만 아니라, 저 궤도에서 정찰위성 등을 운용하고 있는 미중 양국에도 리스크가 된다. 그 때문에 항공 관제 및 도로 교통의 경우처럼 일정한 규칙을 만들어 새롭게 발사되는 위성이 어떠한 궤도에 배치되고 어떻게 위성들 간의 충돌 등을 회피할 것인가 하는 메커니즘을 만들어낼 필요가 있다. 그것은 미중 양국을 포함한 모든 국가 및 기업, 운용자에게 유익한 일이 된다.

그러나 여기에서 문제가 되는 것은 현재 그러한 교통 관리를 가능하게 하는 시스템이 미국과 그 동맹국이 구성하는 '우주상황감시'(SSA: Space Situational Awareness)뿐이라는 점이다. SSA란 레이더 및 망원경으로 지구 궤도를 주회(周回)하는 물체를 감시하는 것을 말하는데, 지구가 둥글기 때문에 일국(一國)의 상공만 감시해서는 우주 전체에서 무슨 일이 일어나고 있는지를 파악하는 것은 어렵다. 그 때문에 미국은 동맹국과 협력하여 SSA 네트워크를 구축하고 미국 본토와 국외(國外)에 있는 미군 기지 등에 심우주(深宇宙) 레이더의 네트워크를 형성하는 것뿐만 아니라, 유럽 각국 및 일본, 호주와 협력하여 우주에서 무슨 일이 발생하는지 '상황감시'(狀況監視)를 하고 있다.

중국도 자국의 상공(上空)을 감시하며 거기로부터 SSA 데이터를 수집하고 있지만, 그 능력은 한정적이다. 그러한 의미에서 글로벌한 '우주 교통 관리'(STM)의 규칙을 만든다고 하더라도 실제로 우주 공간에서 무슨 일이 일어나고 있는지를 파악하는 것은 미국이기 때문에, 중국은 STM이 실행되면 미국이 취득하는 데이터에 농락당하게 될 것을 우려하고 있다. 특히 우주 공간에는 군사위성이 있으며 미중 양국은 상호 간에 군사위성의 데이터를 숨기려고 하기 때문에, 미국이 취득하는 SSA 데이터도 부분적으로밖에 공개되지 않고 있으며, 민간기업이 만약 우주 쓰레기 및 다른 위성과 충돌하려 할 경우에 미국으로부터 충돌

경보를 받는 상황이 되고 있다. 환언하자면, 만약 미국으로부터 통보를 받지 못하게 된다면, 민간기업뿐만 아니라 일본 등의 동맹국, 나아가서는 중국도 충돌의 가능성을 알 수 없게 되며, 만약 미국이 의도적이 아니라고 하더라도 정보제공을 태만히 하면 위성들끼리 충돌하는 등의 일이 일어날 가능성이 있다. 즉 STM을 행하는 '교통 경찰'의 역할을 미국이 담당하고 있는 것인데, 중국이 그러한 미국에 의한 질서 유지의 메커니즘을 허용할 것으로는 생각되지 않는다.

그렇다면 이 상태 그대로 궤도상의 위성의 수가 무질서하게 증가할 것인가? 아마도 향후 우주 공간에서의 질서의 형성은 미중 양국이 대립하며 정부 간 교섭에 의한 공적(公的)인 규칙 제정이 정체되는 한편으로, 자신의 자산을 보호하고 사업을 계속적으로 수행하기 위해 민간기업이 중심이 되어 사실상의 규칙 제정을 추진하게 될 것으로 여겨진다. 이미 민간기업이 우주 공간을 감시하고 군집위성 (satellite constellation)을 운용하는 기업에 대해서 궤도 정보(軌道情報)를 제공하는 서비스가 상업화되고 있으며, 민간 사업자는 자신의 자산을 지키기 위한 대책을 취하고 있다. 또한 궤도상에서 위성에 연료를 보급하는 서비스 및 우주 쓰레기를 제거하는 사업을 행하는 민간기업이 모여서 '랑데부 및 서비스 운영을 위한 컨소시엄'(CONFERS: Consortium for Execution of Rendezvous and Servicing Operations)이라고 불리는 업계 단체가 만들어져, 민간기업에 의한 업계 내부의 규칙을 만들어 나가는 움직임이 시작되고 있다.

이와 같이 공적(公的)인 규칙(rule)의 부재로 인해 결과적으로 민간기업이 자위책을 추진하게 되고, 그들이 일정한 질서를 스스로 형성해 나감으로써 미중 양국도 그러한 움직임을 완전히 무시할 수는 없게 될 것으로 전망된다. 이미 미중 양국도 이러한 민간기업에 의한 서비스의 혜택을 받고 있으며, 그들의 자산이 보호되는 것은 미중 양국에도 유익하기 때문이다. 이러한 민간기업의 규칙 제정이 진전되어 간다면, 그것을 기반으로 하여 공적(公的)인 규칙이 만들어지는 계기도 될 것이다. 그 전례로서는 역사의 길이에 차이는 있지만 유엔 해양법이 만들어지게 될 때까지의 프로세스가 유사하다고 할 수 있다. 해양 교통의 규칙은 자연발생적으로 관습화하고 상선(商船)이든, 군함이든 그 규칙을 지키는 것이 그들의 이익이 되고 쓸데없는 분쟁을 피하는 질서를 만들어냈는데, 그것이 최종적으로 해양법이라는 형태로 성문화(成文化)하게 되었다. 인류의 우주 활동이 아직 50년 정도밖에 되지 않았지만, 해양 교통의 규칙 이상으로 민간에 의한 사실상의 규칙 제정이 추진되기 쉬울 것으로 여겨진다. 왜냐 하면 우주 공간은 물리적인 제약이 강하며 그 제약 아래에서 가능한 일은 한정되어 있기 때문이다. 즉 인간이 법률을 만들기 전에 물리 법칙이 우위에 있는 공간인 우주에서 미중 경쟁이라는 것도 작은 사안에 지나지 않으며, 인류가 우주를 이용해 나가기 위해서는 물리 법칙에 따라 혼란 및 마찰을 피하는 것 외에는 다른 방법이 없기 때문이다. 이것을 미중 양국이 깨닫게 되면 우주 이용을 위한 안정된 질서가 만들어질 것이다.

참고문헌

鈴木一人. 2011.『宇宙開發と國際政治』, 岩波書店.
_____. 2019.「宇宙: 國際政治の新たなフロンティア」,≪國際問題≫第684號(9月), pp.1~ 4.
林幸秀. 2019.『中國の宇宙開發: 中国は米国やロシアにどの程度近づいたか』, アドスリー.
福島康仁. 2020.『宇宙と安全保障: 軍事利用の潮流とガバナンスの模索』, 千倉書房.
的川泰宣. 2000.『月をめざした二人の科学者: アポロとスプートニクの軌跡』, 中公新書.
マシュー・ブレジンスキー 著. 野中香方子 譯. 2009.『レッドムーン・ショック: スプートニクと宇宙時代の はじまり』, NHK出版.
Logsdon, John M. 2013. John F. Kennedy and the Race to the Moon, Palgrave Macmillan.

Weeden, Brian and Victoria Samson. eds. 2020. *Global Counter-space Capabilities: An Open Source Assessment*, Secure World Foundation, https://swfound.org/media/206970/s wf_counterspace 2020_electronic_final.pdf

스즈키 가즈토(鈴木一人)
도쿄대학 공공정책대학원 교수   **(전문 분야: 정치학, 국제관계론)**
저서: 『우주개발과 국제정치(宇宙開發と國際政治)』(岩波書店), 『EU의 규제력(EUの規制力)』(편저, 日本經濟評論社) 외

제3부

세계로부터 본 미중 관계

제10장

유럽연합(EU) · 영국으로부터 본 미중 관계

엔도 겐(遠藤乾)

서론: 시점(視點)과 대상(對象)

코로나19 위기가 세계질서에 미치는 다양한 영향 중에서, 여기에 부여된 과제는 '유럽연합(EU)·영국으로부터 본 미중 관계'인데, 그것은 자의(字義) 그대로 다루자면 '미션 임파서블'(mission impossible)이 된다. 우선 EU는 단일체(單一體)가 아니며 여러 가맹국과 본부(본부 자체가 유럽 이사회, 위원회, 대외행동청 등 여러 행위자이다)로 구성되는 연합체(聯合體)이다. 게다가 영국은 2020년 1월에 거기로부터 정식 탈퇴하여 현재는 별도의 행위자이다. 따라서 시점(視點)은 일정하지 않다. 다음으로 미국과 중국이 아니라 그들 사이의 관계를 대상으로 삼는 것은 관계가 정의상(定義上) 유동성으로 가득한 만큼 큰 어려움을 수반한다. 또한 EU가 단일체가 아닌 이상 가맹국을 언급할 필요가 있는데 이 책의 다른 논문에서 독일, 이탈리아 등의 유럽 국가들이 다루어지고 있으므로(그리고 프랑스 등이 제외되어 있으므로), 서술에 고르지 못한 부분이 생겨난다.

그러한 어려움을 피하기 위해 일정한 한정이 필요하다. 여기에서는 주로 고찰의 기점(起點)을 EU 본부에 두고, 이와 병행하여 EU 전체의 움직임을 조망하기 위해 때로 이 책의 다른 논문이 대상으로 삼고 있는 국가들에 대해서도 다루며, 영국에 대해서는 필요한 한도에서 가필하는 형태를 취한다. 고찰의 대상은 우선 악화일로의 방향으로 구조화되어 가는 미중 관계를(이 책의 다른 논문에서 다루어야 할) 소여(所與, 주어진 여건)로서 취급하고, 유럽으로부터 보아 코로나19 발발을 전후하여 인식이 더욱 변동된 중국을 염두에 두고 필요에 따라 대미(對美) 관계와도 결부하여 언급하는 것으로 한다. 차원으로서 의식하는 것은 외교안보, 경제·기술, 그리고 여론 등 세 가지인데, 물론 각 차원은 깊게 관련되어 있다.

1. 코로나19 위기 이전의 전체적 상황

미중 양국 간에 현재 전개되고 있는 외교안보상의 최전선은 △지리적으로는 러시아, 이란, 중앙아시아, 동중국해 및 남중국해를 포함한 인도·태평양, △기능적으로는 핵 비확산, 금융, 환경, 5G 등의 통신기술, 전략적 소통(정보전), 인권 등이라고 할 수 있다. 이러한 지리·쟁점 영역별로 미국과 중국, 그리고 미중 관계에 대한 시선이 다르다는 것이 한 가지 특징이다.

예를 들면, 이란에 대해서는 구미(歐美) 간에(정확하게는 미국과 영국, 프랑스, 독일 간에) 대립이 있으며, 미중 관계에 대한 함의로서는 간접적으로 중국에 유리하다. 한편 인도·태평양에의 중국의 해양 진출 및 법의 지배의 경시에는 EU(+영국) 전체에서 경계심을 명백히 표출하고 있으며, 그러한 의미에서 미국과 유럽이 보조를 같이 하지 않는 것은 아니지만, 실제로 인도·태평양에의 군사적인 존재감(presence)을 어느 정도 보이고 있는 것은 영국 및 프랑스에 한정되고 있으며 다른 가맹국들의 관심은 대체적으로 낮다.

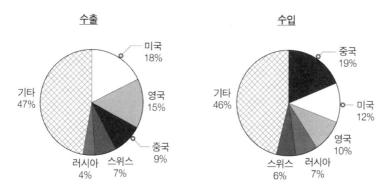

〈그림 10-1〉 EU 27개국 전체의 무역 상대국 현황(2019년)

수출

미국
18%

영국
15%

중국
9%

스위스
7%

러시아
4%

기타
47%

수입

중국
19%

미국
12%

영국
10%

러시아
7%

스위스
6%

기타
46%

자료: Eurostat(2020a).

금융에서는 주지하다시피 많은 EU 국가들 및 영국이 아시아인프라투자은행(AIIB)에 참가하고 있으며, 미국 및 일본과는 선(線)을 긋고 있다. 5G에 관한 화웨이의 취급에서는 영국, 프랑스, 덴마크 등 배제하기로 결정한 국가가 있는가 하면 그렇지 않은 국가도 있으며, 유럽 내부에서 대응이 갈리고 있다. 홍콩 및 신장(新疆) 등에서 심각해지고 있는 인권 측면에서도 정부 레벨에서 쟁점화하지 않고 있는 프랑스와 그 반대의 입장인 영국 간에 의견 불일치의 상태에 있다. 이것은 중국이 주도하는 일대일로(一帶一路)에 대해서도 마찬가지다. 이탈리아를 포함하여 EU 27개국 중에서 17개국이 그 각서에 서명했다.

경제 방면에서는 〈그림 10-1〉로부터 알 수 있는 바와 같이, 무역의 관점에서 살펴보면 EU 전체 수입의 19%를 중국이 차지하고 있고 미국 12%, 영국 10%로 그 뒤를 따라가고 있으며, 전체 수출의 18%를 미국이 차지하고 있는 가운데 영국 15%, 중국 9%로 그 뒤를 잇고 있다. 또한 영국에 대해서 부언하자면, 2019년의 상품 및 서비스 무역의 주요 수입국은 미국(12.6%), 독일(10.8%), 네덜란드(7.1%)에 이어 중국이 4위인 6.8%의 비중을 차지했다. 한편 수출국 1위는 미국

가맹국	대중(對中) 무역액 (단위: 100만 유로)	대중(對中) 수출의 비중 (단위: %)	
독일	96,283	15.2	▅
프랑스	20,959	8.5	▄
네덜란드	13,906	6.3	▃
이탈리아	12,993	5.5	▃
아일랜드	8,207	8.6	▄
벨기에	7,108	5.1	▃
스페인	6,799	5.6	▃
스웨덴	6,763	9.9	▄
덴마크	4,837	10.2	▄
오스트리아	4,611	9.0	▄
핀란드	3,548	12.0	▅
폴란드	2,651	4.3	▂
세르비아	2,146	5.9	▃
슬로바키아	1,690	10.5	▄
헝가리	1,456	6.1	▃
그리스	892	5.5	▃
불가리아	814	7.8	▃
루마니아	612	3.3	▂
포르투갈	604	3.4	▂
슬로베니아	435	3.9	▂
리투아니아	277	2.1	▏
룩셈부르크	198	6.7	▃
에스토니아	173	3.8	▂
라트비아	159	3.0	▂
크로아티아	108	2.1	▏
몰타(Malta)	36	2.9	▏
키프로스	34	1.9	▏

자료: Eurostat(2020b).

〈그림 10-2〉 대미(對美)·대중(對中) 호감도(2019년)

중국보다 미국을 선호하는 국가들

	대중(對中) 선호	대미(對美) 선호	편차
일본	14%	68%	+54
한국	34	77	+43
필리핀	42	80	+38
인도	23	60	+37
폴란드	47	79	+32
헝가리	40	66	+26
리투아니아	45	70	+25
이탈리아	37	62	+25
캐나다	27	51	+24
체코	27	50	+23
스웨덴	25	45	+20
영국	38	57	+19
이스라엘	66	83	+17
우크라이나	57	73	+16
프랑스	33	48	+15
슬로바키아	40	54	+14
호주	36	50	+14
스페인	39	52	+12
네덜란드	36	46	+10
인도네시아	36	42	+6
독일	34	39	+6

미국보다 중국을 선호하는 국가들

아르헨티나	41	47	+6
나이지리아	62	70	+8
멕시코	36	50	+14
터키	20	37	+17
레바논	39	68	+29
튀니지아	33	63	+30
러시아	29	71	+42

미국과 중국에 대한 선호에 중요한 차이가 없는 국가들

브라질	51	56	+5
남아프리카공화국	46	50	+4
그리스	51	54	+3
불가리아	55	57	+2
케냐	58	60	+2

0%   100%

자료: Silver and Devlin(2020).

으로 20.2%였으며, 그 뒤를 독일 8.4%, 프랑스 6.1%, 네덜란드 6.1%, 아일랜
드 5.5%가 잇고 있으며 중국이 4.4%로 6위를 차지했다(Ward 2020).

가맹국별로 살펴보면(〈표 10-1〉 참조), 독일의(특히 제조업의) 대중(對中) 의존도는
15.2%로 크며 핀란드, 슬로바키아, 덴마크가 10% 남짓으로 그 뒤를 잇고 있다.
다만 2015년의 수치(數值)이기는 하지만 부가가치로 살펴보면 독일의 대중 수
출은 2.8%밖에 되지 않는다(Borrell 2020).

미중 관계에 대한 여론은 트럼프 미국 대통령이 선출된 이후 유럽에서 변화
가 일어났다. 국가 및 시기에 따라 차이는 있지만, 대체적으로 미국에 친화적(親
和的)이었던 여론이 상당히 부정적이 되었으며, 별로 의식되지 못했던 중국이
존재감을 증가시키는 것과 함께 미국과의 비교 속에서 긍정·부정의 대상이 되
었다. 코로나19 위기가 발발하기 직전인 2020년 1월에 발표된 퓨리서치센터
(Pew Research Center)의 여론조사에 의하면(〈그림 10-2〉 참조), 미중 양국에 대한 호
감도에 대해 응답한 독일인은 각각 39 대(對) 34로 상당히 나뉘고 있는 한편, 네
덜란드인은 46 대 36, 이탈리아에 이르러서는 62 대 37로 미국에 대해 호감을
보였다. 한편 트럼프와 시진핑 중에 누구를 신뢰하는가 하는 질문에 대해서는
독일에서는 각각 6%, 21%였으며 55%는 그 누구도 신뢰하지 않는다고 하였다.
네덜란드에서는 각각 10%, 26%, 43%였고, 이탈리아에서는 17%, 14%, 37%였
다. 이로부터 얼마나 트럼프 미국 대통령이 문제시(問題視)되었는지를 알 수 있
다(〈그림 10-3〉 참조).

다른 조사에서도 트럼프 정권에 대한 평가는 낮다. 독일에서는 블라디미르
푸틴(Vladimir Putin) 러시아 대통령 및 시진핑 중국 국가 주석보다 훨씬 많은 41%
의 독일인들에게 그가 위협으로 간주되기에 이르렀다.

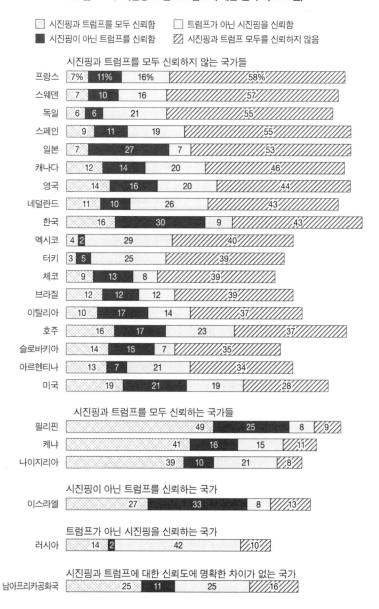

〈그림 10-3〉 시진핑·도널드 트럼프에 대한 신뢰도(2019년)

시진핑과 트럼프를 모두 신뢰함 □ 트럼프가 아닌 시진핑을 신뢰함
■ 시진핑이 아닌 트럼프를 신뢰함 ▨ 시진핑과 트럼프 모두를 신뢰하지 않음

시진핑과 트럼프를 모두 신뢰하지 않는 국가들

프랑스	7%	11%	16%	58%
스웨덴	7	10	16	57
독일	6	6	21	55
스페인	9	11	19	55
일본	7	27	7	53
캐나다	12	14	20	46
영국	14	16	20	44
네덜란드	11	10	26	43
한국	16	30	9	43
멕시코	4 2	29	40	
터키	3 5	25	39	
체코	9	13	8	39
브라질	12	12	12	39
이탈리아	10	17	14	37
호주	16	17	23	37
슬로바키아	14	15	7	35
아르헨티나	13	7	21	34
미국	19	21	19	28

시진핑과 트럼프를 모두 신뢰하는 국가들

필리핀	49	25	8	9
케냐	41	16	15	11
나이지리아	39	10	21	8

시진핑이 아닌 트럼프를 신뢰하는 국가

이스라엘	27	33	8	13

트럼프가 아닌 시진핑을 신뢰하는 국가

러시아	14	2	42	10

시진핑과 트럼프에 대한 신뢰도에 명확한 차이가 없는 국가

남아프리카공화국	25	11	25	16

자료: Silver and Devlin(2020).

2. EU · 중국 외교 관계의 전개

미국·유럽 관계는 버락 오바마 대통령 시기에 구체적으로는 진전되지 못했다. 오바마 대통령은 그 진보적인 자세 및 핵 폐기를 요구한 프라하 연설 등에 의해 일반 민중에게는 일정한 인기가 있었지만, 외교적으로는 유럽에서 냉담하게 취급되었고 그것은 각각의 수도에서 확실히 감지되었다. 사실상 시작된 미국의 세계적인 철수의 일환으로서 유럽은 중시되지 못하는 지역이었던 것이다. 트럼프 정권의 의의는 전임 대통령에 의한 **사실상**의 철수로부터 더 나아가서 **규범적인** 철수에까지 이르게 된 것에 있다. '미국 제일'을 제기하며 이익 추구와 거래 중시를 전면에 내세우고 환경에서 핵 비확산까지 수많은 국제 합의로부터 이탈할 정도로 미국은 유럽이 중시하는 가치로부터 이탈했다. 이로 인해 유럽의 고민은 깊어졌다.

그에 반해서 유럽·중국 관계는 21세기 초에 확실히 진전되었다(林大輔 2020). 시대를 조금 소급해보면, 1975년에 외교 관계를 수립한 이래 1989년의 톈안먼(天安門) 사건에 의해 일시적으로 관계가 악화되었지만, 1998년에는 최초의 정상회담이 행해지고 2003년에 EU와 중국이 양자 간의 관계를 '포괄적인 전략적 파트너십 관계'로 규정하였으며, 2005년에는 전략 대화가 시작되었다. 도중에 달라이 라마(Dalai Lama)의 유럽 방문 계획을 이유로 하여 중국 측이 한 차례 정상회담을 무산시켰지만, '리먼 쇼크' 이후에 중국이 전 세계에 자본을 공급하는 가운데 유럽·중국 밀월 시대가 도래하고 2013년의 정상회담에서는 'EU·중국 2020년 전략적 협력 계획'(EU-China 2020 Strategic Agenda for Cooperation)이 채택되었다. 이것은 평화와 안보, 경제 발전, 지속가능한 개발, 그리고 인적(人的) 교류까지 폭넓은 분야에서의 협력 관계를 정함으로써 유럽·중국 파트너십의 토대가 되고 있다(유럽·중국 관계 일반에 대해서는 Christiansen, Kirchner, Wissenbach(2019), 일본과 결부된 것으로서는 Berkofsky et al. eds.(2018), 최근의 전개에 대한 일본 국내의 연구로는 東野篤子(2019), 東野篤子(2020)를 참조하기 바란다.

그러나 2013년에 '일대일로' 구상이 발표되고, 2015년에 '중국 제조 2025'가 공표된 무렵부터 조금씩 분위기가 바뀌었다. 무역적자가 줄어들지 않고 중국의 시장 개방이 좀처럼 진전되지 않았다. 당초에 유럽 역내의 교통망과 접속하는 것으로서 환영을 받았던 일대일로도 그 이후 투자의 불투명성 및 중국 기업에 대한 노골적인 우대 등이 명백해짐에 따라 비판적인 목소리가 서서히 들리게 되었다. 2016년 5월에는 중국 최대의 가전 제조사 메이디그룹(美的集團)이 독일의 오래된 산업용 로봇 제조사인 쿠카(KUKA: Keller und Knappich Augsburg)의 주식 취득을 제안하였고 8월에는 그 매수를 완료했다. 이것은 독일의 엘리트에게 경종을 울리는 일이 되었다. 2013년에는 공급 과잉인 중국제 태양광 패널의 수출에 대해서 독일이 억제적으로밖에 비판하지 않았지만, 이 KUKA 매수에 의해, 중국의 '중국 제조 2025'와도 맞물리며 전략적인 산업 및 인프라를 지킬 필요성을 통감하게 되었다(일대일로와 유럽에 대해서는 Ekman ed.(2019)를 참조. 그 이후의 대중 인식의 변화에 대해서 더욱 명료하게 중국에 대한 경종을 포함하고 있는 것으로는 Holslag(2019), Benner et al.(2018), Godement and Vasselier(2017)를 참조).

2016년 6월, EU 위원회는 'EU의 새로운 대중(對中) 전략을 위한 구성 요소'라는 제목의 정책문서를 채택했다(European Commission 2016). 거기에서는 대중 관계의 강화를 제창하며 특히 투자, 연결성, 글로벌 거버넌스 등의 분야에서 연대를 하면서 동시에 호혜성(互惠性)을 강조하고 법의 지배 및 인권 분야에서의 개선을 요구하는 것이 되었다. 유럽·중국 관계가 완전히 바뀐 것은 아니지만, 일정한 변조(變調)를 읽어낼 수 있다. 그 배경에 있었던 것은 경제 측면에서는 불공정한 국가자본주의 및 개선될 기미가 없는 무역적자였다. 그것에 더하여 중국의 자본력이 증가함에 따라 직접투자, 기업 매수, 인프라 관련 자본 투하의 부정적인 측면이 의식되었던 점이 있었다. 또한 시진핑 정권이 등장한 이후 열악해진 인권 상황도 들 수 있을 것이다. 일례(一例)에 불과하지만, 2015년에는 수백 명이라고도 말해지는 변호사 및 운동가가 구속되는 '709 사건(중국에서 2015년 7월 9일부터 약 2개월 동안 수많은 인권 변호사와 활동가가 체포, 구속된 사건_옮긴이)'이 일어났다. 2016년과 2017년에는 EU와 중국이 결국 정상회담 이후에 공동성명을 내지 못하게 되었다.

바로 다음에 살펴볼 바와 같이, 이러한 빈조가 2019년에 기일층의 변화를 맞게 된다. 다만 그 전에 2017년 트럼프 대통령이 취임하게 됨에 따라, '미국제일주의'의 고조와 다국간주의(多國間主義)의 퇴조가 그것에 뉘앙스를 부여하고 있다는 것이 본고(本稿)의 주제에서 볼 때 중요하다고 할 수 있다. 즉 EU와 중국은 트럼프가 주도하는 이러한 움직임에 대해서 협조하고 환경 및 무역 분야에서 축적되어온 다국간주의를 옹호하는 자세를 보이고 있기 때문이다. 가맹국 레벨에서도 예를 들어 역내 대국인 프랑스가 마찬가지의 입장을 선명하게 보이고 있다. 에마뉘엘 마크롱(Emmanuel Macron) 프랑스 대통령의 주도로 개최된 파리평화회의에서는 2019년의 주빈(主賓) 중 한 명으로 왕치산(王岐山) 중국 국가부주석(國家副主席)을 초대하여 미국의 단독행동주의에 대항하며 유럽·중국이 손을 잡고 다국간주의를 유지하고자 했다.

그런데 유럽·중국 관계 그 자체는 중국의 존재감이 증가되고 미중 대립이 점차 격화되는 한편, 유럽과의 사이에서도 다양한 경합(競合)이 노정됨에 따라 변화하게 되었다. 2019년 3월의 'EU·중국: 전략 개관'(EU-China: A Strategic Outlook)에서는 EU에서의 중국의 위상 자체가 다음과 같이 수정되었다.

중국은 다양한 정책 분야에서 EU가 목표의 달성을 위해 긴밀히 연대하고 있는 협력 파트너이고, EU가 이익의 균형을 도모할 필요가 있는 교섭 파트너이

며, 기술적 지도권을 추구하는 데에서의 경제적 경쟁자이고, 상이한 통치 모델
을 추구하는 체제상의 라이벌이다(European Commission 2019).

위와 같은 맥락에서 그것에 따른 10가지 구체적인 행동 계획이 제안되었다.
여기에서는 2010년대 전반(前半)에 보여졌던 밀월 관계는 상당히 뒷전으로 물
러나고 기술적인 경합 및 체제상의 이질성(異質性)이 부각되고 있다.

이처럼 코로나19 위기 이전에 유럽과 중국 간의 외교 관계는 진전된 이후에
변조를 겪었다고 할 수 있다.

3. 코로나19 발발 이전의 인식 변화

엘리트의 인식에서도 이미 코로나19 발발 이전에 보이던 경향이 코로나19
위기 이후에 가속화되는 측면이 있다. 미국·유럽 관계의 변화도 또한 그에 해
당한다.

위에서 언급한 여론조사에서 살펴본 바와 같이, 트럼프에 대한 평가는 대체
로 낮았는데, 엘리트 사이에서도 트럼프 정권에 대한 평가는 매년 하락했다. 필
자가 참석했던 2019년 2월의 뮌헨 안보회의(MSC: Munich Security Conference)에서
말해졌던 것은 바로 그러한 것이었다. 즉 2017년 초에는 아직, 트럼프가 실제로
대통령이 되면 선거전(選擧戰)에서의 언동과는 달리 조금은 성실히 통치하게 될
것이라는 기대감이 있었는데 그것이 배신당한 것이다. 2018년 초에는 아직 제
임스 매티스(James Mattis) 국방장관이 있다고 하는 기대감이 남아 있었다. 하지
만 2019년에는 아무것도 남아있지 않게 되었다.

그 저류에 있는 것은 세계관·역사관의 근본적인 상위(相違)이다. 독일 및 유

럽에서 다국간주의·국제협조는 그것에 따라 전후(戰後, 제2차 세계대전 이후_옮긴이)

세계를 살아왔던 국시(國是)이다. 거기에는 세계가 그것을 향해 나아가야 하며,

구식(舊式)의 노골적인 권력정치(權力政治)로 돌아가서는 안 된다고 하는 신념이

있으며, 트럼프 정권은 그 정반대 방향으로 나아가고 있는 것으로 비추어졌던

것이다.

제2차 세계대전 후의 세계에서 유럽의 다국간주의·국제협조를 장기간 뒷받

침해온 나라는 다름 아닌 미국이었다. EU는 그 기원인 유럽석탄철강공동체

(ECSC: European Coal and Steel Community)의 성립 과정에서 보이는 바와 같이, 냉전

하에서 서방측의 결속을 추구했던 미국의 압력 아래에서 성립되었다. 하지만

트럼프 정권에 이르러서는 다름 아닌 미국이 그러한 다국간주의·국제협조를

부정하게 되었다. 2018년 말, 마이크 폼페이오 당시 미국 국무장관은 브뤼셀에

서 연설을 하며 유엔 및 EU를 무시하였다. 이 점에서 미국·유럽의 대립은 국제

관계의 기본 이미지에 관한 원리적인 색채를 띠게 되었다[이와 관련해서는 遠藤乾

(2019)를 참조].

이것은 코로나19 위기의 발발 이전에 일어난 일이지만, 그 경향은 코로나19

위기를 거치며 계속되었고, 실제의 정책에도 반영되고 있는 것으로 생각된다.

예를 들면, 독일의 앙겔라 메르켈(Angela Merkel) 당시 총리가 G7 의장국인 미국

의 트럼프 대통령에게 받은 초청을 거부하고 화상 회의의 참가를 신청하자, 트

럼프 대통령은 갑자기 약 1만 2000명이나 되는 주(駐)독일 미군의 철수를 발표

했다. 일부가 폴란드 등에 재배치되는 만큼, 실제로는 그렇게 큰 군사적 공백을

발생시키지 않았지만 안보의 가장 중요한 부분에서도 피할 수 없는 형태로 미

국·유럽 관계에 금이 가고 있다.

한편 중국에 대한 경계심이 높아지고 있었던 것도 사실이다. 전술한 바와 같

이, 2016년의 KUKA 매수를 계기로 하여 독일의 경제 엘리트 사이에서 전략적

인 산업 및 인프라에 대한 감도(感度)가 높아졌다. 그 이듬해에는 EU 전체에서 외국 자본에 의한 매수에 대해 스크리닝(screening)을 하는 법안이 제안되어, 2019년에 법제화되었다. 원래 인권 및 민주주의, 법의 지배 등의 방면에서 문제가 뿌리 깊었다는 것은 알려져 있었지만, 이 단계에서 경계의 레벨이 올라갔다고 말할 수 있다.

그러나 직접적인 위협이 될 수 있는 러시아와 달리, 중국은 어깨너머 먼 곳에 있는 이질적(異質的)인 국가이며, 직접적인 위협으로 간주되는 일은 드물었다. 따라서 중국을 직접적인 위협으로 간주하고 있는 일본 등과 온도차가 있는 것은 당연한 일이다.

또한 중국은 2012년부터 옛 동유럽 16개 국가(그중에 EU 가맹국은 11개국) 정상과의 회담을 조직화하여(이른바 '16+1') EU의 분단을 도모했다. 아울러 소국(小國)을 중심으로 융자 등의 수단을 매개로 하여 붕괴를 시도했다. '일대일로' 구상에 따르는 형태로 룩셈부르크에서 헝가리를 잇는 철도 근대화 사업에 나섰다. 그리고 그리스가 자국이 시작점이 되었던 '유로 위기' 속에서 2016년 중국 자본을 받아들여 아테네 교외에 있는 그리스 최대의 항구 피레우스(Piraeus)항을 운영하는 회사의 주식 중에서 절반 이상을 매각했다. 그해, EU 집행위원회가 중국에서의 인권 상황을 비판하고자 했을 때, 그리스는 그 결의를 저지했다.

중요한 국가인 독일도 또한 메르켈 총리가 마침 중국에 대한 독특한 '깊은 생각'을 갖고 있었고 산업계의 대부분이 기본적으로 친중적(親中的)인 자세를 계속 유지하고 있기 때문에, '하나의 바위덩어리'라고는 말하기 어렵다. 프랑스의 마크롱 대통령도 취임 이후에 유럽 밖으로의 최초의 방문지로 중국을 선택하였고, 매년 프랑스·중국 양국 정상이 상호 방문하여 회담을 정례화하는 것을 시도했다.

영국도 또한 아직 EU 가맹국이었을 때에 중국에 대한 접근을 공공연하게 했던 적이 있다. 보수당의 데이비드 캐머런 총리와 조지 오스본(George Osborne) 재무장관은 원자력발전소의 건설을 중국 자본에 맡기고 AIIB에 참가하겠다고 가장 먼저 표명했다. 또한 뒤를 이은 테레사 메이 총리는 원자력발전소에 대해서는 신중한 자세를 보였지만 5G 인프라 정비에서 화웨이를 배제하기로 결정한 것은 현재의 보리스 존슨 내각이다.

이처럼 중국에 대한 경계심은 존재하며 서서히 높아지고 있지만, 거기에는 각국 간 및 각국 내에서 입장 차이도 있었다. 또한 장기간 안보 분야에서 의지해온 미국이 급변해가는 것을 보고 미국에 대한 경계심 때문에 중국에 대한 경계심이 상대화되어왔다는 것이 코로나19 발발 이전의 상황이라고 정리할 수 있다[이 점에 대해서는 유럽·중국 관계를 미국을 포함하여 분석하고 있는 Esteban and Otero-Iglesias(2020)을 참조].

4. 코로나19 위기 발발 이후의 변화

2020년 1월에 중국의 우한(武漢)을 중심으로 코로나19 위기가 발발했을 당초에, EU(와 영국)의 인식은 대체적으로 선의(善意)로 지원을 하고자 하는 타국(他國)의 사건이었다고 할 수 있다. 실제로 EU 역내의 경계(alert)를 올리면서 최초로 했던 일 중의 하나가 2월 초에 중국에 대한 긴급 의료품 지원을 결정한 것이었다.

그 이후 유럽 역내 및 세계의 감염 상황, 일시 격화되었던 EU 내부의 대립, 그리고 중국에 의한 이른바 '마스크 외교', 그리고 정보전(情報戰)에 따라 EU 역내의 미중 양국에 대한 인식이 변화되어 간다[이에 대해서는 遠藤乾(2020)에서 상세하게 설명하고 있다].

대체적으로 말하자면, 유럽 내부의 코로나19 감염 폭발은 2020년 2월 이탈리아[특히 북부의 롬바르디아(Lombardia)]에서 시작되어, 3월에는 스페인, 프랑스, 베네룩스 3국(벨기에, 네덜란드, 룩셈부르크_옮긴이), 북유럽으로 확대되었으며, 영국에는 다소 늦게 4월에 상륙했다. 많은 국가에서 록다운(lockdown, 도시 봉쇄)이 실시되었지만, 7월 말의 시점에 영국을 포함한 유럽 전체에서 약 20만 명이 사망했다. 또한 2020년의 EU 역내 GDP는 12.1% 하락할 것으로 예상되었다.

이러한 감염 폭발에 대응하는 초동(初動) 단계에서 각국 사이의 이해 차이가 격화되었다. EU의 중심국(中心國)이 자국 우선의 태도를 노골적으로 보이고, 권능이 없는 EU는 그것을 한정하는 정도의 일밖에 할 수 없었던 것이다. 독일과 프랑스는 마스크 등의 의료 방호 용품을 전략 물자로 지정하고 수출을 금지했다. 스웨덴의 의료 서비스 회사 묄른뤼케(Mölnlycke)가 이탈리아와 스페인에 마스크 공급을 하려고 했지만, 경유지인 프랑스에서 마스크가 압수되었다. 이뿐만 아니라 이탈리아가 터키, 인도, 베트남으로부터 구입할 마스크가 독일과 프랑스에 의해 압류되어 버렸다.

체면이 상하게 된 것은 가장 먼저 코로나19 위기에 빠졌던 중국이 연이어 곤경에 빠진 이탈리아 및 세르비아에 대한 지원을 행하여 EU(가맹국들)와 대비되었던 점이다. 독일과 프랑스 양국이 이탈리아의 마스크에 손길을 뻗치고 있는 가운데, 중국은 300명 정도의 의사를 파견하고 20만 개의 마스크를 포함한 의료 비품·기구를 이탈리아에 무상 제공한다고 표명했다. EU 가맹 신청을 하고 있는 세르비아의 총리는 EU가 역외에 대한 의료 기구·비품의 수출을 금지함에 따라 "유럽의 연대 등은 존재하지 않는다", "우리를 돕고 있는 나라는 중국뿐이다"라고 큰 소리로 외쳤다. 이에 따라 3월 중순 곧바로 중국은 6명의 의사, 산소 호흡기, 마스크를 세르비아에 보냈다(The Guardian, April 13, 2020).

3월 23일의 재무장관 회의에서 이른바 '코로나 공동채(共同債)'에 대해서 합의가 이루어지지 못하고 3일 뒤인 26일의 EU 집행위원회에서도 결렬되어버린 직후, 남유럽의 정치인들은 감정을 노골적으로 표출했다. 이탈리아의 주세페 콘테(Guiseppe Conte) 당시 총리는 "만약 경제 위기에 대해서 우리가 통일된 강력하고 효과적인 대응을 제안하지 못한다면, 유럽 프로젝트 전체가 리스크에 노정될 것이다"라고 목소리를 높였다(Euronews, March 27, 2020).

남유럽에서의 비참한 감염 폭발 시에 나타났던 EU 가맹국의 단독 행동과 EU의 대응 차질 및 지체는 확실히 간과할 수 없는 짐이 있었다. 독일 출신의 우르줄라 폰 데어 라이엔(Ursula von der Leyen) EU 집행위원회 위원장은 4월 16일에 유럽의회에서 연설하면서 '마음으로부터의 사과'를 이탈리아 사람들에게 전하며 "너무나도 많은 사람들이, 이탈리아가 초기의 단계에서 도움을 필요로 하고 있던 바로 그때 거기에 있지 못했다"는 것을 사죄했다(BBC News, April 16, 2020).

그럼에도 대미지는 컸다. 3월 하순부터 4월 상순에 걸쳐서 행해진 이탈리아 SWG 사(社)의 여론조사에 의하면, 52%의 이탈리아인이 중국을 '친구'로 간주한 반면, 각각 45%, 38%가 독일, 프랑스를 '적'(敵)으로 보았다. 3월 중순의 모니터 이탈리아(Monitor Italia)의 조사에서도 67%가 EU 가맹을 불리한 것으로 생각한다고 응답했다. 이것은 2018년 11월의 동일한 조사에서 47%를 기록했던 것에 비해 대폭 증가한 것을 의미한다.

실제로는 이미 3월에 유럽중앙은행(ECB: European Central Bank)의 새로운 긴급 양적 완화(量的緩和)가 시작되어 남유럽을 포함한 여러 국민경제의 혈류(血流)를 원활하게 했다. 그 이후 4월에 들어, 재무장관 회의에서 5000억 유로의 거액 긴급 지원에 합의를 보았다. 독일도 3월 중반에는 마스크를 이탈리아에 보내겠다는 의향을 보였고, 그달 말에는 중환자도 받아들이기 시작했다. EU 집행위원회도 3월에 인공 호흡기 등 5000만 유로 상당의 지원 계획을 승인하였고, 4월에 노르웨이와 루마니아가 의료팀을 파견했다.

그중에서도 가장 두드러진 것은 7월에 합의된 7500억 유로 규모의 부흥기금이라고 할 수 있다. 4일 동안에 걸친 이례적인 정상회의를 거쳐 EU는 역사적인 합의에 도달하여 공동으로 채권을 발행하고 궁지에 빠진 역내 국가들과 지역을 지원하기로 결정했다. 이것은 약 1조 유로에 달하는 새로운 7개년 예산 틀과 병행하여 합의된 것으로, 지난 4월에 합의된 약 5000억 유로의 긴급 지원과는 별도의 것이었다.

이러한 움직임은 EU가 초기의 기능 미비를 극복하고 대응 능력을 갖춘 따라서 분석의 기점(起點)이 될 수 있는 국제 행위자라는 것을 내외(內外)에 보인 것과 같다. 이와 병행하여 중국의 마스크 외교, 프로파간다, 정보전의 실태가 조금씩 명백해지자, 유럽의 지도자 및 엘리트들은 중국에 대한 경계심을 강화했다.

여기에서는 2개의 예를 들어보도록 하겠다. 4월 12일, 파리의 중국 대사관 웹사이트에 게재된 익명의 기사가 중국의 코로나19 대책을 칭송하고 그것을 폄훼하는 서방측 국가들을 비난하며, 노인 가정의 프랑스인 간호사가 집단으로 도망쳤기 때문에 거주자가 굶주리고 병들어 죽게 되었다는 가짜 뉴스(fake news)를 유포했다(Izambard 2020). 이와 함께 테드로스 게브레예수스 세계보건기구(WHO) 사무총장이 행했던 것으로 여겨지는 인종주의적 발언을 마치 프랑스의 국회의원이 지지했던 것처럼 루사예(盧沙野) 주(駐)프랑스 중국 대사가 공언하게 되자, 감염 확대 초기에 중국에 지원을 제공하겠다고 자청했던 프랑스 정부와 주위의 엘리트가 감정(感情)에 큰 상처를 입었다(Huang 2020).

이탈리아에서도 가짜 뉴스에 대한 경계심이 엘리트 사이에서 인식되기에 이르렀다. 사실상 전랑(戰狼) 외교관에 해당하는 자오리젠(趙立堅) 외교부 보도국(新聞司) 부국장(副司長)이 3월 중반, 로마의 민중이 박수를 치며 간호사 등에 대한 감사를 보여준 장면을 바로 중국에 대한 감사의 증거인 것처럼 이미지화하여 트위터에 올렸다(https://twitter.com/zlj517/status/1239112822908276736). 이 밖에도 중국 당국의 통제를 받는 미디어기관인 ≪글로벌 타임스(Global Times)≫가 3월 하순에 코로나19 폐렴의 기원이 바로 2019년 11월~12월의 이탈리아인 것처럼 묘사하며 트위터에 글을 올렸다(https://twitter.com/globaltimesnews/status/124155926819 0343168).

이러한 사태에 직면하여 정보전에 관한 EU의 감도(感度)가 비약적으로 향상되었다. 본래 2017년 후반에 (다수의 러시아인 소수파를 포함하고 있는) 라트비아가 EU 의장국이었을 무렵, 주로 러시아에 의한 정보전에 대해서 EU 전체에서의 조치가 요구되었다. 때마침 2017년 5월의 프랑스 대통령 선거에서 마크롱 당시 후보자에 관한 가짜 정보가 유포되었던 점도 있어 경계심이 높아진 가운데, 2018년 말에 '허위정보(disinformation) 행동 계획'을 제정하였고(European Commission 2018), 이것은 코로나19 위기 속에서 더욱 업그레이드된다.

3월 26일의 유럽 이사회 및 4월 3일의 외교장관 이사회의 요구에 응하는 형태로 6월 10일, 유럽위원회는 '코로나 관련 허위 정보에 대한 대처: 사실을 바로잡기'라는 제목의 정책문서를 이사회 및 의회에 송부하고 러시아 및 중국을 직접 거론하며 허위 정보 등에 대한 대책을 강화하도록 했다(European Commission 2020). 구체적으로는 이미 가동 중인 '신속경보'(Rapid Alert) 시스템에 코로나19 대응팀을 신설하거나 전략적인 소통 능력을 증강하거나 제3국(여기에는 일본도 포함되어 있음) 및 국제기관과 협력하는 것 등을 내용으로 하는 시책이다.

다만 러시아 및 중국에서 발신되는 것으로 여겨지는 이러한 허위 정보 및 정보전에 대한 경계심이 그러한 것에 대한 단결을 자동적으로 이끌어내는 것은 아니다. 이미 논한 바와 같이, 원래 유럽의 국가들이 지니고 있는 양국에 대한 경계심에는 고르지 못한 부분이 있다는 것이 한 가지 이유이다. 그 배경에는 러시아로부터의 군사적 위협에 노출되는 방식, 러시아에 대한 에너지 의존, 중국 시장에 대한 의존 등에서 나라에 따라 낙차(落差)가 있다. 게다가 양국, 특히 중

국과의 대립이 격화되어 체계화되어 가는 가운데 미국이 취하는 시책도 또한 양국과 큰 차이가 없다고 간주되고 있는 점을 한 가지 요인으로 들 수 있다. 이탈리아 출신의 국제정치학자 줄리오 플리에세(Giulio Pugliese)에 의하면, 미국 국무부를 중심으로 하는 부처 간 전략적 소통기관 '글로벌관여센터'(GEC: Global Engagement Center)가 유럽의 여러 싱크탱크에 대해서 총액 약 250만 달러를 제공하며 유럽 각국과 중국의 관계에 대한 연구 또는 관련 홍보 활동을 하도록 촉구했다고 한다. 또한 최근에는 아프리카·중국 관계에 정통한 연구소에 동일한 금액을 제공하고자 했던 것으로 알려지고 있다(プリエセ 2020). 즉 글로벌한 미중 양국 간의 선전전(宣傳戰)이 전개되고 있다는 것이 이미 많은 사람들의 눈에 명백해졌으며, 그러한 의미에서 위에서 소개한 여론조사와도 결부되어 미중 양국이 모두 비슷하다는 인식으로 이어질 수 있는 것이다.

한편 영국에서도 코로나19 위기를 전후하여 대중(對中) 인식이 강경해지고 정책도 변화되었다(이에 대해서는 鶴岡路人(2020)를 참조). 2020년 1월에는 화웨이의 5G 시스템에 대한 참여를 일단 인정했던 영국 정부는 7월 중순에 정책 전환을 표명하고 2020년 말 이후의 영국 5G 네트워크에의 신규 부품 공급을 금지했다. 또한 2027년까지 주변 기기를 포함한 화웨이의 모든 장비를 제거한다는 결정을 했다. 이 배경에는 미국에 의한 화웨이 배제의 범위 및 정도가 부품에서 자회사, 관련 회사에 이르기까지 확대되고 심화되는 가운데, 화웨이의 상품 및 부품을 사용하는 비용이 올라가게 될 것으로 예상되었던 점도 있지만, 더욱 뿌리 깊은 것은 보수당 내부의 분위기를 포함하여 여론이 강경해진 점을 들 수 있다. 한편으로 코로나19 위기에 대한 경계심이 있고 다른 한편으로 홍콩에 대한 국가안전유지법의 일방적인 도입 등 민주화에 대한 탄압 및 신장 위구르 자치구에서의 인종 학살(genocide)과 흡사한 억압도 또한 의심할 바 없이 이미지를 나쁘게 만드는 원인이었다. 3월에는 보수당 내부의 의원 그룹('중국연구 그룹')이 정부에 반란을 일으켜 정부에 대해 전략적인 인프라에 관련된 대중 정책을 재검토하도록 압박했다. 이 그룹은 다음의 타깃으로 원자력발전소 건설 등에서의 중국의 배제를 노리는 것으로 말해지고 있다.

홍콩에서의 민주화 운동에 대한 탄압 및 위구르족에 대한 인권 침해와 관련된 우려는 영국뿐만 아니라, EU(가맹국들)에도 분명히 확대되고 있다. 그것과 함께 중국의 해양 진출, 법의 지배에 대한 경시, 자국중심주의(自國中心主義), 호혜성의 결여, 국영 기업 등 불투명한 경제 관행과 무역흑자 등에 대한 경계심 및 위협감(威脅感)도 침투되고 있다.

EU의 외교장관에 해당하는 조제프 보렐(Josep Borrell) 외교·안보정책 고위대표(겸 EU 집행위원회 부위원장)는 2020년 9월 1일, EU가 나아가야 할 방향을 '시나트라 독트린'(Sinatra Doctrine)으로서 제기했다. 거기에서는 중국의 새로운 특징으로서 독선성(獨善性), 확장주의, 권위주의의 3가지 사항을 거론하며 다음과 같이 논했다.

> 중국의 '관대함의 정치(politics)'에 관한 논쟁과 함께, 코로나19 감염증의 대유행 이래 '내러티브(narrative, 어떤 사물, 사실 또는 현상에 대하여 일정한 줄거리를 가지고 하는 이야기 혹은 글_옮긴이)의 전쟁'이 등장함에 따라, EU는 중국의 허위 정보' 작전과 싸우고, 다국간주의에 대한 '잠식(蠶食)'에 대항하며, 유럽의 기업이 중국의 시장 및 기술 혁신·연구 계획에 대해 호혜적인 접근을 할 수 있도록 하겠다는 서약(誓約)을 중국 측이 확실히 지키도록 한다는 세 가지 기둥의 전략에 의거하지 않으면 안 된다. 우리의 경제적 관계에 균형을 확보하고 과거의 안일했던 모습을 다소라도 제거하는 것이 사활적으로 중요하다(Borrell 2020).

그 이튿날, 독일의 하이코 마스(Heiko Mass) 외교장관은 독일에서 최초가 되는 '인도·태평양 정책 가이드라인'을 공표했다. 거기에서 중국과의 디커플링을 지향하는 트럼프 정권과는 선을 긋고 인도·태평양 전체와의 경제적 관계의 유지를 도모하면서, 인권 규범 및 규칙(rule)에 기초한 질서에 대해서 이제까지 이상으로 전면에 내세우며 호혜성 및 지속성을 강하게 요구하였다. 예를 들면, 중국에 대해서 '국제질서의 규칙을 부분적으로 의문시(疑問視)하는 지역대국(地域大國) 및 발전 중의 세계대국(世界大國)'이라고 규정하고 다른 곳에서는 지명(指名)하여 언급하는 것은 피하면서 '권위주의적인 행위자는 시민사회를 조작하고 그것에 영향을 미치기 위해 대외 발신을 집중적으로 이용하고 있다'며 경계심을 드러냈고, "인도·태평양의 공간에서도 강자의 법이 아니라 법의 강함이 결정 요소가 되지 않으면 안 된다"라고 언명했다. 그리고 "중국만으로도 세계 경제성장의 약 3분의 1을 짊어지고 있기에, 독일 경제에 중국은 대단히 중요한 의의가 있다"라고 말한 뒤에 '경제 관계의 다각화'를 지향하며 "하나의 시장, 시스템에 관련된 물자의 조달처, 또는 하나의 공급처에 대한 과도한 의존을 피한다"라고 했다. 또한 중국의 '일대일로' 이니셔티브에 대해서 "채무 부담 능력 및 충분한 심사 없이 다액의 융자를 받아들이는 것은 대량의 일방적인 채무 부담에 빠질 위험이 있다"라고 지적하며 지속성의 관점에서도 국제적인 비판이 있다며 주의를 촉구했다. 마지막으로 인권 및 법의 지배에 대해서 "인도·태평양 국가들의 정부와 양국 간(兩國間), EU, 특히 유엔 인권이사회 등의 다국간(多國間) 포럼에서 솔직하며 비판적으로 의견 교환"을 한다고 천명했다(Bundesregierung 2020).

그 이후 중국의 왕이(王毅) 외교부장이 9월 상순에 유럽을 방문하여 독일, 프랑스의 정상 및 외교장관과 회담했는데, 거기에서는 홍콩 및 티베트에 대해서 준엄한 논의가 이루어졌다고 한다. 또한 2020년 후반기에 순번제의 EU 의장국이기도 했던 독일의 메르켈 총리가 주력해왔던 EU·중국 정상회담에서도 인권 문제가 제기되었는데, 시진핑 국가 주석은 "중국은 인권의 교사(敎師)를 받아들일 수 없다"라고 응답했다. 유럽의 대중(對中) 인식은 2020년에 한층 강경해졌다고 할 수 있다.

다만 양제츠(楊潔篪) 중국공산당 중앙정치국(中央政治局) 위원이 9월에 유럽을 방문했을 때의 최초의 방문국인 그리스에서는 총리가 중국을 '전략적 성격'을 지닌 관계라고 부르며 환대했다. 그리스는 전술한 바와 같이, 유럽 정상회의에서의 대중 인권 비판을 차단했던 적도 있으며, 따라서 전체 EU 국가가 독일 등과 같은 대중 인식을 갖고 있다고까지는 말할 수 없다.

결론

EU 및 영국으로부터 본 미·중 관계는 정의상(定義上) 복잡하며 유동적이다. 그럼에도 경향이 없는 것은 아니다. 코로나19 위기 이전부터 보여진 트럼프 미국 대통령과 미국 그 자체에 대한 불안감 및 경계심이 독일, 프랑스 등을 중심으로 심화되는 한편, 중국에 대한 위협감(威脅感)이 확대되고 공유되며 일정한 흐름을 형성하기에 이르렀다. 그러한 위협감은 기술 및 인프라의 분야부터 무역·투자에서의 호혜성의 결여, 권위주의 체제에 대한 경계심 등으로 확대되고 있다고 할 수 있다.

다만 그러한 중국에 대한 의구심은 전체의 착종(錯綜)되는 흐름 및 사건에 의해 상대화되고, 또한 공유 정도도 각국 및 분야에 따라 각기 다르다는 점에는 유의할 필요가 있다. 이미 논했던 미국에 대한 경계심이 중국에 대한 의구심을 중화(中和)시켜버리는 것이다. 거기에는 미중 대립에 휘말려들지 않는다고 하는 의도, 유럽에 불필요한 중국과의 디커플링을 피하고자 하는 방향성이 동시에 존재한다. 또한 그리스, 일부 동유럽 국가들, 그리고 이탈리아 등에서는 독일, 프랑스, 스페인 등의 국가들에 비해 대중(對中) 경계심이 적다. 독일에서도 총리실 및 산업계에는 중국에 대한 친근감이 남아 있으며, 정부 전체에서는 경제 관계의 일정한 유지를 요구하는 목소리가 끊이지 않고 있다. 프랑스도 또한 중국에서의 인권을 특별히 쟁점화하는 것을 피하고자 하는 경향이 종종 발견된다. 이 밖에도 러시아에 의한 것으로 여겨지는, 화학무기급(級)의 독약을 사용한 야당 지도자[알렉세이 나발니(Aleksei Navalny)를 지칭함_옮긴이]에 대한 살해 미수 사건 등이 일어나자, 전통적인 위협이었던 러시아가 전면에 떠오르고 중국이 뒷전으로 밀려나는 일도 간간이 있다.

따라서 일정한 경향을 인정함에는 뉘앙스가 필요하다. 또한 고도의 유동성을 감안하여 시계열(時系列)에 따라 면밀하게 EU의 여러 기관 및 가맹국(+영국)의 움직임을 관찰할 필요가 있다. 특히 본고(本稿)의 집필 시점에서 아직 최종 결과를 알 수 없는 미국 대통령 선거 및 브렉시트(Brexit)의 향방은 물론이고 홍콩, 타이완 등을 둘러싼 중국의 동향, 그리고 EU 주요국 및 영국 내정(內政)의 흐름을 동시에 추적하면서 향후의 전개를 주시해 나아가는 것이 당분간 요구될 것이다.

참고문헌

遠藤乾. 2019. "(激動の世界を讀む) ミュンヘンの困惑 米と獨, 深い龜裂鮮明に", ≪每日新聞≫(3月14日).
_____. 2020. "ヨーロッパの對應: コロナ復興基金の誕生", ≪國際問題≫(10月號).
鶴岡路人. 2020. "イギリスのファーウェイ排除: 政府報告書にみる連續性", 笹川平和財團(7月), https://www.spf.org/iina/articles/tsuruoka_14.html.
林大輔. 2020. "歐州の中國認識と對中政策をめぐる結束と分斷: 規範と利益の間に搖れ動くEU", 『中國の對外政策と諸外國の對中政策』(令和元年度外務省外交·安全保障調査事業), 日本國際問題硏

究所, 第19章, https://www2.jiia.or.jp/pdf/research/R01_China/19-hayashi.pdf.

東野篤子. 2019. "ヨーロッパと一帯一路: 脅威認識・落膽・期待の共存", ≪國際安全保障≫第47卷 第1號 (6月號)

_____. 2020. "'ヨーロッパの東'におけるEU規範: リベラルな秩序の變容と中國の台頭", 臼井陽一郎 編 著, 『變わりゆくEU: 永遠平和のプロジェクトの行房』, 明石書店.

ジュリオ・プリエセ. 2020. "新型コロナウイルス危機で米中摩擦の狹間に立つEU: 中國の挑戰と米中情報 戰を中心とした分析", ≪東亞≫(8月號).

Benner, Thorsten et. al. 2018. "Authoritarian Advance: Responding to China's Growing Political Influence in Europe", *GPPI-MERICS Report*(February).

Berkofsky, Axel et al. eds. 2018. *The EU-Japan Partnership in the Shadow of China: The Crisis of Liberalism*, Routledge.

Borrell, Josep. 2020. "La doctrina Sinatra", *Political Exterior*, No.197(September 1), https://www.politicalexterior.com/producto/la-doctrina-sinatra.

Bundesregierung. 2020. "Leitlinien zum Indo-Pazifik"(September 2), https://www.auswaertiges-amt.de/blob/2380500/33f978a9d4f511942c241eb4602086c1/200901-indo-pazifik-leitlinien--1--data.pdf.

Christiansen, Thomas, Emil Kirchner, and Uwe Wissenbach. 2019. *The European Union and China*, Red Globe Press.

European Commission. 2020. "Tackling COVID-19 disinformation: Getting the facts right", *JOIN*, 8 final(June 10), https://ec.europa.eu/info/sites/info/files/communications-takling-covid-19-disinformation-getting-facts-right_en.pdf.

_____. 2019. "EU-China: A strategic outlook - European Commission and HR/VP contribution to the European Council"(March 12), https://www.ec.europa.eu/commission /sites/beta-political /files/communication-eu-china-a-strategic-outlook.pdf.

_____. 2018. "Action Plan against Disinformation", *JOIN*, 36 final(December 5), https://ec.europa.eu/commission/sites/beta-political/files/eu-communication-disinformation-euco-05122018_en.pdf.

_____. 2016. "Elements for a new EU Strategy on China", *JOIN*, 30 final(June 22), https://eeas.europa.eu/archives/docs/china/docs/joint_communication_to_the_european_parliament_and_the_ council_-_elements_for_a_new_eu_strategy_on_china.pdf.

Ekman, Alice. ed. 2019. "China's Belt & Road and the World: Competing Forms of Globalization", IFRI Center for Asian Studies(April), https://www.ifri.org/sites/default/file s/atoms/files/akman_china_belt_road_world_2019.pdf.

Esteban, Mario and Miguel Otero-Iglesias. eds. 2020. "Europe in the Face of US-China Rivalry", A Report by the European Think-tank Newtwork on China(ENTC), http://www .realinstitutoelcano.org/wps/wcm/connect/82e36c36-03a1-40f2-81a0-9a78ea6dfa95/ETNC-Europe-in-the-face-of-US-China-rivalry.pdf?MOD=AJPERES&CACHEID=82e36c36-03a1-40f2- 81a0-9a78ea6dfa95.

Eurostat. 2020a. "China among the EU-27's main partners for trade in goods, 2019", png (revised) (March 13), https://images.app.goo.gl/A8vWwZRxPwz8jmog6.

_____. 2020b. "China-EU: international trade in goods statistics"(March), https://ec.europa.eu/eurostat/statistics-explained/index.php?title=China-EU_-_international_trade_in_goods-statistics&oldid=483742.

Godement, Francois and Abigael Vasselier. 2017. "China at the Gates: A New Power Audit of EU-China Relations", European Council on Foreign Relations(ECFR), https://www.ecfr.eu/

page/-/China_Power_Audit.pdf.

Hanemann, Thilo et. al. 2019. "Chinese FID in Europe: 2018 Trends and Impact of New Screening Polities", Rhodium Group & MERICS(March).

Holslag, Jonathan. 2019. *The Silk Road Trap: How China's Trade Ambitions Challenge Europe.* Cambridge, UK: Polity.

Tzu-ti, Huang. 2020. "Europe to reconsider relations with China in wake of coronavirus pandenmic", *Taiwan News* (May 4), https://www.taiwannews.com/tw/en/news/3927599.

Izambard, Antoine. 2020. "Fake news, dérapages... La diplomatie chinoise montre les muscles", *Challenges*(May 6), https://www.challenges.fr/monde/asie-pacifique/fake-news -derapages-la-diplomatie-chinoise-montre-les-muscles_708849.

Silver, Laura and Kat Devlin. 2020. "Around the world, more see the U.S. positively than China, but little confidence in Trump or Xi", Pew Research Center(January 10), http s://www.pewresearch.org/fact-tank/2020/01/10/around-the-world-more-see-the-u-s-positively-than-china-but-little-confidence-in-trump-or-xi/

Ward, Matthew. 2020. "Statistics on UK trade with China", *House of Commons Library Briefing Paper,* No.7379(July 14), http://researchbriefings.files.parliament.uk/documents/ CBP-7379/CBP-7379.pdf.

엔도 겐(遠藤乾)

홋카이도대학(北海島大學) 법학부 교수   (전문 분야: 국제정치)

저서: *The Presidency of the European Commission under Jacques Delors: The Politics of Shared Leadership* (Macmillan), 『통합의 종언: EU의 실상과 논리(統合の終焉: EUの實像と論理)』(岩波書店), 『유럽 복합위기: 괴로워하는 EU, 흔들리는 세계(歐洲複合危機: 苦悶するEU, 搖れる世界)』(中央公論新社) 외

제11장

독일로부터 본 미중 관계: 변용하는 국제 환경에 EU와 임하는 독일

모리이 유이치(森井裕一)

서론

독일은 제2차 세계대전 이후의 리버럴 국제질서로부터 가장 이익을 받아온 국가들 중 하나이다. 수출 의존율이 높은 독일의 풍요로움은 자유무역 질서를 전제로 삼아왔다. 국제기관의 정통성을 존중하고 유엔을 중심으로 한 다각적(多角的) 틀 속에서의 행동 방침은 제2차 세계대전의 황폐로부터 분단국가로서 국제사회에 복귀하고 신뢰를 회복하기 위한 중요한 기축이었다. 동시에 미국과의 NATO 안에서의 동맹은 동서 대립(東西對立)의 최전선 국가로서의 존재에 대한 보장이기도 했다. 유럽 내부에서는 프랑스와의 화해를 기반으로 한 유럽 통합에 의해 안정과 번영을 누려왔다.

1990년의 통일 이후 일시적으로는 경제적 역동성(dynamism)이 상실되고 높은 실업률로 고통을 겪었지만, 게르하르트 슈뢰더(Gerhard Schröder) 정권 시기의 노동시장 개혁의 성공을 배경으로 하여 2005년 가을에 메르켈 정권이 출범한 이래 '리먼 쇼크', 채무 위기 및 난민 위기 등 '유럽 복합 위기'(遠藤乾 2016)에도 불구하고 경제적 호황이 계속되었다. 하지만 국내 정치에 눈을 돌려보면, 노동시장 개혁에 의해 불우(不遇)해진 계층의 불만 누적, 난민 위기로 세력을 얻은 새로운 정당 '독일을 위한 대안'(AfD: Alternative für Deutschland)의 세력 확대 등에 의해 메르켈 장기 정권의 지지율은 저하되어 왔다. 2018년 가을에는 메르켈 총리가 여당 기독교민주연합(CDU: Christlich-Demokratische Union Deutschlands) 당수에서 물러나고, 2021년의 연방의회 임기 종료와 함께 총리직에서도 물러나겠다고 표명했다. 메르켈 총리의 후계를 바라보면서 전(前) 자를란트(Saarland) 주(州) 총리로서 2018년 봄의 제4차 메르켈 정권 출범과 함께 CDU 간사장이 되었던 안네그레트 크람프카렌바우어(Annegret Kramp-Karrenbauer)가 CDU 당수가 되고, 2019년 여름에 우르줄라 폰 데어 라이엔(Ursula von der Leyen) 국방장관이 EU 집행위원회 위원장에 취임하는 것이 결정되자, 그 후임으로서 국방장관에도 취임했다. 하지만 크람프카렌바우어는 튀링겐(Thüringen)주 주의회(州議會) 선거 이후의 지방정치에서의 혼란 수습에 실패한 것으로 인해, 2020년 2월에 CDU 당수를 사임하겠다고 표명하였고 4월의 임시 당대회에서 CDU의 새로운 당수를 선출할 예정이었다.

이처럼 2020년 초의 독일 정국(政局)은 장기 정권의 말기 증상이 보이고, 여론조사 결과를 보더라도 다음 정권은 복잡한 연립 정권이 될 것으로 예상되기 때문에, 독일이 국제적으로 큰 역할을 수행할 것으로 기대하기는 어려운 상황이 되었다. 하지만 코로나19 재난이 이러한 상황을 일변시키고 독일이 다시 EU의 핵심으로서 리더십을 발휘하며 EU를 배경으로 하여 국제질서의 존재 양식에 관여하게 될 가능성을 제고시키게 되었다.

아래에서는 우선 왜 메르켈 정권이 코로나19 재난에서 국민으로부터의 지지를 회복하고 정권의 안정화에 성공했는지 확인하고, 그것이 독일의 대외정책에 어떠한 영향을 미치고 있는지 검토한 뒤에, 미중 대립이 국제질서의 향방을 좌우하는 시대에 독일의 미중 관계에 대한 인식, 나아가 국제질서에의 관여 방식에 대해서 논해보도록 하겠다.

1. 코로나19 재난에 의한 정국(政局) 전환과 EU 이사회 의장국

독일에서 최초의 코로나19 감염자가 중국에 공장을 가진 자동차 부품 기업에서 확인된 것은 2020년 1월 말의 일이었다. 그 이후 카니발 및 유럽 내에서의 이동에 따라 2월 말에 감염이 확대되었고 3월에 들어서자 대규모 행사가 중지되었다. 3월 중순에는 학교가 폐쇄되고, 3월 18일에는 메르켈 총리가 TV 연설을 통해 국민에게 제2차 세계대전 이래의 국민적 연대를 필요로 하는 큰 과제에 직면해 있다고 표명하고, 코로나19의 감염 확대에 의한 의료 붕괴를 방지하기 위해 국민에게 행동의 제약을 부과한 것에 대해 이해와 협력을 구했다(Merkel 2020). 옛 동독 출신인 메르켈 총리는 여행·이동의 자유는 쟁취해낸 중요한 자유라는 것을 상기(想起)하며 아무리 하여도 어쩔 수 없는 경우에만 그 자유를 제한하지 않으면 안 된다는 것을 국민에게 알기 쉽게 호소했다. 정부의 적절한 행동, 위기 이전에 미리 책정되어 있었던 감염증 예방 행동 계획, 충분한 의료 체제, 건강보험 제도 등 복합적 요인을 배경으로 하여 독일에서는 대규모 클러스터(집단감염)가 발생했음에도 불구하고 의료 붕괴에는 이르지 않았다.

독일 국내로 감염자가 입국하는 것을 방지하기 위해 국경의 폐쇄를 일방적으로 실시했기 때문에, 이웃 국가들로부터 비판을 받았다. 하지만 동시에 의료 붕괴를 경험했던 이탈리아를 비롯한 EU 국가들이 위기 상황에 있을 때에 중증 환자를 독일 국내로 이송하고 연방정부가 비용을 부담하는 형태로 치료한 사례가

4월 중순까지 200건에 달했다(Bundesregierung 2020).

3월 말에 실시된 여론조사는 메르켈 정권에 대한 국민의 긍정적인 평가를 분명하게 나타내고 있고, 3월까지의 부정적인 평가가 역전되어 정권에 만족한다는 평가가 28% 증가하여 63%가 되었다. 메르켈 총리 개인에 대한 평가도 또한 여당 CDU에 대한 평가도 대단히 긍정적으로 나타나게 되었다. 이러한 정권에 대한 지지 경향은 독일의 정국에 큰 변화를 가져오게 되었다.

2018년 3월에 제4차 메르켈 정권이 출범한 이래, 정권에 대한 불만이 고조되는 일로에 있었으며, 또한 정당 지지율을 보더라도 2020년 3월까지는 다음의 연방의회 선거 이후에 CDU가 정권을 담당하기 위해서는 녹색당[Bündnis 90/Die Grünen; 독일 통일 이후 동독의 '동맹 90'(Bündnis 90)과 통합됨_옮긴이] 및 자유민주당(FDP: Freie Demokratische Partei)과의 3당 연립(聯立)이 불가피한 것으로 예상되었다. 하지만 코로나19 재난에 의해 2020년 3월 이래 CDU의 지지세가 크게 신장되었기 때문에, 다음의 선거 이후에는 CDU와 녹색당의 2당 연립으로 안정된 과반수를 확보할 수 있을 것으로 전망되었다. 또한 독일 정국의 운영을 어렵게 했던 AfD는 당의 내분과 코로나19 위기에 대한 무책(無策)으로 인해 지지가 하락되었고, 존재감이 전례 없이 옅어졌다(ARD-DeutschlandTREND 2020). 2020년 4월에 예정되었던 CDU 당대회와 신임 당수의 선출은 12월의 정기 당대회까지 연기되었는데[2021년 1월의 결선 투표에서 아르민 라셰트(Armin Laschet)가 당수로 선출되었다_옮긴이], 메르켈 정권은 정책 운영의 구심력을 회복하고 메르켈 총리가 정권 말기임에도 불구하고 위기 시에 합리적으로 적절한 대응을 하는 신뢰할 수 있는 총리로서 다시 국민으로부터 지지를 받게 되었다.

독일의 EU 정책 및 대외정책은 정권을 담당했던 경험이 있는 주요 정당 간의 컨센서스에 기초하여 안정적으로 운용되어 왔다. 적극적인 대외정책을 전개하는 데는 정권의 안정성이 중요한 의미를 갖는다. 그리고 우연한 운(運)이기는 하지만, 독일은 2020년 7월부터의 하반기에 2007년 이래 13년 만에 EU 이사회 의장국이 되었다. EU 이사회 의장국은 EU의 제반 정책의 조정, 과제의 설정 등에서 중요한 역할을 수행하고 의사와 능력이 있다면 EU의 방향성에 영향을 미칠 수도 있다. 코로나19 위기의 극복과 큰 피해를 입은 EU 국가들의 부흥이라는 과제가 EU에 들이닥친 시기에 EU의 핵심을 담당하는 독일이 의장국이 된 운(運)은 우연한 일이기는 하지만 큰 의미를 갖는 것이 되었다.

그 이유는 2021년부터 직용되는 EU 예산인 '다년도 지출예산안'(MFF: Multi-annual Financial Framework)이 2020년 중에 결정되지 않으면 안 되기 때문이다. EU는 7년마다 중기(中期) 예산안에 해당하는 MFF를 책정하는데, 이 예산은 모든 정책의 전개에서 그 전제가 된다. MFF의 결정만 해도 대단히 커다란 작업인데, 이번에는 그에 더해 코로나19 재난에 의한 경제 위기의 극복을 위해 EU 부흥기금의 설립에도 합의했다. 이 EU 부흥기금은 '역사적'인 것이라고 표현해도 좋은 새로운 합의이며, 독일의 기존 대(對)EU 정책에서의 커다란 변화를 상징하는 것으로 평가할 수 있다. 그리고 이러한 재정적 틀에 대한 합의는 EU의 대외 행동에도 큰 영향을 미치는 것이며, 미중 양국이 대립하는 세계에서 EU가 행동 능력을 유지·발전시키는 것이 가능할지 여부를 판가름하게 될 관건이다.

2. EU의 연대 강화를 통한 국제적 행동 능력의 확보

2020년 5월 18일의 독일·프랑스 정상회담에서 5000억 유로라는 거대한 EU 부흥기금이 메르켈 총리와 마크롱 대통령에 의해 '공동 제안'되었다. 이것은 코로나19 위기로 인해 경제적 위기에 빠진 EU 국가들을 지원하는 것을 주안점으로 삼고 있는 기금이다. 이 기금의 구상에서 특히 중요한 것은 위기 대응이라는 예외적 조치인데, 이제까지 독일이 완강하게 거부해왔던 EU 내부의 재정 이전 (財政移轉)을 향해 큰 발걸음을 내딛는 제도라는 점이다. 메르켈 정권의 독일은 일시적인 경기 후퇴는 있었다고 하더라도 기본적으로는 항상 호황을 구가하였고, 남유럽 국가들이 채무 위기의 극복을 위해 고투하고 있을 때의 대응에서도 EU 내부의 재정 이전에는 대단히 신중했다. 고통을 수반한 구조 개혁의 성과로 강한 경제를 부활시키고 국내에서 재정 규율을 엄격하게 유지했기 때문에, 구조 개혁이 진전되지 않고 있는 국가들에 대한 지원은 국내의 반대로 인해 곤란했다. 또한 애당초 EU 운영조약의 제125조에서 구성국 간의 재정적 구제를 금지했던 것은 통화 통합(統合)을 실현하는 문제에서 독일형(型)의 통화 안정을 절대시하며 재정의 건전성(健全性)을 그 전제로 삼았기 때문이다.

그 결과 유로는 안정된 통화가 되었고, 동시에 독일 기업은 유로 안정에 의해서도 밑받침을 받으며 수출을 신장시켰으며 독일 경제는 번영하게 되었다. 하지만 동일한 유로권(圈)에서도 구조적으로 불리한 상황에 놓여 있는 국가들은 재정 지출을 비롯한 경제정책의 선택지가 제약받아, 엄중한 상황이 계속되었다. 코로나19 재난에 큰 영향을 받은 이탈리아는 위기의 와중에도 EU 및 다른 EU 국가들로부터 충분한 지원을 얻지 못했던 것에 불만을 품었다. 원래 EU 운영조약은 제122조 제2항에서 자연재해 등의 비상 시에 구성국을 재정 지원할 수 있다고 규정하고 있다. EU는 단순한 공동 시장이 아니며, EU 조약 제3조가 정하고 있는 EU의 목적 중에는 "경제적, 사회적, 지역적 결속 및 구성국 간의 연대를 촉진한다"라고 규정되어 있다. 많은 인명이 걸려 있는 코로나19 재난과 같은 전례 없는 위기 시에 EU가 연대를 보이지 않는다면 그 존재 의의가 의문시될 수밖에 없다.

프랑스는 EU에서의 재정적 연대를 향한 제안을 이제까지도 해왔는데, 메르켈 정권은 이 문제에서는 항상 신중한 자세를 유지해왔으며, 제4차 메르켈 정권에서는 독일·프랑스 협조가 제대로 기능하지 못했다. 코로나19 재난이라는 위기에서 메르켈 총리는 종래의 방침으로부터 더욱 나아간 EU 레벨의 재정적 연대를 추진한 것이다. 독일·프랑스의 제안을 받은 유럽위원회는 더욱 거액의 기금안(基金案)을 작성하였고, 최종적으로 5일 동안이나 되는 이례적인 장시간의 교섭이 되었던 7월의 임시 정상회의에서 총액 7500억 유로에 달하는 EU 부흥기금이 합의되었다.

EU 이사회 의장국이 된 독일의 메르켈 총리는 샤를 미셸(Charles Michel) EU 이사회(European Council) 상임의장, 폰 데어 라이엔 EU 집행위원회 위원장과 함께 이 교섭을 마무리짓기 위해 진력(盡力)했다. '검약(儉約) 4개국'이라고 일컬어지는 오스트리아, 네덜란드, 덴마크, 스웨덴은 최후까지 거액의 부흥기금 설립에 대해 신중했지만, EU는 위기를 지렛대로 삼아 새로운 기금의 설립은 물론, 더나아가 MFF에 대해서도 최종적으로 합의했다.

EU가 부흥기금의 설립 및 MFF 관련 합의에 실패하여 결속이 약화되어버렸다면, EU와 그 구성국의 대외적인 영향력은 저하되었을 것이다. 독일도 프랑스도, 하물며 정치적으로나 경제적으로 국제적인 영향력이 적은 다른 EU 국가들이 제각각 행동하게 된다면, 미중 대립 속에서 갈수록 엄중해지고 있는 국제 환경에 대한 대응은 불안정해지게 된다. 대중(對中) 정책이든 다른 대국에 대한 정책이든, EU가 의미 있는 행동을 취할 수 있는 것은 단결된 경우뿐이다. 그러한 의미에서 EU 강화에 의한 '초국가적 지정학'(Bendik und Lippert 2020)이라고 말할 수 있는 행동이 필요하다고 주장하는 논의는 독일에서 설득력을 갖고 있으며, 정책 담당자 사이에서도 그러한 인식이 널리 공유되고 있다. 냉전 시기의 미소 대립 가운데 충분한 영향력을 갖지 못했으며 냉전 이후에도 지역 분쟁에 대한 대처 능력을 갖지 못했기 때문에, EU 차원에서 결속하는 것 자체가 행동의 선택지를 넓히는 것이라는 인식이 형성되고 있는 것이다.

여기에서 상기되는 것은 최근 중국의 경제적 부상(浮上)에 의한 기업 매수(買收) 문제에서 EU로서의 충분한 행동이 취해지지 않고, 대중 정책에서 구성국 간에 보조가 흐트러지는 현상만이 두드러졌다는 점이다. EU 국가들은 각자 정치적, 경제적, 지리적 환경이 크게 다르며, 대중 정책에서는 '한 덩어리'가 될 수없다. 이러한 어려움을 어떻게 극복하고 EU로서의 행동을 취할 것인가도 2020년 후반의 의장국 독일의 커다란 과제이다. 의장국 프로그램에서는 대중 정책에 대해서 장기적인 EU의 이익과 가치의 관점에서 EU 기관과 구성국이 일체가되어 정책을 전개하는 것을 추구하고 있다. 상호주의를 확충하고 투자 협정의체결을 향한 교섭을 가속화하며, 기후변화, 생물 다양성, 보건 위생 협력, 아프리카 정책, 코로나19 대책 등 다양한 분야에서 구체적인 협의를 진전시키는 것이 목표로 설정되고 있다(Auswärtiges Amt 2020).

독일은 장기간 긴밀한 경제적 관계를 배경으로 하여 중국과의 밀월(蜜月) 상황을 계속해왔다. 하지만 다음 절(節)에서 보는 바와 같이, 제3차 메르켈 정권말기부터 중국에 대한 인식도 서서히 변화되었으며 EU 의장국으로서의 입장도그러한 변화를 반영하고 있다.

3. 중국에 대한 독일의 인식 변화

앞으로의 국제질서를 고려할 때에 독일과 중국 양국 간 경제 관계의 전개에대한 검토는 불가결하다. 특히 최근의 투자 스크리닝(screening)을 둘러싼 중국에 대한 자세의 변화는 EU 레벨에서의 제도 정비와도 맞물려 중요한 포인트이다. 2019년도의 독일에 중국은 수출입(輸出入)의 총액에서 4년 연속으로 최대의무역 상대국이었다. 수출에서는 미국이 최대의 상대국이며, 독일의 무역흑자에는 미국이 크게 기여하고 있다(Statistisches Bundesamt 2020). 대(對)중국 수출에서는 수송(輸送) 기기, 기계, 전자(電子) 기기, 광학 제품 등이 상위를 차지하고 있다. 중국은 독일에게 중요한 투자 장소이기도 하며, 중국 시장은 오늘날의 독일 경제에 불가결한 존재가 되고 있다. 2015년 디젤 엔진의 배기 규제 문제로 독일의 자동차 산업이 북미와 유럽에서 큰 타격을 입었음에도 불구하고 중국 시장이 계속해서 독일의 안정적인 고객으로 유지되었던 것은 상징적이다.

중국과의 경제 관계를 가장 중시하고 '전략적 파트너십 관계'를 강화한 슈뢰더 정권과 비교해보면, 메르켈 총리는 최초의 방중(訪中) 시기부터 인권 문제 및 법의 지배와 관련된 대화 촉진 등을 중시하였으며 2007년 가을 달라이 라마의 독일 방문 시에는 회담을 하는 등, 대중 관계에도 변화가 보이는 것처럼 생각되었다. 하지만 그 이후 경제 관계의 전개와 빈번한 상호 방문, 2011년부터의 정부 간 정기 협의의 개시 등, 긴밀한 관계를 더욱 발전시켜왔다. 메르켈 정권은 제1차(2005~2009년), 제3차(2013~2017년), 제4차(2017년~) 시기에 모두 슈뢰더 정권의 여당이었던 사회민주당(SPD: Sozialdemokratische Partei Deutschlands)과 연립을 했기 때문에 대중 정책에서도 큰 변화를 상정하기 어렵다는 배경도 갖고 있다. 또한 FDP와의 연립 정권이었던 제2차 메르켈 정권에서도 기도 베스터벨레(Guido Westerwelle, FDP 소속) 외교장관 겸 부총리가 대중 관계에서는 SPD 정권 시기에도 사용되었던 '무역에 의한 변용(變容)'에 기대하고 있다는 것을 지적했던 바와 같이, 기본적인 자세는 동일했다. '무역에 의한 변용'이란, 냉전 시기의 동방측 국가들을 향한 동방 외교(東方外交) 시기 이래의 SPD 외교의 기본 정책인 '접근에 의한 변용' 정책에 비유한 표현이다. 이것은 대립하는 상대방이라고 하더라도 의식적으로 관계를 긴밀화하고 대화를 계속하는 것을 통해 상대방을 변용시키는 것이 가능하다고 간주하는 정책이다(森井裕一 2019). 정부 간 협의에 더하여, 전문가 레벨의 '법의 지배'와 관련된 대화를 지속하고, 아울러 인권 문제,

티베트 문제 등을 계속해서 지적하며 동시에 경제 관계를 강화하는 것이 장기적으로 영향력을 갖게 된다는 인식이다.

그러나 메르켈 정권의 후기에는 독일의 대중 인식도 갈수록 엄격해지게 되었다. 슈뢰더 정권 시기 이래, 독일·중국 대화의 틀은 제도화가 진전되었지만, 독일이 바라는 것과 같은 중국의 변용은 보여지지 않았다. 그리고 독일 기업의 매수라고 하는 직접투자 문제가 정치 문제화하게 되었다. 2016년의 메이디그룹(美的集團)에 의한, 독일을 대표하는 산업용 로봇 제조사 쿠카(KUKA)의 매수는 커다란 충격을 주었다. KUKA 외에도 독일이 추진하는 AI 기술과 산업의 융합을 지향하는 '산업 4.0'의 근간이 되는 기업이 중국 기업에 매수되었다. 독일의 경제정책 원칙은 '사회적 시장경제'이기 때문에 외국 기업에 의한 기업 매수 그 자체는 아무런 문제가 되지 않으며, 정부는 독점 등의 우려가 발생하지 않는 한, 자유 시장에 맡기고 개입하지 않는 것이 원칙이다. 2016년을 전후로 하여 문제가 커지게 되었던 것은, 중국의 직접투자의 배경에 국유기업을 경유하는 등 국가 차원에서의 중국의 정치적 의도가 있는 것으로 인식되었기 때문이다. 중국 정부가 독일의 시장경제의 자유를 이용하여 공정한 경쟁을 결과적으로 왜곡시킨다면, 그것은 방지하지 않으면 안 된다고 하는 인식이 확대되었다. 또한 중국에서는 독일 기업이 자유롭게 기업 매수를 하는 것이 불가능하다는 비(非)호혜적 관계가 남아 있다는 것도 문제로 되었다.

2017년의 대외경제법(對外經濟法)의 개정에 의해, 독일은 외국 기업의 기업 매수에 대한 규제를 강화했다. 군사 관련 산업 및 안보에 관계되는 특정 산업, 인프라 산업의 기업이 외국 기업에 매수됨으로써 질서 및 안보가 위협받는 것으로 판단될 경우에 심사 권한을 강화하는 것이었다(JETRO 2017). 2018년 12월에는 심사 대상이 되는 출자 비율을 25% 이상에서 10% 이상으로 인하하는 규제 강화가 행해졌으며, 또한 2020년 5월에는 대상이 되는 중요 분야에 의료 관런 기업도 추가되어 코로나19 재난으로 부족해진 마스크 등의 의료품 및 백신 개발을 포함시키는 규제가 되었다(JETRO 2020a).

독일의 '투자 규제' 강화와 동시에, EU 레벨의 투자 규제도 이 시기에 정비되었다. EU의 투자 규제 틀은 안보 및 공적(公的) 질서, 전략적 이익을 지키기 위해 EU와 EU 구성국이 정보를 공유하고 협력하는 틀을 만들고 있을 뿐이며, 구성국 2개국 이상과 관련된 안건인 경우에는 EU 집행위원회에 의견 표명의 기회가 부여되는 형태의 억제적인 것이다(EU 2019). 투자 규제는 구성국의 권한이라는 것에 변함이 없지만, 투자 규제에 대해서 EU 레벨에서 규칙이 제정되고 공통인식의 형성을 촉진하는 방향으로 정비가 추진되었다는 것에 의미가 있다.

위에서 언급한 투자 규제와 관련된 논의를 돌이켜보면, 독일의 대중 정책의 어려움이 상징적으로 드러난다. 이미 논한 바와 같이, 독일 경제정책의 대원칙은 자유 시장 경제 아래에서 기업의 활력을 최대한 활성화시키는 것이다. 산업계는 정부의 규제에 반대하고, 시장 원리를 중시하는 FDP도 의회에서 항상 규제 강화에 반대하는 목소리를 내왔다. 정부는 안보 리스크 등의 종합적인 관점에서 규제 강화와 경제정책 이념 간의 균형을 상황에 응하여 억제적으로 변경해왔다. 2020년 6월에는 '대외경제법'이 개정되어 앞에서 언급한 EU 규제에 대외경제법을 정합(整合)시키는 것과 함께, EU 역외 기업의 독일 기업에 대한 출자에 관해서 독일 정부가 더욱 포괄적인 심사를 하는 것이 가능해졌다. 산업계는 이 개정에 대해서 국가의 개입이라며 우려를 표명하고 있다(JETRO 2020b).

4. 이질적인 경쟁 상대와 곤란해진 동맹국

EU 집행위원회와 외교안보 고급대표는 공동으로 2019년 3월에 대중 정책과 관련된 정책문서를 발표하여(European Commission and HRFS 2019), 중국에 대한 인식의 변화를 전제로 한 구체적인 행동 목표를 제시했다. 해당 문서는 2016년의 대중(對中) 정책문서를 기반으로 하여 대중 관계를 공정하고 균형이 잡힌 호혜적인 것으로 만들기 위해 더욱 현실적이며 다면적인 접근법을 취할 것을 요구하고 있다. 여기에서 가장 상징적인 것은 중국을 무역 상대 및 경제적 경쟁 상대뿐만 아니라, EU와는 다른 거버넌스 모델을 추구하는 '체제상의 라이벌'로 규정하고 있다는 점이다. 원래 이러한 EU의 조직으로서의 정책문서와 동일한 인식이 수뇌이사회(首腦理事會)에 참가한 모든 정상(頂上), 즉 구성국에서도 공유되었던 것은 아니다. 독일에서는 이러한 '체제상의 라이벌'이라는 표현이 투자 규제 관련 문제와도 맞물려 대중 정책에서의 우려를 잘 표현하는 개념으로서 언급되는 일도 많다. 그 때문에 '17+1'이라는 중국과 중유럽 및 동유럽 국가들 간의 경제협력 틀에 참가하는 EU 국가들과는 대중 정책에서의 온도차가 크다. 또한 코로나19 재난 시기에는 중국으로부터의 물자 지원에 의존하며 EU 내부의 연대가 약한 것에 불만을 품은 국가도 있었다. 친중파(親中派) 국가들과 중국의 영향력 확대를 우려하는 국가들 간의 인식 차이가 크기 때문에 EU 차원에서의 정책 전개가 곤란하게 되고 있다.

독일은 앞 절(節)에서 살펴본 투자 규제에서처럼, 중국과의 관계에 특히 신중해지고 있지만, 그럼에도 또한 대립적 자세로 방향 전환을 한 것은 아니다. 오히려 계속해서 관여하는 정책을 지속하고 있으며, 화웨이의 5G 설비 문제에서도 아직 배제를 결단하는 것에는 도달하지 않고 있다.[1] 독일 내의 여론 동향도 이러한 상황을 긍정하고 있다. 쾨르버 재단(Körber Stiftung)이 공표한 코로나19 재난 이후에 실시된 여론조사의 결과에 의하면, 미국과 중국을 비교했을 경우

---

[1] 2021년 4월 23일, 독일 연방의회는 자국내 5G 네트워크사업에 '비신뢰 제조사'(untrustworthy supplier)의 장비 사용을 제한하는 이른바 'IT 보안법 2.0'을 승인하였다._옮긴이

독일에 더욱 중요한 것은 중국과의 긴밀한 관계라고 대답한 응답자의 비중이 36%에 달하여, 미국과의 긴밀한 관계가 중요하다고 대답한 응답자의 비중 37%와 거의 대등하였다. 2019년의 조사에서 미국과의 긴밀한 관계가 중요하다고 대답한 응답자의 비중이 50%에 달했던 것과 비교해보면, 최근 1년간 독일 여론에서 미국으로부터의 이탈 현상이 두드러지고 있다. 2019년의 조사에서는 중국과의 긴밀한 관계가 중요하다고 대답한 응답자의 비중은 24%였다(Körber Stiftung 2020).

독일에서는 전통적인 미국과의 관계를 재검토하고 미국 및 중국과 등거리(等距離)를 유지해야 한다는 유럽의 '제3의 길' 또는 '등거리 외교론'도 보이고 있다. 본(Bonn) 대학의 구쉐우(辜学武)는 중국계(中國系)로는 독일의 대학에서 처음으로 정치학 분야의 정교수가 된 국제정치학 연구자인데, 미국과 친밀한 관계를 유지하는 것은 중국과의 적대(敵對)를 초래하며 경제적 이익에 도움이 되지 않고, 그로 인해 EU 내부에서도 분열이 일어나며, 트럼프 정권이 유럽을 주니어 파트너로밖에는 간주하지 않기 때문에 자율성이 유지될 수 없다는 것 등을 지적하며 미중 양방(兩方)으로부터 등거리를 유지함으로써 유럽은 독자적인 이익을 가장 잘 실현할 수 있다고 주장하고 있다(Gu 2019). 이러한 입장을 취하고 있는 사람은 아직 적다. 하지만 앞에 언급한 여론 동향의 변화를 고려해볼 때, 콘라트 아데나워(Konrad Adenauer) 정권 시기부터 독일의 외교론에서 자명한 것으로 여겨졌던 원칙에 재고(再考)를 촉구하는 논의가 출현하기 시작했다는 것에는 유의할 필요가 있다.

물론 '등거리 외교론'에는 비판하는 쪽이 압도적으로 많다. 정부 계통의 싱크탱크인 독일국제안보연구소(SWP: Stiftung Wissenschaft und Politik)의 폴커 페르테스(Volker Perthes)가 지적하는 바와 같이, EU와 중국은 기본적인 여러 가치, 정치 시스템, 규칙(rule)에 기초한 국제질서와의 관계에서 동떨어져 있으므로, 미중 간의 등거리 등은 있을 수 없으며, 구미(歐美)의 가치, 안보 공동체는 장래에도 긴밀한 관계를 계속하지 않으면 안 된다고 생각하는 쪽이 일반적이다(Perthes 2020). 또한 특히 안보를 고려할 때, 러시아의 변화에 의해 발생하는 새로운 지정학적 환경 아래에서 미국을 배제하고 유럽이 자율적으로 행동할 수 있다고 생각하는 사람은 적다. 이러한 논의의 전제로서는 트럼프 정권의 정책이 장기적으로 계속되어 구조적으로 미국·유럽 관계를 규정할 것으로 볼 수 없다는 인식이 있다. 만약 2020년의 미국 대통령 선거 이후에도 트럼프 정권이 계속되어 자국 제일주의의 정책이 구조화될 가능성이 높다고 여겨진다면, 이러한 판단은 변화될 것이다.

트럼프 정권하에서 미국·독일 관계는 대단히 냉담해졌으며, 정상 간의 소통이 이루어지기 어려운 수준을 넘어 미국·독일 관계 및 미국·유럽 관계가 상처를 입어왔다. 독일이 중시하는 다각적 국제 틀의 다수에 미국이 등을 돌리고, 자국 우선주의를 내세우며 미국이 직접 구축하고 유지해왔던 전후(戰後)의 정치적 신뢰 관계라는 자산을 훼손시켰다.

특히 NATO 내부의 비용 부담 문제에서 발단된 미군의 독일로부터의 철수 문제는 안보 환경이 다시 엄중해지고 있는 가운데 향후의 글로벌한 안보 균형을 고려하는 데에도 다양한 방면에서 영향을 미칠 가능성이 있다.

안보 측면에서 유럽에 상응하는 부담을 지도록 요구하는 것은 냉전 이후의 일반적인 추세이며, NATO의 회원국이 군사비를 GDP의 2%까지 인상하여 응분의 부담을 하는 것은 이미 2014년에 합의된 바 있다. 독일에서는 헌법의 규정과 EU 재정 조약 등의 재정 규율 및 규정에 의한 제약으로 국방비의 증액이 좀처럼 진전되지 못했지만, 러시아에 의한 크림반도 합병 이후의 국제적인 안보환경의 변화, 분쟁 지역의 안정화를 위한 독일 연방군(聯邦軍)의 고도화 등 때문에 최근 들어 국방비가 증액되고 있다. 하지만 2024년까지의 목표치인 GDP의

2%에는 훨씬 미치지 못하고 있다. 또한 분모(分母)에 해당하는 독일 GDP의 크기 때문에 2%까지의 급속한 확대는 전혀 현실적이지 않다는 것이 독일 내에서는 컨센서스가 되고 있다.

마크 에스퍼(Mark Esper) 미국 국방장관(당시)에 의한 주(駐)독일 미군의 구체적인 감축 계획의 발표(U.S. Department of Defense 2020)는 독일 국내에도 큰 영향을 미쳤다. 안보 전략상의 문제뿐만 아니라, 독일의 지방자치단체에 미군은 중요한 고용주이며, 경제적인 행위자로서도 인식되고 있다. 여러 주둔 지역으로부터 대규모의 부대가 철수함에 따라, 지역 경제에 미치게 될 부정적인 영향이 우려되고 있다.

냉전 이후 독일의 안보 정책은 유엔 및 EU 등 다각적 틀 속에서의 위기 관리에 중점을 두고 있으며, 그것을 위해 의회의 승인을 전제로 하여 연방군을 파견해왔다. EU에 안보 영역에서의 행동 능력을 갖게 하고, 그중에서 독일이 응분의 공헌을 행하는 것은 냉전 이후 점차 실현하였고, 특히 2000년에 들어서면서부터 유럽의 공동안보국방정책(CSDP: Common Security and Defense Policy)의 전개에는 독일도 공헌을 해왔다. 그러한 의미에서 자국과 NATO 국가들의 영역 방어에만 한정되었던 연방군의 역할이 확대되고 군사적 수단이 외교 정책의 연장선 위에 위치하게 되었다고도 말할 수 있다. 하지만 그 실제의 운용은 의회의 승인을 전제로 하기 때문에 항상 억제적이다. NATO의 틀 내에서 리투아니아에 주둔하는 것 및 다각적 틀 속에서 지역 분쟁에 관여하는 것 이외의 글로벌한 군사적인 관여를 검토할 여지는 정치적으로 없는 것이다. 이 때문에 미국이 자국 우선주의에 입각하여 이제까지의 유럽 안보에 대한 관여를 결과적으로 저하시키게 된다면, 국제적인 힘의 균형이 변화하게 될 가능성을 부정할 수 없다.

5. '포스트 메르켈 시대' 독일의 방향성

국제 환경이 더욱 엄중해지고 있는 가운데 이제까지와 마찬가지의 안정된 질서를 유지하고자 한다면 그것을 위해서 유럽이 응분의 부담을 하지 않으면 안 되며, 독일은 그중에서도 특히 큰 역할을 맡게 될 것이다. 미중 관계가 더욱 엄중해지고 있는 것은 바로 독일이 처한 환경이 엄중해지게 되는 것이기도 하다. 확실히 냉전 이후에 다양한 국면에서 독일의 공헌이 요구되고, 경제적 규모와 계속된 호황으로 인해 채무 위기 이후의 EU에서 독일의 존재감이 더욱 커졌고, 스스로도 책임을 지지 않으면 안 된다고 하는 인식이 많아졌다. 이미 언급한 바와 같이, 그 때문에 EU의 결속 강화를 목표로 삼고 EU 부흥기금의 합의 형성에서 적극적으로 재정 부담도 떠맡았던 것은 그 증거라고 할 수 있다.

메르켈 총리는 독일의 정권을 약 15년 동안 담당해왔는데, 다각적 국제 틀을 존중하고 EU의 기본적 가치를 정책적으로 실현하기 위해 진력(盡力)하는 등, 대단히 안정된 정책 전개를 계속해왔다. 주위로부터의 제언(提言)에 신중하게 귀를 기울이고, 당내 및 연립(聯立) 내부의 컨센서스를 너무 중시하여 때로는 지도력이 없는 리더라고 비판을 받는 일도 많았지만, 난민 위기 및 코로나19 위기 시에는 단호한 자세를 보여서 국민의 지지를 얻었다. 하지만 메르켈은 2021년 가을에 총리에서 물러나게 될 뿐만 아니라, 정계에서 은퇴하겠다는 의사도 이미 표명한 바 있다. 포스트 메르켈 시대 독일 정치의 방향성은 어떻게 될까?

코로나19 재난으로 집권 여당으로서의 CDU에 대한 지지가 대폭 회복되어, CDU와 바이에른주(州)의 자매정당인 기독교사회연합(CSU: Christlich-Soziale Union in Bayern)의 기민·기사연합(CDU/CSU)에서 차기 총리가 선출될 가능성이 높다.[2]

---

2)　2021년 11월 24일 독일 사민당(SPD)·녹색당·자유민주당(FDP)의 연합정권 합의에 따라, SPD의 올라프 숄츠(Olaf Scholz)가 독일 연방의회에서 2021년 12월 8일 새 총리로 선출되었다._옮긴이

CDU에서 차기 당수로서 이름이 거론되었던 후보는 코로나19 재난으로 반드시 자신의 입장을 유리하게 할 수는 없었지만, 바이에른주 총리인 마르쿠스 죄더 (Markus Söder) CSU 당수는 위기에 직면하여 강력한 지도력을 발휘했다고 평가받으며 지지를 확대했다. 죄더는 독일 경제를 밑받침하는 주요 산업이 집적(集積)되어 있는 바이에른주의 총리인데, 이제까지의 정치 경력이 주(州) 수준에 머물러 있었기 때문에, 대외정책에 대해서는 미지수인 부분도 있다. 하지만 국내에서의 정치 경험은 충분하며 주 레벨의 요직을 경험하고 있다. 독일 경제를 견인하는 지방의 대표로서 전후(戰後) 독일 정치의 컨센서스의 틀 내에서 대서양 관계(大西洋關係, 미국·유럽 관계)와 유럽 통합의 균형을 취하면서 연속성을 중시하는 정책을 전개하게 될 것으로 전망된다. 이것은 또 한 명의 유력 후보자인 아르민 라셰트(Armin Laschet) 노르트라인-베스트팔렌(Nordrhein-Westfalen)주(州) 총리도 마찬가지이다.

향후의 국제적인 독일의 입지를 전망할 때에 CDU/CSU보다도 오히려 그 연립 파트너가 될 가능성이 높은 녹색당의 정책이 대외정책에 강한 강조점을 추가하게 될 것으로 전망된다. 녹색당은 1998년부터 2005년까지의 슈뢰더 정권의 연립 파트너로서 정권에 참가하여 외교부도 맡았었고, 헬무트 콜 정권 시기부터의 계속성을 강하게 제기한 안정된 외교 정책으로 녹색당이라는 반전평화(反戰平和) 및 환경운동 집단의 이미지를 가진 정당이 정권을 담당하는 것에 대한 국제적인 불안을 불식시켰다. 또한 2011년부터는 바이에른주와 나란히 독일의 기간 산업이 집적(集積)되어 있는 바덴-뷔르템베르크(Baden-Württemberg)주에서도 '주 총리'를 배출하여 CDU를 주니어 파트너로 삼아 안정된 연립 정권을 운영하고 있다. 여당으로서의 경험을 축적하고 현실적인 정책과 당(黨)의 이념을 상호 조정하는 경험을 배양해온 녹색당이 포스트 메르켈 시대의 독일 정치에 미칠 불안은 적다.

그러나 로베르트 하베크(Robert Habeck) 녹색당 공동 의장의 발언을 살펴보면, 대중 정책에서는 더욱 강경해질 가능성이 많다. 하베크는 인터뷰 중에 중국을 권위주의적 국가로 규정하고 5G와 같은 사회 기반 시설은 외부에서 개입하지 않도록 독자적으로 제조해야 한다는 것, 신장 위구르 자치구에서의 인권 침해는 범죄적 행위이며 인권 침해를 행한 자에 대해서는 자산 압류 및 '비자 발급' 금지 등의 개별 제재를 실시해야 한다고 했다. 홍콩의 국가안전유지법에 대해서는 유럽이 더욱 단호하게 대중(對中) 대응을 하지 않으면 안 된다고 주장하고 있다(Haldelsblatt, July 2, 2020). 녹색당은 인권 침해 및 자유의 억압 등에 대해서는 종래부터 강경한 자세를 취해왔는데, 중국은 시장경제를 통해 성공을 거두면서도 민주주의를 억압하는 권위주의 체제이며, 자유주의 질서에 대한 위협으로 파악하고 있다. 이러한 주장은 당내에서 공유되고 있는 것으로, 녹색당이 정권에 참여하게 될 경우에 포스트 메르켈 시대의 독일은 지금까지 이상으로 민주주의 및 인권, 더 나아가 지구 온난화 방지를 위한 환경 정책 등에 중점을 두게 될 가능성이 높다. 녹색당은 외교 방면에서는 다각적 틀의 중시, EU 레벨의 권한 강화를 원칙으로 삼고, 그에 의거하여 개별 정책을 실현해가야 한다고 요구할 것으로 전망된다. 이것은 당연히 미국제일주의와도 충돌하게 된다. 하베크 공동 의장은 직설적인 트럼프 비판으로 알려졌다. 그러나 녹색당은 반미(反美) 성향이 아니며, 외교안보 정책에서는 충분히 정권을 담당할 수 있을 정도의 경험을 갖추고 있다.

결론

다각적 국제조직의 효과적인 활동과 EU를 비롯한 지역적 조직에 의한 힘의 결집을 통해 국제질서를 유지하고자 하는 독일 외교의 기본 방침은 모두 트럼프 정권의 정책과 충돌하였다. 가장 중요한 안보 파트너이자 사회적으로도 대단히 강하게 결합되어 있던 미국이 트럼프 대통령을 선출하는 상황에 이르기까지 변용되고 트럼프 정권 아래에서 다양한 문제를 일으켜왔던 것은 유감스러운 일이기는 하지만, 유럽 측에는 선택지가 적다. 그 때문에 EU의 결속과 행동력을 제고시킴으로써 대응한다는 전통적인 독일 외교의 방향성은 변함이 없다. 중국의 부상(浮上)과 상권적인 자세로의 전환은 더욱 문제를 복잡하게 만들고 있다. 경제·시장이라는 관점에서 대단히 중요하며 협력해야 할 파트너로서 자리매김되어 왔지만, 기술 패권을 장악당하게 되는 것에 대한 우려, 기업이 보유하고 있는 기술이 탈취되는 것에 대한 불안감 등, 중국에 대한 인식은 급속하게 엄격해져 왔다. 2020년 9월에 라이프치히에서 개최될 예정이었던 EU 구성국과 중국 간의 정상회의가 코로나19 감염 확대를 이유로 하여 뒤로 연기되었다.[3] 그리고 홍콩에서의 국가안전유지법 실시라는 강경책은 EU의 대중 정책을 더욱 어렵게 만들어버렸다.

2020년의 EU 이사회 의장국을 마치게 되면, 독일은 2021년 가을의 연방의회(聯邦議會) 선거를 향해 한동안 국내 정치에 관심을 쏟을 수밖에 없다. EU에서의 독일의 역할을 강하게 인식하고 상처를 입은 다각주의(多角主義)와 국제협조를 회복시키는 리더가 선출될 것인지 여부에 주목하고자 한다.[4]

---

3) 해당 정상회의는 예정됐던 2020년 9월 14일에 화상 회의(video conference) 형태로 이루어졌다._옮긴이

4) 독일의 신임 총리 올라프 숄츠는 미국 및 유럽, 중국 이외에 일본 및 한국 등의 아시아 국가들과도 연대하며 외교를 다각화해 나아가겠다고 표명한 바 있다. 외교장관 자리를 확보한 녹색당은 인권 문제에 강경하기 때문에 어떠한 대중(對中) 정책을 취할지가 주목된다._옮긴이

참고문헌

Auswärtiges Amt. 2020. Gemeinsam. Europa wieder stark machen. Programm der deutschen EU-Ratspräsidentschaft, https://www.eu2020.de/blob/2360246/d0e7b758973f0b1f 56e74730bf daf99d/pdf-programm-de-data.pdf

Bendiek, Annegret und Barbara Lippert. 2020. "Die Europäische Union im Spannungsfeld der sino-amerikanischen Rivalität", in Lippert und Perthes(Hrsg.)(2020), S.50-55.

Bundesregierung. 2020. "Mehr als 200 Parienten aus EU-Ländern behandelt", https://www.bundesregierung.de/breg-de/themen/coronavirus/europaei-sche-dolidaritaet-1745232/

European Commission and HRFS(High Representative of the Union for Foreign Affairs and Security Policy). "2019. EU-China: A Strategic Outlook", *JOIN*, 5 final.

European Union(EU). 2019. *Regulations (EU) 2019/452 of the European Parliament and of the Council of 19 March 2019 establishing a framework for the screening of foreign direct investments into the Union.*

Gu, Xuewu. 2019. "Der dritte Weg: Warum Europa den Alleingang wagen muss", *Handelsblatt,* https://www.handelsblatt.com/meinung/gastbeitraege/gastkomm entar-der-dr Itte-weg-warum -europa-den-alleingang-wagen-muss/25253468.html.

infratest dimap. 2020. "ARD-DeutschlandTREND April 2020", https://www.tagesschau.de /inland /deutschlandtrend-2171.pdf.

Körber Stiftung. 2020. *The Berlin Pulse. German Foreign Policy in Times of COVID-19* (Representative survey carried out by Kantar Public Germany)(April), p.11.

Lippert, Barbara und Volker Perthes(Hrsg.). 2020. *Strategische Rivalität zwischen USA und China: Worum es geht, was es für Europa (und andere) bedeutet,* Sifting Wissenschaft und Politik.

Merkel, Angela. 2020. "Fernsehansprache von Bundeskanzlerin Angela Merkel", https://www.bundesregierung.de/resource/blob/975232/1732182/d4af29ba76f62f61f1320c32d39a7383/f ernsehansprache-von-bundeskanzlerin-angela-merkel-data.pdf.

Perthes, Volker. 2020. "Dimensionen Strategischer Rivalität: China, die USA und die Stellung Europas", in Lippert und Perthes(Hrsg.)(2020), S.8.

Statistisches Bundesamt. 2020. "Auβenhandel: Rangfolge der Handelspartner im Auβenhandel der Bundesrepublik Deutschland 2019", https://www.destatis.de/DE/The men/Wirtschaft/ Aussenhandel/ Tabellen/rangfolge-handelspartner.pdf?__blob=publicationFile.

U.S. Department of Defense. 2020. "Department of Defense Senior Leaders Brief Reporters on European Force Posture"(July 29), https://www.defense.gov/Newsroom/Tra nscripts/ Transcript/Article/2292996/department-of-defense-senior-leaders-brief-reporters-on-european-force-posture/

遠藤乾. 2016.『歐州複合危機: 苦悶するEU, 搖れる世界』, 中央公論新社.

JETRO. 2017. "外國企業による國内企業の買收規制を強化: 審査對象範圍の擴大や審査期間の延長", ≪ビジネス短信≫(8月10日), https://www.jetro.go.jp/biznews/2017/08/25a74b4a0474 4ca9.html.

_____. 2020a. "EU域外からの投資を監督強化, 醫療關聯企業の保護に乗り出す", ≪ビジネス短信≫(5月 26日), https://www.jetro.go.jp/biznews/2020/05/9d9209c329d16834.html.

_____. 2020b. "外國からの投資規制を強化, 産業界からは批判も", ≪ビジネス短信≫(6月26日),

https://www.jetro.go.jp/biznews/2020/06/300673f111a0b711.html.

森井裕一. 2019. "変わる欧州の対中認識(4) 理念と現実の狭間で揺れる独中関係", ≪東亞≫(7月號), pp.92~100.

모리이 유이치(森井裕一)

도쿄대학 대학원 종합문화연구과 교수   (전문 분야: EU 연구, 독일 정치)

저서: 『현대 독일의 외교와 정치(現代ドイツの外交と政治)』(信山社), 『국제정치 중의 확대 EU(國際政治の中の擴大EU)』(편저, 信山社), 『유럽의 정치경제 입문(ヨーロッパの政治經濟・入門)』(有斐閣) 외

제12장

이탈리아에서의 구제자(救濟者)의 국제정치: 구미로부터 중국으로의 이행?

이토 다케시(伊藤武)

1. 눈앞에 출현한 중국과 후퇴하고 있는 미국

유럽 국가들 중에서 이탈리아는 코로나19의 유행 확대로 인한 타격을 가장 이른 시기부터 심각하게 받은 국가이다. 2020년 2월 후반부터 3월에 걸쳐서 급증하는 감염자, 의료 붕괴, 도시 봉쇄(lockdown)의 모습은 일본에서도 왕성하게 보도되었다.

이탈리아에서의 코로나19 재난의, 그리고 향후 도래하게 될 코로나19 이후 시대의 미중 관계를 분석할 경우에 코로나19 감염의 큰 충격을 적절하게 고려할 필요가 있다. 여기에서 '적절하게'라는 말은 돌출된 영향을 과소평가하지 않는 것뿐만 아니라, 과대평가도 하지 않는다는 것을 의미한다. 그것을 위해서는 다음의 세 가지 시각이 요구된다.

첫째, 코로나19에 직접 관계되는 변화와 그렇지 않은 변화를 구분할 필요가 있다. 미중 관계의 변화 중에는 중국의 진출 및 미국의 '유럽 전략' 재검토 등 팬데믹(pandemic) 이전부터 시작되었던 것도 있다. 코로나19 재난에 의한 변화의 가속, 새로운 변화의 구별에 주의하는 것이 요구된다.

둘째, 미중 관계의 사정(射程)을 확대·선별할 필요가 있다. 이탈리아에서의 미중 관계로서 고려해야 할 것은 이탈리아와 미국 및 중국 사이의 양국 간 관계 뿐만은 아니다. 이탈리아를 경기장으로 삼고 있는 글로벌 차원의 미중 관계에 도 눈을 돌리지 않을 수 없다.

그리고 이와 관련하여 셋째, 글로벌 자원의 미중 관계를 고찰하기 위헤서, 그 리고 이탈리아와 미중 양국 간의 관계를 이해하기 위해서 EU, 더 나아가 러시 아라고 하는 보조선(補助線)을 시야에 넣는 것이 불가결하다. 이탈리아도 미국, 중국도, EU 및 러시아를 행위자(player)로 삼고 자신의 행동 및 상대방의 전략을 검토하고 대응했기 때문이다. 또한 중국 및 미국의 전략이 가져온 효과는 국가 별로 다르다. 그 때문에 동일한 EU 내부에서의 타국(他國), 예를 들면 독일 등과 의 비교도 필요하다.

본고(本稿)는 이탈리아에서의 미국, 중국의 존재감(presence)이 코로나19의 팬 데믹을 통해서 어떻게 변화해왔는가를 검토한다. 이를 위해 전술한 바와 같이, EU 및 러시아의 존재감과 EU권(圈) 내부의 비교도 보조선으로서 고려한다.

코로나19 재난의 피해를 입은 이탈리아에서의 미국과 중국, 그리고 EU 및 러시아의 의의를 둘러싼 논의에서는 다음과 같은 2가지의 논점이 대립해왔다.

한편으로는 코로나19 재난의 직접적 영향을 중시하는 논의이다. 코로나19 재난 상황의 이탈리아에서는 중국의 존재가 크게 높아진 반면, 미국은 뒷전으 로 밀려나고 EU는 오로지 비판의 대상이 되고 있다. 이러한 구도는 직접적으로 는 코로나19 감염 확대의 책임 소재를 회피하려는 중국의 적극적인 정보 전략 (情報戰略), 국내 대책을 우선시하는 미국의 전략, 감염·경제 대책을 둘러싼 EU 와의 마찰이 확대된 산물로 여겨진다.

다른 한편으로 코로나19 재난 이전부터의 조류(潮流)를 강조하는 논의도 존재한다. 이 논의에서는 그러한 흐름이 코로나19 이전에, 적어도 2010년을 전후한 유럽의 경제 위기 이래 계속되어온 기조(基調)의 연장이라고 지적되어 왔다. 미국 외교전략에서의 유럽의 비중 저하, EU와 이탈리아의 관계 악화, 경제뿐만 아니라 정치·문화 방면도 포함한 중국의 유럽 진출은 최근 상호 간에 복잡한 관계를 유지하면서 전개되어 왔다.

본고에서는 위에서 언급한 그 어떤 논조에도 일정한 근거가 있지만, 그 관계는 더욱 복잡하다는 것, 종래 그다지 주목을 받지 못했던 재(在)이탈리아 중국계 또는 재미(在美) 이탈리아계 등의 디아스포라(diaspora, 이주자 집단_옮긴이)와 같은 요인이 이탈리아를 경기장으로 삼는 복잡한 관계를 이해하는 데 관건이 된다는 것을 밝혀나간다. 그 위에서 미국 및 EU의 코로나19 대책에 대한 기여가 실제로는 컸음에도 그것이 두드러지지 못했던 것은 왜인가, 이탈리아에서 다른 EU 국가들과 비교해 중국의 존재가 특출나게 커진 이유에 대해서도 검토한다.

심각한 코로나19 재난은 제2차 세계대전이 종결된 이후의 이탈리아의 국제정치적 문맥을 재정의(再定義)하도록 압박하고 있다. 전후(戰後) 이탈리아에게는 냉전에서의 서방측 진영의 맹주로서의 미국, 통합과 공동체 구축을 추진하는 유럽은 패전으로 피폐해진 국민국가(國民國家)의 '구제자'였다(Milward 1999). 코로나19 재난으로 급속하게 높아진 '구제자'로서의 중국이라는 이미지는 이처럼 장기간 계속되어온 문맥에 어떠한 변화를 가져오게 될까?

2. 코로나19 감염 확대와 여론의 변화

2020년 1월부터 2월 전반(前半), 중국 및 일부 아시아 국가들에서 코로나19의 감염이 확대되기 시작한 시기에 이탈리아에서는 멀리 떨어진 곳에 발생한 화재 정도로 여겨졌다. 이 시기에 이탈리아 국내의 감염자는 중국으로부터의 여행자 또는 우한(武漢)에서 감염된 이후 국내로 들어온 이탈리아인뿐이었고 한정된 숫자에 그쳤다. 이탈리아 정부는 1월 31일에 중국과의 항공편을 운항 정지시키는 등, 예방적 조치를 취했다.

그러나 2월 후반에는 롬바르디아(Lombardia)주, 베네토(Veneto)주에서 연이어 집단감염이 발생하게 된다. 또한 주변의 피에몬테(Piemonte)주, 에밀리아로마냐 (Emilia-Romagna)주 등에서도 감염이 확대되었으며, 감염이 집중된 일부 자치단체에서는 도시 봉쇄가 실시되었다. 이어서 3월 8일, 주세페 콘테 당시 총리는 롬바르디아주 전체 및 북부의 주변 코무네(Comune, 기초자치단체)에 대해 봉쇄 조치를 실시한다고 발표했는데, 전국으로 감염이 더욱 확대되는 것을 보고 그로부터 2일 후에 전국을 봉쇄 조치하에 두었다.

중국, 미국, 그리고 EU 및 러시아와의 관계는 어떻게 변화했을까? 3월의 봉쇄 조치 이전까지의 이탈리아에서는 팬데믹의 기원(起源)이 되었던 중국에 대해서 엄중하게 비판하는 목소리가 높았다. '중국 바이러스'라고 하는 호칭도 미디어에서 유포되었을 정도였다(AGI, February 23, 2020).

3월의 전국에 대한 봉쇄 조치가 실시될 무렵부터 중국 비판의 논조가 변화를 보이기 시작했다. 우선 3월 초에 급속하게 의료 붕괴가 진행되는 가운데 이탈리아 정부는 아직 감염이 크게 확대되지 않았던 EU 가맹국 및 EU 본부에 마스크 및 의료 물자의 지원을 요청했다. 하지만 대응은 제대로 이루어지지 못했는데, 독일 등은 국외(國外)로의 마스크 수출을 일시 금지할 정도였다.[1]

---

1)   독일의 금수(禁輸) 조치는 곧 해제되어 이탈리아에 긴급 원조로서 마스크가 전해졌다. 하지만 금수 조치의 충격과 반발은 컸으며 실제로 전해진 원조에 대한 이해(理解)가 확대되지 못했다(*La Republica*, March 13, 2020).

이탈리아 국내에서는 여론뿐만 아니라, 정치 지도자들로부터도 EU에 대해 낙담하는 목소리가 들려오게 된다. 이탈리아의 'EU 주재 대사' 마우리치오 마사리(Maurizio Massari)는 이탈리아가 EU의 도움을 필요로 하고 있으며 EU는 연대하여 코로나19 위기에 대응하지 않으면 안 된다고 호소했다(Politico, March 10, 2020). 그 이후 독일 및 프랑스로부터 원조가 도착했지만, 역시 미봉책에 불과한 것이었다.

이에 반해서, 오히려 EU 역외(域外)로부터 의료 붕괴로 고통을 겪고 있던 이탈리아에 일찍부터 중요한 지원이 도착했다. 러시아 및 쿠바는 의료 물자와 함께 감염 폭발로 의료진 부족에 빠지게 된 이탈리아에 3월 하순에 서둘러 의료 전문가를 파견했다. 일본에서 보도된 바와 같이, 독일이 이탈리아의 환자를 자국으로 이송한 것은 그 이후의 일이었다. 또한 같은 시기에 미국으로부터도 정부 및 군(軍)을 통해서 지원이 제공되었는데, 더욱 큰 지원 속에 묻혀버렸다.

팬데믹의 피해를 입은 이탈리아에 대해서 가장 대규모이자 조기에 원조를 전개한 것은 중국이다. 중국은 3월 중순에 의료 전문가를 이탈리아 북부로 파견한 것 외에 마스크, 인공 호흡기 등의 물자를 제공했다. 이러한 지원은 중국 본국 정부 및 대사관뿐만 아니라, 적십자 및 재(在)이탈리아 중국계 단체, 이탈리아에 진출해 있는 중국계 기업 등 대단히 다양한 채널을 통해서 행해졌다.

유명한 것으로는 당시 알리바바의 경영자였던 마윈(馬雲)이 많은 양의 마스크를 기부한 것이 큰 뉴스가 되었다. 전국적·세계적으로 주목되는 사례 외에도 지방 단위에서도 중국계 단체 및 기업으로부터의 지원이 두드러졌다. 예를 들면, 종래 섬유산업의 관계로 대규모의 중국계 주민(住民)의 공동체가 있는 토스카나(Toscana)주 및 베네토주 등의 지역에서는 중국과의 연계를 통해서 지방의 풀뿌리 레벨까지 다양한 지원이 제공되었다(Piananotizie, March 8, 2020). 이러한 대규모이자 신속한 지원은 코로나19 재난으로 피해를 입은 유럽 국가들에 대한

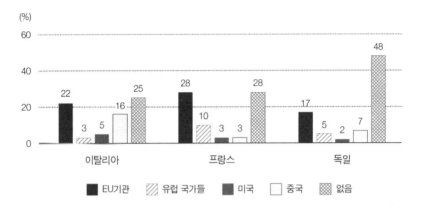

〈그림 12-1〉 코로나19 위기로부터 회복되었을 때에 당신의 나라를 가장 지원해줄 곳은 어디인가?

자료: ECPR(2020), p.4.

중국의 지원, 대표적으로 마스크와 관련된 '마스크 외교'의 일부였다. 다만 타국에 앞서 심각한 팬데믹이 발생하여 의료 붕괴에 빠졌던 이탈리아에서 그 의의는 다른 유럽 국가들과 비견될 수 없는 것이었다.

이상과 같은 각국으로부터의 국제 지원의 '균형'과 이탈리아에서 특히 중요한 '중점'은 이탈리아의 여론에 특징적이고 또한 큰 영향을 미쳤다. 유럽외교협회(ECFR: European Council on Foreign Relations)의 조사 보고서는 그 점을 선명히 묘사하고 있다. 이탈리아에서 향후 원조를 제공해줄 것으로 기대되는 곳에 관하여 타국과 마찬가지로 EU는 그런대로 높은 반면, 중국에 대한 기대감이 16%로 두드러지게 높았다. 또한 그 영향은 국제질서관(國際秩序觀) 전체에도 침투되고 있다. 코로나19 재난에서 가장 신뢰할 수 있는 동맹국은 어디인가 하는 질문에 대해서 이탈리아에서는 25%가 중국이라고 응답했다. 이것은 10%에 그친 세계보건기구(WHO), 한 자릿수에 그친 EU 및 미국보다 훨씬 높은 것이다. 다른 조사 대상국에서도 이렇게까지 중국에 대한 지지가 높은 국가는 존재하지 않는다(ECFR 2020).

〈그림 12-2〉 코로나19 위기에서 가장 신뢰할 수 있는 상대는 어디인가?

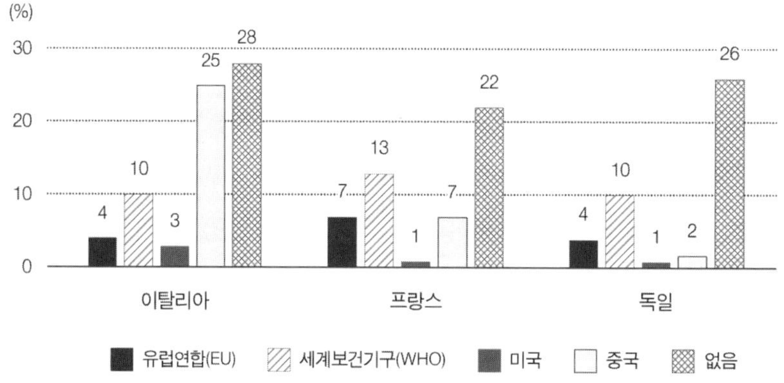

범례: 유럽연합(EU), 세계보건기구(WHO), 미국, 중국, 없음

자료: ECPR(2020), p.6.

대조적으로 이탈리아의 EU에 대한 시각은 코로나19 재난을 통해서 크게 악화되었다. EU가 제공한 원조가 많았음에도 불구하고 전술한 조사에서도 미국만큼이나 신뢰할 수 없는 파트너로 평가되고 있다. EU에 대한 준엄한 비판이 반드시 현실에 맞는 것은 아니라는 이해(理解)도 있다. 엔도 겐(遠藤乾)이 지적하는 바와 같이, EU는 조정자 역할에 불과하며, 가맹국에게 지원을 촉구하는 등 일정한 평가가 가능한 대응을 했다고 말할 수 있을 것이다(≪朝日新聞≫, 2020年4月22日). 다만 이탈리아는 EU의 배후에 브뤼셀의 본부뿐만 아니라, 독일 및 프랑스의 존재를 보고 있다. 의료 물자뿐만 아니라 코로나 채(債)를 둘러싼 취급은 EU에 원래 비판적이었던 사람들에 국한되지 않고 EU를 이러한 국가들의 국익을 가로채는 대리인(代理人)으로 보이게 만들었다. 그에 비하면, 다양한 부차적 노림수가 있다는 것을 알고 있더라도 중국(또는 부분적으로는 러시아)의 '마스크 외교' 쪽이 EU의 '마스크 민족주의'(mask nationalism)보다도 상당히 나은 존재로 비추어졌던 것이다.

3. '마스크 외교'를 통한 '내러티브'의 변용

'마스크 외교'가 순수한 구제에 그치지 않는 부산물을 수반하고 있다는 것은 이탈리아에서도 다른 유럽 국가들과 마찬가지로 일정 정도 인식되고 있었다.

마스크 및 의료 지원은 이미 논한 바와 같이, 중국 정부뿐만 아니라 다양한 루트를 통해서 제공되었다. 지방마다 있는 재외(在外) 중국계 이민의 공동체로부터의 지원 등이 모두 정부에 의해 통제되었던 것은 아니라는 점이 분명하다. 하지만 그러한 자생적인 지원의 움직임도 이용하면서 중국은 명확한 외교 전략을 전개하며 피원조국(被援助國)에 대한 침투를 도모했던 것으로 여겨진다. 그중에서도 이탈리아는 중국의 주요한 타깃이 되었다. 그것은 이탈리아가 의료 체계뿐만 아니라 그 배경이 되는 경제 상황, 나아가서는 국제 사회에서의 세력도 약하여 그러한 전략의 영향을 쉽게 받기 때문이었다.

이탈리아에서는 러시아 및 중국의 활발한 정보 선전(情報宣傳) 활동의 전개가 지적되고 있다. 중국 등의 정보 공작(情報工作)에 대해서는 예를 들어 이탈리아의 '의회 안보위원회'(Copasir)의 보고서가 상세하게 지적하고 있다(Formiche, May 26, 2020). 중국, 러시아도 특히 SNS 및 이탈리아 국내의 친밀한 정치세력[러시아는 동맹(북부동맹, Lega Nord_옮긴이), 그리고 중국은 오성운동(Movimento 5 Stelle)·민주당(PD: Partito Democratico) 등 제2차 콘테 정권의 집권 여당]을 통해서 적극적인 선전 활동을 행했다.

SNS를 통한 캠페인은 특히 주력(注力)했던 분야이다. 주(駐)이탈리아 중국 대사관이 활발하게 트위터를 발신했을 뿐만 아니라, 갖가지 봇(bot)이 다양한 SNS 플랫폼에서 활동했다는 것이 지적되고 있다. SNS에서는 중국 및 러시아에 대한 친근감을 조성하는 것과 함께, EU 및 미국에 대한 반감을 부채질하는 활동도 행해졌다. 해시태그 '#Italiexit'의 활동은 그 전형적인 사례라고 할 수 있다

(The Diplomat, June 9, 2020).

선전의 전략은 공격적인 것만 있는 것이 아니라 유연하게 중국의 이미지가 개선되도록 도모하고 있다. 예를 들면, 마스크 등의 전략적 물자가 상륙하는 장소로서 (후술하는 바와 같이) '일대일로' 구상에서의 이탈리아 진출의 중요 거점인 특정 항만 시설[트리에스테(Trieste) 항귀이 의도적으로 선택되었다.

이상과 같은 강온(强穩) 양면을 조합시킨 다양한 전략이 이탈리아에서의 대중(對中) 이미지 변화에 관련된다고 말할 수 있다.

중국의 '마스크 외교'를 통한 선전 전략(宣傳戰略)을 곧바로 대외 침략적 이미지와 결부하는 것은 타당하지 않다. 적어도 코로나19 위기 관계에서 가장 중시되었던 직접적 목표는 중국을 바이러스의 발생원(發生源)이라는 나쁜 이미지로부터 전환시키고 유럽의 구원자(救援者)로 자리매김하는 것에 있었던 것으로 여겨진다. 이탈리아는 종래의 경위(經緯)로부터 여론 공작을 행하기 쉬운 대상으로 인식되었다. 그리고 그 목표는 '멋지게' 달성되었다.

하지만 중국의 대(對)이탈리아 선전 전략이 코로나19로 인해 악화된 '대중(對中) 이미지의 회복' 이상의 목표를 갖고 있었다는 것은 부정할 수 없다. 우선 구제자(救濟者)로서의 기대감은 중국에 의한 이탈리아 전략의 근간으로서 최근 중요한 '일대일로' 구상의 침투와 조합되었다. 위에서 언급한 바와 같이, 해상(海上) 실크로드의 거점으로서 중국이 관리권(管理權)을 가지려는 트리에스테 항구와 중국으로부터의 의료 지원의 연결은 그 증거이다(The Diplomat, June 9, 2020). 시진핑 국가 주석 자신이 콘테 총리에게 무역 및 경제의 방면에서 언급해온 실크로드에 대해서, 더 나아가 '건강의 실크로드'(Health Silk Road)로서 침투시키고자 하는 의도를 표명하고 있다.

동시에 '중국의 존재감'의 침투를 지향하는 전략은 EU 내부의 연대 및 미국과의 동맹 관계에 균열 및 동요를 발생시키려는 전략과 표리일체가 되고 있다.

'구제자'로서의 중국의 이미지가 구제를 제공할 수 없는 EU 및 미국의 이미지를 훼손시킬 수 있다는 것은 자명했다. 3월 12일, 봉쇄 조치와 의료 붕괴로 인해 EU 및 독일과 마찰이 선명해지는 가운데, 로마에 도착한 중국 의료진을 맞이했던 루이지 디 마이오(Luigi Di Maio) 외교장관은 "이탈리아는 이기주의가 승리하는 곳이 아니다", "우리는 고립되어 있지 않다"라고 말하며 중국과의 국제적인 연대를 칭송했다(Fanpage, March 20, 2020). 당시의 상황으로부터 말하더라도 독일 및 EU에 대한 비판을 염두에 두었다는 것은 명백하다.

EU, 미국에 대한 편견의 강화는 그 이후에도 계속되었다. EU의 이탈리아 지원, 또는 가맹국으로부터의 지원은 결코 작은 규모가 아니었다. 또한 전술한 ECFR의 조사에서처럼, EU 및 미국에 기대를 걸고 있는 사람들도 일정한 비율로 존재했다. 하지만 구제자로서의 중국, 마찰 상대로서의 EU, 그 사이에 매몰되어 있는 미국이라는 구도는 상당히 강고(強固)해지고 있다.

그 이면(裏面)에 존재하는 것으로서 중국에 의한 이탈리아 지원이 일으키는 문제점은 간과되기 일쑤이다. 예를 들면, 중국으로부터의 '의료 물자' 지원에 대해 환영하는 의사가 표명되었던 사례 중에 실제로는 이탈리아가 발주·구입했을 뿐인 것도 있었던 것으로 여겨지고 있다. 그러한 상황은 일부 전문가 및 관심을 갖고 있는 사람들에게만 알려진 것이다.

4. 경기장으로서의 이탈리아

코로나19 재난은 이탈리아에서의 미국, 중국, EU 및 러시아의 존재감 및 관계에 확실히 중요한 영향을 미쳤다. 하지만 중국과 러시아의 진출, EU와의 마찰, 미국의 '관여' 후퇴 등의 경향 자체는 코로나19 재난 이전부터 존재했다는 점을 잊어서는 안 된다.

러시아 및 중국의 진출은 21세기에 진입하는 무렵에 이미 현저해졌다. 실비오 베를루스코니(Silvio Berlusconi)가 이끌었던 중도우파(中道右派) 정권은 유럽의 보수세력(保守勢力)과의 관계가 양호하지 않았으며, 그 대신에 이라크 전쟁에서 유럽과 마찰을 빚고 있었던 미국의 조지 부시 정권에 접근했을 뿐만 아니라, 블라디미르 푸틴이 지도하는 러시아와도 관계를 심화시켰다. 2008년에 성립된 제4차 정권에서는 베를루스코니 총리와 푸틴의 개인적 관계가 더욱 긴밀해졌다. 베를루스코니가 2011년에 퇴진한 이후 영향력이 상실되어가자, 러시아는 급진우익(急進右翼) 북부동맹(Lega Nord)과의 관계를 심화했다. 푸틴과 마테오 살비니(Matteo Salvini) 북부동맹 대표의 개인적인 우호 관계에 더하여 북부동맹에 대한 총선 자금의 지원, SNS를 통한 개입 등이 지적되고 있다. 이에 대해서 중도좌파 계통의 세력은 권위주의 체제를 강화하는 러시아에 비교적 엄격한 견해를 갖고 있다.

중국과의 관계는 러시아와 비교해보면, 경제적 의존과 반이민주의(反移民主義)가 결부되어 있기 때문에 훨씬 복잡하다. 최근 중국이 수출입(輸出入) 모두에서 최상위층의 무역 상대국이 되고 있는 점은 이탈리아도 다른 유럽 국가들과 차이가 없다. 하지만 이탈리아의 경우에는 중요한 섬유산업 등 1980년대 이래 국제 경쟁을 견인해왔던 '제3의 이탈리아'라고 말해지는 지역(중부 및 북서부)의 산업은 최근 들어 중국과의 경쟁으로 쇠퇴하며 뒤안길로 내몰리고 있다. 또한 이탈리아 섬유산업의 담당자도 중국계가 증가하는 등, 중국으로부터의 이민이 많다. 그 때문에 이탈리아에서는 대중(對中) 감정이 유럽 중에서도 특히 좋지 않았다(Pew Research Center 2019). 그런데 2010년의 유로 위기 이래, 경제 상황의 급속한 악화가 진행되자, 부진한 산업의 구제 및 해외직접투자를 실행해주는 곳으로서 중국의 비중이 급속하게 높아진다.

2013년에 성립된 제1차 콘테 정권의 여당 '오성운동' 및 '북부동맹'은 모두 원래 야당 시기에 중국과 경제 관계를 강화하는 것에 대해 강경하게 비판했다(伊藤武 2020). 하지만 정권의 성립 이래, 특히 '오성운동'과 중국의 접근이 진전되고 부진에 빠진 제철소의 구제 등 투자가 확대되었다. 또한 지방 레벨도 포함하여 제노바(Genova), 트리에스테 등 항만시설의 개수(改修), 기타 인프라 정비에 대한 중국의 참여에도 찬성하는 의견이 증가했다. 실제로 중국으로부터 이탈리아에의 투자는 2015년 이래 급속하게 증대되었다(JETRO, 2020年 6月27日).

중국과 이탈리아의 접근이 결실을 맺은 것은 2019년 3월 23일 콘테 총리와 이탈리아를 방문한 시진핑 국가 주석이 '일대일로' 구상과 관련된 각서에 상호 조인(調印)한 것이었다. 이미 중국은 동유럽 국가들 등과 조인을 완료했었지만, G7 회원국 중에서는 이탈리아가 최초의 조인국(調印國)이 되었다. 미국 정부, EU 및 관계국으로부터 우려가 표명되는 가운데 이루어진 사건이었다. 이 각서에는 중국교통건설(中國交通建設)이 제노바, 트리에스테, 몬팔코네(Monfalcone) 항구의 물류에 대해 코로나19 재난의 발발 이전에 개수(改修) 및 기타 인프라 투자에 참여하는 것 등이 포함되어 있다(JETRO, 2020年 6月27日).

다만 코로나19 재난이 발발하기까지는 여론에서의 전반적인 반중 감정이 강한 상태를 유지하고 있었다. 개별적인 투자 안건 및 경제 관계에서의 중국에 대한 기대감과 전반적인 반중 감정이 병립되어 있던 것이 이탈리아의 특징이었다(伊藤武 2019).

한편 같은 시기에 EU에 대한 비판이 강해졌으며, 미국의 존재감은 저하되었다. EU에 대한 비판은 '유로 위기'에 대응하는 구제의 대가(代價)로서 엄격한 긴축(緊縮) 정책을 EU 측이 부과한 것 때문에 결정적으로 악화되었다. 종래 이탈리아는 유럽에서도 손꼽히는 친(親)EU 국가였고 '마스트리히트 조약'(Treaty of Maastricht)을 매우 이른 시기에 비준하였으며, 어려운 재정 상황에서도 21세기에는 독일·프랑스보다 앞서 재정적자(財政赤字)의 수준을 억제해왔다. 하지만 독일·프랑스에 대한 관대한 대우와, 자국에 대한 엄격한 취급의 격차에 이탈리아의 당파(黨派)를 초월하여 EU에 대한 반발이 강해졌다. 2018년 총선거에서 여당 민주당의 패배를 초래했던 원인 중 하나가 중도좌파의 유권자로부터도 외면당했던 그 친(親)EU 성향의 자세였다는 것이 알려져 있다.

미국의 존재감 후퇴는 멈추지 않고 있다. 21세기 초 부시 정권의 한 시기에 미국·이탈리아 관계가 강화되기도 했지만, 오바마 정권과 트럼프 정권 모두 유럽에 대한 관심이 저하되었으며 이탈리아의 우선 순위는 낮아지고 있다. 다만 미국에 대한 여론이 각별히 변한 것은 아니며, 위에서 언급한 ECFR의 조사를 살펴보아도 미국에 대한 평가는 EU와 비슷한 수준을 유지하고 있다. 하지만 점차 미국의 존재감이 저하되고 있는 상황에는 변함이 없다.

5. 변화의 태동(胎動)으로서의 '5G 네트워크' 참여 문제

대규모 봉쇄 조치는 해제되었지만, 2020년 하반기의 시점에서 유럽은 여전히 코로나19의 제2차 유행이 시작된 가운데 어려운 상황에 처해 있다. 따라서 지금 코로나19 이후 시대를 논하는 것은 다소 시기상조라고 할 수 있다.

다만 긴급한 위기가 지나가면서, 새로운 경향 특히 중국의 침투에 대한 반작용도 관찰되기 시작하고 있다. 그 좋은 사례가 5G 네트워크에의 중국 기업 화웨이(華爲) 및 중싱(ZTE)의 참여 문제이다.

5G 네트워크에의 중국 기업의 참여 문제는 중국의 침투로 연결되는 안보 문제로서 우려가 표명되었다. 미국 정부는 유럽의 정부에 압력을 가하여 화웨이 등을 참여시키는 것을 중지하도록 압박하고자 했지만, 이탈리아를 비롯한 유럽

국가들의 정부가 표명한 대답은 신중했다. 이탈리아와 관련해서도 2020년 1월 30일 미렐라 리우치(Mirella Liuzzi) 경제개발부 차관의 성명에 나타나고 있는 바와 같이, 이탈리아는 특별히 중국계 기업을 배제할 생각은 없다는 입장이었다. 그 1년 전에 이탈리아 의회가 정부에 5G 네트워크에의 참여를 둘러싼 자국 기업과 외국 기업의 계약을 감독하는 특별 권한을 부여하는 결의를 채택했던 바와 같이, 이탈리아 국내에서도 높은 관심을 모았다(Reuters, January 31, 2020).

그러나 7월이 되자, 이탈리아도 다른 유럽 국가들과 마찬가지로 자세를 전환하기 시작한다. 업계 최대기업 텔레콤 이탈리아(Telecom Italia)에 대해서 화웨이를 배제할 방침임을 관계자가 시사했다(Reuters, July 9, 2020). EU 집행위원회도 5G 기기를 조달하는 것과 관련하여 다양화를 호소했다.

5G 문제에 대한 평가는 어렵다. 2020년 하반기의 시점에서 이탈리아를 포함한 유럽 국가들의 신중한 대응을, 강경책을 요구하는 미국 트럼프 정권이 2020년 연말에 시행되는 대통령 선거에서 재선(再選)에 성공할 것인지 확인하기 위한 일종의 시간벌기로 볼 것인지, 아니면 중국에 대한 경계감이 질적으로 높아진 것으로 볼 것인지 여부를 놓고 다툼의 여지가 있을 것이다.

다만 이 문제를 중국의 '경제 진출' 차원의 문제로서만 보거나, 미국과 중국이 유럽을 무대로 하여 대립하고 있는 전형적인 사례로만 간주하는 것은 충분하지 않다. 이제까지 중국의 유럽에 대한 관여는 주로 경제 문제로서 받아들여졌다. 안보 측면에서는 러시아 등과 나란히 '샤프 파워'(sharp power, 교묘한 여론조작, 회유와 협박 등을 통해 은밀하게 상대국의 정치·정보 환경에 영향력을 행사하는 것_옮긴이)라고 표현되는 글로벌 문제로서 파악되었는데, 유럽에 대한 직접적 영향이 중시되어 왔다고는 말할 수 없다. 하지만 적어도 5G를 둘러싼 문제는 이미 안보 측면에서 중국이 광대한 유라시아(Eurasia) 대륙의 대안(對岸)의 문제에 그치지 않는다는 것을 유럽 국가들에게 인식시키는 결과가 되었다. 이탈리아에도 경제적 접근 또는 마스크 외교를 통한 인도적(人道的) 접근도 안보의 딜레마를 수반하는 것이 되지 않을 수 없었던 것이다.

6. 결론: 문맥의 변용과 그 메커니즘

이상의 고찰로부터 ①코로나19 재난은 중국의 존재감을 향상시키는 데 현저한 효과를 미쳤다는 것, ②다만 중국 및 러시아의 진출, EU에 대한 반발의 고조, 미국의 후퇴 등의 경향 그 자체는 계속되고 있다는 것, ③최근에는 미국에 의한 반격 등 새로운 경향도 보여지고 있지만, 이탈리아 측의 대응에 대한 평가는 찬의(贊意)의 점에서 양가적(兩價的)이라는 것이 명백해졌다.

①에 대해서는 종래 비판적이었던 중국의 이미지가 코로나19 재난으로 크게 개선되고 있다는 점은 특필할 수 있다. 다만 이것이 전반적인 비판적 이미지와 개별 분야별로 양호한 관계가 공존하는 경향 그 자체를 변화시킬 것인지 여부는 판단하기 어렵다. 또한 코로나19 재난에의 대응을 둘러싼 중국에 대한 주목은 5G 네트워크 문제에 나타났던 것처럼, 같은 시기에 유럽에서 중국이 구체적인 안보 문제로 떠오르게 된 새로운 문맥과 대응되고 있는 것이다.

②의 종래의 국제정치 구조와의 관계에 관련해서는 종전의 경향이 단순하게 계속되고 있는 것은 아니다. 코로나19 재난을 통해서 그것이 강화되고 있다는 점에 주의해야 한다. 미국의 존재감 후퇴, EU와의 균열, 중국 및 러시아의 부상(浮上)이라는 경향이 이탈리아와 그러한 것과의 관계뿐만 아니라, 이탈리아를 경기장으로 삼고 있는 국제정치 구조의 변용을 가속화시키는 결과가 되고 있다. 이에 따라 마찰을 포함한 국제관계를 안정시키는 것이 이전보다 더욱 어려워지고 있다.

③의 반격의 움직임으로서 미국이 얼마나 본심(本心)인지가 의문시되고 있는데, 냉전 시대와 비교해서 유럽 주둔 미군의 축소 등 중기적(中期的)으로 존재감을 축소해왔던 미국의 레버리지(leverage)는 이탈리아 및 유럽에 대해서 효과가 없어지고 있다는 것이 우려되는 사항이다. 또한 반격의 움직임은 미국에 한정되지 않는다. EU도 7월 21일에 개최한 정상회의에서 92조 엔 규모에 달하는 부흥기금의 창설에 합의했다(≪日本經濟新聞≫, 2020年7月21日).[2] 다만 융자와 공여의 비율, 제공 시 심사의 향방 등에서 가맹국 간에 대립이 남아 있다. 이탈리아에 대해서도 제2차 콘테 정권의 여당인 민주당 및 오성운동의 지도부는 EU와의 관계 개선을 지지했지만, 유권자가 반드시 그러했다고는 말할 수 없다. EU와 그 핵심인 독일, 프랑스 등이 아무것도 해주지 않는다는 비판에 대항할 수 있는지는 부흥기금의 구체적인 공여 방식에 달렸다고 말할 수 있다.

중국 및 러시아의 부상(浮上), 미국의 후퇴, EU와의 균열은 이탈리아를 경기장으로 삼고 있는 글로벌 정치 구조의 변화로서 관찰되는데, 매우 흥미로운 것은 이탈리아의 정책결정층(政策決定層)을 움직이려고 하는 것만이 아니라 여론에 직접 작용을 미치고자 한다는 점이다. 코로나19 재난에서 '마스크 외교'의 지원 및 SNS를 통한 개입은 그러한 경향을 더욱 가속화시키고 있다. 이탈리아는 유럽의 '약한 고리'로서 중국 및 러시아의 진출을 위한 발판으로서 타깃이 되는데, 코로나19 재난의 심각성이 이탈리아를 더욱 취약하게 만든 것이다.

마지막으로 관건이 되는 것은 이탈리아의 여론이 이러한 개입에 얼마나 취약할 것인가 하는 점이다. 이 점은 코로나19 재난이 발생하기 직전인 2020년 1월에 필자가 실시했던 '자유무역에 대한 지지'와 관련한 조사 실험의 결과가 참고가 된다.[3] 독일과 비교해보면, 이탈리아는 중국과의 경제 관계 확대를 위협으

---

2) 금융 통합에 대응하지 못하고 있는 재정 방면에서의 통합에 대한 첫걸음으로 평가할 것인가, 아니면 코로나19 위기에 한정된 그리고 규모도 한정된 합의에 그친 것으로 평가할 것인가를 놓고 다툼이 있다.

로 보는 실험 자극에 반응했지만, 동시에 그 반응은 자유무역의 경제적(규범적) 효용에 관한 자극과 유의미한 차이는 없었다. 이 결과는 이탈리아가 유럽 중에서 중국 등의 개입에 상대적으로 영향을 받기 쉽지만, 자유무역 및 국제 협조 등 국제 공공재에 대한 지지도 뿌리가 깊다는 것을 시사하고 있다. 즉 이탈리아의 여론에서 중국 및 러시아와의 개별 영역에서의 접근이 나타났다고 하더라도 그것은 일정한 규범(민주주의 및 자유 시장 경제 등)에서 허용되는 범위 내에 그치게 될 것이다.

3) 해당 조사 실험은 「자유무역과 국내 정치 기반: 심어진 자유주의의 재검토」(自由貿易と國內政治基盤: 埋め込まれた自由主義の再檢討)[가가쿠연구비보조금(雅樂研究費輔助金)·기초연구(B), 대표자: 구메 이쿠오(久米郁男) 와세다대학(早稻田大學) 정치경제학술원 교수, 연구과제/영역번호 17H02484]의 일환으로서 2020년 1월 중순 이탈리아 및 독일의 각각 약 300명에 대해서 실시되었다. 통계 분석에 도움을 주신 구메 이쿠오 선생, 하라 겐토(原建人, 와세다대학 정치경제학술원) 씨에게 감사의 말씀을 전해드린다.

참고문헌

European Council on Foreign Relations(ECFR). 2020. *Together in trauma: Europeans and the world after covid-19*, ECFR/328.

Milward, Alan S. 1999. *The European Rescue of the Nation State*, 2nd edition, Routledge.

Pew Research Center. 2019. "China's Economic Growth Mostly Welcome in Emerging Markets, but Neighbors Wary of Its Influence"(December 5), https://www.pewresearch.org/global/2019/12/05/chinas-economic-growth-mostly-welcomed-in-emerging-markets-but-neighbors-wary-of-its-influence/

伊藤武. 2019. "なぜイタリアは一帯一路'に先んじてし参加たのか", ≪外交≫, Vol.55, pp.62~63.

_____. 2020. "イタリアにおける同盟の挑戦: '主流化'をめぐるジレンマへの対応", 水島治郎 編, 『ポピュリズムという挑戦: 岐路に立つ現代デモクラシー』, 岩波書店, pp.135~153.

이토 다케시(伊藤武)

도쿄대학 대학원 종합문화연구과 교수　　　　　　　　　**(전문 분야: 유럽 비교정치, 이탈리아 정치)**

저서: 『이탈리아 현대사: 제2차 세계대전부터 베를루스코니 이후까지(イタリア現代史: 第二次世界大戰からベルルスコーニ後まで)』(中央公論新社), 『'헌법 개정'의 비교정치학('憲法改正'の比較政治學)』(공저, 弘文堂) 외

제13장

폴란드 정치의 표층에서 본 양극화와 변화하는 역사해석

미야자키 하루카(宮崎悠)

서론

2020년 7월 12일, 폴란드 대통령 선거의 결선투표가 행해졌다. 이번의 선거는 2015년부터 현직에 있던 안제이 두다(Andrzej Duda) 대통령[우파 여당 '법과 정의'(PiS: Prawo i Sprawiedliwość) 소속]의 재임(再任)을 묻는 것이었다. 대통령은 임기가 5년으로 연임은 1차례만 가능하도록 되어 있다.

본래의 투표일은 5월 10일로 예정되어 있었으며 3월 중순부터 후보자 등록 등의 절차와 관련된 일정이 편성되었다. 하지만 폴란드에서는 3월 4일에 최초의 코로나19 감염자가 확인되었고, 13일에 감염 위협 사태가 선언되었다. 15일 이후에는 EU 국가들과 왕래하는 교통편을 포함해 여객(旅客)을 위한 국제 항공편과 국제 철도가 정지되었다. 2004년의 가맹 이래 EU 국가들과의 사이에서 국경에 의한 제약이 강화된 것은 이례적인 일이었다.

3월 중순 이후 통상적인 일처리 방식으로는 선거를 실시할 수 없다는 것이

제13장 폴란드 정치의 표층에서 본 양극화와 변화하는 역사해석   325

명백해져, 다시 6월 28일로 투표일이 결정되었다. 이 사이에는 우편 투표의 시비(是非) 및 투표용지의 인쇄를 둘러싸고 법적인 근거가 불명료한 전개가 있었다. 새로운 선거 일정이 정해질 때까지의 경위와 제1차 투표의 결과에 대해서는 필자의 기존 논고(宮崎悠 2020)에서 정리한 바 있다.

제1차 투표의 결과는 현직인 두다 대통령이 43.50%, 다음으로 2위는 시민연합(KO: Koalicja Obywatelska, 제1 야당으로 리버럴 중도좌파 성향의 시민플랫폼(PO: Platforma Obywatelska)을 중심으로 한 선거연합)의 후보자로 바르샤바시 시장이었던 라파우 트샤스코프스키(Rafał Trzaskowski) 30.46%, 그리고 3위는 무소속의 시몬 호워브니아(Szymon Hołownia)로 13.87%를 득표했다.

최초의 투표에서 과반수를 확보하는 후보자가 없을 경우에는 상위 2명의 결선투표가 실시된다. 7월 12일에 결선투표가 행해져, 두다와 트샤스코프스키 간의 대결이 되었다. 이 때문에 3위를 차지한 호워브니아의 동향이 결과를 좌우하게 되었다. 제1차 투표에서 3위 이하였던 주요 야당 후보자들은 두다 대통령에 대해 지지하지 않는다고 표명하거나 적극적인 지지를 보이지 않았다. 그들의 지지자들이 뭉쳐서 제2차 투표에서 트샤스코프스키에게 투표한다면 현직 두다 대통령은 패배하게 될 가능성이 많았다.

코로나19의 유행이 시작되기 전에는 두다 대통령의 지지율이 50%를 넘었으며, 한편으로 제1 야당 PO가 당초 옹립했던 후보자에 대한 지지는 기세를 잃었고 현직 대통령이 제1차 투표에서 과반수를 득표하여 승리할 가능성도 있었다. 그렇게 보면, 코로나19의 유행이 시작된 이후부터 고정적이라고 생각되었던 여당 우위는 급속하게 변화되었다. 선거 결과는 폴란드의 보수정당 소속 대통령인 두다가 재선(再選)되어 무난하게 현상(現狀)이 유지될 것처럼 보였는데, 체제전환 이래 대통령 선거가 이처럼 대단한 접전(接戰)이 된 적은 없었다.

선거전(選擧戰)에서 현직 대통령과 여당 PiS는 모든 수단을 활용하여 재선을

〈그림 13-1〉 2018년 9월 19일 안제이 두다 폴란드 대통령이 백악관을 방문했을 때 찍은 사진으로, 도널드 트럼프 미국 대통령의 트위터에 게재되었다

도모했다. 아직 코로나19의 감염 수습에 대한 전망이 보이지 않았던 6월 24일 (즉 제1차 투표가 실시되기 4일 전)에 두다 대통령은 미국을 방문하여 코로나19의 유행이 본격화된 이래 외국의 정상으로서는 처음으로 트럼프 대통령과 회담하고 많은 사진을 찍었다. 그리고 두다 대통령이 선거에서 승리하면 좋을 것으로 생각한다는 트럼프 대통령의 발언을 얻어내 폴란드 국내 및 재미(在美) 폴란드인 공동체에 대해서 두 사람 사이의 양호한 관계를 어필했다.

돌이켜보면 2018년 방미(訪美) 시에 '전략적 파트너' 공동선언의 서명을 할 때 착석하여 정면을 바라보는 트럼프 대통령의 옆에 두다 대통령이 선 상태로 허리를 굽혀 서명하는 사진이 공개되어 폴란드 국내에서 빈축을 샀던 일이 있다. 또한 두다는 '트럼프 요새'(Fort Trump)를 폴란드에 설치한다는 '구상'을 제기했다. '요새'는 특정 기지를 지칭하는 것이 아닌 것으로 여겨졌는데, 2020년 8월

15일[폴란드·소련 전쟁 시에 바르샤바 근교에서 소련군을 저지한 1920년 8월의 '비스와(Vistula)강의 기적'으로부터 100주년을 기념하는 날에 맞추어], 현재는 4500명이 주둔하고 있는 주(駐)폴란드 미군에 1000명을 증원하고 '항구적으로 미군이 폴란드 국내에 주둔한다'는 것이 밝혀지게 되었다. 이처럼 대(對)EU 관계의 경직화와는 대조적으로 트럼프 대통령에 대한 급속한 접근을 시도해왔던 두다 대통령의 자세는 2019년까지 유럽 이사회 의장을 맡았던 도날드 투스크(Donald Tusk)가 주요 창립자인 제1 야당 PO(2001년 1월부터 활동)가 친(親)EU직인 가치관·을 표방해왔던 것과는 전혀 다른 장래를 그리고 있는 것으로 보인다.

많은 사람이 자택(선거구)을 떠나는 여름 휴가 기간 중에 투표일이 설정되었음에도 불구하고, 7월의 결선투표는 투표율에서 역대 최고를 기록했으며, 또한 표차(票差)가 대단히 적었다. 이 때문에 국가가 둘로 나뉘게 되었다고도 평가된다. 이러한 '양분화'(兩分化) 아래에서 무슨 일이 일어나고 있었을까?

1. 선거 결과로 보는 '연대(連帶)'의 과거화

7월 12일 결선투표의 결과, 최종적으로 현직 두다 대통령의 득표가 51.03%, 야당 후보자 트샤스코프스키(현재 바르샤바시 시장)가 48.97%의 득표였다. 다만 양자의 차이는 개표 작업이 시작된 직후에는 더욱 근소한 차이였으며, 두다 대통령이 50.4%, 트샤스코프스키가 49.6%로, 양자의 차이가 1% 미만인 시간대도 있었다. 폴란드의 유권자는 해외에도 많이 거주하고 있으며, 유권자 전체의 약 2%를 차지한다. 실제로 미국을 제외하고 국외(國外)의 투표에서는 야당 후보자에 대한 지지가 더 많았다. 재미(在美) 폴란드인은 비교적 연령층이 높고 전통주의적인 경향이 있으며, 경건한 가톨릭 신앙을 유지하고 있는 보수적인 유권자가 많은 것으로 여겨지는 반면에, 진학 및 업무를 위해 EU 국가들로 생활의 기반을 이동하고 있는 청년층은 정치적 지향이 다양하며 현재의 생활에 지장을 받지 않기 위해서 이웃 국가들과의 양호한 관계의 유지를 중시하는 경향이 있다. 해외표(海外票)의 결과가 확정될 때까지 시간이 걸렸던 점을 생각해보면, 개표가 시작된 시점에서는 트샤스코프스키가 현직 두다를 물리칠 가능성이 현실감을 띠기도 했다.

이번의 선거에서는 현직의 연임이 결정되었기 때문에, 결과만을 본다면 폴란드에서 여당 '법과 정의'(PiS)에 의한 최근 5년간 통치의 존재 양식이 반석에 오르게 된 것처럼 보인다. 그것은 △PiS 정권이 EU와의 관계를 악화시키고 있으며, △국내에서 국영 미디어에 대한 개입을 강화하고 있고, △미디어의 '재(再)폴란드화'를 제창하고 있으며, △LGBT(남녀 동성애자, 양성애자, 성전환자_옮긴이)에 관해서 기피·경계하는 발언이 여당의 정치인으로부터 주기적으로 행해지고 있는 점 등을 고려해보면, 냉전 말기 동유럽에서의 민주화를 선도하였고 체제 전환 이후에는 성공적으로 '유럽'에 복귀했다는 현대 폴란드사(史)의 이미지에는 부합하지 않는 것처럼 보인다.

1980년 8월 31일, 그단스크(Gdańsk)의 연합파업위원회를 대표하는 레흐 바웬사(Lech Wałęsa)와, 정부 측 대표인 메치스와프 야기엘스키(Mieczysław Jagielski) 부총리가 그단스크의 '8월 협정'에 서명했다. 이것은 독립적인 노동조합의 결성에 정부가 동의하는 내용을 포함하고 있었다. 이 시기부터 계엄령이 발포(發布)되는 1981년 12월까지의 동안에 '연대'(Solidarność)는 노동조합이라는 범위를 넘어 사회·정치적인 대규모 운동으로 발전하였고, 조합원 수는 1000만 명에 달하게 되었다. 일시적으로 비합법화(非合法化)되었던 '연대'는 지도자의 구속 등 탄압을 거치면서도 살아남았고, 그 이후 1999년의 폴란드에서의 체제 전환에서 큰 역할을 수행하게 된다. 그것은 동유럽 블록에서의 공산주의 체제 붕괴에 공

헌하는 것이었다. 이와 같이 미로슬라프 자사다(Miros ł aw Zasada)처럼 폴란드가 1980년부터 1990년대에 동유럽·중유럽에서 역사적 변혁의 장(場)이 되었으며 또한 그것을 EU의 동방 확대(東方擴大)로 연속하여 파악하는 견해(ザサダ 外 2010)는 2010년, 즉 '연대' 결성 30주년의 시점에는 표준적인 것이었다.

2004년의 EU 가맹을 무사히 실현하고 2007년부터 2014년까지 계속된 도날드 투스크(PO 소속)의 정권이 대체적으로 순조롭게 국내 경제 및 생활의 안정을 가져왔으며, 또한 2014년에는 투스크가 유럽 이사회(European Council) 의장에 취임한다(2019년까지 역임했다). '유럽으로서의 폴란드'에서는 EU적인 가치관과의 협조는 이미 자명한 것으로 보였다. 공산주의 시대와 대치(對置)하며 '복귀'해야 하는 것으로서 자유 및 민주주의가 지향되었던 것이다. 본래의 바람직한 가치 체계로 폴란드가 '돌아왔다', '다시 합류했다'라는 견해이다. 이것은 EU가 안정적으로 동방 확대를 추진하는 흐름에서 폴란드가 동(東)슬라브 국가들에 대해서 말하자면 한 걸음 먼저 나아가는 선도자로서 길을 제시하고 우크라이나 및 벨라루스의 민주화, 나아가서는 '유럽'과의 관계의 긴밀화를 지원한다는 구상에 설득력을 갖게 했다. 하지만 이러한 '폴란드 모델의 민주화' 및 유럽적 가치관의 전파라고 하는 견해는 '연대'로부터 파생된 하나의 측면을 파악한 것이며, 다른 해석의 가능성도 있다는 것을 PiS 정권은 보여왔다.

여당 PiS와 제1 야당 PO는 현재 '폴란드·폴란드 전쟁'이라고 일컬어지는 것처럼 격렬한 대립 상태에 있는데, 모두 '연대'의 주요 멤버로부터 기원했으며 그 태생이 비슷한 정당이다. '연대'의 결성으로부터 40주년에 해당하는 2020년에는 '연대'의 의미 및 이미지, 민주화의 '영웅'이라고 불렸던 사람들에 대한 평가가 최근 10년간 변화하고 있다는 것이 명확해졌다.

2. 투표 행동에서의 세대 및 지역 간 차이

'연대'의 의미가 변화하고 있는 배경 중 하나로는 '민주적 체제' 및 EU 역내의 자유로운 이동이라는 환경 속에서 출생하고 자라난 유권자가 증가하고 있다는 점을 들 수 있다. 현재 가장 젊은 연령대의 유권자에 해당하는 사람들은 체제 전환으로부터 이미 20년이 경과한 사회에서 출생했으며 10대 무렵에는 저렴한 장거리 버스를 이용하여 EU 국가들과의 왕래가 가능한 세상에서 식육(食肉) 및 유제품(乳製品)은 물론이고 복식(服飾)이나 전자제품도 풍요로운 상품에 둘러싸여 생활하고 있는 세대(世帶)이며, 조부모의 시절과는 장래에 대해 불안을 느끼는 방식이 다르다. 이러한 생활 감각으로 인해 공산주의 시대에 여권을 취득하는 데에만 수개월의 기간을 기다리지 않으면 안 되었던, 그러한 경험을 20~30대에 하며 가치관을 형성했던 기성 세대와는 현재의 폴란드를 둘러싼 조건에 대해 파악하는 방식 및 평가의 기준이 변하고 있다. 종래에는 정치인 및 정당이 정통성을 이끌어내는 원천이었던 '연대' 및 '민주화'와의 관계가 체제 전환을 전후한 생활의 변화와 일체가 되어 느껴졌던 것에 반해서, 작금에는 과거처럼 강한 인상을 주지 못하게 되고 있다.

연령대별로 결선 투표의 투표 결과를 살펴보면, 18~49세에서는 야당 후보자에 대한 지지가 현직 두다 대통령에 대한 지지를 상회했다. 50세 이상에서는 현직 두다 대통령에 대한 지지가 야당 후보자에 대한 지지를 상회했다.

또한 지역적으로 보면 서부(西部)로부터 북부(北部) 지역에서는 야당 후보에 대한 지지가 높았고, 남동(南東) 지역에서는 현직 두다 대통령에 대한 지지가 높았다. 이러한 점 때문에 선거 이후의 폴란드에서는 국가의 양분화(兩分化)가 일어나고 있는 것으로 받아들여지고 있다. 어느 쪽의 후보자가 더 많은 표를 획득했는지 선거구를 구분하여 색을 칠해보면, 서부에서 북부에 걸친 지역과 남동 지역 간에는 확실히 색채가 나뉘어진다. 두다 대통령에 대한 투표가 100%를 차지했던 구(區)가 두드러진 지방도 있으며, 특히 포드카르파츠키에(Podkarpackie)는 현직 대통령에 대한 지지가 강했다. 이 지방은 2005년의 대통령 선거에서도 PiS의 후보였던 레흐 카친스키(Lech Kaczyński)에게 높은 지지를 보냈으며, 여당의 기반이 되고 있다. 지리적인 지지의 편중에 대해서 라팔 판코프스키(Rafal Pankowski)는 폴란드 분할 시대(18세기 말, 3차례에 걸쳐 폴란드가 러시아, 프로이센, 오스트리아에 의해 분할·병합되어 국가가 소멸되었음)에 오스트리아령(領)이었던 지역에서는 PiS가 비교적 높은 지지를 획득하는 경향이 있다고 지적한다(Pankowski 2010)[이에 반해서, 옛 프로이센 분할령(分割領)에서는 PiS에 대한 지지가 낮은 것으로 여겨진다]. 이러한 배경도 있어 선거 이후에 일부 야당 지지자들이 포드카르파츠키에의 산품(産品, 농산물 등)을 '보이콧'하고자 했는데, 이러한 사후적(事後的) 동향에 대해서는 결선투표에서 트샤스코프스키 지지에 협력했던 '폴란드 농민당'(PSL: Polskie Stronnictwo Ludowe, '폴란드 인민당'으로 불리기도 함_옮긴이)으로부터 반성을 촉구하는 의견이 제기되어 길게 이어지지 못했다.

투표일의 다음 1주일 정도는 농산품 보이콧과 같은 기묘한 반응이 나올 정도로 근소한 차이로 패배한 야당 지지자들의 혼란이 보였다. 패인(敗因) 및 책임의 소재를 찾아내고자 하는 발언이 있었으며, 또한 그러한 방향으로부터는 아무것도 생겨나지 않으며 야당이 지금 해야 할 일은 거기에 없다고 하는 지적이 있었다. 이러한 동요가 발생한 이유로서는 투표 결과가 매우 근소한 차이였다는 점, 야당 측에 현실적인 승기가 있었음에도 불구하고 그것을 놓쳐버렸다고 하는 생각이 남았다는 점을 들 수 있다.

실제로는 코로나19의 유행 이전에 현직 두다 대통령에 대한 지지는 전술한 바와 같이 50%를 넘었으며, 선거전의 초반에는 야당 측의 주요한 후보자로 간주되었던 마우고자타 키다바브원스카(Małgorzata Kidawa-Błońska, PO 소속)는 전혀

지지를 확대시키지 못하고 있었다. 하지만 코로나19의 유행에 따라 상업 활동 및 사람과 물품의 이동이 규제되는 가운데 중소기업의 상황이 급속히 악화되었으며, 지방자치단체의 법인세 수입이 대폭 감소되어 재정이 타격을 받았다. 대통령 선거 후보자 중 한 명이었던 파베우 타나이노(Pawe ɫ Tanajno)가 감염 확대의 방지를 위해 50명 이상의 집회가 금지된 가운데 중소기업인들이 바르샤바의 문화과학궁전(Pa ɫ ac Kultury i Nauki) 앞에서 행한 항의 집회에 특별히 참가하여 그들과 함께 고통을 호소했던 것은 민간의 위기감의 대변자라는 것을 어필하기 위해서였다(5월 23일의 집회에서는 참가자와 경찰이 일부 대립하였고 타나이노는 집회 장소에서 경찰에 의해 연행되었다). 코로나19의 감염이 수습되더라도 그 이후에 경제 상황이 악화될 것이라는 점은 명약관화했으며 여당에 대한 지지의 하락은 피할 수 없을 것으로 전망되었다. 여당 측이 선거 실시를 서둘렀던 것은 지지율 하락이 일어나기 전에 현직 두다 대통령을 재선(再選)시키고자 하는 의도였다.

이와 관련하여 야당 측은 선거 일정이 6월 28일로 연기된 것을 호기(好機)로 삼아, 후보자를 인기가 있는 트샤스코프스키 현(現) 바르샤바시 시장으로 교체했다. 만약 코로나19의 유행이 일어나지 않고 5월 10일에 선거가 실시되었다면, 현직 두다 대통령이 그대로 당선될 전망이 높았다고 말할 수 있다. 그러한 의미에서는 키다바브원스카를 대신하여 야당 측의 주요한 후보자로서 급거 입후보하게 된 트샤스코프스키는 단기간의 선거전 동안에 급속하게 지지를 모으고 입후보에 필요한 10만 명의 서명을 타인과의 접촉이 제한되어 있는 가운데에서 경이적으로 신속하게 모았으며, 또한 결선 투표에서는 야권의 여러 후보자로부터 지원을 받으면서 어느 정도는 성공했고 거의 50:50의 결과로까지 가져왔기 때문에 이것은 3월 초순의 상황을 돌이켜보면 상당한 선전(善戰) 또는 성공이라고 말해도 좋은 결과였다.

그럼에도 불구하고 선거 이후에 트샤스코프스키의 지지자들이 협력으로 돌아서준 다른 야당 후보자의 지원이 "충분하지 않았다"라고 비난했던 것은 부당하다고 말해도 될 것이다. 다른 야당 후보자의 지원 없이 PO의 힘만으로는 도저히 호각(互角)의 결과로는 만들지 못했을 것이기 때문이다. 하지만 앞으로 PiS 우위의 기간 동안에 잃을 것으로 전망되는 것이 대단히 많다고 생각되기 때문에, 트샤스코프스키의 지지자들이 막연하게 있을 수만은 없다는 것도 일리는 있었다.

3. '2020년 대통령 선거' 캠페인에서의 PiS의 수법

이번의 대통령 선거는 단순히 대통령의 신임을 묻는 것에 불과한 선거가 아니었다. 여당의 이제까지의 정치 수법(政治手法)도 문제로 간주되었다.

폴란드는 양원제(兩院制)이며, 2019년 10월의 선거에서 상원(上院, 100석), 하원(下院, 460석) 중 PiS가 획득한 것은 각각 48석과 234석이었다. 상원에서는 과반수에 미치지 못했지만, 하원에서는 과반수를 차지하고 있다. 이 때문에 여당 측이 어떤 법안을 성립시키고자 할 경우, 하원을 통과시킨 이후에 상원에서 부결되더라도 하원에서 재차 가결한다면 대통령의 서명을 거쳐 성립시키는 것이 가능하다.

2015년의 대통령 선거 및 의회 선거에서 PiS가 승리한 이래, 내정(內政)에서의 급속한 변화는 '법의 지배' 및 민주주의의 근간을 훼손하는 것으로서 비판자들에게 위기감을 갖도록 만들고 있다. 이번의 대통령 선거에서 PiS에 비판적인 입장의 후보자가 승리하게 되면, 법안에 대한 서명을 거부함으로써 PiS가 의회에서의 다수를 배경으로 하여 급속하게 추진해버리는 제도적 변경에 제동을 걸 수 있다고 간주되었다. 그 때문에 PiS의 수법에 반대하는 입장으로부터 본다면,

이번 선거에 대단히 많은 것이 걸려 있으며, 법의 지배 및 민주주의의 존속에 관계되는 것으로 인식되었다.

그렇다면 PiS의 수법의 무엇이 그렇게까지 비판을 받는 것일까?

선거가 실시되던 중에서부터 지적되었던 것은 이번 선거가 '불성실한 선거였다'는 것, 즉 공평한 경쟁이 아니었다는 점이다. 선거 이후에 열린 상원 회의에서는 야당 의원 중의 다수가 이번 선거가 얼마나 '불성실하게' 행해졌는지를 지적하는 발언을 했다. 그중에서도 두드러졌던 것은 국영방송 TVP에 의한 현직 대통령에게 압도적인 지지를 보내는 방송 및 프로그램 연출의 불공평성을 지적하는 발언이었다. 특히 선거 기간 중에 200만 즈워티[z ł oty, 약 53만 달러(USD, 2021년 1월 24일 기준)_옮긴이]의 예산이 TVP에 제공된 것으로 간주되는데, 코로나19 대책에 각가지 예산이 필요한 시기에 현직 대통령에게 유리한 방송을 지원하기 위해서 그러한 자금을 책정했던 것이 아닌가, 어떠한 법적 근거가 있는지 명확하지 않다는 등의 비판이 있었다.

TVP의 보도 및 프로그램 연출의 양태가 두드러졌던 것은 결선 투표를 앞에 두고 행해진 후보자 '토론회'였다. TVP에서는 우선 5월 10일의 투표를 위한 후보자 11명의 '토론회', 다음으로 6월 28일의 투표를 위한 후보자 11명의 '토론회'가 행해졌다(KO의 후보자로서 5월의 토론회에는 키다바브원스카, 6월에는 후보자가 교체되어 트샤스코프스키가 참가했다). 프로그램은 일문일답(一問一答) 형식으로 하나의 질문에 1분씩 순서대로 답해나가는 형식이었기에, 후보자들 간에 토론을 하는 것은 불가능했다. 또한 질문받은 것 외의 사항을 답하는 것도 허용되지 않았다. 그 때문에 흡사 정견(政見)을 발표하는 방송을 보는 것과 같은 프로그램이었으며, 각각의 주장은 알 수 있지만 발언의 자유도(自由度) 및 상호 간에 질문하는 형태로 이루어지는 토론회의 실시를 요구하는 감상(感想)이 유권자로부터 제기되었다.

TVP의 '토론회' 형식에 대한 불만에 부응하여 결선 투표를 위해 복수의 민영 방송국이 두다 대통령과 트샤스코프스키 간 토론 형식의 프로그램을 기획했지만, 절충이 되지 않아 실현되지 못했다. 결국 TVP는 바르샤바의 본사 사옥이 아니라, 지방의 소도시 콘스키에(Końskie)에 특설 스튜디오를 설치하고 대통령이 작은 마을을 방문하여 전국으로 중계하는 형태로 '토론회'를 방송했다. 프로그램은 이전의 '토론회'와 마찬가지로 일문일답 형식이었는데, 이번에는 먼저 콘스키에의 주민들로부터 질분을 모아서 그 실문 동영상에 내해서 대통령이 답해 나가는 형식을 취했다. 대통령은 방송이 되기 전에 미리 질문의 내용을 파악하고 있었지만, 프로그램의 시청자에게는 일반 사람들(또한 수도 바르샤바가 아니라 대도시로부터 잊혀지기 일쑤인 지방의 상징인 콘스키에의 주민들)의 질문에 대통령이 실시간으로 답하고 있다는 인상을 주는 것이 가능했으며, 지지자들에게 더욱 호감을 주려는 의도가 성공을 거둔 것으로 간주되고 있다.

또한 프로그램에서는 '초대에 응하지 않은 시민플랫폼(PO) 부대표 트샤스코프스키'를 위한 연단(演壇)도 대통령의 연단과 동일한 크기로 마련되었으며, 두다 대통령이 질문에 답한 이후에는 TVP의 사회자가 공석(空席) 상태의 연단을 향하여 동일한 질문을 던졌다. 하지만 거기에는 트샤스코프스키의 이름과 공석 상태의 연단이 비추어지고 있을 뿐 대답은 이루어지지 않았다. 아무도 그곳에 없기 때문에 답을 할 리가 없는 것이다. 그것을 확인한 뒤에 사회자는 "트샤스코프스키 후보자로부터의 답변은 없습니다. 콘스키에 주민들의 질문은 중요한 내용이기에 유감입니다. 하지만 PO의 후보자는 토론회에의 초대에 응하지 않았습니다. 여러분, 즉 유권자인 폴란드 국민으로부터의 질문에 답할 생각이 없다는 것입니다. 그럼 다음 질문으로 ……"라고 하는 형태로 이것을 11문(問)의 질문에 대해서(질문의 횟수가 거듭됨에 따라 다소 간략해지는 방식으로) 반복했다. 트샤스코프스키와 PiS의 앞에 정권을 담당했던 PO에 대해서 "무책임하다"라는 인상을 반복하여 주고자 하는 연출이었다. 부재(不在)의 후보자에 대해서 부재라고 하는 것을 최대한 활용하는, 하고자 한다면 가능할지는 모르겠지만 해서는 안 되는 일로 여겨지는 선(線)을 넘는 연출이었다. 근미래(近未來)의 SF 영화를 보고 있는 것과 같은 비현실적 장면이었지만, 이것은 풍자 프로그램이 아니라 현직 대통령이 출연하고 국영방송이 생방송을 하고 있던 '토론회'였다.

또한 TVP의 방송 내용상의 공평성에 의문이 제기된 것에 더하여, 총리의 선거 캠페인 양태에 문제가 있다는 점도 지적되었다. 민영 TV방송국인 TVN이나 ≪가제타 비보르차(Gazeta Wyborcza)≫등 주요 신문의 보도에서는 마테우시 모라비에츠키(Mateusz Morawiecki, PiS 소속) 총리가 선거 기간 중에 지방의 소규모 자치단체를 방문하여 공명정대한 이벤트로서 '상징적 수표'의 배포(해당 자치단체에 배분될 예정인 금액이 적혀 있는 패널을 손으로 건넴)를 하며 돌아다녔는데, 이것은 사실상 금전의 배포를 예정함으로써 현직 두다 대통령에게 투표하도록 촉구하는 행위라는 점을 문제 삼았다(다만 수표는 상징적인 것이었기 때문에 언제 자금이 실제로 건네질 것인가는 결정되지 않은 듯하다).

4. 민주주의의 결함인가?

이러한 폴란드의 상황에 대해서는 유럽 국가들 전반의 민주주의가 쇠퇴하고 있는 일례로서 언급되어 왔다. 예를 들면, 야스차 뭉크(Yascha Mounk)는 폴란드의 '법과 정의'(PiS) 정권에 대해서 '비(非)리버럴 민주주의'의 사례로서 들고 있으며 성질로서는 민주주의적인 것과 동시에 비리버럴하며, 그리고 이 정권이 미치는 영향으로서는 리버럴한 여러 제도를 배제하는 것(예를 들면 국영방송 및 독립기관에의 개입)에 의해 나중에 민의(民意)의 표출을 방해할 우려가 있다고 지적한다

(モンク 2019). 정권의 선택과 사람들의 선택이 어긋날 때 정권이 후자를 용이하게 무시할 수 있게 된다는 점에 현상(現狀)의 가장 큰 문제가 있다는 지적은, PiS 정권에 대해 폴란드 국내의 비판자들이 갖고 있는 우려와 공통되고 있다.

또한 뭉크는 보충하여 '비리버럴한 민주주의'라고 하는 표현은 체제의 지도자에게 유리한 표현 방식이며 스스로의 행위가 민주적이라고 하는 '면죄부'가 된다는 얀베르너 뮐러(Jan-Werner Müller)의 지적(ミュラー 2017)에 대해서, 그러한 위험성은 있지만 이러한 정권을 성립시키고 있는 에너지도 또한 뭔가 민주적인 것이라고 지적하고 있다(モンク 2019).

폴란드의 경우에 관해서 말하자면, 이러한 설명에서 별로 다루어지지 않는 것은 왜 EU와의 관계를 악화시키고 폴란드에도 불리하게 될 수 있는 선택을 계속하는가 하는 동기에 대한 점이다. 뭉크는 이웃나라 및 세계의 평균과 비교한 여론조사를 토대로 폴란드에서는 6명 중에 1명이 민주적 체제를 나쁜 것으로 파악하고 있으며, 폴란드는 PiS가 여당이 되기 이전부터 민주주의에 대해서 대단히 비판적이며 권위주의적인 선택지를 받아들일 준비가 되어 있었다고 논한다. 하지만 결론의 중대성으로부터 본다면 이 부분은 더욱 상세한 검토가 필요한 것으로 여겨진다.

2015년에 시민플랫폼(PO)과 '법과 정의'(PiS) 간에 정권 교체가 행해졌던 것은 그것만을 본다면 양대 정당제가 기능하고 있는 상태이며 특별히 문제는 없는 것처럼 보인다. 하지만 특히 PiS 정권이 된 이후부터는 상호 비난을 하는 '폴란드·폴란드 전쟁'의 상태에 깊이 빠져 있으며 "PO와 PiS 간의 핑퐁(ping-pong, 탁구공이 왔다갔다 하는 것) 상태를 계속 하는 일이 많다"('토론회'에서 타나이노가 행한 발언)는 목소리가 제기되었다. 이러한 기존의 대정당(大政黨)에 대한 불신감의 표현으로 로베르트 비에드론(Robert Biedroń)을 대표로 하는 '봄'[Wiosna(春), 현재는 녹색당 등과 공동으로 창립한 정당연합 '좌파'(Lewica)에서 활동하고 있으며, 비에드론 자신이 동성애자라는 것을 공표하며 정치가로서의 경력을 시작했으며, LGBT의 동권화(同權化)와 관련해서 가톨릭 교회를 강하게 비판하고 있음] 등의 소규모이지만 진취적인 주장을 하는 신당(新黨)이 출현하고 있으며, 시몬 호워브니아[폴란드 2050운동(Ruch Polska 2050)] 등 비정당(非政黨) 차원의 경제적 측면을 중시하는 운동이 일정한 지지 및 관심을 모으는 배경이 되고 있다. 호워브니아는 대통령 선거의 제1차 투표에서 3위가 되었는데, 생활 보장을 중시하고 종교적으로 경건한 입장(친EU적인, 급속하게 다양화·세속화하는 가치관에는 따라가지 않음)에도 배려하며 폭넓은 연령층의 불안을 어루만져주면서 PiS에 의한 정치의 사물화(私物化) 및 극우(極右)에게 관용적인 자세에 비판적인 온건한 보수층으로부터 지지를 모았다. 이러한 작은 동향도 또한 넓은 의미에서의 민주주의의 현상(現狀)에 대한 불신감의 표출이라고 여겨진다.

또한 이번 선거에 관해서는 코로나19의 유행 아래에서 유권자가 소규모로 '자신을 보호하는' 행동을 취한 측면이 있었던 것으로 여겨진다. PiS는 다양한 보조금 계획을 제기했으며, 유권자로서는 보조금은 받을 수 있다면 받는 편이 좋다. 연금은 일찍부터 수급할 수 있다면 수급하는 쪽이 좋다. 이것은 사상신조적(思想信條的)인 의미에서 PiS가 용인하고 있는 극우 민족주의를 지지하는가 여부와는 다른 차원이다. 다만 선거 캠페인 중에 유권자의 자기방어 심리에 호소하는 형태로 PiS가 난민 유입 및 LGBT의 권리 확대[종종 연계되어 있는 논점으로서 동성(同性) 커플에 의한 아동의 입양을 인정할 것인가 하는 문제가 있으며, 아동을 성적 학대(性的虐待)하는 데 대한 혐오로 인해 동성혼의 합법화에 반대하는 이유로서 언급됨]에 대한 불안을 부채질한 점은 간과할 수 없다.

정당 지지의 동기에 대해서는 전술한 바와 같이, 세대(世代) 간의 차이가 나타나는데, PiS에 대한 투표가 많았던 50대 이상의 유권자가 반드시 단일한 사상에 열광하여 냉정함을 잃고 있는 것은 아니다. 자신을 보호하는 것에 관해서는 신중한 판단을 할 필요가 있으며, 여러 기준을 수시로 감안하면서 선택을 하고 있다. PiS에 대한 지지가 안정되어 보이는 이유는 그 주장 및 사상에 찬동(贊同)하고 있기 때문이라고 한정할 수 없으며, 유권자가 여러 요인을 비교하여 판단을 내린 결과였다고 여겨진다.

5. 근현대(近現代)의 역사를 어떻게 이해할 것인가?

폴란드의 현상을 이해할 때 중요한 것은 폴란드 분할로부터 제1차 세계대전, 제2차 세계대전을 포함한 근현대사를 어떻게 이해할 것인가 하는 관점이다. 또한 '어떠한 사건이 있었는가'에 더하여 '그것이 어떻게 의식되고 있는가'가 중요하다. 전술한 바와 같이, 2020년에는 노동조합 '연대'가 결성된 지 40주년이 되었는데, 10년 전의 회고 방식과는 '연대'가 지니는 의미가 달라졌기에 반드시 유럽으로의 회귀를 개시했던 '연대'가 아니게 되고 있다. 또한 2019년은 폴란드 독립 100주년의 해였다. 독립 100주년을 앞두고 폴란드 국내에서는 애국적인 논조가 고조되었고, 그에 맞추어 수도 중심부에서의 '독립 행진'(2019년 11월)과 같은 행사를 통해 전국에서 우파·극우 단체가 모여 공공연히 활동하더라도 허용되는 상황이 되었다.

근대사를 회고해보면, 폴란드는 18세기에 러시아, 프로이센, 오스트리아 등의 인접한 3개 제국(帝國)에 의해 분할·병합되어 지도 위에서 모습이 사라졌다. 제1차 세계대전을 거치며 지배했던 제국(帝國)이 붕괴되었기에 기적적으로 독립과 재통합을 실현했는데, 이러한 경험은 뿌리 깊은 반(反)러시아 감정의 토대가 되었으며, 또한 제2차 세계대전 이후의 공산주의 시대에 겪은 고통스러운 경험 때문에 반소(反蘇) 감정으로 접속되었다. 한편 제2차 세계대전에서는 나치 독일에 의한 점령하에 놓였고 대학 관계자 및 성직자 등 많은 엘리트층 청년과 지식인이 집중적으로 살해의 대상이 되었다. 또한 1944년의 바르샤바 봉기에서 수도가 불타게 되었고, 이때도 사회 재건의 주력(主力)이 되어야 할 사람들을 많이 잃었다. 또한 현재의 폴란드 국내에는 아우슈비츠 절멸(絶滅) 수용소를 비롯한 많은 강제 수용소가 나치에 의해 건설되었던 유적이 있다. 홀로코스트의 현장이 되었던 경험으로부터 반(反)나치·반(反)독일 감정은 기회가 있을 때마다 보여진다. EU라고 하는 외관으로 독일에 지배되는 것을 경계하는 논의가 때때로 나타나는 것은 이러한 감정을 배경으로 하고 있다. 돌이켜보면 2005년의 대통령 선거에서 레흐 카친스키(PiS)와 도날드 투스크(PO)가 경쟁했을 때, 투스크는 결선 투표 직전의 여론조사에서 1위였지만 '투스크의 조부는 제2차 세계대전에서 독일군 병사로 종군했다'라고 하는 '불순한 내력'이 유포되었고 이것이 결정타가 되어 패배했다. 투스크는 북부의 소수민족인 카슈브족(Kashubians) 출신인데, 그것은 EU적인 가치관에서는 '폴란드의 다양성'의 표출로서 긍정될 수 있지만, 폴란드 민족주의의 관점에서는 의심스러운 태생(독일인과 동일시되는 것)으로 반복하여 다루어졌다.

폴란드의 근현대사(近現代史)를 조감하면 일시적으로 양호한 또는 아무것도 일어나지 않은 근린(近隣) 관계가 있다고 하더라도 그것을 영속되는 상태나 평상적(平常的) 또는 통상적인 것이라고 인식하기는 어려운 시대가 장기간 계속되었다. 근시안적이지 않은 견해에 입각하여 근린 국가들과의 관계를 파악하는 긴장감은 EU 가맹 이후에도 기회가 있을 때마다 표면화되어 왔다.

그렇다면 어떠한 사상적 계보를 PiS는 보이고 있는 것일까? 아래에서는 PiS의 사상적인 변화를 개관해보도록 하겠다.

6. PiS의 이데올로기는 창당 이래 어떻게 변화해왔는가?

PiS(법과 정의)는 '카친스키 형제의 정당'이라고 불린다. 야로스와프 카친스키 (Jaros ł aw Kaczyński)와 레흐 카친스키는 쌍둥이 형제이며, 이 당(黨)을 창당하고 최초의 시기부터 PiS의 정치적인 방향성을 정했다. 두 사람 모두 1970년대에는 민주적 반대파 '노동자 방위 위원회'(KOR: Komitet Obrony Robotników)의 멤버였으며, 1980년대에는 '연대'의 멤버였다. 1989년에는 '연대'의 레흐 바웬사의 고문 (顧問)이 되었고, 바웬사가 그들을 정치 무대로 끌어올린 것인데, 그것을 바웬사는 후년(後年)에 거듭하여 잘못한 일이었다고 말한 바 있다.

1990년부터 1991년에 걸쳐 레흐 카친스키는 노동조합 '연대'의 부의장이었다. 1990년에는 야로스와프가 중도협정(PC: Porozumienie Centrum, '중앙동맹'으로 표기되기도 함_옮긴이)이라는 정당을, 바웬사가 대통령이 되는 것을 지지하기 위한 포스트(post) '연대'의 정당으로서 창당하게 된다. 하지만 1991년이 되어 카친스키 형제는 바웬사와 심각하게 대립하게 되었다. 바웬사가 옛 공산주의 체제의 대표자들과 너무 가까운 관계를 구축하고 있다는 것이 비난의 이유였다.

1990년대 중반에 카친스키 형제는 의회 정치의 중심으로부터 거리를 두었다. 1997년에 PC는 중도우파 성향을 가진 연대선거행동(AWS: Akcja Wyborcza Solidarność, 그 이후 우파연대선거행동(AWSP: Akcja Wyborcza Solidarność Prawicy)으로 개칭됨_옮긴이)에 합류했지만, AWS 자체가 대단히 주변적인 존재라고 여겨졌다. 2000년까지 PC는 거의 존재하지 않는 것과 마찬가지가 되었다. 카친스키 형제는 모두 인기가 없었으며 정치인으로서 부활하는 것은 이미 불가능한 것처럼 보였다. 이러한 가운데 카친스키 형제가 정치의 중심에 복귀하는 발판이 되었던 것이 판코프스키에 의하면, 엄격한 법의 적용과 질서의 유지, 특히 사형(死刑)의 부활[이것은 당시의 교황 요한 바오로 2세(Pope John Paul II, 본명: 카롤 유제프 보이티와,

1920년 폴란드 바도비체 출생_옮긴이)를 수장으로 하는 가톨릭 교회의 가르침에 반하는 것이었지만을 독자적인 주장으로 시작한 점이었다(Pankowski 2010).

2000년에 레흐 카친스키는 AWS의 예지 부제크(Jerzy Buzek, 당시 폴란드 총리_옮긴이) 정권에서 법무장관에 임명되어, 재직 기간은 짧았지만 범죄(특히 부정부패)와 타협하지 않는 강력한 아웃사이더 운동가라는 평판을 얻는 데 성공하였으며, 2002년의 바르샤바 시장 선거에서 승리한다. 그리고 2005년에 PiS는 의회 선거와 대통령 선거의 양쪽에서 승리를 거두고 2006년 7월 대통령 레흐 카친스키는 야로스와프 카친스키를 총리에 임명한다. 키와 몸집이 비슷한 쌍둥이 형제가 대통령과 총리의 자리를 차지한다는 것은 사진에 비추어지는 관점에서 뿐만이 아니라 대단히 드문 모습이었다.

PiS는 2000년대 초의 창립 시 전술한 바와 같이, 반(反)범죄 및 반(反)부패를 주된 초점으로 삼았으며, 민주적인 시스템 그 자체에 대해서 도전하지는 않았다. 스스로를 포스트(post) '연대'의 전통 위에 서 있는 것으로 규정하고 대체적으로 친서방 성향의 정당으로 계속 존재하며 폴란드가 NATO 및 EU의 구성원이라는 것을 지지했다. PiS가 레토릭 및 정책, 이데올로기, 정치적 동맹자, 기반이 되는 유권자층(有權者層)을 변화시켰다는 것이 명백해진 것은 2005년의 의회 선거를 계기로 해서였다. 그 이래 PiS의 민족주의 지향 및 권위주의적인 경향이 강해졌고, 민주주의적인 안정보다도 급진적인 변화를 추구하는 세력임을 자인(自認)하게 되었다.

2005년에 PiS가 승리를 거둔 요인 중의 하나로서 판코프스키가 지적하고 있는 것은(Pankowski 2010), 2005년 4월 요한 바오로 2세가 사망한 이후에 발생한, 폴란드에서의 거국적인 애도의 물결이었다. 1978년에 교황으로 선출되었을 때, '먼 나라에서 왔습니다'라고 인사말을 한 것으로 알려진 그는 냉전 시기 '철의 장막'의 반대쪽으로부터 온 교황으로서 폴란드의 민주화를 강력하게 지원하고 '연대'의 정신적 지주(支柱)가 되었던 것으로 알려졌다. 1920년에 출생한 요한 바오로 2세(카롤 유제프 보이티와)는 폴란드가 제1차 세계대전 이후에 국가로서 부활한 직후에 태어난 세대였으며, 애국적인 분위기 속에서 자라났다. 옛 수도 크라쿠프(Kraków)의 야기에우워 대학(Uniwersytet Jagielloński)에 진학한 지 얼마 되지 않아 제2차 세계대전의 발발 및 독일의 침공과 점령을 경험하게 된다. 그 당시 야기에우워 대학[14세기에 설립된 폴란드 최고(最古)의 대학으로 니콜라우스 코페르니쿠스(Nicolaus Copernicus)가 배웠던 것으로도 알려져 있음]의 연구자 다수가 나치에 의해 살해되었다. 이것은 의도적인 지식인층의 말살이었으며, 성직자의 다수도 희생되었다. 보이티와는 신앙심이 경건했던 부모의 영향을 받았으며 박해받고 있던 유대인 이웃의 지원 아래 성직자가 될 뜻을 갖게 된다.

이러한 경력 때문에 요한 바오로 2세는 폴란드·유대 관계의 문제에 대해서 이른 시기부터 다루었으며 사죄(謝罪)를 한 것으로도 알려졌다. 제2차 세계대전으로부터 전후(戰後)의 냉전 시기, 그리고 민주화와 체제 전환 등 격동의 시대를 거쳐, 비판은 있었지만(낙태 및 동성애를 인정하지 않는 보수성 등에 대해서) 화해와 대화를 중시하는 가치의 상징이었다. 요한 바오로 2세의 사망이라는 상실감은 공동체의식 및 일체가 되고 있다는 감정을 공유하는 큰 경험을 가져왔다. 그 이래 개인숭배적인 감정의 담지체 및 비판의 대상으로서 폭넓게 요한 바오로 2세의 그림자가 이용되고 있다. 요한 바오로 2세의 가르침은 다기하게 걸쳐져 있으며, 어떤 정치적 지향(志向)을 가지고 있더라도 자신들의 주장을 뒷받침하는 형태로 인용될 수 있다. 2010년의 시점과 2020년의 현재를 비교해볼 경우, 요한 바오로 2세의 가르침이 2010년에는 유럽의 통합을 지향하고 다문화(多文化)의 공존 및 다종교(多宗敎) 간의 화해를 촉구하는 문맥에서 이용되는 일이 많았던 것에 반해서, 탄생 100주년에 해당하는 현재(2020년)에는 그의 가르침을 받아들이는 방식이 다양해지고 있다.

요한 바오로 2세가 서거했을 때, '도덕적인 패닉(panic)이라는 테크닉을 통해서 동원된'(Pankowski 2010) 사람들의 다수가 2005년의 선거에서 PiS에 투표했다. 이번 2020년 5월의 대통령 선거 후보자 토론회에서 최초의 질문이었던 '취임하게 된다면 먼저 어느 나라의 수도를 방문할 것인가?'라는 질문에 대해 현직 두 다 대통령은 "로마부터 시작하고자 한다"라고 응답했다. 이것은 보수적인 가톨릭 신앙을 지니고 있는 지지자들에게 호감을 주는 대답이었다.

요한 바오로 2세는 고령으로 병을 앓고 있었던 점도 있어, 어느 정도는 사회가 그의 교체를 향해 장기간에 걸쳐 대비해왔던 것에 반해서, 불의의 타격을 입은 것처럼 경직된 민족주의가 일반의 공간에까지 침투하는 경험을 가져왔던 것은 2010년 4월 10일 '카틴 숲 사건'(Zbrodnia katyńska, 구소련이 1940년에 폴란드의 군 장교와 대학교수, 성직자, 의사 등 2만 여 명을 학살한 사건으로서 카틴 학살이라고도 불린다_옮긴이) 70주년 추도식전'에 참석하러 가던 레흐 카친스키 대통령 부부와 정부 및 군의 요인을 태운 정부 전용기 TU-154M이 스몰렌스크(Smolensk)에서 추락하여 96명이 사망한 사건이다. 이때 폴란드는 큰 충격에 빠져 일제히 복상(服喪)하는 분위기가 되었으며 그 상처는 깊이 남겨졌다. 그때까지 정치가로서는 풍자 및 야유의 대상이었던 카친스키 대통령의 초상은 전혀 다른 시각에서 묘사되었고, 이론(異論)은 있었지만 역대 국왕이 안치되어 있는 크라쿠프의 바벨 대성당에 안장되고 신성화(神聖化)가 행해졌다. 또한 단기적으로는 정부 수뇌 및 군의 요인이 한 번에 이와 같은 정도의 규모로 상실된 것에 대해서 국가의 운영이라는 관점에서 손실의 막대함이 주목되었는데, 그 밖에도 폴란드가 현대의 형태가 될 때까지, 즉 체제 전환을 거쳐 민주화된 국가로 될 때까지의 역사적 장면에서 중요한 역할을 수행했던 사람들이 이 비행기에 동승했기 때문에 기회가 있을 때마다 근현대사를 회고할 때에 상실이 세트(set)로 상기(想起)되고 있다. 빛나는 장면에서도 후년(後年)의 비극이 그림자를 드리우게 되었다.

복상 일색의 분위기는 결국 비판적인 시각의 회복도 있어 다원화되었지만, 전국적으로 어떤 감정 및 사상을 공유하는 경험은 그 영향이 컸다. 전 국민적인 추도(그리고 다양하게 상처를 치유하고자 하는 행동)의 경험은 사회 전체의 중심을 크게 애국주의의 방향으로 옮기는 것에 신중하고자 하는 기제를 약화시킨 것으로 여겨진다.

결론: '드모프스키 · 파데레프스키 연구소'의 설립이 의미하는 것

이러한 PiS의 역사관은 '연대'의 의미[반드시 친(親)EU적 가치관으로의 합류를 역사의 도달점으로 간주하지는 않음]에 다른 측면을 추가시켜주고, 또한 제2차 세계대전 시기의 사건에 대해서도 재평가를 강하게 제기하고 있다.

폴란드사(史)를 새로운 시각에서 제시하기 위해서 박물관이 적극적으로 활용되고 있는데, 그 선구적인 시설로서 카친스키가 바르샤바 시장 시절에 설립한 '바르샤바 봉기 박물관'을 들 수 있다. 이 박물관에는 '실물 크기'의 지하수도(地下水道)를 본뜬 터널 등 직접 체감할 수 있는 형태의 새로운 전시를 위주로 해서 (견학자가 걸어 들어가는 전시용 터널의 폭과 높이가 실제 수치와 가깝다는 것과 봉기 중에 빛이 없는 하수도에서 허둥지둥 도망치는 경험 사이에는 큰 차이가 있지만), 단체로 견학을 하러 오는 초등학생으로부터 폭넓은 연령대(年齡代)를 대상으로 하여 애국주의적인 사건으로서 바르샤바 봉기를 몸으로 느끼도록 구성되어 있으며, 관람자는 안정적으로 증가하고 있다. 또한 현재의 정권은 폴란드 · 유대 관계에 대해서 대외적인 이미지를 '수정'하는 자세를 보이고 있다. 구체적인 조치로서는 제2차 세계대전 중에 폴란드가 독일 점령하에 있었던 시기에 유대인을 구했던 폴란드인의 존재에 대해서 공식적인 재평가를 추진하고 있다. 이보다 앞서 크라쿠프에 2010년에 개설된 오스카 쉰들러[Oskar Schindler, 유대인을 종업원으로 숨겨 구출해냈던 독일인 사업가로서 영화 〈쉰들러 리스트(Schindler's List)〉를 통해 잘 알려짐]의 공장 유적을 이용한 박물관 전시는 현재도 대단히 성황을 이루고 있는데, 최근에는 구제 활동을 주체적으로 행한 폴란드인에 초점을 맞춘 박물관의 개설이 진행되고 있다. 작은 마을 마르코바[Markowa, 폴란드 분할 시대에는 오스트리아령(領)이었으며, 로마 가톨릭 교도인 폴란드인 및 독일계 주민뿐만 아니라 유대교도가 서로 이웃하여 살고 있고 농민 운동이 왕성하게 일어났음]에서 유대인 주민을 몰래 숨겨주었다는 이유로 유아(幼兒)를 포함하여 한 가족 전체가 독일군에게 처형되었던 울마(Ulma) 가족의 자료 및 증언을 전시하는 박물관(Markowa Ulma-Family Museum of Poles Who Saved Jews in World War II_옮긴이)이 2018년에 새롭게 개설된 것은 그 일례이다.

또한 독립 100주년을 계기로 하여 여권(旅券)의 디자인이 일신(一新)되어 폴란드가 독립국으로서의 지위를 회복할 때까지 공적이 있었던 인물 및 사건이 배경에 묘사되었다. 초상이 실린 사람 중 한 명이자, 애국주의를 국민통합론으로 발전시켰던 사상가 로만 드모프스키(Roman Dmowski)에 대한 평가가 2000년대에 들어 현저하게 높아지고 있는 점도 주목할 만하다.

2020년 2월에 폴란드의 문화·국가유산부(Ministerstwo Kultury i Dziedzictwa Narodowego)는 '로만 드모프스키·이그나치 얀 파데레프스키 기념 국가사상유산(國家思想遺産)연구소'(Instytut Dziedzictwa Myśli Narodowej im. Romana Dmowskiego i Ignacego Jana Paderewskiego)의 설립 계획을 확실히 밝혔다. 드모프스키는 19세기 말부터 제1차 세계대전 시기에 폴란드 독립을 사상적·외교적으로 견인한 정치가였으며 '건국의 아버지'라고 말할 수 있지만, 그의 애국주의는 '누가 폴란드인인가'를 정할 때에 종교적·민족적으로 다양한 주민으로 구성되어 있는 이 지역에서 배외주의(排外主義)로 전개될 가능성을 배태(胚胎)하고 있는 것이었다. 이에 반해서 이그나치 얀 파데레프스키(Ignacy Jan Paderewski)는 세계적인 피아니스

〈그림 13-2〉 '로만 드모프스키·이그나치 얀 파데레프스키 기념 국가사상유산(國家思想遺産)연구소'(Instytut Dziedzictwa Myśli Narodowej im. Romana Dmowskiego i Ignacego Jana Paderewskiego)의 홈페이지

트였으며, 또한 그 명성을 폴란드 독립운동을 위해 이용하는 것을 불사했던 인물이다. 특히 미국에서 폴란드 문제를 널리 알리기 위한 캠페인 및 우드로 윌슨(Woodrow Wilson) 미국 대통령에게 했던 진정(陳情) 등으로 잘 알려져 있으며 독립 회복 운동에서 드모프스키 등과 협력 관계에 있었지만, 배외주의 및 반(反)유대주의와는 거리를 두고자 했었다. 안정되게 긍정적인 평가를 받고 있는 저명한 예술가인 파데레프스키와 동상이 설치된 이래 여러 차례 페인트 칠을 당했기 때문에 펜스가 설치되는 등 현재도 명예의 포폄(褒貶)이 심한 드모프스키의 이름을 연구기관에 붙인 것은 드모프스키의 '복권'(復權)을 느끼게 하면서도 또한 의외의 조합이라는 인상을 준다.

'폴란드 유산(遺産)의 공백'을 메우기 위한 역사 연구가 설립의 목적으로 여겨지는데 미할 수토프스키(Michal Sutowski)가 지적하고 있는 바와 같이(Sutowski 2020), 국민급진기지(ONR: Obóz Narodowo-Radykalny) 등 극우(極右) 사상을 가진 단체와의 친근함이 향후 어떠한 영향을 역사 해석(解釋)에 미칠 것인지, 그것은 향후의 정치·외교 과정과 긴밀하게 관련될 것으로 여겨진다.

참고문헌

Pankowski, Rafal. 2010. *The Populist Radical Right: The Patriots*, London: Routledge.

Sutowksi, Michal. 2020. "Instytut Dmowskiego i Paderewskiego jest Polsce potrzebny jak dziura w muście", *Krytuka Polityczna*, https://krytykapolityczna.pl/kraj/instytut-dmowskie go-i-padere wskiego-jest-polsce-komentarz-sutowski/

ミロスワフ・ザサダ 外. 2010.『ポーランド'連帯'運動とその遺産: 民主化と變革』(NPOフォ 一ラムポーラ ンド組織委員會), ふくろう出版.

ヤン゠ヴェルナー・ミュラー 著. 板橋拓己 譯. 2017.『ポピュリズムとは何か』, 岩波書店.

ヤシャ・モンク 著. 吉田徹 譯. 2019.『民主主義を救え!』, 岩波書店.

宮崎悠. 2020. "ポーランド大統領選擧2020: 1回目の投票日をおえて", ≪シノドス≫(7月).

미야자키 하루카(宮崎悠)

홋카이도교육대학(北海島教育大學) 준교수(準教授)　　　　　　　**(전문 분야: 유럽 국제정치사, 폴란드사)**

저서:『폴란드 문제와 드모프스키: 국민적 독립의 파토스와 로고스(ポーランド問題とドモフスキ: 国民 的独立のパトスとロゴス)』(北海島大學出版會),『유대인과 자치: 중유럽·동유럽 및 러시아에서의 디아스포라 공동체의 흥망(ユダヤ人と自治: 中東欧·ロシアにおけるディアスポラ共同体の興亡)』 (공저, 岩波書店) 외

제14장

호주로부터 본 미중 관계: '행복한 시대'의 종언

사타케 도모히코(佐竹知彦)

1. '이중(二重)의 의존' 아래에서의 안전과 번영

냉전 이후 호주(濠洲, Australia)의 안전과 번영은 안보 방면에서의 대미(對美) 의존과, 경제 방면에서의 대중(對中) 의존이라는 '이중의 의존' 아래에서 유지되어 왔다. 이러한 미중 쌍방에의 의존은 일본을 포함한 많은 지역 국가들에서 많든 적든 나타나는 특징이지만, 호주의 경우에는 그 특이한 지정학적 환경과 1차 산품(一次産品)을 중심으로 한 수출지향형 경제정책 때문에 특히 현저하다.

1951년 9월 태평양안전보장조약(ANZUS: Australia, New Zealand, United States Security Treaty)의 체결 이래 호주는 자국의 안전을 미국과의 동맹 관계와 미군의 지역적인 주둔에 강하게 의존해 왔다. 미국과의 동맹 관계는 유사 시의 '보험'으로서 기능하고 있을 뿐만 아니라, 평시부터 미군이 보유하는 최첨단의 군사기술 및 정보에 대한 접근을 가능케 한다. 또한 미국이 그 압도적인 군사적 존재감으로 지역에서의 전략적 우위(strategic primacy)를 유지하는 것은 호주에 적대적인 패권국의 부상(浮上)을 방지하는 것과 함께 호주의 이익 및 가치와 조화되는 정치, 경제, 안보 질서의 발전을 촉진시키는 것이기도 하다. 바로 그렇기 때문에 호주는 1950년 한국전쟁부터 2015년 시리아 공중폭격까지 미국이 관여하는 거의 모든 전쟁에 참가하며 긴밀한 동맹 관계와 아시아에서의 미군의 존재감이 유지·강화되는 것을 도모해왔던 것이다.

중국은 지역 차원에서 이러한 미국의 우위에 대항할 수 있는 유일한 존재이다. 그 때문에 2000년대에 현저해진 중국의 부상(浮上)은 호주에 대한 직접적인 '위협'은 아니지만 '전략적인 도전'을 던지는 것이었다. 동시에 중국의 부상은 특히 경제적인 의미에서 호주에 '기회'를 제공하는 것이기도 했다. 중국의 경제성장에 따른 자원 수요(需要)의 증가에 의해 2004년부터 2005년에 걸쳐 중국은 미국을 제치고 호주의 최대 수입 상대국이 되었고, 2007년에는 수출·입을 합쳐 일본을 제치고 최대의 무역 파트너가 되었다. 또한 중국은 수출 상대국으로서도 2009년에 일본을 제치고 최대의 무역 상대국이 되는 등, 호주 경제의 지속적인 발전에 결여될 수 없는 존재가 되었다.

이와 같이 미국과 중국 양국에 대한 의존 아래, 호주는 상대적으로 낮은 방위비용을 유지하면서 경제적인 번영을 구가했다. 제2차 세계대전 이후, 일시적으로 5%까지 근접했던 호주의 GDP에서 차지하는 국방비의 비중은 냉전 이후에는 2% 이하로까지 저하되었다. 1993년부터 세계 금융위기가 발생했던 2008년까지 거의 모든 해에 호주의 실질 GDP 성장률은 3% 이상, 높을 때에는 5% 이상을 기록했다. 냉전 이후에 이처럼 높은 경제성장률을 장기간에 걸쳐 기록한 국가는 선진국 중에서는 유사한 사례를 찾아볼 수 없다. 그 배경에 중국의 성장과 그에 따른 중국의 증가하는 자원 수요가 있었다는 것은 말할 필요도 없다.

그렇지만 이러한 호주의 안전과 번영은 어디까지나 지역에서의 미국의 힘의 우위와, 그것을 전제로 한 안정된 미중 관계의 존재에 의해 성립된 것이었다. 그러한 의미에서 호주의 '이중의 의존'은 항상 일정한 전략적인 딜레마를 내포하고 있었다. 그러한 딜레마가 노정되었던 것이 1995년부터 1996년에 걸쳐 발발한 타이완 해협 위기였다. 이 당시 호주는 타이완 해협으로의 미군 항모전단(航母戰團, 항공모함 전단)의 파견을 명확하게 지지함으로써 중국과의 관계가 일시적으로 악화되었다. 그 이후 호주의 존 하워드(John Howard) 정권은 중국 국가주석으로서는 처음인 장쩌민(江澤民)의 호주 방문을 실현하는 등, 대중 관계의 개선에 노력했다.

타이완 해협 위기는 안정적인 미중 관계의 유지가 호주의 안전과 번영에 사활적으로 중요한 문제라는 것을 시사했다. 만약 미중 양국 사이에 어떤 군사적인 충돌이 발생할 경우, 호주는 미국·호주 동맹을 통해서 미국과 중국 간의 분쟁에 '휘말려들게 될' 가능성이 높다. 그 경우, 중국과의 대립은 결정적으로 될 것이다. 그 한편으로, 만약 미중 양국 간의 분쟁 시에 미국으로부터의 지원 요청을 호주가 거부할 경우, 미국과의 동맹 관계를 유지하는 것은 더 이상 불가능해질 것이다. 궁극적으로 호주는 미국과 중국 양국 중에 어느 한쪽을 '선택'할 필요성에 내몰리게 될지도 모른다.

하지만 1990년대부터 2000년대 후반까지의 시기에 미중 양국 간의 힘의 차이는 역력했으며, 지역에 미군의 주둔이 유지되고 있는 이상, 중국이 모험주의적인 행동에 의해 미국의 지역 패권에 정면으로 도전하는 것은 생각하기 어려웠다. 그 때문에 호주는 일본을 포함한 다른 미국의 동맹국 등과의 협력을 통해서 미군의 지역 주둔을 밑받침하는 한편, 그것에 의해 초래된 미국의 전략적 우위 아래에서 중국과도 경제 방면을 중심으로 한 건설적인 관계를 유지하는 것이 가능했던 것이다.

2. '행복한 시대'의 종언

이러한 호주의 '행복한 시대'는 2008년의 세계 금융위기 이후에 더욱 현저해진 중국의 부상과 미국의 상대적인 쇠퇴에 의해 '종언의 시작'을 맞이하게 된다. 2009년에 발표된 호주의 새로운 국방백서는 미국 주도의 질서를 대신할 질서는 아직 나타나지 않았지만 세계질서가 더욱 '다극화'로 향하고 있다는 인식을 보여주었다. 이러한 인식 아래에서 해당 국방백서는 '전력 2030'(Force 2030)이라고 불리는, 해군력을 중심으로 한 대폭적인 국방력 증강 계획을 발표했다. 호주의 국방백서는 또한 "중국의 군사력 근대화의 속도와 범위, 그리고 그 구조가 이웃 국가들에게 잠재적인 우려를 갖도록 만들고 있다"라며 전례 없이 엄중한 대중(對中) 인식을 보였다.

호주국립대학 전략방위연구센터(Strategic and Defence Studies Centre)의 교수이자 전(前) 호주 국방부 차관(Deputy Secretary)인 휴 화이트(Hugh White)는 2010년에 '권력 이동: 미중 간의 틈바구니에 있는 호주의 미래'(Power shift: Australia's future between Washington and Beijing)라는 제목의 논고(論考)를 발표했다(Quarterly Essay, Vol.39(August 2010)_옮긴이). 이 논고(論考)에서 화이트는 1972년의 미중 화해 이래 계속되어 왔던 미국의 힘의 우위가 중국의 반(反)접근·지역 거부(A2AD, Anti-access/Area-denial) 전략에 의해 이미 현저하게 동요하고 있으며, 언젠가는 호주를 포함한 지역의 동맹국이 미중 양국 중 어느 한쪽을 '선택'할 필요성에 내몰리게 될 것이라는 경종을 울렸다. 이러한 사태를 방지하기 위해서도 미국은 힘의 우위를 유지하려 할 것이 아니라, 오히려 중국과의 '힘의 공유'(power-sharing)에 의해 지역에서의 안정적인 세력균형 관계를 구축해야 한다고 화이트는 주장했다.

화이트의 논의는 당시 호주 안팎에서 큰 파문을 불러 일으켰으며, 각 방면에서 다양한 논쟁을 유발했다. 화이트의 논의에 대해서는 그것이 중국의 내정(內政)·외교 방면에서의 제약 및 군사 방면에서의 취약성, 나아가서는 미국의 잠재력을 경시한 것으로, 너무나도 결정론적인 견해에 기초한 것이라는 비판이 이루어졌다. 또한 미중 양국이 힘을 공유하거나 또는 '아시아에서의 대국 간의 협조'(Concert of Asia)를 만들어내는 것이 가능하다고 보는 화이트의 주장은 중국의 패권적인 의도를 무시한 낙관적인 논의라는 비판도 제기되었다.

호주 정부도 또한 호주가 미중 양국 중의 어느 한쪽을 '선택'할 필요성을 전면적으로 부정하고 긴밀한 미국·호주 동맹의 유지와 호주·중국 관계의 발전은 양립(兩立) 가능하다는 입장을 유지해왔다. 호주노동당(ALP: Australian Labor Party)의 줄리아 길라드(Julia Gillard) 정권은 미국의 버락 오바마 정권이 2011년에 발표한 아시아·태평양으로의 '재균형'(rebalance) 정책을 전면적으로 지지하며 미 해병대의 다윈[Darwin, 호주 노던 준주(Northern Territory)의 주도(州都)_옮긴이]에의 순환 배치를 수용하고, 또한 미 공군의 호주 북부에의 접근 확대 등 새로운 이니셔티브를 발표했다. 이러한 이니셔티브는 중국 해군이 서태평양, 그리고 인도양에서 존재감을 강화함에 따라 지역에서의 미국의 힘의 우위를 더 한층 확실한 것으로 만든다고 하는, 호주의 전략적 의도에 기초한 것이었다.

동시에 길라드 정권은 전임(前任) 케빈 러드(Kevin Rudd) 정권 시기에 인권 문제 등을 둘러싸고 악화되었던 대중 관계의 재건을 도모했다. 길라드 정권 시대에 발표된 국방백서에서는 이전 국방백서에서의 엄중한 대중(對中) 인식은 갑자기 조용해지고 중국에 대한 관여가 강조되었다. 또한 해당 정권하의 2012년 10월에 발표된 『아시아의 세기에서의 호주: 백서(Australia in the Asian Century: White Paper)』(실질적인 외교백서)는 성장이 현저한 아시아의 경제와 활력을 어떻게 호주에 받아들일 것인가에 초점이 맞추어져 있으며, 중국을 포함한 지역 국가들에 대한 관여의 중요성이 강조되는 한편, 중국의 군사력 근대화에 대한 우려 및 그 대외 자세의 강경화(強硬化)에 관한 기술은 전무했다. 길라드 총리는 또한 2013년 4월에 방중(訪中)했을 때 정상 간의 연례 회담의 개최 및 주요 장관급 회의의 정례화, 나아가서는 호주 달러(AUD)와 인민폐(人民幣)의 직접 교환 거래에도 합의했으며 경제 방면을 포함한 호주·중국 관계의 가일층 발전을 촉진시켰다.

미국 및 중국과의 관계를 양립시키려는 노선은 2013년 9월의 총선거에서 자유당(LP: Liberal Party of Australia)이 이끄는 보수 연합[호주 연립(The Australian Coalition) 또는 자유국민연합(Liberal-National)이라고 불림_옮긴이] 정권이 탄생한 이후에도 유지되었다. 자유당 중에서도 특히 보수적인 신조를 지니고 '앵글로스피어'(Anglo-sphere)라고 불리는 미국 및 영연방(英聯邦) 국가들과의 관계를 중시했던 토니 애벗(Tony Abbott) 총리는 이라크의 이슬람국가(IS) 소탕을 위한 연합 임무에 참가하는 것 등을 통해서 미국·호주 동맹의 강화를 도모했다. 애벗은 또한 일본을 아시아에서 '가장 좋은 친구'라고 부르며 2014년에 일본과의 관계를 '특별한 전략적 파트너십'으로 격상시켰다. 동시에 애벗 정권은 2014년 11월에 중국과의 자유무역협정(FTA) 체결에 합의하는 등, 경제를 중심으로 한 긴밀한 대중 관계의 유지를 도모했다. 2015년 6월에는 미국과 일본이 불참을 표명했던 중국 주도의 아시아인프라투자은행(AIIB)에의 참가를 표명하여 미국과 일본을 곤혹스럽게 만들었다.

이리하여 냉전 이후의 호주 정권 중에서도 가장 보수적이라고 간주되었던 애벗 정권에서마저 때로는 미국과 일본의 뜻에 등을 돌리면서까지 중국과의 양호한 관계를 유지하려 했던 것이다. 애벗의 뒤를 이은 맬컴 턴불(Malcolm Turnbull) 총리의 회고록에 의하면, 중국과 양호한 관계를 유지하지 못한 총리는 누구든지 호주의 경제계로부터 지지를 상실한다(Turnbull 2020, p.425). 이러한 역학(力學) 아래에서 '친미파' 또는 '친중파' 등 개인의 신조나 정권의 울타리를 넘어서 역대 호주 총리는 모두 대미 관계와 대중 관계의 양립을 도모해왔던 것이다.

3. 미중 대립의 격화

2016년 11월의 미국 대통령 선거에서 '미국 제일주의'를 내세웠던 도널드 트럼프 후보자가 승리한 것이 호주에는 '행복한 시대'가 본격적으로 종말을 맞이했다는 것을 의미했다. 호주는 트럼프 정권의 탄생 이후에도 미국의 리더십을 계속해서 지지한다는 자세를 보이면서도, 동시에 트럼프 정권이 내세운 보수주의적인 정책에 대해서는 강한 경계감을 보였다(Department of Foreign Affairs and Trade 2017). 트럼프 정권의 강경한 대중 정책은 남중국해 등에의 미국의 관여 강화를 기대하고 있던 호주에는 바람직한 측면도 있었지만, 무역전쟁의 장기화는 미중 쌍방과 강한 경제 관계를 갖고 있는 호주의 경제에도 심각한 악영향을 미칠 수밖에 없기에 경제계를 중심으로 우려가 심화되었다(Bagshaw 2018).

미중 대립의 격화는 또한 양자의 군사적인 분쟁에 '휘말려드는 것'에 대한 호주의 우려를 높였다. 2019년에 시드니의 로웰연구소(Lowell Institute)가 실시한 여론조사에서는 70% 이상(73%)의 응답자가 미국과의 확고한 동맹 관계가 양국의 공통의 가치관 및 이념의 연장선 위에 있다는 것은 인정하면서도, 동시에 약 70%(69%)의 응답자가 동맹으로 인해 호주가 아시아에서 자국의 이익이 되지 않는 분쟁에 휘말려들 가능성이 높아진다고 대답했다. 이 비율은 2015년의 해당 조사와 비교해서 11%나 상승한 것이었다. 또한 호주에는 미군의 조기 경계 위성(早期警戒衛星) 등과의 통신을 행하는 공동 정보 통신 시설(共同情報通信施設)이 설치되어 있는데, 미중 간의 대립이 심화되는 가운데 타이완 해협의 유사 시에 이러한 시설 및 호주의 통신 네트워크 등이 중국에 의한 사이버 공격 등의 표적이 될 가능성도 지적되고 있다(Schaefer 2018).

전통적으로 호주는 미중 간의 대립이 심화될 경우, 미중 쌍방과의 양호한 관계를 구사(驅使)하며 적어도 표면적으로는 양자의 '중개역'이 되어 그 대립의 완화를 도모한다는 입장에 서왔다. 하지만 2016년 이래 호주 내에서 대중(對中) 경계감이 고조됨에 따라, 호주 정부가 그와 같은 입장을 견지하는 것은 어려운 상황이 되고 있다.

호주·중국 관계가 악화된 한 가지 계기는 2015년 10월에 호주의 북부 준주가 중국 기업 '란차오 그룹'(嵐橋集團, Landbridge)과 교환한, 다윈의 항만을 99년간 조차(租借)하는 것과 관련된 계약이었다. 해당 계약에 대해서는 호주의 국방부 및 보안정보국(ASIO: Australian Security Intelligence Organisation)이 사전에 정밀하게 조사를 해 안보상의 문제가 없다는 판단을 내렸지만 다윈에 해병대를 포함한 군사적인 주둔을 하고 있는 미국은 이것을 문제시했으며, 오바마 대통령이 턴불 총리에게 직접 우려를 전달하는 사태로까지 발전했다.

그 이후 호주 정부는 외국투자심사위원회(FIRB: Foreign Investment Review Board)의 심사의 엄격화, FIRB의 위원에 전(前) ASIO 국장을 새롭게 임명하는 등, 특히 중요한 인프라에 외국이 투자하는 것에 대한 경계감을 강화했다. 2015년 11월에는 호주의 민간기업이 중국 기업에 매각을 계획했던 세계 최대 규모의 목장에 대해서 호주의 재무부가 안보상의 이유로 승인을 거부했다. 해당 목장이 호주 남부의 우메라(Woomera) 무기 시험장에 인접해 있다는 점도 승인을 거부한 한 가지 이유라고 알려져 있다(Winning and Taylor 2015).

호주는 또한 중국의 사이버 공격 등 때문에 호주의 중요한 디지털 인프라 등의 방호(防護)에도 더욱 주력하게 되었다. 2015년 12월에는 호주 기상청에 중국으로부터의 것으로 여겨지는 대규모 사이버 공격이 있었다고 밝혀졌다. 해당 기상청의 네트워크는 국방부를 비롯한 각 부처의 시스템과 접속되어 있기 때문에, 정부에 대한 사이버 공격의 입구로서 타깃이 되었을 가능성이 지적되고 있다(Uhlmann 2015). 이러한 사태에 따라 2016년 8월에는 호주 정부가 시드니 등에서 송전(送電)을 하는 전력공사(電力公社) 오스그리드(Ausgrid)의 중국 기업에 대한 매각을 저지하는 예비 결정을 내렸다.

2017년에는 호주 내무부에 '핵심 인프라 센터'(Critical Infrastructure Centre)가 신설되어, 외국으로부터의 투자를 감시·평가하는 것과 함께, 그 안보상의 리스크를 완화하는 조치가 도모되었다. 또한 2018년 8월에 호주 정부는 그 전년(前年)에 개정된 '원거리 통신 등에 관한 법'에 기초하여 국내의 통신 사업자가 5G의 기기 및 서비스를 중국 기업 화웨이(華爲)로부터 조달하는 것을 사실상 금지하는 결정을 내렸다. 이른바 '파이브 아이즈'(Five Eyes) 중에서 화웨이를 5G 네트워크에의 참가로부터 배제한 것은 호주가 최초였다.

이와 같이 핵심 인프라에 중국의 투자가 증대하는 것에 대한 우려와 동시에 부상한 것이 중국에 의한 조직적인 '내정 간섭'의 의구심이다. 2016년 9월, 야당인 노동당의 샘 다스티아리 의원이 중국공산당과 연계되어 있는 기업인으로부터 돈을 받고 중국 미디어에 대해서 남중국해에서의 중국의 영유권의 확대를 옹호하는 발언을 했다는 것이 보도되었다. 또한 그 이후 다스티아리는 노동당의 외교문제 담당자가 2015년에 홍콩을 방문했을 때, 민주 활동가들과 면담하지 않도록 압력을 가했다는 것도 밝혀졌다. 이러한 일련의 의혹에 책임을 지는 형태로 다스티아리는 2017년 12월에 의원직을 사퇴하고 정계에서 은퇴했다.

다스티아리의 사건을 계기로 하여 호주에서는 외국의 내정 간섭에 대한 관심이 높아지게 된다. 2017년 6월에는 호주 미디어 페어팩스 미디어(Fairfax Media)와 호주방송협회(ABC)의 시사보도 프로그램 '포 코너스'(Four Corners)에서 적어도 5명의 중국계 인물이 거액의 정치 헌금과 뇌물을 통해서 호주의 내정에 간섭했다는 것을 보도했다. 이 5명 중에는 다스티아리와 관계가 깊었던 중국인 기업가 황샹모(黃向墨), 다윈항(港)의 조차 계약을 체결했던 중국 기업 '란차오 그룹'의 회장 예청(葉成)도 포함되어 있었다. 2018년 2월에는 호주 찰스스터트 대학(Charles Sturt University)의 클라이브 해밀턴(Clive Hamilton) 교수가 호주 국내에서

의 중국의 내정 간섭 및 정보 활동을 상세하게 기록한『조용한 침입: 호주에서의 중국의 영향력(Silent Invasion: China's Influence in Australia)』[山岡鐵秀 監譯·奧山眞司 譯,『目に見えぬ侵略: 中國のオーストラリア支配計劃』(飛鳥新社, 2020)]이라는 책이 출간되어 큰 화제가 되었다.

4. 대중(對中) '반격'(push-back)과 호주·중국 관계의 악화

이와 같이 호주에 대한 중국의 투자 및 내정 간섭에 대한 의구심 및 반발이 고조되는 가운데 호주 정부는 대항책(對抗策)을 차례로 시작했다. 2018년 6월에는 외국의 스파이 활동 및 내정 간섭의 저지를 목적으로 한 여러 법안이 의회에서 가결되었다. 해당 법안은 스파이 행위에 대한 벌칙을 강화한 것 외에, 내정에 영향 또는 해악을 미치는 외국 당국에 의한 비밀 공작, 기만 공작, 협박 행위 등을 대상으로 하는 새로운 벌칙을 정했다. 또한 외국에 의한 정치 간섭을 가시화(可視化)하기 위해 외국의 정부 및 기업의 대리인이 되는 개인 및 단체에 등록을 의무화했다. 또한 2018년 11월에는 외국인 및 외국 기업·단체로부터의 헌금을 금지하는 개정 선거법이 의회에서 가결되었다.

호주는 또한 중국에 의한 남중국해의 '군사화' 및 남태평양으로의 진출에 대해서도 대항책을 강화하고 있다. 2014년 무렵부터 표면화된 중국의 남중국해에서의 인공섬 건설 등에 따라, 호주 국내에서는 미국 주도의 '항행의 자유 작전'(FONOP: Freedom of Navigation Operation)에 대한 참가의 시비(是非)와 관련된 논의가 활발해졌다. 결국 호주는 '항행의 자유 작전'에 직접 참가하지는 않았지만 1980년대부터 계속 수행해온 '게이트웨이 작전'이라고 불리는, 초계기(哨戒機)에 의한 경계·감시 활동의 빈도를 올리는 등 지역 차원에서의 군사 활동을 강화했다.

2017년 3월의 아시아안보회의[일명 샹그릴라 대화(Shangrila Dialogue)]에서 기조연설을 한 턴불 총리는 '아시아판(版) 먼로 독트린'이라고도 불리는 중국의 패권주의적(霸權主義的)인 행동에 대해서 전례 없이 강한 어조로 경종을 울렸다. 또한 호주는 2017년부터 동남아시아 및 동북아시아를 포함한 인도·태평양 지역에 일정 기간 해군의 함선(艦船)을 파견하는 프로그램[인도·태평양 노력(IPE: Indo-Pacific Endeavour)]을 개시하고, 해당 지역에서의 존재감의 강화를 도모했다. 이처럼 남중국해를 포함한 인도·태평양 지역에의 관여를 강화하는 가운데, 2018년 4월에는 베트남을 향하여 남중국해를 항행하고 있던 호주 함선 3척이 중국의 함선으로부터 '도발'(挑發)을 받는 사태도 발생했다.

호주는 또한 중국이 영향력을 강화하고 있는 태평양 도서(島嶼)국가에 대한 관여를 강화하고 있다. 2016년 9월에 '태평양 스텝 업'(Pacific Step-Up)이라고 불리는 남태평양(南太平洋)에의 포괄적인 관여 정책의 강화를 제기하였으며, 2018년 11월에는 그 업데이트 버전을 발표했다. 해당 정책에는 통신, 에너지, 운수(運輸), 수도(水道) 등의 핵심적 인프라를 대상으로 한 5억 호주달러의 무상 원조와 15억 호주달러의 장기 차관으로 구성되는 '태평양 국가들을 위한 호주 인프라 융자기관'(AIFFP: Australian Infrastructure Financing Facility for the Pacific)의 창설도 포함되어 있다. 안보 방면에서는 해상의 법집행 및 인도적 지원·재해 구제 활동에서의 능력 배양 지원 활동 및 소형 초계정(哨戒艇)의 제공 등을 통해서 태평양 도서국가와의 안보 방면에서의 관계 강화를 도모하고 있다.

2016년에 화웨이가 솔로몬 제도 정부와 맺은 호주까지의 해저 케이블 부설 계약이 밝혀지자, 2018년 6월에 호주 정부는 솔로몬 제도를 설득하여 화웨이를 수주(受注) 상대에서 배제시키고 그 대신 1억 3600만 달러를 부담하여 4000km의 해저 케이블을 부설하는 것에 합의했다. 그 다음 달에는 솔로몬 제도와 파푸

아뉴기니(PNG: Papua New Guinea), 호주를 잇는 해저 케이블의 부설 계획에 대한 각서에 3개국이 서명했다. 해당 케이블은 2019년에 부설이 완료되었다. 2019 년 7월에는 스콧 모리슨(Scott Morrison) 총리가 호주 총리로서는 11년 만에 솔로 몬 제도를 다시 방문했다.

이와 같이 중국의 영향력 확대에 대한 호주의 '반격'(push-back)이 강화되는 가 운데 호주·중국 간의 정치 관계는 단번에 냉각되었다. 2017년 12월에는 턴불 총리가 중국의 내정 간섭에 대해서 1949년 중국 건국 시의 슬로건을 인용하며 호주 사람들이 "일어서야 한다"라고 발언했다(Gribbin 2017). 2018년 4월에는 청 징예(成競業) 주(駐)호주 중국대사가 호주 미디어의 취재에서 턴불 정권의 중국 에 대한 '무책임하고 부정적인 발언'을 비판하며 "(무역에서) 바람직하지 않은 영 향이 나타날지도 모른다"라고 호주 산품(産品)에 대한 수입 규제를 시사했다. 그 이후 중국을 향하던 와인(wine) 수출의 일부에 절차상 지연이 있었다는 것이 밝 혀졌다(松本史·永井央紀 2018).

그 이후 턴불 총리는 호주·중국 관계의 '재정립'을 제안하지만 지지율이 낮아 2018년 8월의 당수(黨首) 선거에서 패배한 결과, 스콧 모리슨 당시 재무장관에 게 총리 자리를 건네주게 된다. 신임(新任) 모리슨 총리는 재무장관 시절에 외국 으로부터의 투자에 대한 심사의 엄격화 및 내정 간섭을 방지하기 위한 법안의 도입에 적극 나섰으며, 또한 화웨이를 5G 네트워크로부터 배제하는 결정을 내 린 당사자이기도 했다. 2019년 5월의 총선거에서 자유당·국민당(National Party of Australia)의 보수연합이 노동당에 대해 예상 밖의 승리를 거둔 결과, 모리슨 총 리의 연임이 결정되었다. 2019년 11월에는 중국 정부가 위구르 문제로 중국을 비판했던 호주 의원(議員) 2명에 대한 비자 발급을 거부하고 나아가 그 이듬해 3 월에는 중국에서 14개월에 걸쳐 구속되었던 중국계 호주인(濠洲人) 학자가 첩보 활동의 죄로 기소되는 등, 호주·중국 관계는 악화 일로를 걷고 있었다.

5. 코로나19 이후 시대의 호주 · 중국 관계

2019년 말부터 2020년 초에 걸쳐서 발생한, 중국을 기원(起源)으로 하는 코로나19의 세계적 유행에 의해 호주·중국 관계는 더욱 악화되었다. 2020년 1월에 중국 당국에 의해 코로나19 바이러스가 확인되자, 호주는 그달에 중국으로부터의 입국자에 대한 감시를 강화했다. 또한 호주 외교통상부(Department of Foreign Affairs and Trade)는 1월 23일에 쓰촨(四川)으로의 도항 레벨에 대해서 '출국을 재검토할 필요'가 있는 레벨 3으로 올리고, 그 이튿날에는 '출국 금지'를 나타내는 레벨 4로 올렸다.

그 이후 호주 국내에서도 코로나19 감염자가 확인되자, 호주 정부는 2월 1일에 호주 국적 소지자, 영주권 보유자, 친족, 법적인 보호자 및 부모를 제외하고 중국 전역으로부터 호주로의 입국 금지(중국을 떠나 14일 이상 경과한 자는 제외)를 발표함과 동시에 중국으로의 출국 금지를 발표했다. 그 사이에 호주 각지에서 중국인에 대한 차별적 행동이 일어났다고 하며 중국인 공동체가 항의했던 것 등이 보도되었다(Pearlman 2020).

그 이후 4월 19일에 마리스 페인(Marise Payne) 외교장관이 우한(武漢)에서의 코로나19 감염 확대에 대한 중국 당국의 초기 대응 등을 조사하는 독립적인 검증 작업의 필요성을 주장하고 모리슨 총리도 이에 동조하자, 중국 측은 격렬하게 반발했다. 청징예 주(駐)호주 중국 대사는 호주의 경제 신문에 게재된 인터뷰에서 호주 정부가 "명백히 중국에 대한 정치 캠페인을 벌이고 있는 미국과 보조를 함께"하고 있으며, 중국인이 그것에 "불만을 높이고 곤혹해하며 실망하고 있다"라고 발언했다. 청징예 대사는 또한 호주에 대한 중국인의 도항 자숙 및 경제제재를 내비쳤다(Tillet 2020).

이러한 중국 측의 위협에도 불구하고 호주는 세계보건기구(WHO)의 최고의 사결정기관인 세계보건총회(WHA: World Health Assembly)에서 독립 조사를 의결하도록 하기 위해 각국과의 사전 교섭을 추진했다. 그러자 5월 12일, 중국 외교부는 호주로부터 수입한 소고기의 검역에서 위반이 발견되었다며 호주 4개 회사로부터의 육제품(肉製品) 수입을 중단하는 조치를 발표했다. 또한 5월 18일에 WHA에서 호주와 유럽연합(EU)이 제안한 독립 조사를 요구하는 결의안이 채택되자, 같은 날 중국 상무부는 호주의 보조금과 덤핑이 중국 국내 산업의 이익을 현저하게 훼손하고 있다면서 향후 5년간 호주산 보리(大麥)에 반(反)덤핑 관세 73.6%, 반(反)보조금 관세 6.9%의 추가관세를 부과한다고 발표했다. 이것은 호주의 보리 수출 중 절반 이상을 차지하고 있는 중국으로의 수출을 실질적으로 중단시키는 것이며, 호주 경제에 5억 호주달러 이상의 손해를 끼치게 될 것이라는 전망도 있다(McGuirk 2020). 또한 6월 5일 중국 문화관광부(文化和旅游部)는 호주에서 "코로나19와 관련하여 중국인 및 아시아계에 대한 차별적인 발언 및 폭력 행위가 명백히 증가하고 있다"라며 호주로의 도항 자숙을 중국 국민에게 호소했다(ABC News, 2020).

6월 13일에는 중국에서 약물 밀수 혐의로 7년 전에 체포되었던 호주 국적의 피고인이 사형 선고를 받았다는 것이 밝혀졌다. 또한 6월 19일에는 모리슨 총리가 기자회견에서 정부기관 및 산업계를 포함한 폭넓은 조직이 수개월에 걸쳐 사이버 공격을 받고 있다는 것을 밝혔다. 모리슨 총리는 국명(國名)까지는 밝히지 않았지만, 공격이 "국가에 기반을 둔 잘 훈련된 자"에 의한 범행이라고 하며 국가의 관여에 의한 것임을 밝혔다. 그러자 중국 외교부의 대변인은 19일의 기자회견에서 중국이 "일관되게 그 어떤 형식의 사이버 공격에도 반대"하고 있다며 관여를 부정했다(Financial Review 2020).

이러한 중국의 행위 및 중국의 관여가 의심되는 행위에 대해서 호주는 더욱 반발을 강화하고 있다. 6월 11일에는 모리슨 총리가 의회에서 중국의 위협 및 강요에 호주는 "결코 굴복하지 않는다"라고 발언했다(Dalzell 2020). 또한 6월 16일에는 페인 외교장관이 호주국립대학에서의 강연에서 "일부 국가가 팬데믹을 자유민주주의를 위협하고 그러한 국가들의 더욱 권위주의적인 모델을 촉진하기 위해 이용하려 한다"는 것을 지적하며, 호주가 그러한 움직임에 대해 강력히 맞서 나아갈 것임을 표명했다(Payne 2020). 페인 외교장관은 또한 인종차별을 이유로 하여 호주로의 도항 자숙을 요청한 중국 정부의 행위를 '정보를 왜곡하는 행위'(disinformation)라고 엄중하게 비난하고 민주주의의 분단(分斷)을 도모하는 이러한 허위정보 및 가짜 뉴스(fake news)에 맞서는 자세를 보였다.

또한 2020년 6월 30일에 중국의 전국인민대표대회(전국인대) 상무위원회에서 '홍콩국가안전유지법'이 만장일치로 의결되어 같은 날 시행되자, 모리슨 총리는 홍콩의 상황에 대해 '심각한 우려'를 표명하고 홍콩과의 범죄인 인도 조약(犯罪人引渡條約)을 정지한 것 외에, 홍콩 주민의 호주로의 수용을 검토하고 있다고 밝혔다. 그 이후 호주 외교통상부는 홍콩에서의 자의적인 체포 가능성이 많아지고 있다면서 홍콩 및 중국 전역에의 도항(渡航)에 대해서도 '고도의 경계'를 하도록 호소했다. 이러한 호주의 움직임에 대해서 중국 정부는 '내정 간섭'이라고 강하게 반발했으며 2020년 7월 31일의 시점에서 호주·중국 양국의 관계가 개선될 전망은 보이지 않고 있다.

6. '이중의 의존'으로부터 이탈?

호주·중국 관계는 향후에도 악화 일로를 걷게 될 것인가? 중국에 의한 '내정 간섭' 및 남중국해·남태평양으로의 진출이 중국의 경제성장에 수반하는 지역에서의 영향력 확대라는 구조적인 요인에 뿌리내리고 있는 이상, 그것에 의해 유발된 호주와 중국의 긴장 관계가 쉽게 수습될 것으로 생각하기는 어렵다. 물론 향후 양국의 정치적 이니셔티브에 의해 긴장 완화를 향한 움직임이 전개될 것이라고는 충분히 여겨지지만, 과거와 같은 호주·중국 '밀월' 관계로 돌아가기는 불가능할 것이다.

그 한편으로 자유무역 체제 및 다국간주의(多國間主義)를 옹호하는 호주가 트럼프 정권의 미국과 보조를 맞추며 중국에 대한 보호주의적(保護主義的) 정책 및 '디커플링'으로 향할 것으로도 생각하기 어렵다. 코로나19의 발생에 관한 독립 조사를 요구하는 호주의 움직임도 미중 간의 '신냉전'에 기여하는 것이라기보다는 '다국간주의'의 중시라는 호주의 전통적인 외교 노선에 뿌리를 둔 것이었다. 또한 만약 미국이 향후 다국간주의로 회귀한다고 하더라도, 미중 양국 간의 힘의 우열이 더욱 좁혀지고 있는 가운데, 과거처럼 지역에서 미국이 가진 '힘의 우위'를 전제로 하여 전략을 세우는 것은 이미 어렵게 되고 있다.

이러한 가운데 호주는 자국에 바람직한 지역질서의 구축과 자국의 방위를 위한 자조적(自助的)인 노력을 강화하고 있다. 2020년 7월에 호주 국방부가 발표한 '2020년 국방, 전략적 업데이트'(2020 Defense Strategic Update)는 미중 대립의 격화 및 팬데믹에 의해 급속하게 악화되는 전략 환경에 입각하여 2016년의 국방백서에서 제시된 국방비의 'GDP 2% 비중' 목표를 달성한 이후에도 10년간 5750억 달러(무기 조달에 2700억 달러)의 국방비를 증액해 나갈 방침을 제시했다. '2020년 국방, 전략적 업데이트'는 또한 장거리 타격 능력의 강화 및 극초음속 무기 도입에 대한 검토, 국내 방위산업의 육성, 그리고 자체적인 통신위성 운용 능력의 획득 등에 의한 더욱 자조적인 국방체제(defence self-reliance)의 필요성을 강조하고 있다(Department of Defense 2020).

동시에 호주는 안보에서의 대미 의존, 그리고 경제에서의 대중 의존이라는 '이중의 의존'으로부터 벗어나기 위하여 미중 이외 국가와의 연대 강화를 더욱 가속화하고 있다. 특히 코로나19의 발생에 의해 국내 산업의 대중 의존이 더욱 명백해지고 있는 가운데, 호주는 무역 및 공급망의 다각화를 추구하며 인도, 인도네시아, 영국 등과의 관계를 가일층 강화하려 하고 있다. 2020년 7월 4일에 인도의 나렌드라 모디(Narendra Modi) 총리와 영상 회담을 한 모리슨 총리는 호주·인도 양국 군(軍)의 상호 운용성(相互運用性)을 강화하는 협정에 합의하는 것과 함께, 무역 및 투자 활동의 확대를 위한 협력에 대해서도 협의했다.

인도네시아와의 사이에서는 2019년 3월에 체결된 '인도네시아·호주 포괄적 경제동반자협정'(IA-CEPA)이 2020년 7월에 발효됨으로써 무역 및 투자 관계의 강화가 기대되고 있다. 호주는 또한 2020년 6월에 영국과 자유무역협정(FTA) 체결을 위한 교섭에 들어가는 등, EU 탈퇴 이후에 '아시아에 대한 관여'를 강화하고 있는 영국과의 관계 강화를 도모하고 있다.[1] 아울러 모리슨 총리는 2020년 7월 9일에 일본의 아베 신조(安倍晋三) 당시 총리와 영상 회담을 하고 국제적인 감염증 대책을 위한 협력 및 글로벌 공급망의 강인화(强靭化)를 위해 함께 조치를 강구해 나가기로 확인했다.

그렇지만 이러한 대외 관계의 '다각화'가 안보에서의 대미 의존, 그리고 경제에서의 대중 의존의 감소에 얼마나 기여할 수 있을지는 미지수이다. 미국에 의한 억지력의 신뢰성은 코로나19에 의해 더욱 저하되었다고 하더라도, 남중국해 및 인도양에서의 중국의 해양 진출에 정면으로 대항할 수 있는 국가는 현재 미국 외에는 없다. 2020년 7월 28일에 미국에서 개최된 '호주·미국 외교장관 및 국방장관 합동회의'(AUSMIN)에서는 다윈에 미군 연료(燃料)를 비축하는 것 등을 포함하여 미국·호주 국방 협력의 가일층 강화가 결정되었지만, 이러한 움직임은 오히려 호주의 대미 의존을 더욱 심화시키게 될 것이다. 또한 호주의 대외적

---

1)　2021년 9월 15일에 호주, 영국, 미국 3개국 간의 삼각 동맹(三角同盟)인 '오커스'(AUKUS)의 창설이 공표되었다._옮긴이

인 경제 관계에서 차지하는 중국의 압도적인 비중 때문에 무역 및 공급망의 다각화에 대해 비관적인 견해도 호주 내에 많이 존재한다(McGregor 2020). 2018년 영국과의 무역액은 같은 해에 중국인 유학생이 호주에 가져온 이익(352억 달러)보다도 적었다.

그 사이에 미중 양국 간의 대립은 더욱 첨예해지고 있다. 2020년 7월 15일에는 미국의 트럼프 대통령이 홍콩에 대한 무역 등에서의 우대조치를 철폐하는 대통령 행정명령과 중국에 대한 제재 법안에 서명했다. 그로부터 2일 후에 미국 정부는 화웨이 등 중국의 하이테크 기업 5개 회사의 제품을 사용하는 기업과의 거래를 금지하는 법률을 그 다음 달에 시행하기로 결정했다. 7월 22일에는 미국 정부가 미국의 지식재산과 미국 국민의 개인정보를 지킨다는 이유로 텍사스주 휴스턴의 중국 총영사관에 대한 폐쇄를 명령했다. 이에 대해서 중국 측의 대변인은 "전대미문의 격화(escalation)"라고 하면서 "단호한 대항 조치를 취할 것이다"라고 언명했다(BBC News Japan 2020). 이와 같이 호주의 '행복한 시대'는 더더욱 과거의 것이 되고 있다.

*부기(附記): 본고(本稿)는 필자 개인의 의견임을 밝혀둔다(2020년 7월 31일 탈고).

참고문헌

BBC News Japan. 2020. "中國がアメリカに報復措置, 成都市のアメリカ總領事館の閉鎖命じる"(7月25日).

松本史・永井央紀. 2018. "豪中關係, 急速な惡化 豪で規制法案, 中國反發 '貿易面の影響も'", ≪日本經濟新聞≫(ウェブ版)(5月22日).

Bagshaw, Eryk. 2018. "Donald Trump's trade war will cost Australia's economy at least $36 billion", *The Sydney Morning Herald* (September 7).

Dalzell, Stephanie. 2020. "Scott Morrison says Australia won't respond to Chinese 'coercion' over warning about universities", ABC News(June 11).

Department of Defense. 2020. *2020 Defense Strategic Update*, Commonwealth of Australia.

Financial Review. 2020. "'Nonsense': China denies role in cyber attack"(June 19).

Gribbin, Caitlyn. 2017. "Malcolm Turnbull declares he will 'stand up' for Australia in response to China's criticism", ABC News(December 9).

Mcgregor, Richard. 2020. "Trade Deficits: How China could punish Australia", *Australian Foreign Affairs*, Vol.7.

McGuirk, Rod. 2020. "Australia welcomes virus inquiry but condemns China tariff", ABC News(May 19).

Pannett, Rachel. 2020. "China is Finding New Ways to Splash its Cash in Countries That Don't Want It", *Wall Street Journal* (June 2).

Pearlman, Jonathan. 2020. "Coronavirus: Chinese community in Australia complain of racism as MPs call for calm", *The Strait Times* (February 2).

Payne, Marise. 2020. "Australia and the world in time of COVID-19", National Security College, Australian National University(June 16).

Schaefer, David. 2018. "Australia's new alliance dynamics, US-China rivalry and conflict entrapment in outer space", *Australian Journal of International Affairs*, Vol.72, No.1.

Tillet, Andrew. 2020. "China consumer backlash looms over Morrison's coronavirus probe", *Australian Financial Review* (April 26).

Turnbull, Malcolm. 2020. *Bigger Picture,* Kindle Edition, Hardie Grant.

Uhlmann, Chris. 2015. "China blamed for 'massive' cyber attack on Bureau of Meteorology computer", ABC News(December 2).

Winning, David and Rob Taylor. 2015. "Australia to Block Sale of Cattle Farm to Foreign Investors", *Wall Street Journal* (November 18).

사타케 도모히코(佐竹知彦)

일본방위연구소 정책연구부 방위정책연구실 주임연구관　　　(전문 분야: 아시아·태평양 안전보장, 미국·일본·호주 안보협력 등)

저서: 『질서 변동과 일본 외교: 확대와 수축의 70년(秩序變動と日本外交: 擴大と收縮の70年)』(공저, 慶應義塾大學出版會) 외

제15장

한국으로부터 본 미중 관계: 대미 외교와 대중 외교 사이의 양립 모색

기미야 다다시(木宮正史)

서론: 미중 대립에 고뇌하는 한국

코로나19 이후 시대의 세계질서를 전망할 경우, 현상(現狀)에서 그렇게 될 것이라고 예상된다는 의미에서 확실하지만, 어느 정도가 될 것인지 불투명한 점이 많은 것이 세계 제일의 군사·경제대국 미국과 제2위의 군사·경제대국 중국 간의 대립 관계라고 생각된다. 코로나19 위기 이전부터도 미중 관계는 군사·안보, 무역, IT 기술 등을 둘러싼 대립이 불가피하다는 전망이 제시되었다. 여전히 위기의 와중에 있기 때문에 예단은 금물이지만, 코로나19 위기는 그러한 미중 대립을 더욱 가속화시키는 방향으로 나아가지 않을까?

현재의 미중 대립과 제2차 세계대전 이후의 미소 냉전을 비교해보면, 두 가지의 중요한 차이점이 있다. 즉 ①미국과 중국은 쌍방에게 주요한 무역 상대국이며, 경제상의 상호의존 관계가 현저하고, ②냉전 시기에 존재했던 이데올로기 대립의 측면이 희박하다는 것이다. 냉전 시기의 미소 대립은 제3세계의 정치경제 체제를 둘러싼 이데올로기 경쟁이 중요한 비중을 차지했다. 하지만 오늘날 중국이 자신과 마찬가지의 체제 이데올로기를 여러 외국에 '수출'하는 현상은 별로 보이지 않는다.

물론 미중 대립이 격화되는 가운데, 미중 쌍방이 '디커플링', 즉 경제적인 상호의존을 감소시키는 전략을 선택할 가능성이 높다. 또한 미국 내에서는 예전부터 군사 및 경제에서의 중국의 대국화(大國化)에 대한 경계가 있었는데, 현재에 이르러 미중 양국은 이데올로기적으로도 상용(相容)되지 않는다는 언설(言說)이 부상하고 있는 중이다. 그러한 의미에서 미중 관계는 대립이 격화되는 가운데 점차 냉전적 색채를 띠게 될지도 모른다.

이러한 현상(現狀)에 세계 중에서도 가장 곤혹스러운 국가 가운데 하나가 한국이 아닐까? 한국 외교에서 가장 중요한 국가는 미국, 그 다음으로 중요한 국가는 중국이다(言論NPO, 2019[1]). 한국 외교의 기초는 '안보는 미국, 경제는 중국, 북한 문제는 미국과 중국'에 의존하지 않을 수 없는 것이다. 그런데 미중 대립이 격화됨에 따라 '어느 쪽의 진영에 한국이 가담해야 하는가'라는 어려운 상황에 내몰리게 되면 한국 외교의 기초가 무너져버리게 되기 때문이다.

1. 한국 외교와 미국: 불변의 동맹국과 '일본 요인'

한국이 1948년 정부를 수립한 이래, 가장 중요한 양국 간 관계가 한미 관계라는 점에는 이론(異論)의 여지가 없다. 한국이라는 국가의 직접적 기원은 미소

---

[1]   2019년 6월에 발표된 일본의 언론NPO와 한국의 동아시아연구원(EAI)에 의한 제7차 한일 공동 여론조사의 결과에 의하면, '자국의 장래를 고려하는 데에 중요하다고 생각하는 지역 및 국가'로서 한국에서는 전체 응답자 중 55.5%가 미국을, 33.3%가 중국을 선택했다. 일본에서는 전체 응답자 중 67.8%가 미국을, 5.9%가 중국을 선택했다.

의 분할 점령하에 남한(南韓)에서의 미군정(美軍政)이었다. 그리고 한국전쟁에서의 북한의 남침에 기인(起因)하여 한국이 국가 존망의 위기에 내몰렸지만, 미국 주도의 유엔군이 참전하여 침략을 격퇴했다. 이와 같이 미국은 한국을 구한 '은인'(恩人)이었다. 또한 그 이후 한국의 지속적인 경제발전, 안전보장에도 미국은 원조를 통해서 다대(多大)한 공헌을 했다. 한국 사회 엘리트의 압도적 다수가 미국 유학 경험자였다는 것도 '친미(親美)국가' 한국의 재생산에 기여했다.

한국 외교의 목표는 냉전 시기에 미국과의 동맹관계에 의해 안보를 확실히 하고 미국·일본 등과의 경제 협력을 통해 경제발전을 달성하며, 북한보다도 국력에서 우위에 서는 것을 통해 한국 주도로 평화공존을 정착시켜 다가올 한국 주도의 통일로 연결시키는 것이었다. 우선 냉전 시기에 한국이 체제 경쟁에서의 우위를 확실히 했다. 그리고 냉전의 종식 이후, 외교적으로도 우위를 확보했다. 그러한 정치경제 체제의 우위와 외교의 우위에 기초하여 남북의 틀 아래에서 한국 주도로 남북 관계를 관리하고 위의 목표를 달성하고자 하는 점에서 한국 외교는 기본적으로 불변이다.

1953년 한국전쟁 정전(停戰) 협정의 체결 이후, 한미상호방위조약(韓美相互防衛條約)이 체결되어, 한국과 미국 양국은 동맹관계가 되었다. 한국이 정전을 받아들이는 대신에 미국의 관여를 요구한 결과였다. 다만 미국도 북진 통일을 내세웠던 이승만 정권이 폭주하지 않도록 하기 위한 안전장치로서 한국군에 대한 작전 통제권을 주한 미군(駐韓美軍) 사령관이 장악함으로써 한국의 군사 주권에는 제한이 가해졌다. 이처럼 미군 주둔에 의한 대(對)한국 방위 관여는 한국과 미국 쌍방에게 자명한 전제는 아니었다.

1960년대에는 한국군의 약 10%를 남(南)베트남에 파병하고 미국의 린든 존슨 정권(민주당)과 함께 베트남 전쟁에 참전한다는 박정희 대통령의 결단이 주한 미군의 베트남 전쟁에의 전용(轉用)을 전제로 했던 주한 미군의 감축을 막았다.

1970년대가 되자 미중 화해 등 중국과 관련된 국제관계가 격변하여, 한반도를 둘러싼 국제 환경도 긴장 완화의 방향으로 변화되었다. 그에 따라 한국군이 베트남에 주둔하고 있음에도 불구하고, 리처드 닉슨 정권(공화당)에 의해 주한 미군의 감축이 일방적으로 단행되었다. 또한 지미 카터 정권(민주당)은 주한 미군 지상군(地上軍)의 철수를 결정했다. 박정희 정권은 '자주국방'(自主國防)을 내세우며 핵개발의 가능성을 모색했다. 이것은 한국의 유신체제 아래에서의 반(反)민주적인 인권 탄압에 대한 미국의 비판 증대와도 맞물려 한미 관계를 긴장시켰다. 결과적으로 한국은 핵개발을 단념했으며 미국은 주한 미군 지상군의 철수를 철회하여 주한 미군이 유지되었다. 이처럼 한미 동맹관계에서 한국은 미국으로부터 '버림받을지도 모른다'는 우려를 항시적(恒時的)으로 갖고 있으며, 동맹관계의 유지 강화를 위해 부단히 미국에 작용을 미치지 않으면 안 되었다.

그 이후 1990년대에 들어서자, 북한의 핵미사일 개발이 상시화(常時化)되었기 때문에 주한 미군 철수론은 한미 양국 정부 간에 쟁점화되지 않았다. 하지만 그러한 우려가 불식된 것은 아니었다. 그것은 전시 작전통제권의 반환을 둘러싼 한국 내의 논쟁에서 상징적으로 나타나고 있다. 평시 작전통제권은 1994년에 미국으로부터 한국으로 반환되었고, 2012년에 전시 작전통제권을 한국에 반환하기로 한미 양국 정부가 합의했다. 그럼에도 불구하고 한국 정부의 재차 요청으로 반환이 연기되었다고 하는 경위가 있다. 현재 진보 리버럴파인 문재인 정권은 군사주권의 회복이라는 관점에서 반환을 실현해야 한다는 입장이지만, 미국의 대(對)한국 방위 관여를 확실히 하기 위해서는 반환을 유예해야 한다는 보수파의 반대론도 무시할 수 없는 상황이다.

한미 동맹은 기본적으로 북한의 군사적 도발 등 '한반도 유사(有事)'에 대한 대응을 기본으로 한다. 다만 한미 관계에는 '일본 문제'도 개재되어 있다. 2019년 7월 일본 정부의 대한(對韓) 수출관리 조치의 변경에 반발하며 한국 정부가 한일 군사정보보호협정(GSOMIA)의 파기를 예고했다. 이것은 한국 및 일본과 동맹을 공유하고 있는 미국에 작용을 미쳐 일본을 설득해주기 바랐던 것으로 평가된다. 미국에게는 한국전쟁과 같은 '한반도 유사'에 대응하기 위해서 한미 동맹이 필요했으며, '극동'(極東)에서의 안보를 위해서 미일 안보조약이 필요했다. 한일 양국 간에는 일본이 한국을 침략·지배했다고 하는 20세기 전반(前半)의 역사가 있기 때문에, 안보와 관련된 협정을 체결하는 것은 원래 어려운 일이었다. 게다가 전후(戰後) 다시 경제대국이 된 일본과 '아시아에서의 공산주의에 대항한다'는 과제를 공유한다고 하더라도, 일본이 군사력을 증강시킴에 따라 한국은 일본에 대한 안전보장도 의식하지 않을 수 없게 되었기 때문이다.

그런데 한미 동맹, 그리고 미일 동맹이 병존하는 것은 미국을 축으로 한 아시아에서의 반공 진영의 결속을 강화하는 것 외에도, 적어도 한국 입장에서 본다면, 한미일의 틀 속에 일본을 '가두어 둠'으로써 한국의 대일(對日) 안전보장을 확보한다는 의미도 포함되어 있었다. 한편으로 한국 정부는 특히 1960~70년대의 박정희 정권 및 80년대의 전두환 정권처럼, 한국이 '반공의 방파제'로서의 역할을 담당함으로써 일본의 안보에도 공헌하고 있기 때문에, 일본은 한국에 경제 협력을 제공하는 등 적극적으로 지원해야 한다고 일본 정부에 요구했다. 하지만 다른 한편으로, 설령 미일 안보조약의 틀 내라고 하더라도 경제대국이 된 일본이 한국을 압도하는 군사력을 보유하는 것에 대한 경계감을 한국 정부 및 사회는 갖고 있었다.

이러한 후자(後者)의 관점은 이승만 정권 시기에 강했으며, 그것은 일본을 제외한 반공 동맹뿐만 아니라, 대일(對日) 방위를 염두에 두었던 1949년의 '태평양 동맹'(太平洋同盟) 제안, 그리고 한국에 대한 일본의 불가침을 미국이 보증한다는 내용을 포함한 1955년의 '한미일 불가침협정' 교섭의 제안 등에 나타났다. 또한 냉전의 종식 이후 1990년대가 되자, 한국에서는 일본의 '군사 대국화'에 대한 경계감이 매스컴 등에서 항상 제기되었다.

한국의 이러한 경계감의 배경에는 동일하게 대미(對美) 동맹을 공유하면서도 미일 동맹과 한미 동맹 간의 관계가 계층적(階層的)이며, 미국의 외교안보 정책 중에서 항상 한국이 일본의 하위(下位)에 자리매김되어 왔다는 불만이 있었다. 따라서 한국에는 대미 관계를 둘러싸고 일본에 대한 경쟁의식이 종래부터 존재했다. 하지만 냉전의 종식 이후에는 한일 관계가 '비대칭적이며 상호보완적 관계'에서 '대칭적이며 상호경쟁적 관계'로 변용되는 가운데, 이번에는 일본 측의 경쟁의식도 자극되었다. 이와 같이 대미 관계를 둘러싼 한일 양국 간의 경쟁의식은 가속화되고 있다.

그런데 대미 관계를 둘러싸고 미군의 주둔 비용 부담의 증액에 관한 미국 트럼프 정권의 대한(對韓)·대일(對日) 요구에 대해서 한일 양국은 그것을 적정한 정도로 억제하기 위해 미국에 작용을 미친다는 점에서 이해(利害)를 공유하고 있다. 그럼에도 불구하고 그러한 공통의 목적을 실현하기 위해서 한일 양국이 협력할 기미는 보이지 않는다. 이처럼 한일 양국이 공통의 목적에 기초하여 협력하는 메커니즘이 작동하기 어렵게 되고 있는 것이다.

대체적으로 2010년 무렵까지는 한일 양국이 역사인식 문제와 같은 한일 간의 대립이 존재했다고 하더라도, 안보 및 경제에 관해서 협력에 의한 이익 증대의 필요성을 명확히 인식했기 때문에 한일 양국 정부 모두 그 대립이 격화되지 않도록 관리하는 것이 가능했다. 하지만 최근에는 역사인식 문제를 둘러싼 한일 간의 대립이 안보 및 경제를 둘러싼 대립에도 파급되고 있으며, 한일 양국 정부도 대립이 격화되지 않도록 리스크를 관리하려고 하지 않는다. 그리고 미국 정부, 특히 2020년 하반기 시점에서의 트럼프 정부는 동맹국인 한국과 일본의 대립을 중재하기는커녕, 이를 방치하고 이용하고 있는 실정이다.

2. 한국 외교와 중국: '적'(敵)에서 '전략적 동반자'로

한국에게 중국은 북한 다음의 '적성'(敵性) 국가'였다. 중국은 1949년의 건국 이후 곧 바로 1950년 6월에 발발한 한국전쟁에서 중국·북한 국경에 육박해온, 자국의 안보를 위협하는 유엔군을 격퇴시키기 위해서 '항미원조'(抗美援朝, 미국 에 대항하여 북한을 돕는다)라는 명분을 내세우며 1950년 10월 인민지원군의 참전을 결단했다. 그 결과, 한중 양국 군대는 실제로 교전을 하게 되었다. 한국전쟁의 정전 이후에도 중국군은 1958년까지 북한에 주둔했다. 그리고 1961년 '중조 우 호협력상호원조조약'(中朝友好協力相互援助條約)의 체결에 의해 중국과 북한은 동 맹을 맺었다. 1960년대의 중소 대립에서 북한은 당초 소련의 수정주의를 비판 하는 중국에 다가서는 자세를 보였지만, 그 이후 중국의 문화대혁명에 의해 중 국의 내정이 혼란스러워지는 가운데 중국에 다가서는 자세를 철회했다. 결국 북한은 중소 양국 중 어느 한쪽에 경도되기보다도 그 가운데에서 상대적으로 중립을 유지하면서 중소 양국으로부터의 지원 및 지지를 최대화하고자 했다. 이 시기에 한중 양국은 적대 관계에 있었는데, 무교섭(無交涉) 상태였기 때문에 구체적인 대립 쟁점은 존재하지 않았다.

그러나 1970년대가 되어 중국의 유엔 안보리 상임이사국으로서의 유엔 대표 권 획득, 미중 화해 및 중일 국교 정상화 등, 중국을 둘러싼 국제관계가 크게 변 화하는 가운데, 한국의 박정희 정권은 1973년 '평화통일 외교정책에 관한 특별 선언'(6.23 선언)을 발표하여 한반도에 한국과 북한이라는 2개의 정부가 존재한 다는 것을 상호 간에 승인하고, 국제사회에도 승인을 요구한다는 의미에서 '2개 의 코리아(Korea)' 정책을 공식화했다. 그리고 그때까지 실질적으로 봉쇄되어 왔 던 대(對)공산권 외교에 나서게 되었다. 북한이 미국·일본과의 관계 정상화를 실현하는 것을 인정하는 대신에, 한국은 스스로 중국·소련과의 관계 정상화를 지향하는 이른바 '교차 승인'을 목표로 하여 대중(對中)·대소(對蘇) 외교를 개시했다. 하지만 북한과 미국·일본 간의 관계 개선이 선행되게 되자, 실질적으로 한국은 그것에 브레이크를 거는 데 주력했다. 한편 북한은 한국의 '2개의 코리아' 정책을 '분단의 고착화'로 연결된다며 반대했기 때문에, 남북한 유엔 동시 가입 및 교차 승인에도 반대했다. 다만 한국의 대중·대소 외교가 1970년대에 성과를 거두지 못했던 것은 중소 및 공산권 국가들이 북한과의 현상유지보다도 한국과의 관계 개선 쪽을 우선시할 수 있는 인센티브(incentive)를 한국이 제공할 수 없었기 때문이다.

그러나 1980년대에 들어서자, 한국의 경제발전 및 정치적 민주화에 의해 남북 간의 체제경쟁이 한국 우위(優位)로 전개되는 것과 함께, 중국도 덩샤오핑(鄧小平) 노선하에서 경제발전에 우선 목표를 두게 됨으로써, 한중 양국을 접근하게 만드는 역학이 더욱 강하게 작용하였다. 중국은 북한과의 전통적인 우호 관계를 유지하기보다는 경제력을 지닌 한국과의 관계 개선을 우선하는 쪽이 중국에 이익이 된다고 판단했다. 이리하여 중국은 1992년에 한국과의 국교 정상화를 선택했다. 또한 1990년부터 1992년까지 8회에 걸쳐 개최된 남북 고위급 회담의 결과, 1991년에 체결된 남북 기본합의서, 그리고 1991년의 남북 유엔 동시 가입에 의해 북한은 '2개의 코리아'를 실질적으로 받아들였다. 따라서 중국은 '하나의 중국'과 '2개의 코리아' 간의 모순을 의식할 필요가 없었으며 북한에 대해 거리낄 바 없이 한국과 국교를 수립할 수 있게 되었던 것이다.

국교 정상화 이전에도 경제 등에서는 이미 한중 양국이 밀접한 관계를 형성하고 있었는데, 국교 정상화 직후에 한중 관계는 밀월이 되었다. 1992년 당시 한국의 대중 무역액은 약 64억 달러로 대일 무역액 약 311억 달러와 대미 무역액 약 364억 달러를 합한 총액의 10% 정도에 불과했다. 하지만 그 이후 한국의 대중 무역액은 매년 20~40% 정도의 증가를 계속했다. 그리하여 2019년 한국의 대중 무역액(홍콩 포함)은 1992년의 43배 이상인 약 2771억 달러가 되어 대일·대미 무역의 총액 약 2112억 달러를 훨씬 상회하였고, 무역액 전체의 26.5%를 차지했다.

다만 그 사이 한중 관계가 모두 순조롭게 진행된 것만은 아니었다. 북한의 핵미사일 개발 및 대남(對南) 도발 행위에 대해서 북한에 대한 비판을 자제하는 중국의 자세에 대해 한국에서는 대중 비판(對中)이 높아졌다. 또한 한중 무역 마찰 등에 대한 중국의 고압적인 자세도 대중 비판의 재료를 제공했다. 아울러 중국의 '동북공정'(東北工程)이라는 역사연구 프로젝트에서 한국에서는 한인국가(韓人國家)라고 인식하는 고구려를 중국의 '지방정권'이라고 주장한 것이 한중 역사 마찰을 자극했다. 한국에서는 한때의 중국 붐(boom)이 사라지고, 점차 현실의 중국과 직면하지 않을 수 없는 상황이 되었다.

그러나 한중 관계가 위축되지는 않았다. 그것은 ①한국 경제에서 중국이 큰 비중을 차지하고 있고, ②한국 외교는 대(對)북한 관계와 한반도 통일에 관해서는 중국의 영향력에 의지하지 않을 수 없기 때문이다. 북한의 핵미사일 개발 및 대남 도발을 억제하는 한국의 독자적인 영향력 행사에는 한계가 있으며, 한국은 북한에 대한 중국의 영향력 행사에 기대를 걸 수밖에 없다. 또한 한국 주도의 통일을 실현하기 위해서는 북한을 종래 '완충국가'로 간주하며 지원해왔던 중국이 한국 주도의 통일을 승인해줄 필요가 있으며, 그것을 위해서는 양호한 한중 관계를 구축하는 것이 필수적이라고 간주되기 때문이다.

'김정은 체제'의 성립 직후, 북한이 핵미사일 실험을 한 것에 대해서 중국이 유엔 안보리의 제재 결의에 찬성하는 등, 북한에 대한 제재 압력에 찬동하기 시작한 것에 대해서, 한국에서는 중국의 한반도 정책이 종래의 북한 편중에서 남북 등거리 외교로 변화되었으며, 장래에는 한국 주도의 통일을 인정해주지 않겠는가 하는 낙관적인 견해도 등장했다. 2008년 이명박 대통령의 방중(訪中) 시에 한중 양국은 '전략적 협력 동반자 관계'에 합의했으며, 2013년 6월 박근혜 대통령의 방중 시에 합의된 '한중 미래 비전 공동 성명'에서는 '전략적 협력 동반자 관계'를 내실화하기 위한 구체적인 행동 프로그램에도 합의했다. 이처럼 보수(保守)의 박근혜 정권은 북한에 대한 중국의 영향력 행사에 기대를 걸었고, 한중 관계를 긴밀하게 하는 데 주력했다. 그리고 그 정점이 2015년 9월 중국의 항일전쟁 승리 70주년을 기념하는 군사 퍼레이드에 박근혜 대통령이 참석한 것이었다. 참석한 주요 국가의 원수는 블라디미르 푸틴 러시아 대통령과 박근혜 대통령 정도였으며, 한중 양국 간의 밀월(蜜月) 모습을 국제사회에 보여주었다.

그러나 그 이후 2016년 1월에 북한의 제4차 핵실험이 실행되었다. 박근혜 정권은 북한의 군사적 도발을 억지하는 중국의 영향력에는 한계가 있다는 것을 통감(痛感)하게 되었고, 그때까지 중국에 대한 배려를 우선시하며 보류했던 주한 미군에의 사드(THAAD, 종말고고도미사일방어체계) 배치를 결단했다. 북한의 미사일에 대한 방어 시스템이라는 것이 공식적인 이유였지만, 실질적으로는 중국의 미사일에 대한 방어를 염두에 둔 것이었기 때문에, 중국 정부는 이것에 격노했다. 중국 정부는 한국에 대한 단체여행을 금지하거나 중국에 진출해 있는 한국 기업에 대해서 사실상의 제재를 강화하는 등, 한중 관계는 일거에 악화되었다. 현재 관계가 다소 개선되었다고는 해도 사드 배치 문제는 한중 관계에서 여전히 가시가 박힌 것과 같은 사안이 되고 있다.

3. 미중 관계의 현황과 한국 외교: 대미(對美)와 대중(對中)의 양립은 가능한가?

한국에게 미국과 중국은 그 어느 한쪽도 대체할 수 없는 중요한 국가이다. 확실히 제2차 세계대전 이후 75년 동안의 현대사에서는 미국이 유일한 동맹국이었다. 그에 비해서 중국과의 본격적인 관계는 그 절반 이하인 30년간에 불과하다. 하지만 역사를 소급해보면 한반도의 국가는 거의 대부분 중화질서(中華秩序) 속에 편입되었으며, 지리적으로도 역사적으로도 중국과는 긴밀한 관계를 유지해왔다. 한국 외교는 '안보는 미국, 경제는 중국, 북한 문제는 미국과 중국'에 의존하게 되었다. 환언하자면, 한국 외교는 어느 정도 양호한 대미·대중 관계가 유지되는 것을 전제로 하여 전개되어왔다.

그럼에도 불구하고 그때까지 긴장을 배태하면서도 공존 관계를 유지해왔던 미중 양국이 군사, 경제, 기술 등의 각 영역에서 대립을 격화시키고 있다. 트럼프 정권은 재선(再選)을 위해서 경제를 중시하지 않을 수 없으며, 그것을 위해서는 미중 관계의 결정적인 대립을 회피할 수밖에 없다고 당초에는 생각했던 듯하다. 하지만 미국 내, 특히 군사·안보 계통의 엘리트층(establishment) 사이에서는 '투키디데스의 함정'(Thucydides Trap)이라고 비유되는 바와 같이, 세계 최대의 군사대국인 미국을 군사적으로도 급격하게 추격해오고 있는 중국과의 사이에서는 군사적인 긴장 격화가 불가피하다는 견해가 이미 제시되었다. 중국의 '일대일로'(一帶一路) 구상에 대항하고 그것을 봉쇄하는 함의를 지니고 있는 '인도·태평양 전략 보고서'(Department of Defense 2019)를 미국 국방부가 제기했던 것은 그 상징이다.

그리고 사실로서 '중국발(發)' 코로나19 위기가 전 세계를 휩쓰는 가운데, 트럼프 정권의 서투른 대처도 있어 '미국이 최대의 피해자'가 되고 있다. 또한 중국은 이러한 와중에 미국의 '약점을 찌르는 것'이 가능하다고 생각하는지, '홍콩 국가안전유지법' 제정을 강행했던 바와 같이, '전랑(戰狼) 외교'라고 불리는 상당히 공격적이며 난폭한 외교를 전개하고 있다. 그에 호응이라도 하는 듯이, 미국 내에는 마이크 폼페이오 국무장관의 연설에서처럼, 공산당 일당지배의 중국과는 이데올로기적으로 상용(相容)되지 않고 공존은 어렵다고 하며 그 '체제 전환'을 공언(公言)하는 데에까지 이르고 있다(Pompeo 2020). 종래에는 현저하지 않았던 이데올로기 대립을 미국 측이 개시하려 하고 있는 것이다.

물론 미중 대립이 격화되었다고 해서, 그것이 한국의 대미 관계와 대중 관계의 양립을 즉각 곤란하게 만들어버리는 것은 아니다. 미중 대립의 틈바구니 속에서도 한국 외교가 균형을 잡음으로써 어느 정도 양호한 대미 관계와 대중 관계를 유지하는 것은 가능하다고 말할 수 있다. 1960년대 중소 대립의 틈바구니에서 대중 관계와 대소 관계 사이의 양립을 모색했던 북한 외교는 유추(類推) 대상이 될 수 있다. 대립하는 대국은 모두 그 틈바구니에 있는 중소국가(中小國家)를 자신의 편으로 만들거나, 또는 상대 진영으로 내몰지 않기 위해서 그에 대한 배려가 필요한 것으로 여겨지기 때문이다. 현재 미중 대립이 점차 격화되는 가운데에서도 중국은 중일 관계까지 악화시키지 않으려고 하기에 일본에 어느 정도 배려하며, 일본도 그에 호응하여 중일 관계를 관리하려고 함으로써 중일 관계가 비교적 양호하게 유지되고 있는 것이 그 증거이기도 하다.

2010년 이후 미중 관계가 점차 대립의 양상을 띠기 시작하는 가운데, 한국 정부가 대미 관계와 대중 관계 간의 양립을 모색했던 것도 그러한 가능성을 추구한 결과였다. 한국은 미국과의 동맹 관계가 외교안보의 기축(基軸)이며, 민주주의 국가로서 이데올로기적으로도 중국과 한편이 되는 것은 도저히 불가능하다. 하지만 국가의 생존 및 발전에 큰 비중을 차지하는 경제, 그리고 한국 외교의 염원이기도 한 통일을 염두에 두고 북한 문제를 고려해보면, 인접해 있는 중국과 완전히 결별하는 것은 어렵다. 한국 외교에서 한쪽을 위해 다른 한쪽을 희생시키는 것은 불가능하다.

예를 들면 미국 자신이 참가하지 않겠다고 표명했을 뿐만 아니라, 동맹국 등의 참가도 견제했던 중국 주도의 아시아인프라투자은행(AIIB)의 설립에 관하여 일본은 창설 멤버가 되지 않았음에도 불구하고 한국이 창설 멤버가 된 것은 그 것을 상징한다. 그 정도로 수출 및 투자 대상국으로서의 중국과의 관계는 한국에 사활적으로 중요하다.

다만 한국이 독자적인 힘으로 미중 관계가 악화되지 않도록 하는 것은 대단히 어렵다. 물론 아무것도 할 수 없다는 것은 아니며, 후술하는 바와 같이, 북한 문제에 관해서 미중 협력으로 유도하는 것이 고려되지 않는 것은 아니다. 하지만 미중 관계의 현황을 살펴보면 북한 문제가 차지하는 비중은 그다지 크지 않기에, 다른 대립 요인보다 북한 문제를 우선시키며 미중 양국이 협력 관계로 회귀할 것으로는 생각하기 어렵다. 따라서 한국으로서는 한편으로 독자적인 힘으로는 통제할 수 없는 미중 관계의 대립이 더욱 격화되지 않기를 바라면서도, 다른 한편으로 미중 대립을 주어진 여건으로 삼으면서 그 가운데서 어떻게든 대미 관계와 대중 관계의 양립을 모색하는 방법밖에 없게 된다. 물론 그것이 언제까지 지속가능할 것인가 하는 문제는 남아 있다.

게다가 미국은 동맹국, 우호국을 끌어들여 '대중(對中) 포위망'을 형성하는 것을 염두에 둔 외교 정책을 모색하고 있다. 미국 내에서는 경제적인 대중 포위망 구상이라고도 말할 수 있는 '경제 번영 네트워크'(EPN)가 제창되고 있다. 이것은 '국가자본주의'에 기초하여 정부 주도의 발전을 지향하는 중국에 대항하여 그것과는 다른 자유주의 시장경제에 기초한 발전을 지향하는 국가들이 서로 협력해 중국을 배제하는 형태로 공급망을 구축하고자 하는 것이다(Krach 2020). 다만 트럼프 정권이 현재 자유무역 질서를 유지하는 주도적 역할을 담당하고 있다고는 말하기 어려우며, 미국도 약점을 갖고 있다.

또한 트럼프 대통령은 2020년 6월에 워싱턴 DC에서 개최될 예정이었던 G7 정상회의의 개최를 연기하는 것과 함께, G7에 더하여 한국, 인도, 호주, 러시아를 초청하는 것을 제안했다. 이에 대해서 G7 각국으로부터 동의를 얻지 못한 점도 있어 실현될지 여부는 불투명하지만, 한국의 문재인 대통령은 이것은 한국의 선진국 진입이 국제적으로 인정받은 증거라며 초청을 받아들였다(ROK Chung Wa Dae 2020). 다만 트럼프 정권의 의도는 G7을 '대중 포위망'의 장(場)으로 삼는 것에 있었던 것으로 보인다. 만약 그렇게 될 경우, 중국이 좌시할 리는 없으며, 한국에 대해서 압력을 가할 것이 예상된다. 그런 만큼 한국은 참가의 시비(是非), 그리고 참가했을 경우의 대응 등, 어려운 선택에 내몰리게 될지도 모른다. 이러한 대중 정책은 기본적으로 차기 대통령 조 바이든 정권(민주당)에서도 계속될 것으로 예상된다.

미중 대립의 격화 속에서 미국이 동맹국에 대해서 '중국과의 디커플링'을 요구하고 미중 양국 중 '어느 쪽 진영'에 가담할 것인지 분명히 하라는 압박을 가하게 되는 것도 충분히 생각할 수 있다. 이것은 한국이 회피하고자 하는 상황이지만, 한국의 외교 노력(外交努力)만으로는 회피할 수 없다는 부분에 한국의 깊은 '고뇌'가 있다.

현재의 상황에서 한국이 완전히 중국 진영으로 옮겨가는 것은 생각하기 어렵다. 역시 미국과의 동맹 관계를 기축으로 외교·안보 정책을 유지하는 선택지 외에는 없을 것이다. 그러한 전제 아래에서 '대중 관계가 파국(破局)을 맞지 않도록 어떻게 관리할 수 있는가'라는 문제가 제기되고 있다. 그것을 위해서는 미중 양국이 한국에 어느 정도의 외교적 재량(裁量)을 인정할 것인지 여부가 중요하다. 그 재량의 폭이 좁으면 좁을수록 한국 외교는 어려운 상황에 빠진다. 따라서 그 선택의 폭을 넓히기 위한 노력을 한국 외교가 행하지 않으면 안 된다.

4. 미중 대립과 북한 문제: 미중 양국의 협력 없이 북한의 비핵화는 가능한가?

안보 및 경제에 관해서 정도의 차이는 있지만 미중 대립이 미치는 영향에는 한일 양국 간에 공통성이 있다. 미중 대립이 안보 영역과 경제 영역에 걸쳐 침투됨에 따라, 한일 양국의 외교는 모두 상당한 정도의 어려움에 직면해 있다. 다만 한국의 경우에는 일본 이상으로 어려운 문제를 안고 있다. 그것은 바로 북한 문제이다.

북한 문제는 복잡하다. 대미 관계와 대중 관계 간의 양립을 모색하는 한국뿐만 아니라, 북한 자신도 중국에 대한 압도적인 경제적 의존을 의식하고 있으며, 그것과 균형을 잡고자 대미 관계 개선의 필요성을 통감(痛感)하고 있기 때문이다. 북한은 냉전 시기에서처럼 중국 진영에 속하는 것으로 만족할 리가 없다. 바로 그렇기 때문에 2018년에 들어서 비핵화를 국제적으로 공언하며 한국의 중개(仲介)에 편승하는 형태로 북미 교섭으로 방향을 전환시키고자 했던 것이다. 한국도 그러한 북한의 변화 조짐을 감지하고 북미 교섭을 중개함으로써 그것을 한국 주도의 남북 관계 개선에 이용하고자 했다.

그러한 일련의 움직임에 대한 중국의 자세에는 애매한 부분이 있다. 한미 양국과 협력하여 북한에 비핵화를 받아들이게 하는 것은 중국도 바라는 바이다. 다만 중국에 최대한 저비용으로, 즉 그것에 수반되는 중국의 부담을 최대한 줄이면서도 북한에 대한 중국의 존재감이 저하되지 않도록 하는 조건부(條件附)이다. 그런데 북한이 한미 양국에의 의존을 강화하는 것은 상대적으로 중국에 대한 의존이 약화되는 것인 만큼, 중국의 관점에서 본다면 환영할 만한 일이 아니다. '북한의 중국으로부터의 이탈'은 중국의 영향력 저하로 귀결될 것인 만큼, 그것을 피하기 위해서 중국은 북한과의 관계를 개선함으로써 북한에 대한 영향력을 회복하고자 한다. 그 경우, 미국의 대(對)북한 영향력의 행사와는 다른 방향으로 움직이게 될지도 모른다. 중국의 대북한 영향력의 행사는 비핵화를 위한 국제적인 제재 압력을 느슨하게 만드는 방향으로 움직일 가능성이 높기 때문이다.

다만 북한의 비핵화가 추진되도록 하기 위해 미중 양국이 그것을 위한 협력을 명확하게 지향할 필요는 없을지도 모른다. 미중 간의 적당한 긴장 관계는 북한에의 관여를 강화시키고 북한에 대한 영향력의 증대를 둘러싼 미중 간의 경쟁 관계를 자극함으로써 결과적으로 북한의 비핵화를 촉진하는 일도 가능하기 때문이다. 미국 입장에서 북중 관계에 균열이 발생하는 것은 중국의 영향력을 감소시키는 것이 되며, 미중 대립 아래에서도 추구해야 할 정책이 된다. 2018년에 들어서 미국 트럼프 정권이 북한과의 비핵화 교섭에 적극적인 자세를 보였던 배경에는 북한의 비핵화를 위해 미중 양국이 협력하기보다도 북한을 북미 교섭에 끌어들여 '북한의 중국으로부터의 이탈'을 촉진함으로써, 중국의 영향력을 감소시킨다는 의도가 있었던 것으로 봐야 할 것이다. 2018년 6월 북미 정상회담을 전후한 단기간에 김정은 조선노동당 위원장의 방중(訪中)으로 3차례나 북중 정상회담이 행해졌던 것은 북한 입장에서 대미 교섭력의 강화를 위해 중국의 지지를 재차 확인하는 것뿐만 아니라, '북한의 중국으로부터의 이탈'에 제동을 걸고자 하는 중국의 의도가 작용했다고 말할 수 있다. 다만 거기에는 중국도 북한의 비핵화를 지지한다고 말했던 만큼, 북한의 비핵화가 순조롭게 진행될 수 있도록 중국이 영향력을 행사하고자 했던 것으로도 볼 수 있다.

그러나 북한의 비핵화를 둘러싼 북미 교섭은 2019년 2월 하노이에서의 북미 정상회담이 결렬된 것을 계기로 하여 계속 정체된 상태이다. 최근 북한의 보도에 의하면, 북한은 핵 억지력을 완성시켰다는 점을 강조하며 비핵화가 아니라 핵보유를 기정사실화하는 이전의 자세로 회귀해버린 듯한 인상마저 주고 있다

(朝鮮中央通信, 2020年7月28日). 비핵화를 단계적으로 추진하고 그 단계마다 제재 해제 및 북미 관계 진전 등의 보상을 획득하고자 하는 북한에 대해서 미국은 어디까지나 북한의 비핵화가 상당한 정도로 실현되지 않을 경우 보상을 해줄 수 없다고 생각한다. 북미 양국 간에는 이와 같은 의도의 차이가 존재하고 있다. 미국의 행정부가 향후 바이든 정권으로 교체되더라도 이러한 기본적인 방향에는 변화가 없을 것이다.

그리고 중국은 북한의 비핵화를 우선시하며 압력을 가하는 것보다도 '북한의 중국으로부터의 이탈'을 저지하기 위해 압력을 완화하는 쪽으로 기울어질지도 모른다. 그렇게 되면, 북한은 비핵화를 통해서 획득할 수 있는 것이 불확실한 데 반해서, 비핵화에 나서지 않더라도 중국의 지원을 어느 정도 획득할 수 있다고 생각할 것이고, 따라서 비핵화에 나설 인센티브를 갖지 못하게 된다. 결과적으로 북한의 비핵화를 둘러싸고 미중 양국이 긴밀하게 협력하지 않고 서로 다른 방향을 향했다는 것이 2019년 이후 북한의 비핵화를 둘러싸고 정체(停滯)가 발생하고 있는 한 가지 원인이라고 말할 수 있지 않을까?

그 진위(眞僞)는 명확하지 않지만, 북한은 철저한 검역 대책을 취함으로써 코로나19 감염자를 제로(zero)로 억지하고 있다고 국내외에 선전하고 있다. 다만 코로나19 위기로 특히 중국과의 사이에서 사람 및 물품의 이동이 격감하여 북한 경제가 커다란 타격을 받고 있는 것으로 봐야 할 것이다. 또한 비핵화를 둘러싼 북미 교섭도 코로나19 위기 이전부터 정체되기는 했지만, 코로나19 위기에 의해 정체 상황이 지속되고 있는 상황이다.

남북 관계에 관해서는 2018년 4월, 9월의 두 차례에 걸친 남북 정상회담에서 사실상의 '종전선언'(終戰宣言)에 합의했지만, 2019년에 들어서 북미 교섭이 정체되는 가운데, 남북 관계도 가시적(可視的)인 진전을 보이지 못하고 있다. 그리고 코로나19 위기로 인해 2020년에도 마찬가지의 상황이 지속되고 있다. 그것에 화가 난 때문인지 2020년 6월 북한은 김정은 위원장의 여동생인 김여정 조선노동당 조직지도부 제1부부장의 명의로 문재인 대통령을 심하게 매도하는 성명을 발표하고 개성(開城)의 남북연락사무소를 공개적으로 폭파하는 폭거에 나섰다(朝鮮中央通信, 2020年6月17日). 이것은 문재인 정권이 정체된 북미 교섭을 촉진시키기 위해서라도 바야흐로 남북 교섭을 추진하고자 구상하고 있었던 만큼, 그에 찬물을 끼얹는 것이 되었다. 다만 북한은 그 이후 예고했던 군사적 도발을 실행하지 않았기 때문에, 2020년 하반기의 시점에서 남북 관계를 움직여 보려고 하는 문재인 정권의 의욕은 여전히 줄어들지 않고 있다. 이것은 2020년 7월 한국 정부의 통일부 장관, 국가정보원장, 국가안보실장에 대한 개편 인사에도 반영되었다.

결론: 미중 대립 속에서의 한일 관계의 가능성?

한국은 냉전 시기에는 미국을 중심으로 하는 반공 진영(反共陣營)에 속했으며, 기본적으로 진영 내부에서의 외교를 행하는 것만으로도 충분했다. 하지만 진영 내부의 외교라고 하더라도 진영을 공유하는 일본과 같은 국가로부터의 지원을 어떻게 획득할 것인가, 그리고 그것을 어떻게 효과적으로 활용함으로써 북한에 대한 체제 우위를 확보할 것인가에 주안점을 둔 외교를 전개했다. 또한 진영 간 대립이 유동화(流動化)된 1970년대 이래, 한국은 진영 내부의 외교와 진영을 넘어선 외교를 어떻게 조합시킬 것인가에 신경을 쓰는 외교를 전개했다. 그리고 냉전의 종식 이후, 진영 자체가 유동적이 되는 가운데 외교를 통해 어떻게 국익을 최대화하면서 통일이라는 목표에 접근할 것인가를 모색해왔다. 어떤 국가에도 외교가 중요한 것은 틀림없지만, 특히 한국처럼 주변이 '4강'(四强)이라고 일컬어지는 대국, 즉 미국·중국·일본·러시아에 둘러싸여 있고, 또한 남북 분단 체제 속에서 한국의 체제 우위를 인정하려고 하지 않는 북한과 같은 국가와의 사이에서 평화 공존을 제도화하고 통일을 준비하기 위해서는 무엇보다도 외교가 중요한 것은 틀림없다. 1980년대까지의 권위주의 체제 아래에서는 외교의 우선(優先)이 무조건적으로 실현되었지만 민주화 이후에는 외교도 민주주의에 의한 통제를 면하지 못하게 되어, 외교를 둘러싼 상황은 더욱 어렵게 되고 있다.

코로나19 위기가 한국 외교에 새로운 과제를 제기하고 있는 것은 아니다. 하지만 코로나19 위기가 미중 대립의 구도를 더욱 선명하게 만듦으로써, 지금까지 넓혀져온 한국 외교에서의 '선택의 폭'이 급격히 좁아지는 리스크를 수반하게 될 것이다. 이러한 리스크를 회피하기 위한 조건은 무엇일까?

필자는 한일 관계, 환언하자면 '한국 외교 중에서 일본을 어떻게 규정할 것인가', 거꾸로 논하자면 '일본 외교 중에서 한국을 어떻게 규정할 것인가'라는 문제를 재고(再考)하는 것에서 가능성을 찾을 수 있지 않을까 생각한다.[2] 확실히 한일 관계 자체는 역사 문제를 둘러싸고 2018년 이래 악화 일로를 걷고 있으며, 그것은 코로나19 위기 아래의 '휴전'을 거쳐 코로나19 위기 이후에도 개선될 조짐이 보이지 않고 있다. 그러한 의미에서 미중 대립 속에서 한일 양국이 서로 한일 관계를 어떻게 고려하고 있는지는 낙관할 수 없다.

그런데 한국은 대북한 관계에서 일본의 이용가치를 어떻게 보고 있을까? 확실히 일본의 대북한 정책을 한국이 좌우할 수 있는 것은 아니다. 그럼에도 불구하고 한국이 통제할 수 없는 미중 관계에 전면적으로 의존하기보다도 일본과의 협력 관계를 어떻게 이용할 수 있을까를 고려할 여지는 충분히 있음에 틀림없

---

[2]   이와 관련된 저자(著者)의 더욱 구체적인 논고(論考)로는 다음을 참조하기 바란다. 木宮正史, 『日韓関係史』(岩波新書, 2021)._옮긴이

다. 그리고 일본으로서도 대북 관계에서 한국과 어떻게 전략을 조정할 것인가, 그것은 일본의 국익에 어떻게 기여할 것인가, 그러한 관점으로부터의 접근이 필요하지 않을까?

참고문헌

(서적 및 논문)

グレアム・アリソン 著. 藤原朝子 譯. 2017.『米中戰爭前夜: 新舊大國を衝突させる歷史の法則と回避のシナリオ』, ダイヤモンド社.

林東源 著. 波佐場淸 譯. 2008.『南北首腦會談への道―林東源回顧錄』, 岩波書店.

ドン・オーバードーファー, ロバート・カーリン 著. 菱木一美 譯. 2015.『二つのコリア: 國際政治の中の朝鮮半島』(第3版), 共同通信社.

木宮正史. 2001. "1960年代韓國における冷戰外交の三類型: 日韓國交正常化・ベトナム派兵・ASPAC", 小此木政夫・文正仁 編, 『市場・國家・國際體制』, 慶應義塾大學出版會, pp.91~145.

_____. 2014. "米中關係と朝鮮半島", 《國際問題》628號(1・2月號), pp.15~23.

_____. 2012.『國際政治のなかの韓國現代史』, 山川出版社.

_____. 2011. "朴正熙政權の對共産圈外交: 1970年代を中心に", 《現代韓國朝鮮硏究》11號, pp.4~16.

木宮正史・李元德 編著. 2015.『日韓關係史 1965-2015(Ⅰ政治)』, 東京大學出版會.

金淑賢. 2010.『中韓國交正常化と東アジア國際政治の變容』, 明石書店.

添谷芳秀. 2015.『米中の狹間を生きる(韓國知識人との對話II)』, 慶應義塾大學出版會.

ヴィクター・D・チャ 著. 船橋洋一 監譯. 倉田秀也 譯. 2003.『米日韓 反目を超えた提携』, 有斐閣.

平岩俊司. 2010.『朝鮮民主主義人民共和國と中華人民共和國: '脣齒の關係'の構造と變容』, 世織書房.

船橋洋一. 2006.『ザ・ペニンシュラ・クエスチョン: 朝鮮半島第二次核危機』, 朝日新聞社.

道下德成. 2013.『北朝鮮 瀨戶際外交の歷史: 1966-2012年』, ミネルヴァ書房.

李鐘元. 1996.『東アジア冷戰と韓美日關係』, 東京大學出版會.

和田春樹. 2012.『北朝鮮現代史』, 岩波書店.

Brazinsky, Gregg. 2007. *Nation Building in South Korea: Koreans, Americans, and the Making of a Democracy*, The University of North Carolina Press.

Hong, Sung Gul. 2011. "The Search for Deterrence: Park's Nuclear Option", Byung-Kook Kim and Ezra F. Vogel, eds., *The Park Chung Hee Era: The Transformation of South Korea*, Harvard University Press, pp483~510.

김흥규 편저. 2015.『시진핑 시기 중국의 외교안보: 그 패러다임의 변화』, 동아시아재단.

문정인. 2011.『중국의 내일을 묻다』, 삼성경제연구소.

정재호. 2011.『중국의 부상과 한반도의 미래』, 서울대학출판문화원.

(인터넷 자료)

言論NPO. 2019. 『第七會日韓共同世論調査結果』(言論NPO 웹사이트).

Department of Defense. 2019. *Indo-Pacific Strategy Report: Preparedness, Partnerships, and Promoting a Networked Region* (June 1)(미국 국방부 웹사이트).

Krach, Keith(Under Secretary for Economic Growth, Energy, and the Environment). 2020. *Briefs the Press on Huawei and Clean Telcos* (June 25)(미국 국무성 웹사이트).

Pompeo, Michael(Secretary of State). 2020. *Communist China and the Free World's Future*(July 23).

韓國貿易協會データベース(韓國語).

ROK, Chung Wa Dae. 2020. "The President Speaks by Phone to President of United States Donald Trump"(June 1)(한국 청와대 웹사이트).

朝鮮中央通信. 2020. "朝鮮勞働黨中央委員會の金與正第1副部長が談話發表"(6月17日).

_____. "金正恩黨委員長が第6回全國老兵大會で行った演說 2020年7月27日"(7月 28日)(북한 국영 조선통신 웹사이트).

(이상 인터넷 자료에 대한 최종 검색일은 모두 2020년 11월 1일이다)

기미야 다다시(木宮正史)

도쿄대학 대학원 종합문화연구과 교수 　　　　　　　**(전문 분야: 한반도 지역연구, 국제관계론)**

저서: 『국제정치 중의 한국 현대사(國際政治のなかの韓國現代史)』(山川出版社), 『민족주의로부터 본 한국·북한 근현대사(ナショナリズムから見た韓國·北朝鮮近現代史)』(講談社) 외

'불확실한' 유동적 질서 공간을 향하여

미중 상극(相剋)하의 세계질서

가와시마 신(川島真)

1. 불확실한 상태의 유동적 질서

불확실한 질서 공간

미중 대립 아래에서 신형 폐렴(新型肺炎, 이하 '코로나19')에 의해 더욱 불투명해진 세계 질서와 그 장래에 대해서 고려해보면, 아마도 '불확실한 상태'의 유동적인 질서로 향하고 있는 것이 아닌가 하고 필자는 생각한다.[1] 이것은 20세기의 미소 냉전 시기처럼 이데올로기에 의해 동서(東西) 진영이 양분되는 것이 아니

---

[1]   '불확실한 상태'(まだら狀)의 국제질서라는 용어는 이미 ≪아스테이온(アステイオン)≫92號(2020年5月)의 특집 「세계를 뒤덮고 있는 '불확실한 상태의 질서'(世界を覆う'まだら狀の秩序')」 등에서도 사용되고 있다. 그 내용과 본고(本稿)에서의 그것에는 질서가 복잡하게 뒤얽혀 있는 상황이 되고 있다는 점에서 겹치는 부분이 있다. ≪아스테이온≫의 특집은 "현재의 세계지도(世界地圖)는 정치 체제에 의해서도, 종교 및 민족에 의해서도 명확하게 구분되지 않는다"는 것을 전제로 삼고 주로 중동(中東)을 다루면서 "하나의 모습이 아닌 각지의 정세를 각각의 지역에 토대를 둔 관점에서 묘사"하고자 하였다(池內惠, "すばらしい'まだら狀'の新世界", https://www.suntory.co.jp/sfnd/asteion/vol92/magazine92_001.html). 하지만 본항(本項)에서 논하고 있는 그것은 미중 대립에 입각하고 아울러 분야·영역에서의 다양성 등에 주목하며, 또한 그것에 대응하는 행위자(actor)의 양태에 초점을 맞춘 논의이기 때문에 ≪아스테이온≫의 특집에서 언급하고 있는 내용과 겹치지 않는 부분도 있다.

라, 미중 대립이 분야별, 영역별로 다양하게 나타나고, 또한 미중 양국이 각기 중시하며 양자택일(兩者擇一)을 타국에 압박하는 부분도 있는가 하면, 그렇지 않은 영역 또는 극단적으로 말하자면 관심마저 보이지 않는 분야·영역이 있는 것과 같은 대립이 되지 않을까 하는 점이다. 분야·영역별로 분절화(分節化)된, 불확실한 상태가 된 대립에서의 개개의 '불확실성'도 또한 크기 및 농도 등이 다르다는 점도 있다. 그리고 그 다양성은 시간의 추이와 함께 변화하는 것으로 여겨진다. 미국에서 정권 교체가 일어난다면, 예를 들어 도널드 트럼프 정권(공화당)이 중시했던 관세(關稅) 문제가 조 바이든 정권(민주당)에서는 중요한 논점으로 간주되지 않을 가능성이 있는 것처럼 '불확실성'의 크기 및 농도는 변화하게 될 것이다.

이러한 미중 양국에 마주하고 있는 각국 또는 기업 등의 여러 행위자(actor)는 미중 쌍방으로부터의 영향력이 자신에게 미치지 않도록, 또는 안정적인 지위를 획득할 수 있도록 노력하게 된다. 또한 자기 이익의 극대화를 도모하게 될 것이다. 한편 유럽연합(EU) 등 기존의 지역 통합체는 물론이고 때로는 지역 대국 중에서 특정한 국가들이 모여 미중 양국에 대항해 제3의 극(極)을 만들고 오히려 '불확실성'을 만들어내는 측으로 돌아서는 일도 있을지 모른다. 또한 일국(一國) 단위에서도 다양한 분야·영역별의 '불확실성'에 대해서 부분적으로 미국, 부분적으로 중국에 편승하면서 전체적으로는 균형을 잡으려고 하거나 또는 특정한 분야에서는 거의 전면적으로 미국에 의지하면서 어떤 부분에서는 모호함을 보이는 등의 전략을 취하는 것이 고려된다. 이에 반해서, 미중 양국은 분야에 따라서는 '흑백'(黑白) 어느 편에 설 것인지 압박하면서 상대방 측에 모여들지 못하도록 움직여 나아가게 되겠지만, 복잡한 상황인 만큼 각국을 비롯한 여러 행위자가 미중 양국과 교섭할 여지가 생겨날 가능성도 있다. 하지만 거꾸로 특정한 분야, 특히 미국에게는 군사안보에 관한 영역, 또는 첨단산업의 특정 부분, 중국에게는 '국가의 안전'에 깊이 관련된 것으로 간주되는 영역에서는 디커플링이 명확하게 진행되어 '제로섬'(zero- sum)적이 되는 것도 고려할 수 있을 것이다.

어떠한 '불확실성'인가?

그렇다면 구체적으로 '불확실한 상태'란 어떠한 것인가? 미국의 중국 비판은 이미 포괄적이고 또한 중점은 다를지언정 공화당과 민주당을 불문하고 초당파적이며,[2] 또한 많은 법령이 제정되는 등 제도적인데, 바로 그렇기 때문에 장기적인 것이라고 여겨진다. 그리고 당초 관세 문제에 중점이 두어졌지만, 거기에 기술 문제가 더해지고 점차 홍콩 문제 등을 중시하며 민주주의 및 자유 등의 가치를 문제로 삼게 되었다. 이 과정에서 중국은 미국이 무역 측면에서 보호주의적이 되자, 자신들이야말로 '자유롭고 열린 경제무역질서'의 옹호자라고 주장하게 되었다. 하지만 '국가의 안전'을 경제발전보다도 중시하며 홍콩에 국가안전유지법을 시행하고 '국내 대순환'(國內大循環)이라는 내수(內需) 중시의 경제건설을 개시한 중국은 점차 '자유롭고 열린 경제무역질서'의 옹호자로서 행세하기에는 한계가 발생할 것으로 필자는 생각한다. 또한 미중 대립이 시간축 중에서 변화를 계속하고 있는 가운데 적어도 중국 측으로부터 본다면, 논점이 점차 중대화되어 간다고 말할 수 있다. 중국의 관점에서 볼 경우, 관세 문제는 비교적 교섭 가능하며, 기술 방면의 문제도 심각하기는 하지만 화웨이가 TSMC의 부품을 구입하여 재고를 증가시킴으로써 일정 정도 사태에 대처하고자 하는 등, 어느 정도의 '대책'이 강구되어 왔다. 하지만 홍콩이나 신장(新疆), 또는 타이

---

2) 시카고국제문제협의회(Chicago Council on Global Affairs)의 조사에 의하면, 공화당원은 중국을 최대의 위협으로 들고 있지만, 민주당원은 중국 그 자체를 위협으로 거론하지 않는 경향이 있다. "Top 7 Critical Threats", in *Divided We Stand: Democrats and Republicans Diverge on US Foreign Policy*(September 17, 2020), 2020 Chicago Council Survey, https://www.thechicago council.org/publication/lcc/divided-we-stand

완(臺灣)의 민주와 자유 및 인권에 관련된 문제는 중국의 '핵심적 이익'에 관계되며 유연하게 대처하는 것이 어렵다.

이러한 상황에서 중국은 각국에 대해 인권 및 민주에 관련된 문제에 대하여 중국에 대한 지지를 명확히 하도록 각국, 특히 개도국에 압박을 가했다.[3] 핵심적 이익에 관련된 문제는 중국에 우선 순위가 대단히 높다. 하지만 미국에는 그 우선 순위가 중국처럼 높지는 않을 것이다. 미국은 '파이브 아이즈'(Five Eyes) 등에 대해서 동조(同調)를 요구하며 또한 G7도 일정한 반응을 했지만 개도국에까지 그것을 요구하지는 않는다. 또한 선진국 중에서도 '파이브 아이즈'는 미국에 거의 동조했지만 G7은 다소 톤(tone)이 내려갔고, 동맹국이자 OECD 회원국인 한국에 이르러서는 그 외교부 대변인의 2020년 6월 30일 자 기자회견에서 보여졌던 것처럼 중국에 대한 비판을 회피했다. 미중 양국 간에 문제를 파악하는 방식이 다를 뿐만 아니라, 미중 양국이 동조를 요구하기 위해 움직이는 대상도, 그리고 각국의 대응도 다르다는 점을 살펴볼 수 있다.

한편 기술을 둘러싼 문제에서는 5G의 문제 및 TSMC의 문제가 부각되고 있는 것으로 보인다. 하지만 이러한 상징적인 안건 외에, 무엇이 어느 정도로 엄격하게 '디커플링'될 것인가, 또한 그것이 어느 정도로 타국에도 요구될 것인가에 대해서는 향후 경위(經緯)에 대한 관찰이 필요하다. 미국은 국방수권법 제889조에 의거하여 이미 연방정부의 조달에 관련된 영역에서 규제를 강화했다. 그것은 중국의 5개 회사[화웨이, 중싱(中興, ZTE), 하이넝다통신(海能達通信, Hytera), 하이캉웨이스디지털기술(海康威視數字技術, Hikvision), 다화기술(大華技術, Dahua Technology)]가 제조한 통신·감시 관련 기기, 서비스를 이용하고 있는 기업의 부품 및 서비스를 연방정부가 조달하는 것을 금지한 것이며, 2가지 단계가 있는 규제 중에서

---

3) "70 countries support China at UN General Assembly regarding HK and Xinjiang: FM", *Global Times* (October 7, 2020).

제2단계로 간주되는 것이다. 이미 제1단계에서 연방정부가 중국의 5개 회사로부터 직접 조달하는 것을 금지했는데, 규제의 수준을 올린 것이다. 미국은 이러한 정보통신 외에도 군사에 관련된 부분을 중심으로 많은 영역에 관심을 보이고 있다. 거기에는 인공지능(AI) 및 기계학습, 양자(量子) 기술, 자율형 무인 시스템, 극초음속, 지향성(指向性) 에너지, 게놈(유전자) 편집 등의 영역이 포함되어 있다. 하지만 국방수권법 제889조에 의거한 규제는 어디까지나 통신 분야에서의 연방정부의 조달에 한정되어 있다. 연방정부 이외의 민간 레벨에서의 중국제 정보통신 기술의 취득에 대해서는 대통령 행정명령에 의해 규제를 추가하는 것이 상정될 수 있지만, 실제로 그것이 어떻게 제도화되고 어디까지 실행될 것인가, 그리고 여러 외국의 기업에게 어떠한 동조(同調) 압력이 어디까지 가해질 것인가는 향후의 전개 상황을 끝까지 지켜보지 않을 수 없다.[4]

중국도 또한 2020년 10월의 전국인민대표대회(전국인대) 상무위원회 제22차 회의에서 전략 물자 및 하이테크 기술에 속하는 제품 및 서비스의 수출 관리를 강화하는 수출관리법(出口管制法)을 성립시키고 12월부터 시행하게 되었다. 여기에는 중국의 역내(域內)로부터 역외로의 물품의 이동(중국으로부터 홍콩, 마카오를 향한 이동도 포함됨), 또한 중국의 공민(公民), 법인(法人), 비(非)법인 조직으로부터 외국의 조직, 개인으로의 물품 이동이 금지되거나 관리의 대상이 되고 있다. 대상이 되는 물품은 군민 양용(軍民兩用) 물자, 군사품(軍事品), 핵 관련 물질인데, 양용(兩用)의 부분은 유연하게 정의가 설정되고 있다.[5] 이러한 점도 앞으로의 전개 상황에 따라 신축적(伸縮的)이 될 것으로 보인다.

또한 전술한 바와 같이, 중국은 이미 '국내 대순환' 정책을 시작하여 내수 확

---

4) 森聰, 「米國の對中情報通信技術競爭の展開: 5Gから半導體, そしてその先へ」, ≪東亞≫639號(2020年9月).
5) 2020年10月17日, '中華人民共和國出口管制法'(2020年10月17日第13屆全國人民代表大會常務委員會第22次會議通過).

대 및 첨단산업의 국산화를 지향하고 있기 때문에, 수출관리법의 강화와 맞물려 종래와 같이 기존의 경제무역 질서의 옹호자라고 하는 중국의 대외적 명분을 유지하는 것도 어렵게 될지 모른다.

각 행위자(actor)의 대응

미중 대립에 대해서 세계 각국 및 기업 등 다양한 행위자는 어떻게 대처하고 있을까? 이 점에 대해서도 '불확실한 상태'라고 볼 수 있을 것이다.

예를 들어 미중 간 대립의 초점인 정보통신 인프라에 대해서 살펴보면, 중국은 인공위성 베이더우(北斗)의 네트워크를 통해서 GPS 시스템을 제공하거나 새로운 해저 케이블을 부설하고 있다. 또한 중국계 전화기 단말(端末)이 세계에서 판매량을 증가시키고 있다. 한편 미국은 공급망의 디커플링을 추진하며 중국계 민간기업인 화웨이에 압력을 가하고 있다. 해저 케이블, GPS 시스템 등으로 구성되는 세계의 정보통신 인프라가 2개로 디커플링되고, 또한 휴대전화 및 개인용 컴퓨터(PC) 등의 단말에서도 중국계와 미국계, 또는 그 이외로 나뉘어 가게 될 것이다. 이것은 군사안보, 경제에 관련된 문제이다. 5G도 또한 이러한 정보통신을 둘러싼 디커플링에 관련된 일부분이다.

그리고 미국과 중국이 각각 자국의 정보통신 인프라 또는 단말이 세계에서 널리 이용되도록 동맹국 및 관계국에 그 이용을 압박하게 될 것이다. 때로는 다른 분야·영역의 논점과 결부시켜 다양한 조건을 들이밀게 될지도 모른다. 그리고 반도체 제조사 TSMC에 대한 미국의 접근에서 보여지는 바와 같이, 미중 양국으로부터 압력을 받는 대상은 국가뿐만 아니라 기업 등 다양한 행위자에 이르게 될 것이다. 또한 첨단산업의 국산화 및 수출 관리의 엄격화를 추진하고자 하는 중국의 동향에서 보여지는 바와 같이, 미중 쌍방이 자국의 산업구조를 변화시키면서 디커플링을 추진하고 미중 각각과의 공급망을 보유하고 있는 일본계 기업을 포함한 외국 기업에 대해서 법적(法的)인 제도 정비를 추진하면서 상대국 측과 거래하지 못하도록 차단시키려 할 것이다.

하지만 애당초 미중 양국에게 개별 영역·분야에 대해 중시하는 정도 및 규제의 정도가 다양해질 것으로 예측되며, 또한 각국 및 각 행위자의 이익 및 기득권익 등도 다르기 때문에 각국 및 각 행위자의 대응은 다양해지고, 반드시 제로섬의 회답은 하지 않을 것으로 예측된다. 예를 들면, 선진국 중에서도 정부 및 군(軍) 관계에서는 중국계 정보통신망을 배제하더라도 민간에서는 이용 가능하게 하는 국가도 있을 것으로 여겨지며, 중국으로부터 다액의 지원을 받는 개도국이라고 하더라도 미국이나 다른 선진국이 제공하는 인프라 및 단말을 거부하지는 않을 것으로 생각된다.

서방측 선진국과 신흥국

그렇더라도 미중 대립에 대한 대처의 방식을 둘러싸고는 일정한 정도의 경향성이 여러 행위자 사이에서 보여지게 될 것이다. 선진국, 특히 미국과 안보조약을 맺고 있는 국가들은 당연히 안보 방면에서 정도의 차이는 있다고 하더라도 미국에 의존하게 될 것이며, 그런 까닭에 안보에 관련된 기술 문제에서 미국의 영향을 받기 쉽게 된다. 또한 미국은 '파이브 아이즈' 및 G7 등, 다양한 틀을 이용하여 선진국에게 미국과 마찬가지의 대중(對中) 방침을 취하도록 요구할 것이다. 하지만 선진국은 일면으로는 미국과 동조하여 기존 질서의 유지를 도모하려 할 것이지만, 선진국이 민주주의 국가이기 때문에 국내 경제를 고려하지 않을 수 없고, 따라서 중국 경제를 무시할 수는 없게 된다. 그런 까닭에 중국은 경제 방면에서 이러한 선진국과의 관계를 유지할 수 있을 것이다. 그리고 중국은 코로나19 백신의 개발을 서두르면서 백신을 공유하는 국가들 사이에서 우선은 왕래를 정상화하는 방향성을 모색할 것이다.

선진국들의 그러한 다양성이 어떻게 나타날 것인가는 여전히 미지수이다. 한국처럼 중국의 주변에 위치해 있으며 통일 문제를 안고 있는 국가는 중국과의 거리감이 다른 선진국과는 다른 양상을 노정하게 될 것이며, EU처럼 선진국이 집단으로서 미중 양국에 대치하며 일정 정도의 자립성을 유지할 가능성이 있는 지역도 있을 것이다. 그리고 선진국이 중국에 대해 취하고 있는 입장도 코로나19의 유행 아래에서 변화하고 있다. 호주 및 서유럽 국가들의 중국관(中國觀)이 악화된 것은 이미 논한 바와 같다. 나아가 미중 양국 이외의 여러 선진국이 느슨한 결합을 보이는 국면도 출현할 가능성이 있다. 이 책은 종합적으로 미중 양국 이외의 선진국 및 향후 중요해질 것으로 예상되는 논점에 관한 논고(論考)를 수록하고 있는데, 그것을 살펴보더라도 각국의 다양성과 그것에서 보여지는 일정한 경향을 감지할 수 있을 것이다.

또한 선진국에게는 기존의 질서, 특히 글로벌 거버넌스를 어떻게 구상하고, 재구축할 것인가 하는 과제도 떠오르게 될 것이다. 하지만 이 점은 코로나19에 대한 WHO의 움직임을 보면 명백한 것처럼 중국을 비롯한 신흥국의 영향력 증대가 현저하며, 신흥국을 배제한 글로벌 거버넌스의 재구축은 어려울 것이다. 이 점에서 미국 대통령 선거에서 기후변화를 비롯한 글로벌 거버넌스의 재구축을 특히 중시하는 민주당의 바이든 후보자가 승리한다면, 미국이 신흥국과의 대화를 중시하게 될 가능성이 있다.

한편 신흥국으로 여겨지는 국가들에 대해서는 향후 간행될 예정인 『신흥국으로부터 본 코로나19 이후의 시대: 미중 대립의 틈바구니에서 펼쳐지는 세계(新興國からみるアフターコロナの時代: 米中對立の間に廣がる世界)』(東京大學出版會)에서 다루게 되겠지만, 설령 BRICS 및 G20 등의 '통합'은 있다고 하더라도 아마 선진국보다 신흥국 간에 다양성이 있게 될 것으로 여겨진다. 실제로 이번 코로나19의 유행하에서 신흥국 간의 관계도 변화하고 있다. 우선 중국과 인도의 관계가

악화되고 있고, 또한 중국과 러시아가 접근하는 대전제(大前提)인 러시아와 유럽 국가들 또는 미국과의 관계 악화 등의 점에서도 향후 변화가 보여질 가능성이 있다. 이것은 미중 대립이 반드시 '선진국 대(對) 신흥국'이라는 구도로 귀결될 것이라고 한정할 수 없다는 것을 시사한다.

미중 대립의 양태도 '불확실한 상태'이고, 또한 선진국의 대응도 다양하며, 나아가 개도국 등도 각각의 분야·영역별로 개별적으로 균형을 고려하며 대응하게 된다면, 세계에서의 새로운 질서의 모습은 대단히 복잡한 양상을 노정하게 될 것이다.

2. 중국이 상정하는 질서란?

'미국의 질서'에 대한 중국의 의구심

그렇다면 이러한 상황에서 중국은 어떠한 질서상(秩序像)을 상정하고 있는 것일까? 다소 소급하여 중국에서의 담론 및 동향에 대해서 살펴보도록 하겠다.[6]

미중 대립의 한 가지 초점은 세계질서에 있다. 기존 질서의 제공자이자, 유지자로서 행동하는 미국에 대해서 중국은 '글로벌 거버넌스'(全球治理)의 불공정, 불합리를 변혁하는 것 등을 적어도 2015년에는 제창한 바 있다. 중국은 개도국으로서의 입장을 더욱 강하게 글로벌 거버넌스에 반영해야 한다고 하였다. 세계 제2위의 경제대국이 되어서도 중국이 개도국으로서의 자기인식(自己認識)을

---

6)   Shin Kawashima, "Chinese New Terminology: 'World Order' and 'International Order'", in Axel Berkofsky and Giulia Sciorati, eds., *Mapping China's Global Future: Playing Ball or Rocking the Boat?*, ISPI Report, pp.37~49; Shin Kawashima, "Xi Jinping's Diplomatic Philosophy and Vision for International Order: Continuity and Change from the Hu Jintao Era", *Asia Pacific Review,* Vol.26(2019), pp.121~145.

바꾸지 않고 있는 점은 △선진국으로서의 책임을 짊어지지 않는 것, △무역에서 개도국으로서의 우대를 받는 것, 그리고 △국가의 수(數)에서 다수를 차지하는 개도국의 지지를 얻기 위한 것도 있지만, 또한 선진국이 제공하는 기존의 질서와는 다른 질서를 모색하기 위해서이기도 할 것이다.

2016년이 되자, 중국은 더욱 명확하게 유엔과 유엔을 중심으로 하는 '국제질서'를 지지한다는 것을 제창하며, 미국을 중심으로 하는 안보 네트워크 및 서방측의 가치관은 지지하지 않는다는 것을 분명히 언명하였다. 중국은 미국의 안보 네트워크와 서방측의 가치관 그리고 유엔 등 3가지의 요소에 의해 구성되는, 미국 중심의 '세계질서'에 대해서 마지막의 유엔 관련 부분만을 지지하며 앞의 2가지는 지지하지 않는다는 것이다. 여기에서 '국제질서'와 '세계질서'라는 용어가 변별(辨別)되고 있는 점에 유의할 필요가 있다.

그 이후 트럼프 정권이 관세 문제를 제기하였기 때문에, 중국은 미국이야말로 일국주의(一國主義)이며 기존의 경제무역에 관한 다국간주의(多國間主義)의 옹호자는 중국이라고 말하게 되었다. 그 때문에 용어상으로는 미국이 기존 질서의 상징이며, 중국이 그 수정자(修正者)라고 하는 정리는 가능하지 않게 된 측면이 있는데, 종합적으로 논하자면 선진국이 형성하고 담당해왔던 질서, 특히 정치, 안보 방면의 질서에 중국이 도전하고 있다는 구조에는 변함이 없다.

중국의 질서관(秩序觀): 신형 대국관계·신형 국제관계

시진핑 정권의 성립 이후에 제기된, 질서와 관련된 다양한 언설(言說)은 2015년부터 2016년에 걸쳐서 정리되어 갔으며, 2017년 가을 제19차 당대회에서 그것이 다시 피력(披瀝)되었다. 그 대외정책 중에서 규정된 질서상(秩序像)은 미국을 비롯한 대국과의 관계성(關係性)은 신형 대국관계, 그리고 세계질서는 신형 국제관계로 정리되었다.

전자(前者)의 신형 대국관계는 2012년 중국공산당 제18차 당대회에서 정식으로 자리매김되었다.[7] 이 신형 대국관계는 '충돌하지 않고 대항하지 않으며 상호 간에 서로 존중하고 협력하여 윈윈(win-win)하는 신형 대국관계' 등으로 정식화(定式化)되고 있다. '충돌하지 않고 대항하지 않으며 상호 간에 서로 존중하고 협력하여 윈윈하는' 관계로 되어 있지만, 2013년 12월에 방중(訪中)한 바이든 당시 부통령과 시진핑 국가 주석 간의 회담에서 논해졌던 "상호의 핵심적 이익과 중대한 관심사에 대해서 존중하고 적극적으로 실무 방면에서의 협력을 발전시키며, 민감한 문제 및 이견에 대해서 타당하게 처리하여 중미 관계가 지속가능하고 건전하며 안정적으로 발전해 나아가도록 보장해야 한다"라는 측면도 갖고 있었다.[8]

한편 신형 국제관계는 이미 후진타오 정권 시기부터 중국 수뇌가 사용했던 개념으로, 시진핑이 그 중요도를 높인 것이라고 할 수 있다. 2015년 9월 22일자 《월스트리트저널(Wall Street Journal)》에 게재된 장문의 인터뷰에서도 시진핑은 유엔에 대한 지지를 명확하게 언급하면서, "중국은 다른 모든 유엔 회원국과 윈윈(win-win) 협력을 심화시키는 신형 국제관계를 구축하고, 글로벌 거버넌스의 구조를 개선하며 인류를 위해 미래를 함께하는 공동체('인류 운명 공동체'_옮긴이)를 건설하기 위해 함께 일할 준비가 되어 있다"(China stands ready to work with all the other U.N. member states to build a new type of international relationship featuring win-win cooperation, improve the architecture of global governance, and build a community of shared future for mankind)라고 논했다.[9] 여기에서 시진핑은 신형 국제관계를 윈

---

7) 「構建新型大國關係: 一種理論化的解釋」, 中國社會科學網(2018年8月3日), http://ex.cssn.cn/djch/djch_djchhg/gjgxllbqyzgtsgjgxlljg/201808/t20180803_4523104.shtml

8) 「習近平: 牢牢把握構建中美新型大國關係正確方向不動搖」(2013年12月5日), 中國共產黨網, http://cpc.people.com.cn/n/2013/1205/c64094-23748664.html

9) "Full Transcript: Interview with Chinese President Xi jinping-China's president offers written

원 협력을 실현하고 글로벌 거버넌스를 개선하며 최종적으로 '인류 운명 공동체'를 구축하는 것으로 규정했다. 신형 국제관계는 이 '인류 운명 공동체'를 도출하기 위한 모델로 여겨지며, '일대일로'는 신형 국제관계의 실험장으로 간주된다. 미국에서 트럼프 정권이 성립된 이후에 2018년부터는 중국이 미국을 단독주의(單獨主義), 일국주의라고 비판하며 중국이야말로 기존의 국제무역질서를 유지하고 있다고 언명했는데, 기본적으로 신형 국제관계, 신형 대국관계에 따라 대외 관계를 생각하는 자세에는 변함이 없었다.

한편 중국의 '유엔 중시'는 시진핑 정권에서 시작된 것은 아니지만, 미국의 질서에 대해서 비판적이 된 현상(現狀)에서는 유엔이 일면으로 미중 양국을 연결시키는 장(場)이 되기도 하며, 동시에 중국에게는 '유엔 헌장의 취지와 원칙을 계승하고 고취하며 협력·윈윈을 핵심으로 하는 신형 국제관계' 등이 종종 말해지고 있는 바와 같이, 신형 국제관계를 유엔의 이념을 체현하는 것으로서 자리매김시켜, 중국의 이익에도 부합되도록 하고 있다. 또한 종종 지적되고 있는 바와 같이, 유엔의 여러 기관에 대한 재정, 인력(human resource), 고위급 인사의 측면에서 중국의 관여는 더욱 강화되고 있다. 널리 알려져 있는 바와 같이, 중국은 유엔식량농업기구(FAO), 유엔산업개발기구(UNIDO)를 비롯해 국제전기통신연합(ITU), 국제민간항공기구(ICAO) 등에도 수장을 파견하고 있는데 예산, 인원면에서의 관여도 각 기관에서 강화되고 있다. 그에 반해서 미국의 트럼프 정권은 이러한 기관에의 관여를 약화시킨 측면이 있다. 표면적으로는 인프라 투자를 중심으로 하고 군사·정치 정책과도 결부되어 있는 '일대일로'도, 이러한 국제조직에서의 움직임도 모두 신형 국제관계의 이념 아래에서 생겨나고 있는 동

answers to questions from the Wall Street Journal", *Wall Street Journal* (September 22, 2015), https://www.wsj.com/articles/full-transcript-interview-with-chinese-president-xi-jinping-1442894700

향이라고 볼 수 있다.

변경해야 하는 상황에 내몰리고 있는 중국의 대외정책 이념

하지만 코로나19의 유행이 확대되는 상황에서 미중 대립이 격화되고 미국의 중국에 대한 기술 방면, 가치 방면에서의 공격도 확실히 강해졌다. 관세 문제에서는 일정 정도 대처가 가능하더라도 기술 방면, 특히 TSMC 문제는 심각하며, 설령 미국 국내법이라고 하더라도 법률에 기초한 홍콩 및 신장위구르 자치구, 타이완과 관련된 중국에 대한 문제 제기는 실로 핵심적 이익에 관련된 내용이다. 특히 2020년 5월에 두 차례에 걸쳐 행해진 매튜 포틴저(Matthew Pottinger) 대통령 부보좌관의 중국어 연설과, 같은 해 7월에 폼페이오 국무장관이 닉슨 대통령 기념도서관에서 행한 연설에 의해 미국이 내정 간섭, 그것도 핵심적 이익에 관계된 영역에서 그것을 행하고자 한다는 인상이 중국에서 강해졌던 것으로 보인다. 이에 따라 '충돌하지 않고 대항하지 않으며 상호 간에 존중하고 협력하여 윈윈하는' 것을 취지로 하는 신형 대국관계에서 그것을 미국과의 관계에 이용하는 일이 그다지 보이지 않게 되었다. 물론 러시아 등 다른 대국과의 관계에서는 이용되고 있지만, 미중 관계의 자리매김에 대해서는 향후 변용이 부득이하게 될 가능성도 부정할 수 없다.

신형 국제관계는 향후 어떻게 될까? 매우 흥미로운 것은 이 신형 국제관계는 신형 대국관계와는 달리, 외교의 현장에서 시진핑도 포함한 수뇌에 의해 자주 이용되고 있다는 점이다. 예를 들면, 2020년 9월 유엔 창립 75주년을 기념하여 행한 온라인 연설에서 시진핑은 신형 국제관계를 재차 제기했다. 구체적으로, "우리가 어떠한 국제관계를 구축해야 유엔 헌장의 취지와 원칙을 더욱 잘 관철하여 현실의 것으로 하고, 유엔을 핵심으로 하는 국제관계를 유지·발전시킬 수 있을 것인가? 신형 국제관계를 건립하는 것이야말로 중국이 이러한 시대적 명제에 제공하는 시스템적 회답(해결방안)인 것이다"라고 했다. 여기에서는 신형 국제관계에 대해서 "협력해야 하고 대항하지 않으며, 윈윈하고 독점하지 않는다. 이 이념은 현재 각국의 이익과 고도로 깊이 결부되어 있으며, 인류의 명운(命運)이 긴밀하게 상호 연계되어 있는 시대적 현실에도 부합된다"라고 했다.[10] 중국에게 신형 국제관계는 유엔 헌장을 구체화하는 방책이며, 또한 그 실천의 장(場)이 '일대일로'로서 자리매김되고 있기에 신형 국제관계를 변경하기는 어려울 것으로 보인다.

그러나 이러한 신형 국제관계조차도 '논리적으로는' 어려운 국면에 진입하고 있는 것으로 필자는 생각한다. 첫째, 중국은 '국내 대순환' 등의 새로운 경제정책을 내걸고 내수 중시를 더욱 강조하게 되었다. 중국 경제 자체가 점차 내수 중심으로 이동하고 있기 때문에, 이것은 중국 경제의 현상(現狀)에 합치된다고도 말할 수 있다. 하지만 이것은 미국의 무역관리(貿易管理) 및 디커플링에 대항하는, 중국의 첨단산업 등에 대한 '국산화'를 또한 포함하고 있다. 전술한 중국의 수출관리법(出口管制法) 제정도 그것에 관련된 움직임이다. 이것은 중국의 국익을 특히 중시한 것으로, 여러 외국과의 사이에서 열린 경제무역(經濟貿易) 관계와 반드시 합치되는 것은 아니며, 여러 외국과의 사이에서 윈윈 관계를 구축하는 것이 어렵게 되지 않을까? 중국은 이 정책을 방어조치라고 주장하겠지만, 이러한 동향은 종래 시진핑 정권의 정책이 '전환'되고 있거나, 또는 적어도 '조정'되고 있음을 의미한다. 세계가 '불확실한 상태'의 질서로 향하는 가운데, 중국도 또한 정책을 부단히 조정해 나아가는 양태를 살펴볼 수 있는 것이다.[11]

10) 「推動構建新型國際關係共創世界更加美好未來」, 人民網(2020年9月18日), http://politics.people.co
     m.cn/n1/2020/0918/c433839-31866481.html
11) 川島眞, 「岐路に立つ習近平政權の對外政策理念」, ≪中國研究月報≫74卷 9號(871號)(2020年9月).

중국형 질서(中國型秩序)의 보급·확산?

한편 코로나19의 감염이 확대되는 가운데, 중국의 대책은 민주주의 국가보다도 효과적이며, 권위주의 체제 또는 중국과 같은 정치체제의 우위성이 보여진 것이라는 등의 견해, 그리고 중국 자신이 스스로의 통치 시스템을 '일대일로' 연선(沿線)의 개도국으로 확대시키는 것이 아닌가 하는 견해도 있는 것으로 보인다. 하지만 설령 비(非)민주주의적 경향이 세계에서 많이 보여지고 있다고 하더라도, 중국이 그것을 주도하는 것은 결코 쉬운 일이 아니다.

코로나19의 감염 확대 시에, 중국은 초기 대응에서 많은 문제를 남겼지만, 2020년 1월 하순부터는 우한(武漢)에 대한 도시 봉쇄 등을 실시하여 코로나19를 후베이성(湖北省) 지역에 봉쇄시키고 격리하였으며, 또한 전국의 도시 지역에서 이제까지 중국공산당의 정법위원회(政法委員會) 계통 등에 의해 치안관리 강화를 위해 다시 정비되어왔던 '사구'(社區)를 통해서 일상적인 '사람'에 대한 관리를 철저하게 행했다. 또한 휴대 단말을 이용한 개별 정보의 파악 및 빅데이터도 코로나19 감염 확대의 방지를 위해 활용되었다. 이것은 공산당 일당독재라고 하는 정치체제뿐만 아니라, 말단까지 통치의 그물이 펼쳐져 있는 체제, 또한 5G가 사회적으로 실현되고 있는 첨단의 정보통신 인프라에 의해 밑받침된 것이라고 말할 수 있다.

이러한 '체제'는 간단히 개도국에 이전할 수 있는 것이 아니다. '사구' 제도처럼 말단에까지 이르는 통치 시스템은 많은 개도국에는 존재하지 않으며, 네트워크의 정비 및 휴대 단말의 정비도 중국에 미치지 못하는 나라가 대부분이다. 또한 실제로 중국 내에서의 코로나19 감염 대책은 아프리카 국가들의 비판을 받기도 하였다. 특히 감염 확대의 방지를 명목으로 아프리카계 주민에 대해 충분한 절차를 거치지 않고 강제적으로 격리하고자 했던 광저우(廣州)에서의 사태는 아프리카 국가들로부터 반발을 받았다. [12] 그리고 대외적으로 중국이 '마스크 외교' 등을 전개하더라도 일부에서는 환영의 목소리가 들리고 있지만, 아프리카 등에서도 적지 않은 반발을 받았다.[13] '전랑 외교'(戰狼外交) 등이라고 말해지는, 코로나19 감염 시기 및 그 회복기에 중국의 대외정책, 특히 외교관 등의 언설(言說)은 대단히 공격적이었다. 시진핑 정권하에서 언론 통제가 진행되는 가운데, 상대국과의 조화(調和)를 도모하고자 하는 외교관이 오히려 국내의 SNS 등을 통해 '소극적'이라고 비판을 받거나 선전부(宣傳部)가 외교부에 대한 영향력을 강화하는 등, 오히려 국내 선전과 동일하거나 또는 그 이상의 내용을 대외적으로 발언하는 것이 중시되어진 측면도 있다.[14] 그것이 세계로부터 환영받지 못하고 있다는 것은 말할 필요도 없다. 그러나 중국 내의 평가 기준은 다르다고 말할 수 있다.

하지만 '중국 모델'이 확대되거나 중국이 반드시 환영을 받는 것은 아니라고 하더라도 향후에도 '민주주의가 우위에 있다'라든지, '경제발전을 하게 되면 저절로 민주화될 것임에 분명하다'는 등의 일은 일어나지 않을 것이다. 트럼프 정권의 대외정책은 민주주의에 대한 지지를 거꾸로 감소시키는 측면이 있었을지도 모른다. 현재 미국과 중국 두 대국(大國)이 각각 문제를 안고 있기에 민주주의이든 권위주의 체제이든 각기 우세하다고 말할 수 없는 상황이 되고 있는 것으로 여겨진다. 바로 그렇기 때문에 많은 국가들이 미중 쌍방, 또는 민주주의와 권위주의 체제의 쌍방을 관찰하고 쌍방으로부터 자신에게 유리한 부분을 받아

---

12) "China-Africa: 'Enough is enough', as #BlackChina anger spreads", *The Africa Report*(May 8, 2020), https://www.theafricareport.com/27639/china-africa-enough-is-enough-as-blackchina-anger-spreads/; "'We Need Help': Coronavirus Fuels Racism Against Black Americans in China", *New York Times* (June 2, 2020), https://www.nytimes.com/2020/06/02/us/politics/african-americans-china-coronavirus.html

13) "Nigeria: Chinese 'Doctors' Not Really Our Guests-Health Minister", *All Africa* (May 14, 2020), https://allafrica.com/stories/202005150007.html

14) 山口信治, 「中國の戰う外交官の台頭?」, ≪NIDSコメンタリー≫116號(2020年5月26日).

들이는 상황이 되어갈 것으로 전망된다.

가와시마 신(川島眞)

도쿄대학(東京大學) 대학원 종합문화연구과 교수   (전문 분야: 아시아 정치외교사)

저서:『중국의 프런티어: 요동치는 경계에서 고찰하다(中國のフロンティア: 揺れ動く境界から考える)』
    (岩波新書),『21세기의 '중화': 시진핑의 중국과 동아시아(21世紀の'中華': 習近平中国と東アジ
    ア)』(中央公論新社),『알기 쉬운 현대 중국정치(よくわかる 現代中國政治』(공편저, ミネルヴァ書
    房),『현대 중국 세미나: 도쿄대학 고마바 연속 강의(現代中國ゼミナール: 東大駒場連續講義)』(공
    저, 東京大學出版會) 외

* 부기(附記): 본고(本稿)의 집필에 이 책의 공편자(共編者)인 모리 사토루(森聰) 선생으로부터 조언을
  받았으며, 이를 기록하여 사의(謝意)를 표하고자 한다.

엮은이 후기

2019년 말부터 확대된 코로나19(COVID-19)의 감염 물결은 인류사회에 다시 감염증의 위험을 인상지웠으며, 근대 이래의 콜레라, 페스트, 말라리아 등과의 '투쟁의 역사'를 다시 상기시키게 되었다. 인류사회 전체가 망각했을지도 모르지만, 감염증도 또한 인류사회의 역사에 영향을 미치는 큰 요인이었다. 이번의 코로나19도 그 예외가 아니다. 급속하게 진행된 세계화 속에서, 특히 사람의 이동은 대폭 억제되었으며, 또한 사람들의 일상생활도 크게 변했다.

하지만 이번 코로나19의 감염이 가져온 변용은 뭔가 무(無)에서 유(有)를 만들어낸 것은 아니며, 오히려 그 감염이 촉매제가 되거나 또는 동력이 되어 그 이전부터 발생했던 변화를 조장하고 확대시키는 측면이 강했던 것으로 보인다. 국제관계의 영역에서는 사람의 이동이 크게 제한되고 있고 또한 항공기 및 여객선의 왕래가 격감했는데, 국가 간 관계에서는 역시 미중 대립이 가일층 진전되었다는 점이 중요하다. 특히 기술 방면에서의 대립, 민주 및 자유 등의 가치를 둘러싼 대립이 극단적인 상황으로 되어가고 있다. 이것은 중국에 대한 불신 및 반발, 그리고 초조함 때문에 촉발되어 미국이 행했던 법률 등에 의한 제도화, 그리고 정부 관계자의 발언 및 정책 연설 등에 의해 가속화되고 격화된 것이었다. 한편 중국 측도 수출관리법 등을 제정하여 사태에 대처하고자 하고 있다. '불확실한 상태'라고는 해도, 미중 대립의 쟁점은 확대되고 있으며 일부는 갈수록 더욱 심각해지고 있다. 그리고 이 코로나19의 감염이 중국발(發)이었다고 인식되었기 때문에 각국 및 여러 지역의 중국에 대한 인식이 악화되었다. 한편으로 미국 및 선진국도 국제질서의 유지 및 다국간 협력의 측면 그리고 국가별 감염 대책의 측면에서 충분히 사태에 대처했던 것은 아니었다.

이 책의 과제는 우선 미중 대립의 존재 양태를 이해하는 것에 있었다. 그것이 '냉전'과는 다른 상황에 있다고는 해도, 전체적으로 또는 개개의 분야 및 영역별로 어떻게 나타나고 있는지를 고찰했다. 구체적으로는 미중 쌍방의 정책, 또한 그것이 지정학적으로 어떻게 나타나고 있는가 하는 것, 그리고 관세 및 무역 교섭, 나아가 미중 양국 또는 다이완으로부터 본 기술을 둘러싼 문제에 대해서 다루었다. 그 위에 사이버 문제 및 우주개발 문제 등의 사례로부터 미중 대립 및 세계질서의 현상(現狀)과 행방을 고찰했다.

미중 대립 아래에서 발생하고 있는 여러 현상은 대단히 복잡하며 냉전을 떠올리는 것으로는 충분하지 않다. 경우에 따라서는 냉전을 상기하면 오해를 조장(助長)할 가능성마저 있다. 이 책에서는 그 복잡함을 '불확실한 상태'라고 표현했는데, 그러한 '불확실성'을 만들어내는 정책 및 각 주체의 사고방식, 그리고 거기에서 생겨나는 '대립의 쟁점'의 존재 양태를 몇 가지 사례에 초점을 맞추어 제시했다.

다음의 커다란 과제는 이러한 미중 대립 및 질서 변용 아래에서 각국이 어떻게 사태에 대처하고 미중 대립을 어떻게 파악하며 자국이 나아갈 방향과 국제 질서의 행방을 상정하고 있는가를 검토하고 고찰하는 것에 있었다. 미중 대립의 쟁점이 분야·지역별로 다양하며, 또한 지역의 통합이 진전된 지역 등에서는 그 지역 협력의 존재 양태 그 자체도 질문을 받고 있는 상황이다.

그렇지만 이러한 여러 과제를 고찰한다고 하더라도, 세계 각국·지역의 전체를 대상으로 하는 것은 어렵다. 그래서 10월에 간행된 『코로나19 이후의 동아시아: 변동의 역학(コロナ以後の東アジア: 變動の力學)』(東京大學出版會, 2020)에서는 동아시아를, 이 책 『美中 신냉전?: 코로나19 이후의 국제관계』에서는 주로 G7

중에서 미국 이외의 국가들, 또는 G20 회원국 중의 선진국, 그리고 EU 등의 지역조직 및 WHO 등의 국제조직을 대상으로 삼았다. 그에 반해서 이 책의 다음에 출간될 예정인 『신흥국으로부터 본 코로나19 이후의 시대: 미중 대립의 틈바구니 속에 펼쳐지고 있는 세계(新興國からみるアフターコロナの時代: 米中對立の間に廣がる世界)』(東京大學出版會, 2021)에서는 신흥대국, 개발도상의 지역대국(地域大國)을 주로 대상으로 삼았다.

선진국에게 이번의 코로나19 감염 확대는 커다란 도전이었다. 민주주의적인 절차를 유지하면서, 또한 경제 활동을 일정한 정도로 유지하면서 사태에 대처하는 것은 용이하지 않았다. 또한 선진국에서도 감염이 확대되는 가운데, 선진국을 중심으로 한 개도국(開途國)에 대한 지원체제(支援體制)가 꼭 충분하게 기능하지는 못했다. 권위주의적인 경향이 확대되었다는 견해도 있으며, 민주주의 및 기존 국제질서의 존재 양태에 질문이 제기되었다고 할 수도 있다. 선진국 및 지역 통합체(地域統合體), 그리고 국제조직은 이러한 사태에 어떻게 대처해 나아갈 것인지에 대해 질문을 받고 있다.

하지만 그렇다고 해서 권위주의 체제가 세계를 모두 뒤덮게 될 리도 없으며, 그 권위주의 체제라는 것도 비(非)민주주의적이라는 의미인 경우가 많기에, '중국 모델'이 세계로 확대되고 있다고 단언할 수도 없다. 각 신흥대국에서의 정치의 존재 양태 및 사태에 대한 대처 방법도 다양하다. 이것은 다음에 간행하는 『신흥국으로부터 본 코로나19 이후의 시대: 미중 대립의 틈바구니 속에 펼쳐지고 있는 세계』에서 다루게 될 과제이다.

세계는 현재도 시시각각 움직이고 있다. 이 책의 편집 작업이 끝나기 직전에 미국 대통령 선거가 행해져, 민주당의 조 바이든(Joe Biden) 후보자의 승리가 명백해지고 있다. 이 책이 간행될 때까지의 동안에 추가로 어떠한 일이 발생하게 될지 알 수 없다. 그러한 의미에서 이 책은 2020년 초가을까지의 상황에 입각하여 이루어진 고찰을 모아서 펴낸 것이며 역사 기록으로서의 의미도 갖고 있을 지 모른다.

마지막으로, 이 책의 기획부터 시작하여 간행에 이르기까지 도쿄대학출판회 (東京大學出版會)의 아베 슌이치(阿部俊一) 씨가 주도적이고 헌신적으로 공헌하며 밑받침을 해주었다. 여기에 다시 기록하여 사의를 표하고자 한다. 이 책이 이러 한 유동적인 시대를 가늠하는 데 독자 분들에게 일조(一助)가 된다면, 그보다 더 큰 기쁨은 없을 것이다.

2020년 11월 9일

가와시마 신, 모리 사토루

옮긴이 후기

힘이 같다면 그 덕(德)을 보고, 덕이 같다면 그 의(義)를 살피라.

"同力度德, 同德度義", 『尙書』

　코로나19(COVID-19)의 발생과 급속한 확산 이후 세계의 정치, 경제, 외교, 안보 등의 다양한 영역에서 전례가 없는 불확실성이 높아지고 있습니다. 이것은 우리 인류가 이제까지 경험했던 적이 없는 중대한 사태이자, 이를 극복하기 위한 노력이 그 어느 때보다도 절실하다는 것은 재론의 여지가 없을 것입니다. 특히 코로나19가 2010년대 후반 이후 미중 대립(美中對立)의 양상이 노정되고 있는 미중 관계의 심각한 변화 속에서 발생했다는 점은 미중 관계의 현황, 내용, 쟁점, 파급효과 및 그 전망에 대한 관심을 그 어느 때보다도 강하게 불러일으키고 있습니다.

　2021년 11월 15일 화상 회의 형태로 실시된 조 바이든(Joe Biden) 미국 대통령과 시진핑(習近平) 중국 국가 주석 간의 첫 번째 정상회담에서 바이든은 "미중 양국의 지도자는 양국의 경쟁이 충돌로 변하지 않도록 할 책무가 있다"라고 지적하였고, 시진핑은 "중미 양국은 상호 존중하고 평화롭게 공존하며 윈윈(win-win)의 협력을 해야 한다"라고 강조했습니다. 또한 미중 양국의 정상은 예기치 않은 군사적 충돌을 방지하기 위한 별도의 협의체를 설치하기로 의견을 모았고 북한, 아프가니스탄, 이란의 정세에 대해 의견 교환을 하기도 했습니다.

　한편 미국 국방부는 중국의 군사력에 관한 최근의 연례 보고서[1]에서 중국이

2030년까지 적어도 1000발의 핵탄두를 보유할 가능성이 있다고 분석하며 중국 인민해방군(PLA)의 핵전력 증강에 대한 우려를 표명하였습니다. 또한 미국의 초당파적 의회 정책자문기구인 '미중 경제·안보 검토위원회'(USCC)는 올해 연례 보고서[2]를 통해 2021년에 창당 100주년을 맞이한 중국공산당이 패권을 지향 하는 행동을 강화하고 있으며 타이완 해협을 둘러싼 '위험한 불확실성의 시대' 에 돌입했다고 강한 우려를 표시하면서, 아울러 반도체(半導體) 생산이 집중적 으로 이루어지고 있는 타이완과 중국 사이에 군사 충돌이 발생하게 될 경우 "세 계경제에 혼란을 초래할 수밖에 없다"라고 경종(警鐘)을 울렸습니다.

이러한 맥락에서 이 책은 코로나19가 발생한 이후의 세계가 어떠한 시대가 될 것인지를 중장기적인 시각에서 다루고 있습니다. 구체적으로 현재 G2라고 불리는 미국과 중국의 관계를 중심으로 세계질서의 역학(力學)이 어떻게 변화할 것인지를 16명으로 구성된 각 분야의 최고 전문가들이 현재의 세계 상황에 입 각하여 다각적인 관점에서 날카로운 시각으로 분석하여 정리하고 있습니다.

우선 이 책에서는 미중 대립의 존재 양태를 이해하고자 시도하고 있는데, 미 중 관계의 양상이 과거 냉전(冷戰)과는 다른 상황에 있으면서도 전체적으로 또 는 개개의 분야 및 영역별로 어떻게 나타나는지를 고찰하고 있습니다. 구체적 으로는 미중 쌍방의 정책, 또한 그것이 지정학적으로 어떻게 발현되고 있는지, 그리고 관세 및 무역 교섭, 나아가 미중 양국 또는 타이완으로부터 본 반도체 산업을 둘러싼 문제 등을 다루고 있습니다. 그 위에 사이버 문제 및 우주개발 문제 등의 사례로부터 미중 대립 및 세계질서의 현상(現狀)과 행방을 고찰하고

---

1) Office of the Secretary of Defense, *Military and Security Developments Involving the People's Republic of China 2021, Annual Report to Congress*(2021).

2) U.S.-China Economic and Security Review Commission(USCC), *2021 Annual Report to Congress of the U.S.-China Economic and Security Review Commission*(Washington, D.C.: U.S. Government Publishing Office, 2021).

있습니다.

그런데 미중 대립 아래에서 발생하고 있는 여러 현상은 대단히 복잡하기에 냉전을 떠올리는 것만으로는 충분하지 않으며, 경우에 따라서는 냉전을 상기하면 오해를 조장(助長)할 가능성마저 있습니다. 이 책에서는 이와 같은 상황을 '불확실한 상태'라고 규정하면서 그러한 '불확실성'을 만들어내는 정책 및 각 주체의 사고방식, 그리고 거기에서 생겨나는 대립의 쟁점의 존재 양태를 몇 가지 사례에 초점을 맞추어 제시하고 있습니다.

아울러 이 책은 미중 대립 및 세계질서의 변용 아래에서 각국이 어떻게 사태에 대처하고 미중 대립을 어떻게 파악하며 자국이 나아갈 방향과 국제질서의 행방을 상정하고 있는가를 검토하고 고찰하고 있습니다. 미중 대립의 쟁점은 분야별·지역별로 다양하며, 또한 지역의 통합이 진전된 지역 등에서는 그 지역협력의 존재 양태 그 자체도 질문을 받고 있는 상황에 있습니다.

특히 이 책은 동아시아 지역을 중점적으로 다룬 『코로나19 이후의 동아시아: 변동의 역학(コロナ以後の東アジア: 變動の力學)』(東京大學出版會, 2020)과 신흥대국 및 개발도상의 지역대국(地域大國)을 주요 대상으로 다루고 있는 『신흥국으로부터 본 코로나19 이후의 시대: 미중 대립의 틈바구니 속에 펼쳐지고 있는 세계(新興國からみるアフターコロナの時代: 米中對立の間に廣がる世界)』(東京大學出版會, 2021)와 함께 미중 관계의 제반 양상은 물론 주로 G7 중에서 미국 이외의 국가들, 또는 G20 회원국 중의 선진국, 그리고 EU 등의 지역조직을 대상으로 분석을 하고 있습니다.

이 책의 원제(原題)는 '코로나19 이후 시대의 미중 관계와 세계질서'(アフターコロナ時代の米中關係と世界秩序)'인데, 한국어판에서는 숙의(熟議) 끝에 이를 '美中 신냉전?: 코로나19 이후의 국제관계'라고 정하였습니다. 그것은 이 책에서 미중 관계가 대립을 넘어 '신냉전'(新冷戰)으로 발전하게 될 것인지 여부가 초미의 관

심사가 되고 있는 상황에서, 코로나19 이후의 국제관계와 세계질서를 규정하는 핵심 변수로서 미중 관계의 흐름이 중장기적으로 커다란 영향을 미치게 될 것을 강조하기 위함이었습니다. 심화되고 있는 미중 대립의 양상은 공화당의 도널드 트럼프(Donald Trump)에서 민주당의 조 바이든으로 미국 백악관의 주인이 바뀐 현재의 상황에서도 변함없이 유지될 것이며, 이러한 측면에서 이 책이 갖는 중요성은 매우 크다고 할 수 있습니다.

한편 1796년 9월, 미국의 조지 워싱턴(George Washington) 초대 대통령은 그의 고별(告別) 연설문을 통해 "일부 특정 국가들에 대해서는 항구적이고도 완고한 혐오감을 갖는 한편 또 다른 국가들에 대해서는 정열적인 애착심을 갖는 태도를 배제하고 그 대신 모든 국가들에 대해서 공정(公正)하고도 우호적인 감정을 키워나가는 것이 중요하다"라고 논하면서, "어느 한 외국에 대한 과도한 편애와 다른 어느 외국에 대한 과도한 혐오는 오직 그 전자(前者)의 위험만을 보게 하고, 후자(後者)에 대한 압력의 술책(arts of influence)을 은폐하고 옹호하는 구실을 주게 된다. 편파주의에 사로잡힌 바보들은 민중의 갈채와 신임을 부당하게 차지하려다 국익(國益)을 희생시키지만, 편파주의자들의 술책을 배격하는 진정한 애국자들은 의심과 미움을 받게 되기 일쑤이다"[3]라고 미국의 후임(後任) 대통령을 포함한 후세(後世)의 모든 사람들을 향해 경종을 울린 바 있습니다.

이러한 맥락에서 이 책은 코로나19 이후 미중 관계의 역사, 행태, 쟁점 및 파급효과를 통시적으로 살펴보고 공시적으로 전망하는 데 있어서 매우 유용합니다. 또한 이 책을 통해 미중 관계와 세계질서의 변용에 대한 구미(歐美)와 일본에서의 최신 논의와 연구 흐름을 학술적 차원에서 전반적으로 파악할 수 있을 뿐만 아니라, 정책적 측면에서의 분석과 평가도 심도 있게 이해할 수 있습니다.

---

3)   "The Address of Gen. Washington to the People of America on His Declining the Presidency of the United States", *American Daily Advertiser*(September 19, 1796).

특히 최근 들어 갈수록 복잡한 양상을 드러내고 있는 글로벌 경제위기의 흐름 속에서 '미중 관계'의 과거를 이해하고 아울러 그 현황을 파악하며 그 미래를 제대로 가늠하는 것의 중요성은 아무리 강조해도 지나침이 없을 것입니다.

이번에 이 책을 번역하면서 세 가지 측면을 중시했습니다. 첫째, 일반 독자들이 쉽게 이해할 수 있도록 생소한 인명과 지명 등에는 영어를 비롯한 해당 언어를 병기하여 정확성을 추구했습니다. 둘째, 이 책의 본문 내용 중에서 설명이 필요한 항목에는 '옮긴이 주'를 추가하였습니다. 셋째, 원서(原書) 내용 중에서 일부 오기(誤記)가 있던 내용을 바로잡아 정확성을 기하고자 하였습니다.

코로나19의 발발이라는 전대미문의 상황 속에서도 이 책이 세상에 나올 수 있도록 물심양면 지원해주신 한울엠플러스㈜의 김종수 사장님, 그리고 빼어난 솜씨로 편집을 하여주신 김용진 편집위원님을 포함하여 출간을 위한 제반 작업에 힘써주신 모든 분들에게 진심으로 감사의 말씀을 전합니다. 모쪼록 이 책을 통해 독자들이 '미중 관계'의 과거와 현재를 입체적으로 이해하고 향후의 발전 궤적과 방향을 심층적으로 파악함으로써, 인류 전체의 번영에 이바지하고 세계 전체의 이익에 기여하는 미래의 역동적인 '한반도 시대'를 거시적으로 조망하고 적극 대비하는 데 조금이라도 도움이 될 수 있기를 진심으로 바랍니다.

2021년 11월

이용빈

엮은이 소개

_가와시마 신(川島真)

도쿄대학(東京大學) 대학원 종합문화연구과 교수　　　　　**(전문 분야: 아시아 정치외교사)**

저서: 『중국의 프런티어: 요동치는 경계에서 고찰하다(中國のフロンティア: 揺れ動く境界から考える)』(岩波新書), 『21세기의 '중화': 시진핑의 중국과 동아시아(21世紀の'中華: 習近平中国と東アジア)』(中央公論新社), 『알기 쉬운 현대 중국정치(よくわかる 現代中國政治)』(공편저, ミネルヴァ書房), 『현대 중국 세미나: 도쿄대학 고마바 연속 강의(現代中國ゼミナール: 東大駒場連續講義)』(공저, 東京大學出版會) 외

_모리 사토루(森聡)

호세이대학(法政大學) 법학부 교수　　　　　**(전문 분야: 국제정치학, 현대 미국외교, 냉전사)**

저서: 『베트남 전쟁과 동맹외교: 영국·프랑스의 외교와 미국의 선택, 1964~1968년(ヴェトナム戰爭と同盟外交: 英仏の外交とアメリカの選択1964-1968年)』(東京大學出版會), 『미국 태평양군 연구: 인도·태평양의 안전보장(アメリカ太平洋軍の硏究: インド・太平洋の安全保障)』(공저, 千倉書房), Ironclad: Forging a New Future for America's Alliances(공저, CSIS) 외

지은이 소개

_가와시마 신(川島眞)

도쿄대학(東京大學) 대학원 종합문화연구과 교수 　　　　　(전문 분야: 아시아 정치외교사)

저서: 『중국의 프런티어: 요동치는 경계에서 고찰하다(中國のフロンティア: 揺れ動く境界から考える)』(岩波新書), 『21세기의 '중화': 시진핑의 중국과 동아시아(21世紀の'中華': 習近平中国と東アジア)』(中央公論新社), 『알기 쉬운 현대 중국정치(よくわかる 現代中國政治)』(공편저, ミネルヴァ書房), 『현대 중국 세미나: 도쿄대학 고마바 연속 강의(現代中國ゼミナール: 東大駒場連續講義)』(공저, 東京大學出版會) 외

_모리 사토루(森聰)

호세이대학(法政大學) 법학부 교수 　　　　　(전문 분야: 국제정치학, 현대 미국외교, 냉전사)

저서: 『베트남 전쟁과 동맹외교: 영국·프랑스의 외교와 미국의 선택, 1964~1968년(ヴェトナム戰爭と同盟外交: 英仏の外交とアメリカの選択1964-1968年)』(東京大學出版會), 『미국 태평양군 연구: 인도·태평양의 안전보장(アメリカ太平洋軍の硏究: インド·太平洋の安全保障)』(공저, 千倉書房), Ironclad: Forging a New Future for America's Alliances(공저, CSIS) 외

_다카하라 아키오(高原明生)

도쿄대학 공공정책대학원 교수 　　　　　(전문 분야: 현대 중국정치)

저서: The Politics of Wage Policy in Post-Revolutionary China(Macmillan), 『개발주의의 시대로 1972~2014(開發主義の時代へ 1972-2014)』シリーズ中國近代史⑤(공저, 岩波新書), 『도쿄대학숙 사회인을 위한 현대 중국 강의(東大塾 社會人のための現代中國講義)』(공편, 東京大學出版會) 외

_마스다 마사유키(增田雅之)

일본방위연구소(日本防衛硏究所) 지역연구부 중국연구실 주임연구관 (전문 분야: 현대 중국의 외교·안보 정책, 아시아 국제관계)

저서: 『현대 일본의 지정학(現代日本の地政學)』(공저, 中央公論新社), 『'대국'으로서의 중국('대국'としての中國)』(공저, 一藝社) 외

_아키야마 노부마사(秋山信将)

히토쓰바시대학(一橋大學) 대학원 법학연구과 교수 　　　　　(전문 분야: 국제정치학, 국제안전보장)

저서: 『핵 비확산을 둘러싼 국제정치(核不擴散をめぐる國際政治)』(有信堂), 『NPT 핵의 글로벌 거버넌스(NPT 核のグローバル·ガバナンス)』(편저, 岩波書店) 외

_가지타니 가이(梶谷懷)

고베대학(神戶大學) 대학원 경제학연구과 교수 　　　　　　　　　　**(전문 분야: 현대 중국경제)**

저서: 『현대 중국의 재정금융 시스템(現代中國の財政金融システム)』(名古屋大學出版會), 『일본과 중국 경제:
　　상호 교류와 충돌의 100년(日本と中國經濟: 相互交流と衝突の100年)』(ちくま新書), 『중국경제 강의:
　　통계의 신뢰성부터 성장의 행방까지(中國經濟講義: 統計の信賴性から成長のゆくえまで)』(中公新書) 외

_쓰가미 도시야(津上俊哉)

쓰가미공작실(津上工作室) 대표 　　　　　　　　　　　　　　**(전문 분야: 현대 중국 연구)**

저서: 『'미중 경제전쟁'의 내실을 독해한다('米中經濟戰爭'の內實を讀み解く)』(PHP研究所), 『거룡의 고투:
　　중국, GDP 세계 1위의 환상(巨龍の苦鬪: 中國, GDP世界1位の幻想)』(角川書店), 『중국 정체의 핵심
　　(中國停滯の核心)』(文藝春秋) 외

_가와카미 모모코(川上桃子)

일본무역진흥기구(JETRO) 아시아경제연구소 지역연구센터 섹터장 　**(전문 분야: 타이완 경제, 동아시아 경제)**

저서: 『압축된 산업발전: 타이완 노트북 컴퓨터 기업의 성장 메커니즘(壓縮された産業發展: 臺灣ノートパ
　　ソコン企業の成長メカニズム)』(名古屋大學出版會) 외

_오사와 쥰(大澤淳)

나카소네 평화연구소(中曾根平和硏究所, NPI) 주임연구원 　　　　　**(전문 분야: 국제정치학, 공공정책)**

_스즈키 가즈토(鈴木一人)

도쿄대학 공공정책대학원 교수 　　　　　　　　　　　　　**(전문 분야: 정치학, 국제관계론)**

저서: 『우주개발과 국제정치(宇宙開發と國際政治)』(岩波書店), 『EU의 규제력(EUの規制力)』(편저, 日本經濟
　　評論社) 외

_엔도 겐(遠藤乾)

홋카이도대학(北海島大學) 법학부 교수 　　　　　　　　　　　**(전문 분야: 국제정치)**

저서: The Presidency of the European Commission under Jacques Delors: The Politics of Shared
　　Leadership(Macmillan), 『통합의 종언: EU의 실상과 논리(統合の終焉: EUの實像と論理)』(岩波書店),
　　『유럽 복합위기: 괴로워하는 EU, 흔들리는 세계(歐洲複合危機: 苦悶するEU, 搖れる世界)』(中央公論
　　新社) 외

_모리이 유이치(森井裕一)

도쿄대학 대학원 종합문화연구과 교수 (전문 분야: EU 연구, 독일 정치)

저서: 『현대 독일의 외교와 정치(現代ドイツの外交と政治)』(信山社), 『국제정치 중의 확대 EU(國際政治の
中の擴大EU)』(편저, 信山社), 『유럽의 정치경제 입문(ヨーロッパの政治經濟・入門)』(有斐閣) 외

_이토 다케시(伊藤武)

도쿄대학 대학원 종합문화연구과 교수 (전문 분야: 유럽 비교정치, 이탈리아 정치)

저서: 『이탈리아 현대사: 제2차 세계대전부터 베를루스코니 이후까지(イタリア現代史: 第二次世界大戰か
らベルルスコーニ後まで)』(中央公論新社), 『'헌법 개정'의 비교정치학('憲法改正'の比較政治學)』(공저,
弘文堂) 외

_미야자키 하루카(宮崎悠)

홋카이도교육대학(北海島敎育大學) 준교수(準敎授) (전문 분야: 유럽 국제정치사, 폴란드사)

저서: 『폴란드 문제와 드모프스키: 국민적 독립의 파토스와 로고스(ポーランド問題とドモフスキ: 國民的独
立のパトスとロゴス)』(北海島大學出版會), 『유대인과 자치: 중유럽·동유럽 및 러시아에서의 디아스
포라 공동체의 흥망(ユダヤ人と自治: 中東欧・ロシアにおけるディアスポラ共同体の興亡)』(공저, 岩波書
店) 외

_사타케 도모히코(佐竹知彦)

일본방위연구소 정책연구부 방위정책연구실 주임연구관 (전문 분야: 아시아·태평양 안전보장, 미국·일본·호
주 안보협력)

저서: 『질서 변동과 일본 외교: 확대와 수축의 70년(秩序變動と日本外交: 擴大と收縮の70年)』(공저, 慶應義
塾大學出版會) 외

_기미야 다다시(木宮正史)

도쿄대학 대학원 종합문화연구과 교수 (전문 분야: 한반도 지역연구, 국제관계론)

저서: 『국제정치 중의 한국 현대사(國際政治のなかの韓國現代史)』(山川出版社), 『민족주의로부터 본 한
국·북한 근현대사(ナショナリズムから見た韓國・北朝鮮近現代史)』(講談社) 외

옮긴이 소개

_이용빈

인도 국방연구원(IDSA) 객원연구원 역임

미국 하버드대학 HPAIR 연례 학술회의 참석(안보 분과)

이스라엘 크네세트(국회), 미국 국무부, 미국 해군사관학교 초청 방문

중국외교대학(中國外交學院), 타이완 국립정치대학, 홍콩중문대학 학술 방문

홍콩국제문제연구소 연구원

저서: *East by Mid-East*(공저, 2013) 외

역서: 『시진핑』(2011, 2012년도 아시아·태평양출판협회APPA 출판상 수상), 『김정은 체제』(공역, 2012), 『중국의 당과 국가: 정치체제의 궤적』(2012), 『시리아: 아사드 정권의 40년사』(2012), 『중국 외교 150년사: 글로벌 중국으로의 도정』(2012), 『러시아의 논리: 부활하는 강대국의 국가전략』(2013), 『현대 중국 정치: 글로벌 강대국의 초상』(제3판, 2013), 『이란과 미국: 이란 핵 위기와 중동 국제정치의 최전선』(2014), 『북한과 중국』(공역, 2014), 『망국의 일본 안보정책』(2015), 『현대 중국의 정치와 관료제』(2016), 『이슬람의 비극』(2017), 『홍콩의 정치와 민주주의』(2019), 『미국의 제재 외교』(2021), 『미국과 중국』(근간) 외

한울아카데미 2321
일본이 보는 세계 1

美中 신냉전?: 코로나19 이후의 국제관계

엮은이 ı 가와시마 신, 모리 사토루
옮긴이 ı 이용빈
펴낸이 ı 김종수
펴낸곳 ı 한울엠플러스(주)
편 집 ı 김용진

초판 1쇄 인쇄 ı 2021년 12월 24일
초판 1쇄 발행 ı 2021년 12월 30일

주소 ı 10881 경기도 파주시 광인사길 153 한울시소빌딩 3층
전화 ı 031-955-0655
팩스 ı 031-955-0656
홈페이지 ı www.hanulmplus.kr
등록번호 ı 제406-2015-000143호

Printed in Korea.
ISBN 978-89-460-7321-0 93340

* 책값은 겉표지에 표시되어 있습니다.